Knaur

Über den Autor:

Dr. Alon Gratch ist Psychologe und seit über 15 Jahren als Psychotherapeut in New York tätig. Er hat an der renommierten Columbia-Universität in New York gelehrt und schreibt, neben vielen Fachveröffentlichungen, für die Zeitungen *The New York Times* und *The Wall Street Journal*.
Die Frauenzeitschrift *Elle* schrieb über »Wenn Männer reden könnten«: »Alon Gratch ergründet die Gefühlswelt der Männer und erklärt uns, wie das starke Geschlecht tickt. Ein kluges, mitreißendes, anderes Buch.«

Alon Gratch

Wenn Männer reden könnten

• • •

und was sie fühlen, ohne es zu sagen

Aus dem Englischen
von Christine Strüh

Knaur

Die Originalausgabe erschien unter dem Titel »If Men Could Talk«
bei Little, Brown and Company, New York, USA.

In Liebe für Michele, Jordan und Ilana

Besuchen Sie uns im Internet:
www.knaur.de

Vollständige Taschenbuchausgabe 2004
Knaur Taschenbuch
Ein Unternehmen der Droemerschen Verlagsanstalt
Th. Knaur Nachf. GmbH & Co. KG, München

Umschlaggestaltung: ZERO Werbeagentur, München
Druck und Bindung: Nørhaven Paperback, A/S
Printed in Denmark
ISBN 3-426-77641-3

2 4 5 3 1

Inhalt

Anmerkung des Autors

Alle in diesem Buch beschriebenen Fälle sind wie ein Puzzle aus vielen verschiedenen Fallbeschreibungen zusammengesetzt, um das Recht meiner Patienten auf Vertraulichkeit und Wahrung der Privatsphäre zu gewährleisten. Sowohl Namen als auch andere Teile ihrer Identität – beispielsweise Beruf, Familienstand, Alter, familiärer Hintergrund – sowie Erfahrungen und Träume habe ich in manchen Details verändert. Jede Ähnlichkeit mit tatsächlichen Personen, lebend oder tot, oder mit wirklichen Ereignissen ist rein zufällig.

KAPITEL 1

MÄNNER SIND SCHWIERIG

... hier ein paar Beispiele

Männer sind schwierig. An der Oberfläche erscheinen sie oft distanziert und schwer fassbar. Oder laut und nervtötend. Und wenn man versucht, sie kennen zu lernen, wird es oft nur noch schlimmer – dann kann es passieren, dass sie in die Defensive gehen und endgültig die Schotten dicht machen. Anders als Frauen, die im Allgemeinen offen mit ihren Gefühlen umgehen, finden es die meisten Männer sehr schwierig, sich anderen Menschen zu öffnen. Aber wenn sie es doch einmal tun, zeigt sich ausnahmslos ein aufregendes, markantes und unerwartet verletzliches inneres Selbst. Um dieses verborgene Selbst und die Herausforderung, die es für den gelegentlichen Besucher darstellt, geht es in diesem Buch. Bei meiner Expedition in die innere Welt der Männer begegnen wir in unterschiedlichen Formen dem zentralen Paradox, auf dem die Männlichkeit beruht: Die Eckpfeiler der Geschlechtsidentität eines Mannes sind seine femininen, nicht seine maskulinen Bedürfnisse.

Ich arbeite als klinischer Psychologe hauptsächlich mit Männern, was ungewöhnlich ist, denn die meisten Psychotherapieklienten sind Frauen. Während also viele Therapeuten damit beschäftigt sind, Frauen zuzuhören, die darüber klagen, dass ihre Männer nicht reden, nicht zuhören oder nicht verstehen, verbringe ich die meiste Zeit damit, eben diesen Männern zuzuhören. Und mit ein bisschen Hilfe fangen meine männlichen Patienten tatsächlich irgendwann an zu sprechen, zuzuhören und zu verstehen.

Beim Aufzeigen der inneren Welt der Männer gehe ich davon aus, dass Frauen es immer als ihre Aufgabe betrachten werden, männliches Verhalten zu entschlüsseln. Für sie geht es ganz praktisch darum, ihre Beziehung zu den Männern zu verbessern, ein Unterfangen, das für viele eine hohe Priorität besitzt. Ich hoffe, dass dieses Buch den Frauen hilft, ihr Ziel zu erreichen, nicht weil ich ihnen sage, was sie tun sollen, sondern indem ich sie in das emotionale und spirituelle Äquivalent eines Männerumkleideraums einlade. Ich möchte über meine Erfahrung mit männlichen Patienten sprechen und darüber, was ich als Psychologe mache, wenn ich mich mit den problematischen Aspekten der männlichen Psyche konfrontiert sehe. Kurz gesagt werde ich die «Insiderstory» der Männer erzählen.

Doch dieses Buch ist nicht nur für Frauen gedacht. Als Autor möchte ich hier das Gleiche machen, was ich, wie ich meine, als Psychologe geschafft habe – mit Männern in Kontakt treten. Ich hoffe, dass männliche Leser sich verstanden und angesprochen fühlen, wenn sie lesen, wie andere Männer darum gekämpft haben, aus ihrer emotionalen Isolation auszubrechen, und dass sie in den Berichten ihr eigenes Wissen über sich selbst widergespiegelt und bestätigt finden – so rudimentär, intim oder teilweise unbewusst dieses Wissen auch sein mag.

Was Männer dazu bringt, eine Therapie zu beginnen, und worüber sie am Ende sprechen, sind zwei Paar Schuhe. Zum einen reden manche Männer zu Anfang einer Therapie überhaupt nicht – das heißt, über nichts Wichtiges oder Interessantes. In gewisser Weise kommen Männer ja gerade deshalb zur Therapie, *weil* sie nicht sprechen. Da ihre unbewusste Überzeugung lautet, dass Worte nichts wert sind und nur Taten zählen, beginnen sie eine Therapie oft so, wie sie Auto fahren: Statt sich nach dem richtigen

Weg zu erkundigen, fahren sie weiter, bis sie in eine Sackgasse geraten, sich verirrt haben oder einen Unfall bauen. Manchmal bitten sie nicht einmal dann um Hilfe – das muss der Beifahrer oder die Beifahrerin erledigen.

So stolpern viele Männer zum ersten Gesprächstermin in meine Praxis, nachdem sie in irgendeiner Weise destruktiv geworden sind, und/oder auf Drängen ihrer Ehefrau oder Freundin. Im zweiten Fall werden sie oft «angeschleppt», weil sie gar nicht oder hauptsächlich mit Wut oder anderen unpassenden Ausbrüchen kommunizieren. Manchmal werden sie auch nicht von einem nahe stehenden Partner zur Therapie genötigt, sondern von einem Geschäftspartner oder ihrem Chef, aus den gleichen Gründen. Häufig ist ein Ultimatum mit im Spiel; man hat ihnen mit Scheidung oder Kündigung gedroht.

Während manche Männer wegen ähnlicher Probleme wie Frauen eine Behandlung aufsuchen – Depressionen, Angstzustände, Beziehungsprobleme –, kommen doch entschieden mehr mit spezifisch männlichen Themen und einem ausschließlich männlichen Stil. Die Forschung zeigt – vielleicht wenig überraschend –, dass Männer besonders anfällig sind für Alkoholismus, Drogenmissbrauch und antisoziale Verhaltensweisen. Aber in meinem Sprechzimmer kann man selbst Männer, die nicht in dieses diagnostische Schema passen – und das trifft auf die meisten meiner Patienten zu – unmöglich mit Frauen verwechseln.

Viele Männer, die mich aus eigener Initiative aufsuchen, befinden sich mitten in einer Krise, die mit ihrer Arbeit zusammenhängt. Entlassen oder auch nur «umstrukturiert» zu werden, ist für viele Männer ein traumatisches Erlebnis. Schon ein wahrgenommener Misserfolg, ganz zu schweigen von einem tatsächlichen Scheitern, kann eine Krise hervorrufen. Aber auch andere arbeitsbezogene Themen bringen Männer in mein Sprechzimmer, beispielsweise Schwierigkeiten mit geschäftlichen Entscheidungen, Verwicklung in kostspielige politische Konflikte, das Gefühl, in der Firma unterdrückt zu werden, Langeweile oder mangelndes Engagement im Beruf.

Manche sehr erfolgreiche Männer kommen zu mir und berichten von einem fundamentalen Unsicherheitsgefühl, von überdimensionalen Überlebensinstinkten und einem quälenden emotionalen Hunger – Dinge, die ihnen beim Aufstieg in ihre hohe Position so nützlich waren. Einige von ihnen suchen mich auf, weil sie erkennen, dass sie nie zufrieden sind. Andere, weil sie einen hohen Preis für ihren Erfolg bezahlt haben: Entfremdung von Frau und Kindern oder mangelnde persönliche Erfüllung.

Zuletzt kommen Männer natürlich auch zur Therapie wegen sexueller Probleme oder solcher, die sie für sexuell halten. Impotenz, vorzeitiger Samenerguss, beunruhigende sexuelle Fantasien, Zweifel an der sexuellen Identität, Untreue, impulsives oder zwanghaftes Sexualverhalten sind die am häufigsten dargestellten Schwierigkeiten. In dieser Gruppe gibt es Männer, die sich ihrer Schwierigkeiten so sehr schämen, dass sie erst nach Monaten damit herausrücken, warum sie eigentlich da sind, aber auch solche, die so «oversexed» sind, dass sie bei der ersten sich bietenden Gelegenheit bildhaft deutlich oder pornografisch werden. Noch eine dritte Gruppe taucht auf, nämlich diejenigen, die versteckte Anspielungen auf ihre sexuellen Ängste machen, indem sie Witze reißen.

Anscheinend geht es doch nicht um Sex

Die Idee zu diesem Buch kam mir zum ersten Mal vor einigen Jahren, als mir auffiel, dass meine Praxis anders war als die vieler anderer Therapeuten. Damals entwickelte ich, wenn ich unterrichtete, bei der Supervision und beim Austausch mit Kollegen das vage Gefühl, dass meine Patienten ein ziemlich lebhaftes, buntes Völkchen waren und dass ihre Probleme und ihr Innenleben dramatischer, vielleicht sogar krasser waren als bei anderen. Ein klarer Unterschied bestand darin, dass meine Patienten zu einem früheren oder späteren Zeitpunkt ausnahmslos detaillierte und ausführliche Schilderungen provokativer sexueller Fantasien zum Besten gaben. Außerdem kritisierten sie mich häufig wegen meiner Schuhe, zogen mich auf wegen meiner Krawatten, analysierten meine Kommentare und Motive, erkundigten sich nach meiner Lieblingsfarbe, versuchten mich bei einer Lüge zu erwischen, beschuldigten mich scherzhaft, ich würde sie manipulieren oder mit ihnen experimentieren, waren aber auch insgesamt offener in der Äußerung ihrer Zuneigung und Wertschätzung.

Anfangs dachte ich, es hätte etwas mit meiner Person zu tun, und das ist sicher auch nicht ganz falsch. Doch irgendwann dämmerte mir, dass die Patienten, mit denen ich meine verglich, durchweg Frauen waren. Offensichtlich sind Frauen anders als Männer. Aber konnte es denn sein, dass sich unter der glanzlosen männlichen Betonfassade eine Welt faszinierender, widerstreitender Emotionen verbarg? Letztlich habe ich von meinen Patienten gelernt, dass Männer unter bestimmten emotionalen Bedingungen tatsächlich sprechen können und dass das, was sie zu sagen haben, ausgesprochen anregend ist. Dies ist in wenigen Worten die Botschaft und der Inhalt dieses Buchs.

Wie man die emotionalen Bedingungen schafft, von denen ich spreche, kann man im Psychologiestudium wohl kaum lernen. Vielmehr handelt es sich um etwas, was jeder «einigermaßen gute Therapeut» in seine therapeutischen Beziehungen mit einbringt und was auch jeder rücksichtsvolle und einfühlsame Mensch in seinen wichtigen Beziehungen pflegt. Eine Kombination aus einer inneren Einstellung und bestimmten persönlichen Umgangsformen, die aus so organischen Lebenselementen wie Spiel, Humor und Neugier entspringen.

Philosophisch gesehen ist für mich der therapeutische Prozess keine spezialisierte medizinische Prozedur. Wenn überhaupt, so ist er für mich eine Erweiterung natürlicher zwischenmenschlicher Prozesse, vor allem dem der Liebe, wobei sich Liebe so definiert, dass man die innere Welt eines anderen Menschen kennen lernt, fühlt und anerkennt. Dank dieser naturalistischen Perspektive sollte der Leser/die Leserin imstande sein, viele der in diesem Buch angesprochenen therapeutischen Techniken in seinem/ihrem eigenen Leben umzusetzen. Beispielsweise ist es eine der wichtigsten Aufgaben des Therapeuten, seinem Klienten Fragen über seine Gedanken zu stellen. Ein guter Therapeut fragt aus Neugier und Interesse, nicht weil er den Klienten ändern oder beeinflussen möchte. Daher sollten sich diejenigen, die sich darüber beklagen, dass Männer nicht sprechen, gelegentlich überlegen, wann sie einen Mann das letzte Mal gefragt haben, was ihm durch den Kopf geht – nicht um ihm dabei irgendetwas aus der Nase zu ziehen, sondern einfach aus Interesse. Natürlich gibt es bessere und schlechtere Fragen, bessere und schlechtere Methoden und passendere und unpassendere Zeitpunkte zu fragen, und auch diese gehören zum Inhalt dieses Buchs.

Nun bekommt man aber von einer Frau für gewöhnlich eine Antwort, wenn man sie fragt, was ihr durch den Kopf geht, während der Weg zur inneren Welt eines Mannes häufig höchst verschlungen ist. Oft sind große Umwege über ziemlich unfertige oder vulgäre Zwischenstationen notwendig. Einer meiner Klienten, ein Polizeibeamter im Ruhestand, begann seine erste Sitzung nach den Ferien mit den Worten: «Ich hab letzte Woche in Las Vegas beim Blackjack fünfundfünfzigtausend Dollar gewonnen.» Während ich noch darüber nachdachte und erwartete, er würde irgendeinen Kommentar dazu abgeben, dass er soeben seine Ersparnisse verdoppelt hatte, grinste er mich triumphierend an und fuhr fort: «Und heute früh hat meine Frau mir einen geblasen.» Ich hatte das sichere Gefühl, dass ihm die zweite Neuigkeit wichtiger war als die erste. Aber weshalb? Weil es um Sex ging oder weil es sich um eine «Leistung» handelte, die man weniger einem reinen Glücksfall als mehr seiner männlichen Überlegenheit zuschreiben konnte?

Ja, Männer haben Sex im Kopf, aber wenn sie offen und ungehemmt darüber sprechen, wird klar, dass das männliche Sexualinteresse oft nur ein Vehikel für den Ausdruck größerer und besserer Dinge ist. Auf Freuds berühmten Spruch Bezug nehmend, könnten wir sagen: «Manchmal ist ein Penis einfach eine Zigarre.» Die

Annahme, dass Männer durch Sex starke unbewusste Gefühle mitteilen, kristallisierte sich für mich vor einigen Jahren heraus, als ich ein Seminar über männliche Sexualität vorbereitete. In diesem Seminar mit dem ziemlich theoretischen Titel «Transference and Countertransference in Psychotherapy with Male Sexual Disorders (and Orders)» («Übertragung und Gegenübertragung in der Psychotherapie bei abweichendem – und normalem – männlichem Sexualverhalten») sollten Menschen in psychosozialen Berufen lernen, wie sie ihren männlichen Klienten dabei helfen konnten, über ihre sexuellen Probleme zu sprechen. Die Seminarteilnehmer, meist Therapeutinnen, fanden das Material anregend und hilfreich. Aber was mich besonders faszinierte, war die schrittweise Erkenntnis, dass die sechs oder sieben Konzepte, um die das Seminar organisiert war, nicht nur charakteristisch für die männliche Sexualität, sondern für die männliche Psyche im Allgemeinen waren. Da begann ich, sozusagen durch das Prisma dieser Konzepte, über all das nachzudenken, was ich im Lauf der Jahre von meinen Patienten (und meinen Klienten aus der Geschäftswelt) erfahren und was ich in meiner eigenen Entwicklung als Mann erlebt hatte. Schließlich fasste ich diese Konzepte – im Einklang mit der bisherigen Theorie und Forschung auf diesem Gebiet – zu sieben psychologischen Elementen oder Attributen zusammen, die jedes für sich erklären, warum es so schwer, aber auch so faszinierend ist, sich mit Männern einzulassen.

Die sieben männlichen Attribute

Die ersten beiden Attribute erklären, warum es Männern so schwer fällt, über ihre Gefühle zu sprechen. Ich fange mit ihnen an, weil sie von Männern als psychische Abwehrmaßnahme eingesetzt werden, um sich vor dem Schmerz der anderen fünf Elemente zu schützen. So wird unser Vorgehen die Entwicklung der therapeutischen oder jeder anderen engen Beziehung nachvollziehen: Von außen nach innen, von der Erscheinung zur Substanz, von Hemmung und Zurückhaltung zu wohltuendem Ausdruck.

Das erste männliche Element ist einfach, jedoch äußerst inhaltsschwer. *Scham (Jungen weinen nicht)* ist der häufigste Grund, warum Männer sich auf einen emotionalen Dialog nicht einlassen. Wir alle wissen, wie Scham sich anfühlt und dass sie ungemein schmerzhaft ist. Oft ist uns allerdings nicht klar, wie destruktiv sie sein kann. Beispielsweise projizieren Männer in Beziehungen ihre eigenen Schamgefühle häufig auf ihre Partnerin, indem sie etwa ihr Äußeres kritisieren oder verlangen, dass sie bestimmte Kleider trägt oder sich zum Ausgehen auf eine bestimmte Weise frisiert. Mit solchen Maßnahmen versucht der Mann, die Scham abzuwehren, die er aufgrund seines eigenen Minderwertigkeitsgefühls empfindet, indem er darauf besteht, dass seine Partnerin in Schönheit erstrahlt und er sich in ihrem Abglanz besser fühlt. In einer solchen Situation jedoch kommt sich eine Frau kontrolliert und beurteilt vor und das Schlimmste daran ist, dass sie sich am Ende ihrer eigenen (körperlichen) Unvollkommenheit schämt. Ist der Kreis der Projektion somit geschlossen (sie fühlt am Ende das, was er anfänglich einmal gefühlt hat), folgt häufig ein schrecklicher Krach. Sie wirft ihm vor, an ihr herumzukritisieren und sie zu gängeln, während er sie beschuldigt, sie wäre überempfindlich und defensiv. Diese Art von Streit könnte vermieden werden, wenn der Mann sich von Anfang an nicht auf das Auftreten seiner Partnerin konzentriert, sondern das Selbstbewusstsein und die Fähigkeit besitzen würde, sich mitzuteilen und etwas zu sagen wie: «Ich habe mich heute meiner Arbeit nicht recht gewachsen gefühlt.» Wenn ein solches Bewusstsein fehlt, kann der Streit sogar immer noch dadurch abgewendet werden, wenn die Frau in ihrem eigenen Interesse dem Mann zu Hilfe eilt. Wie wir in diesem Buch sehen werden, können wir alle in gewisser Hinsicht Therapeut unserer Partner sein.

Während das Überwinden der Schambarriere allen Männern hilft, sich zu öffnen, haben die meisten Männer einen noch tieferen und unangenehmeren Widerstand gegen die Sprache der

Gefühle, nämlich die *Gefühlstaubheit (ich weiß nicht, was ich fühle)*. Hier bewegen wir uns auf wesentlich komplizierterem Terrain, auf dem die üblichen psychologischen Hilfsmittel nicht mehr unbedingt greifen. Beispielsweise ist die ohnehin ziemlich einfallslose Frage «Wie fühlen Sie sich jetzt?», bei der viele Therapeuten (wie ich gestehen muss, leider auch ich) aus Verzweiflung oder Ideenmangel Zuflucht suchen, hier besonders sinnlos. Die typische männliche Antwort auf eine solche Frage ist «Ich glaube ...», worauf der Therapeut wahrscheinlich erwidert: «Das ist kein Gefühl.»

Der männliche Hang, alles über den Kopf abzuwickeln und sich von den Gefühlen zu distanzieren, ist eine ganz offensichtliche Gefahr für jede intime Beziehung. Aber auch im beruflichen Bereich kann es ein zwar subtiles, aber ebenfalls verheerendes Problem darstellen. So wurde zum Beispiel ein junger Investmentbanker von seiner Verlobten zur Therapie «geschickt», weil sie sich über seine workaholischen Tendenzen Sorgen machte. Als er zum ersten Mal zu mir kam, hatte er bereits acht Millionen Dollar angehäuft. Aber innerhalb von zwei Jahren verspielte er alles mit riskanten Investitionen. Da er keinerlei Angst oder Unsicherheit empfand, wenn er geschäftliche Entscheidungen zu treffen hatte, konnte er das Risiko nicht angemessen einschätzen. Bemerkenswerterweise schaffte er es, nachdem er alles, einschließlich Job und Büro, verloren hatte, mit seinem Handy (von einer Parkbank aus), neues Kapital zu organisieren und wieder ins Geschäft einzusteigen – bis zu seinem endgültigen Fall, bei dem er auch noch seine Verlobte verlor.

Während aber, was Beziehungen angeht, die Schambarriere relativ schnell durchbrochen werden kann, ist das Problem emotionaler Abwesenheit nicht von heute auf morgen zu beheben. Was soll man tun, wenn jemand nicht fühlt? Ein Teil der Lösung besteht darin, die Gefühle dort zu suchen, wo sie sind, und nicht dort, wo sie fehlen, alle Gefühle zu unterstützen und willkommen zu heißen, auch wenn es sich um unangenehme Empfindungen wie Wut oder Traurigkeit handelt.

Der andere Teil der Lösung liegt darin, den Anschein der Stärke zu akzeptieren, ja zu bewundern, der mit dieser stumpfen männlichen Gelassenheit einhergeht, und sich auf die emotionalen Erfahrungen der Männer in ihrer eigenen Domäne einzulassen. Wenn ich beispielsweise mit einem Geschäftsmann arbeite, dann frage ich ihn nicht, wie er die mangelnde Intimität in seiner Ehe empfindet, sondern erkundige mich lieber nach seiner Strategie für die bevorstehende Vorstandssitzung. Dann wenden wir uns dem zu, was an dieser Sitzung relevant ist, warum seine Karriere eine so große Rolle für ihn spielt und worauf es im Leben eigentlich ankommt. Dies führt zu einer Diskussion darüber, was in seinem Leben fehlt, und hier kommen unweigerlich die stillen Qualen seiner Ehe ans Tageslicht.

Sie sehen, dass Worte wie «strategisches Denken» und «Verhandlungstaktiken», die auf manche Männer wie ein Aphrodisiakum wirken, auch ein Weg zu intimen Bereichen sein können. Vielleicht klingt das wie eine Manipulation, aber es ist keine, denn ich interessiere mich ja ehrlich für die Strategie, die mein Klient sich für die besagte Konferenz zurechtgelegt hat. Nicht dass ich unbedingt erfahren möchte, welche geschäftlichen Entscheidungen sich daraus ergeben, oder gar, welchen Verlauf die Karriere meines Klienten nimmt. Ich interessiere mich für das, was im Kopf meines Klienten vorgeht und wie er funktioniert. Und es stört mich nicht, das Problem von der intellektuellen Seite her anzugehen: Wenn man den Feind nicht schlagen kann, muss man sich mit ihm verbünden.

Das dritte Attribut, die *Unsicherheit (ich hab es satt, immer stark zu sein)* trifft die Essenz dessen, was Männer unter ihrer rauen und gut bewachten Oberfläche verbergen. Einer meiner Patienten, ein engagierter, knallharter Geschäftsmann, formulierte es folgendermaßen: «Manchmal bin ich einfach platt», womit er ausdrückte, dass er sich hinlegen und nicht mehr rühren, die Waffen strecken und sich aus dem ganzen Konkurrenzkampf zurückziehen wollte. Doch es war mehr als Erschöpfung, mehr als die Sehnsucht, dem ganzen Druck und Trubel zu entfliehen, es war ein tiefes Bedürfnis, endlich einmal nicht aktiv auftrumpfen zu müssen, sondern sich der Fürsorge anderer hinzugeben. Bewusst oder unbewusst haben alle Männer solche Wünsche – umworben zu werden, statt selbst jemandem nachzustellen, Objekt zu sein statt Subjekt (der Aufmerksamkeit), sich behandeln zu lassen statt zu tun. Gleichzeitig stellen diese Wünsche natürlich eine fundamentale Bedrohung für das Gefühl der Männlichkeit dar, und deshalb müssen Männer überkompensieren, indem sie eine noch männlichere Grundhaltung anstreben.

Dieser Konflikt spielt eine zentrale Rolle in der Psychologie der Impotenz, der häufigsten männlichen Störung. Auf bewusster Ebene geht es bei Impotenz immer um Leistungsangst; deshalb wird die Störung schlimmer, je mehr Druck der Betroffene auf sich ausübt. Aus der Sicht des Unbewussten jedoch deutet die Schwierigkeit eher darauf hin, dass der Mann dem Stress der Männlichkeit entfliehen und an einem weichen femininen Ort Zuflucht suchen möchte.

Paradoxerweise verlangt die Behandlung der Impotenz, dass der Therapeut sich mit dem unkooperativen Penis und nicht mit dem fordernden Patienten verbündet. Dadurch lädt er nämlich den Patienten dazu ein, in Gefühlen und Gedanken zu erfahren, was sein Körper ihm durch seine Aktivität – beziehungsweise den Mangel an einer solchen – zeigen will. Dann entdeckt der Patient vielleicht Gefühle wie «Ich habe es satt, immer erfolgreich zu sein und für euch alle zu sorgen», «Ich wünsche mir enge, vertrauensvolle Freundschaften», «Ich würde gern bei den Kindern zu Hause bleiben» oder «Ich wollte, *ich* hätte einen starken Mann, der mich beschützt».

Trotz aller positiven Veränderungen, die wir der Frauenbewegung verdanken, ist durch sie doch auch die geschlechtliche Identität durcheinander geraten. Wenn der Präsident eine Frau begrapscht, fragen wir uns, ob das sexuelle Belästigung oder ein Kavaliersdelikt von der Sorte «so sind Männer eben» ist. Oder ist es eine gute Idee für eine Frau, bei einer Verabredung aggressiv vorzugehen? Sollte ich beruflich erfolgreich sein und reichlich Geld nach Hause bringen oder als Vater zur Verfügung stehen?

Psychologisch gesehen stellen diese Fragen einen Versuch dar, unsere alten, rigiden, aber sicheren Geschlechterrollen in unsere postfeministischen Freiheiten einzupassen. Theoretisch wissen wir inzwischen, dass es keine richtigen oder falschen Antworten auf viele dieser Fragen gibt. Wir sagen uns, dass alles davon abhängt, was für ein Mann oder was für eine Frau wir sein möchten. Doch viele sind noch immer verwirrt und haben mit Problemen in diesem Bereich zu kämpfen.

Anfangs versuchte die Frauenbewegung, jeden Unterschied zwischen Männern und Frauen strikt zu leugnen, doch im Lauf der Zeit gelangte man zu der Erkenntnis, dass man Unterschiede anerkennen kann, ohne damit Ungleichheit akzeptieren zu müssen. Ebenso scheint die Männerbewegung nach dem anfänglichen Gegenschlag gegen den Feminismus inzwischen bereit einzuräumen, dass die Weiblichkeit nicht der Feind schlechthin ist. Vermutlich glauben die meisten vernünftigen Menschen heutzutage, dass zwar Unterschiede zwischen den Geschlechtern bestehen, diese durch bessere Kommunikation aber überwunden werden können. Obgleich dagegen kaum etwas einzuwenden ist, möchte ich vorschlagen, noch einen Schritt weiter zu gehen: Unterschiede können nicht nur überbrückt, sondern integriert werden. Das heißt, Männer können ihre Weiblichkeit akzeptieren, auch wenn sie ihre Männlichkeit bedroht – und zwar ohne deshalb als «Weichei» zu gelten. In diesem integrativen Prozess können Frauen eine wichtige Rolle spielen und tun das oft auch schon. Das Gute ist also, dass Männer nicht zwischen Männlichkeit und Weiblichkeit wählen müssen – sie können beides haben. Und Frauen sind nicht gezwungen, sich zwischen einem Tyrannen und einem Weichei zu entscheiden. Leider gehört eine Menge Arbeit dazu, diese Integration zu erreichen. Doch ganz gleich, ob Sie bewusst daran arbeiten oder nicht, werden wir in diesem Buch sehen, dass die Versuche, Fehlschläge und Erfolge zur Integration einen großen Effekt auf beide Geschlechter haben – im Schlafzimmer ebenso wie im Konferenzraum.

Vor den Zeiten der Frauenbewegung war eine der häufigsten

ehelichen Unstimmigkeiten die psychologische Polarisierung des traditionellen Paares. Es gab eine eigentlich völlig unhaltbare Arbeitsteilung, in der die Männer das Denken erledigten, während die Frau für die Gefühle zuständig war. Er war ruhig und kühl, sie emotional und hysterisch; er mochte Sport und Actionfilme, sie kaufte lieber ein und sah sich romantische Komödien an; er ging mit seinen Freunden in die Kneipe und sie spielte mit ihren Freundinnen Canasta. Diese Trennung war nicht nur deshalb unhaltbar, weil sie im Alltag zu Konflikten führte, sondern auch, weil die Partner in einer solchen Ehe wenig gemeinsam hatten.

Während es auch heute noch eine Unmenge solcher Beziehungen gibt, sehen viele Eheberater inzwischen zahlreiche Paare mit der gegensätzlichen Dynamik kämpfen. Diese Paare sind ebenfalls auf der männlich-weiblichen Dimension polarisiert, nur umgekehrt. Die Frau ist selbstbewusst, übernimmt Verantwortung, ist handlungs- und erfolgsorientiert, der Mann dagegen sensibel, unterstützend, aufnahmefähig und emotional. Wenn diese Unterschiede polarisiert werden, ist das, was ich die *maskulin-feminine Spaltung* nenne, ebenfalls unhaltbar: Die Frau klagt darüber, dass ihr Mann ein passiver, unterwürfiger Schuhabstreifer ist, der Ehemann findet seine Frau kontrollbesessen und gefühlskalt.

Ganz eindeutig nährt sich der Krieg zwischen den Geschlechtern von Extremen und es ist immer noch leicht, in sie zu verfallen – so erstaunlich das auf den ersten Blick vielleicht auch erscheinen mag. Wenn wir uns den Konflikt der männlichen Unsicherheit immer wieder ansehen, erkennen wir, dass zu den Techniken seiner Überwindung die Integration der maskulin-femininen Spaltung *innerhalb jedes Geschlechts* gehört. Je mehr sich die Frau im Fall der «aggressiven» Ehefrau und des «unterwürfigen» Ehemanns beispielsweise darüber beschwert, dass ihr Mann so passiv, schwach und ängstlich ist, desto mehr dominiert sie ihn mit ihren Forderungen und ihrer Kritik. Ohne es zu wollen – und unbewusst – verstärkt sie die Dynamik, die sie angeblich verändern will. Stattdessen könnte sie aber auch daran arbeiten, ihre eigene latente oder brachliegende Passivität zu fördern und zu unterstützen – ihre eigenen «femininen» Qualitäten. Wenn sie weniger direktiv oder aggressiv und dafür verletzlicher ist, lässt sie ihrem Mann Raum, ebenfalls mal einen aktiven Treffer zu landen. Natürlich gilt dasselbe für ihren Ehemann: Wenn er nicht immer nur darüber jammert, wie herrschsüchtig und unsensibel sie ist, sondern sich daran macht, seine eigene verdrängte männliche Aggressivität zum Ausdruck zu bringen, lädt er seine Frau letztlich dazu ein, ihr eigenes auftrumpfendes Verhalten abzumildern und ihre feminine Empfindsamkeit mehr zu zeigen. Das gleiche Prinzip trifft selbstverständlich auch auf das traditionelle Ehepaar mit dem hypermaskulinen Mann und der hyperfemininen Frau zu.

Unglücklicherweise ist aber in beiden Spielarten die maskulin-feminine Spaltung sehr tief greifend und besitzt eine starke Eigendynamik, wodurch für meine integrative Lösung leider der Spruch gilt: «Leichter gesagt als getan.» Aber wenn sie in der Therapie angewandt werden kann, lässt sie sich auch im Leben verwirklichen – und zwar grundlegend mithilfe der gleichen Strategien.

Das vierte männliche Attribut, die *Selbstbezogenheit (sieh mich, hör mich, fühl mich, lieb mich)* ist eine direkte Ableitung oder ein möglicher Effekt des Konflikts der männlichen Unsicherheit. Nur zu wissen, dass man ein Mann ist, reicht als Schutz gegen die eigenen femininen Bedürfnisse nicht aus – man muss es auch ständig vor sich selbst demonstrieren. Aber selbst das ist noch nicht genug: Auch dem Rest der Welt muss es demonstriert werden, am besten in möglichst grellen Farben.

Natürlich haben auch Frauen das Bedürfnis, wahrgenommen und bewundert zu werden. Aber während der weibliche Narzissmus sich oft im gesellschaftlichen Interesse an der äußeren Erscheinung, an Schönheit und Ästhetik zeigt, geht es beim männlichen mehr um unsere Besessenheit von Stärke, Macht und Leistung.

Was die Gier für den Kapitalismus, ist der Narzissmus für das persönliche Wachstum. Gesunde, ja sogar exzessive Selbstliebe ist der psychische Motor für Courage und Leistung. Mit ihrem Expansionsdrang und ihrer Gefallsucht kann sie oft sogar zu großzügigen, hochherzigen Taten animieren. Doch der Narzissmus ist nicht ohne Grund in Verruf geraten. Ein Bekannter, ein sehr erfolgreicher Chirurg, erzählte mir ganz nebenbei – in Gegenwart seiner Frau und seiner Kinder im Teenageralter: «In den letzten fünfzehn Jahren hab ich mich um nichts anderes gekümmert als um meine Karriere, auch nicht um meine Frau und meine Kinder.» Diese Art brutaler Ehrlichkeit führt uns zu der Annahme, das größte Problem mit dem egozentrischen Narzisst sei sein mangelndes Interesse an anderen. Aber interessanterweise schadet diese Art Menschen am Ende immer sich selbst. Wir alle kennen in unserer Bekanntschaft ein Beispiel hierfür: Ein Mann zwischen fünfzig und sechzig, der sein Leben seiner Rolle als Ernährer der Familie gewidmet hat und plötzlich vor der schmerzlichen Erkenntnis steht – oder diese zu vermeiden versucht –, dass er sich von Frau und Kindern entfremdet hat.

Manchmal gestattet die Ironie der narzisstischen Niederlage dem Betreffenden nicht einmal das geringste Erfolgserlebnis. Einer meiner Patienten, ein talentierter Schauspieler, der im Lauf der Jahre in etlichen Off-Broadway-Produktionen aufgetreten war, bekam stets gute Kritiken und konnte sich nicht erklären, warum er trotzdem nicht groß herauskam. Für mich lag der Grund auf der Hand. In seinem Umgang mit Produzenten, Regisseuren und Schauspielerkollegen standen Karriereüberlegungen immer an erster Stelle, nie zog er soziale Faktoren auch nur ansatzweise mit in Erwägung. Für ihn war nur wichtig, im Rampenlicht zu stehen. Deshalb erkannten zwar alle sein Talent an, aber niemand hatte Lust, ein zweites Mal mit ihm zu arbeiten.

Die griechische Legendenfigur Ikarus schlug die Mahnung seines Vaters, nicht zu nahe an die Sonne heranzufliegen, in den Wind. Das Wachs in seinen Flügeln schmolz und Ikarus stürzte ins Meer. In seinem Streben, ein gutes Gefühl zu sich selbst zu bekommen, macht sich der wagemutige, vergessliche egoistische Mann ans Werk, die Realität zu besiegen. Daher markiert sein letztendlicher Absturz den psychologisch äußerst wichtigen Schnittpunkt von Narzissmus und Masochismus. Für viele Männer ist die Anhäufung von Vermögen und seinen äußerlichen Manifestationen ein ausreichender Beweis des Selbstwerts. Andere versuchen, ihr Selbstwertgefühl zu stärken, indem sie die Grenzen ihres zerbrechlichsten Aktivpostens austesten – die ihres Körpers. Solche Männer stürzen sich mit jugendlichem Überschwang in sexuelle Aktivitäten, aber nicht, um Nähe zu erzeugen, sondern um ihre Angst vor Alter und Verfall in Schach zu halten. Ganz ähnlich wie die uralte menschliche Fantasievorstellung, fliegen zu können, dienen männliche sexuelle Aktivitäten nicht selten dazu, Grenzen zu leugnen und die Illusion der Unsterblichkeit aufrechtzuerhalten.

Trotz ihrer erhabenen Ursprünge zieht diese Dynamik eine Menge praktischer Probleme nach sich, angefangen damit, dass wir unsere Sterblichkeit umso deutlicher spüren, je heftiger wir sie leugnen. Das sieht man nur allzu deutlich an der Neigung junger Männer, sich unbesiegbar zu fühlen und sich auf erwiesenermaßen lebensgefährliche Aktivitäten wie Rauchen, Prügeln oder betrunken Autofahren einzulassen. Die «unsinkbare» Titanic ist ein weiteres Beispiel für die möglichen Konsequenzen männlicher Arroganz. Im sexuellen Bereich ist es der ältere Mann, der eine Affäre mit einer wesentlich jüngeren Frau hat, um an ihrer Jugend teilzuhaben, und sich am Ende nur noch wie ein «alter Lustmolch» fühlt.

Die Lösung von Konflikten, die aus der Selbstbezogenheit entstehen, ist äußerst wichtig für eine erfolgreiche Beziehung mit Männern – am Arbeitsplatz ebenso wie in der Liebe. Ich denke, hier kann man viel von einem Therapeuten lernen, der seinen egozentrischen Patienten zwar einfühlsam akzeptiert, ihn gleichzeitig aber auch mit seinen grandiosen Abwehrmechanismen konfrontiert. Wenn wir jemanden so lieben, wie er ist, und seine wirklichen Errungenschaften bewundern, müssen wir uns immer auch gegen seine übertriebenen Tendenzen zur Wichtigtuerei und gegen seinen Selbstdünkel zur Wehr setzen. Wie man diese Gratwanderung zustande bringt – das ist genau die Mischung aus Kunst und Wissenschaft, die ich meinen Lesern zu vermitteln hoffe.

Das fünfte männliche Element, die *Aggressivität (ich werde euch zeigen, wer der Boss ist)* ergibt sich ebenfalls aus dem Konflikt männlicher Unsicherheit. Wie die meisten Eheberater sicher wissen, gehört zu den häufigsten Mustern ehelicher Probleme die Dynamik des wütenden, kritischen oder explosiven Ehemanns und der verletzten, tränenüberströmten, unterjochten Ehefrau. In dieser Konstellation dient die männliche Aggression (1) dazu, die «Gegnerin» einzuschüchtern und in einem ungeschützten Moment zu überrumpeln, (2) ihren psychischen oder sogar physischen Raum zu verletzen, in ihn einzudringen und sich dort auszubreiten und (3) eine Mauer der Bitterkeit aufzubauen, die ihn psychisch von ihr trennt. In allen drei Taktiken erkennen wir Spuren der männlichen Angst, sich in einer Frau zu verlieren – eine mächtige Angst, zugleich aber auch ein mächtiges Bedürfnis. Wie gesagt bildet dieser Konflikt zwischen dem Wunsch, mit einer Frau zusammen zu sein (eine Frau zu sein), und der Furcht, seine männliche Identität zu verlieren, das Zentrum des Konflikts der männlichen Unsicherheit.

Wie bei der männlichen Unsicherheit liegt der Schlüssel zum Umgang mit männlicher Aggression in der richtigen Balance. Wir müssen die nachdrückliche, wenn auch oft genug rücksichtslose männliche Anmaßung respektieren und gleichermaßen darauf reagieren, indem wir jeder sadistischen, wenn auch vielleicht reumütigen männlichen Destruktivität Einhalt gebieten. Wie man den Unterschied zwischen beidem erkennt, ist für viele Frauen ein großes Problem. Manche sind so an Aggression gewöhnt, dass sie auf jede Sequenz von Misshandlung-Reue-Wohlverhalten-Misshandlung-Reue-Wohlverhalten so reagieren, als hätte es nie eine Wiederholung gegeben. Andere haben so viel Angst vor jedem Anzeichen männlicher Aggression, dass sie nicht sehen, wie viel Stärke und Schutz sie ihnen eines Tages bieten könnte.

Ein Patient suchte bei mir Rat wegen der explosiven Wutausbrüche, die er seiner Frau gegenüber häufig bekam. Unter anderem erzählte er mir, dass er schon als Kind Wutanfälle hatte und sein Leben lang extrem ungeduldig war. Am Ende der zweiten

Sitzung, bereits auf dem Weg nach draußen, fragte er: «Hilft das denn jetzt?» Meine Antwort fiel zunächst etwas defensiv aus: «Ich weiß es nicht, sagen Sie es mir.» Aber dann fügte ich mit einem freundlichen Lächeln hinzu (ich mochte den Mann nämlich): «Ich sage Ihnen, was ich wirklich glaube. Ich glaube, Sie wollen sagen: ‹Das hilft nichts›, aber ich glaube, Sie haben gerade wieder so einen Wutanfall. Sie sind wirklich ungeduldig.» So begegnete ich seiner Aggression mit meiner, was ihn hinderte, mich als «Softie» abzustempeln. Aber gleichzeitig nahm ihm mein freundlicher und fürsorglicher Ton auch den Wind aus den Segeln und damit das Bedürfnis, sich mit einer Gegenattacke zu schützen. Für eine enge Beziehung gilt dasselbe: Der Mann muss sich frei fühlen, ein gewisses Maß an Aggression zu äußern, ohne seine Partnerin damit zu zerstören. Deshalb muss die Partnerin ebenfalls aggressiv reagieren, um damit eine Grenze dafür zu setzen, was annehmbar ist. Doch gleichzeitig muss sie auch versuchen ihn mit ehrlich empfundenem Interesse und echter Zuneigung zu entwaffnen.

Wenn Männer grundsätzlich und vollkommen unfähig sind, Aggression gegen andere zu äußern, wenden sie sich gegen sich selbst. Darum geht es beim sechsten männlichen Attribut, der *Selbstzerstörung (ich bin ein Versager)*. Einer meiner Patienten, ein warmherziger, liebenswerter Augenarzt, kam in die Therapie, weil er zu keiner engen Beziehung fähig war, die möglicherweise zu einer Ehe hätte führen können. Zwar war er beruflich erfolgreich, aber sehr unglücklich über seine Unfähigkeit, einer Frau gegenüber eine echte Verpflichtung einzugehen. Nach einigen Wochen Therapie war er so frustriert über seine mangelnden Fortschritte in der Therapie, dass seine Frustration und seine Hilflosigkeit unsere Beziehung «zu verseuchen» begannen. Gerade als ich mich ebenfalls frustriert und hilflos zu fühlen begann, hatte der Patient einen Traum, in der ich als ein unsicherer «schwacher» Reiseführer mit Sehproblemen vorkam. Er, mein Patient, gehörte zu der Touristengruppe und sollte meine Sehstörung behandeln.

Meiner Ansicht nach deutete die Tatsache, dass ich mich an seiner Hilflosigkeit «ansteckte» und ebenfalls «schwach» wurde, darauf hin, dass er genau dies unbewusst mit seiner Frustration beabsichtigte. Wenn Ihnen das zunächst nicht einleuchtet, dann denken sie einmal daran, welche Macht ein unglückliches Kind über seine Eltern ausübt – Selbstzerstörung ist eine Methode, dem anderen eins auszuwischen, indem man sich selbst kaputtmacht. Wenn ich eine Sehstörung habe, wie soll ich meinen Patienten führen?

Eine weitere Interpretationsmöglichkeit besteht darin, dass mein Patient sich nicht «wahrgenommen» fühlte und dass seine Frustration und seine Hilflosigkeit einen Versuch darstellten, meine Sehfähigkeit zu korrigieren. Wie sich herausstellte, hatte dieser Patient das Gefühl, dass er das Leben lebte, das sein Vater ihm vorgeschrieben hatte, und dass seine einzige Möglichkeit, Nein zu ihm zu sagen (und als eigenständiger Mensch gesehen zu werden) darin bestand, ein «Versager» zu werden, zumindest in dem Sinn, dass er nicht wie sein Vater heiratete. In diesem Licht ist es der einzig logische, wenn auch irrationale Schritt, mich – den therapeutischen Repräsentanten des Heiratsplans – zu frustrieren und zu zerstören. Genau hier liegt die Essenz der Selbstzerstörung. Wir verfluchen lieber die Finsternis, als auch nur eine einzige Kerze anzuzünden. Das wird's den anderen schon zeigen.

Diese starke Dynamik liegt oft im Mittelpunkt selbstdestruktiver Zustände wie abhängigem oder zwanghaftem Verhalten, beruflichem Versagen, Unfalltendenzen oder riskantem, rücksichtslosem Verhalten. Aber man trifft sie auch in weniger spektakulären Problemen, beispielsweise, wenn jemand nicht mit Geld umgehen kann, in einem aussichtslosen Job feststeckt, zu spät zu einem Einstellungsgespräch erscheint, Schecks platzen lässt, redet ohne zu denken, beim Lügen erwischt wird, nicht aufpasst, den Toast verbrennen lässt, das Geschirrhandtuch ankokelt – wie jeder weiß, der es je mit Männern zu tun hatte, ist die Liste endlos.

In ihrem Bestreben, selbstzerstörerischen Männern zu helfen, lernen viele Therapeuten (ebenso wie zahllose wohlmeinende Eltern und Partnerinnen) oft auf die harte Tour, dass der Weg zur Hölle mit guten Absichten gepflastert ist. Je nach den Umständen kann es kontraproduktiv und schmerzhaft sein, einen anderen Menschen vor dem Abgrund der Selbstzerstörung zu retten. Sogar die Kleinigkeiten, in denen Männer sich als Versager erleben, sind enorm frustrierend. Der Trick besteht darin, dieses Verhalten als Form von Aggression gegen sich zu behandeln, was einen in eine unmögliche Situation manövrieren kann. Verfolgen Sie jetzt eine Politik konstruktiven Engagements oder laufen Sie davon? Was immer Sie tun, übernehmen Sie nicht die Verantwortung für das Verhalten eines Selbstzerstörers. Ob Sie Therapeut, Freundin oder Ehefrau sind, eins trifft immer zu: Wenn Sie vom Rücksitz aus steuern, lernt Ihr Mann nie richtig fahren.

Wären Männer wirklich stumm, würden sie mithilfe von Sex kommunizieren. Für die meisten Männer dreht sich tatsächlich alles um Sex – außer beim Sex, denn da geht es oft genug um Scham, emotionale Abwesenheit, Selbstbezogenheit, männliche Unsicherheit, Aggression und Selbstzerstörung. *Sex (ich will Sex, und zwar sofort)*, das siebte männliche Attribut, stellt ein dramatisches Kondensat und eine Zusammenfassung aller bisher erwähnten Elemente dar. Wie Sie sehen, bin ich am Ende bei der männlichen Sexualität gelandet, genau dort, wo ich in meinem ursprünglichen Seminar begonnen habe. Der Grund ist ganz einfach: In der sexuellen Arena entfalten Männer von Natur aus ihre emotionalen Konflikte, in denen es letztlich aber nicht um Sex geht.

Ein erschütterndes Beispiel: Ein Patient, der emotional distanziert, aber zu seiner Freundin sehr nett war, fühlte sich ausschließlich von Vergewaltigungsfantasien erregt – die unterdrückten Wutgefühle waren nur in seinen sexuellen Fantasien gegenwärtig. Obwohl die sexuellen Fantasien von Männern also auf eine Vielzahl starker Gefühle hinzudeuten scheinen, ist das meiste, was sie im Erregungszustand bewusst erleben, sexuelles Verlangen.

Allerdings ist die männliche Sexualsprache durchaus keine Fremdsprache, sondern eher eine Art Dialekt, der allerdings von Frauen und Männern entschlüsselt werden kann und auch sollte. Ein Patient kam zur Therapie, weil er seine Erektion verlor, sobald er in seine Frau eindringen wollte. In keiner anderen sexuellen

Situation oder Fantasie hatte er Schwierigkeiten. Bei einer unserer ersten Sitzungen berichtete er von einem Traum, in dem ich als sein Therapeut ihm riet, eine Banane in sein Rektum einzuführen. Als er meinen Rat befolgte, kam die Banane auf der anderen Seite in seinem Penis wieder heraus, der dadurch hart und fest wurde. Der Patient, der sich nicht bewusst zu anderen Männern hingezogen fühlte, machte sich nun Sorgen, dass sein Traum womöglich einen homosexuellen Wunsch darstellen könnte. Zwar stand diese Möglichkeit natürlich im Raum, aber ich neigte eher zu der Annahme, dass er eine sanfte, aber dennoch kräftige Dosis Männlichkeit brauchte, um als Mann zu funktionieren.

Letztlich konnte er sich diese nur selbst verabreichen. Aber andere, an erster Stelle sein Therapeut, konnten sein Wachstum als Mann mit Sicherheit fördern. In diesem Fall spielte wie in vielen anderen Fällen die Ehefrau des Patienten eine bedeutende therapeutische Rolle. Auf ihre weibliche Art half sie ihrem Mann, seine Gefühle auszudrücken – oder anders gesagt, mehr wie eine Frau zu sprechen und mehr wie ein Mann zu handeln. Und genau das ist der Königsweg zum Herzen eines Mannes.

Eine Männerfamilie

Wie ich bereits erwähnt habe, stehen die in diesem Buch dargestellten Konzepte in Einklang mit der aktuellen Theorie und Forschung auf dem Gebiet der klinischen Psychologie. Gleichzeitig bin ich jedoch der Ansicht, dass es unmöglich ist, bei der Beschreibung und Analyse menschlichen Verhaltens vollkommen objektiv zu bleiben. In ihrem Buch *Faces in a Cloud: Intersubjectivity in Personal Theory* zeigen Stolorow und Atwood, wie die psychologischen Theorien großer Denker wie Freud, Jung, Rogers oder Winnicott ihre eigenen Lebenserfahrungen und ihr psychisches Naturell widerspiegeln.

Dies kann zu einer ziemlich trübsinnigen intellektuellen Einstellung verleiten: Wenn wir keine objektiven Beobachtungen über unser psychologisches Universum machen können, wozu beobachten wir es dann überhaupt? Aber bevor Sie resignieren, denken sie auch an eine andere Position, die auf dem Paradox basiert, dass wir uns der Objektivität immer mehr annähern, je umfassender wir unsere Subjektivität akzeptieren. Vielleicht wirkt das wie eine philosophische Spielerei, ist in Wahrheit aber eine ausgesprochen praktische Angelegenheit. Wenn Sie zu einer Verabredung gehen, woher wissen Sie dann, dass der Mann, der Ihnen gegenübersitzt, x ist (angenommen, x ist etwas Schlechtes auf ihrer Eigenschaftsskala), wenn Sie gar nicht wissen, ob Sie vielleicht einfach zu wählerisch sind? Oder woher wissen Sie, ob Sie einen Freund wegen einer beleidigenden Bemerkung zur Rede stellen sollen, wenn Sie nicht wissen, ob Sie ein überempfindlicher Mensch sind?

So musste ich, während ich im Kopf Information für dieses Buch sammelte, über meine eigene männliche Unsicherheit nachdenken und mich fragen, inwieweit sie meine Beobachtungen verzerrt. Zuerst einmal bin ich in einer Männerfamilie aufgewachsen. Als jüngster von drei Brüdern kam ich in eine Welt, in der es an männlicher Aggression nicht mangelte. Meine Brüder waren fünf und zehn Jahre älter und ziemlich wild – zumindest wirkte es aus meiner Perspektive so. Allerdings gab es auch einige objektive Beweise. Beispielsweise die Sperrholzplatte in der Korridortür, die irgendwann das Glasfenster ersetzte, nachdem es zu oft zerbrochen war. Außerdem gab es noch mehr Beweise oder vielleicht eher Indizien: Meine beiden Brüder sind erfolgreiche Juristen, einer Kriminalanwalt, der andere in einer Kanzlei.

Mein Vater, ein erfolgreicher Geschäftsmann, war äußerlich nicht so aggressiv, aber trotzdem ziemlich hart. Über seine Gefühle sprach er so gut wie nie. Vor ein paar Jahren erlitt er zu Hause eine massive Herzattacke. «Ich fühle mich nicht wohl», war alles, was er sagte, jedenfalls laut meiner Mutter, und das war Grund genug für sie, einen Krankenwagen zu rufen. Indem sie seinen Minimalismus richtig interpretierte, rettete sie ihm also das Leben.

Nun füge man dieser Mixtur noch die Kultur und die Zeit hinzu, in der meine Familie lebte, als ich heranwuchs. Es war die frühe Zeit des jüdischen Staats Israel, wo Aggression unabdingbar dazugehörte, ja sogar als Überlebensideal stilisiert wurde. Stellen Sie sich Folgendes vor: Als 1967 der israelisch-arabische Krieg ausbrach und das Kreischen der Sirenen die Luft von Jerusalem erfüllte, schickte mich mein Lehrer mit einem Klassenkameraden nach Hause, zwei Viertklässler, zehn Jahre alt, ohne Begleitung eines Erwachsenen. Auf dem Heimweg gerieten wir immer wieder in Maschinengewehrfeuer, und bevor wir es ganz bis nach Hause schafften, begann es Granaten zu regnen. Das Seltsame an der Geschichte ist, dass ich mich nicht erinnern kann, Angst gehabt zu haben. Ich glaube, bereits in diesem Alter war ich darauf konditioniert, eine Emotion, die so unnütz war wie Angst, einfach zu verdrängen.

Meiner Ansicht nach lässt sich der Einfluss der Familie nicht von den Einflüssen der Kultur trennen (und, nebenbei bemerkt, auch nicht von den Erbanlagen). Als ich studierte, sagte meine Mutter einmal zu mir: «Jetzt, wo du Psychologe wirst, solltest du unsere Familie analysieren.» Das heißt, das *wollte* sie sagen, aber sie versprach sich und sagte statt *mischpacha* – dem hebräischen Wort für «Familie» – *milchama* – das hebräische Wort für «Krieg». Ich denke nicht, dass dieser Versprecher bedeutete, dass es in unserem Zuhause einen Krieg gab – wir waren eine sehr eng verbundene Familie, in der es nicht mehr oder weniger Konflikte gab als in anderen Familien –, sondern eher, dass die Kultur der Familie genau wie die der Nation eine Krieg führende war. Zusammenfassend: Mein Zuhause und mein Land waren etwas hypermaskulin.

Meine Mutter, das einzige weibliche Mitglied der Familie, hatte keine andere Wahl, als sich dieser Umgebung anzupassen. Um gegenüber den «Jungs» einigermaßen Oberwasser zu behalten, schaffte sie das in gewisser Weise nur zu gut. Obgleich sie im Herzen warm und liebevoll blieb, wurde sie selbst ziemlich hart, zumindest an der Oberfläche. In lauten politischen Diskussionen vertrat sie jedenfalls sehr eindeutig ihren Standpunkt.

Wenn Sie Mutter, Vater oder sogar einer der erstgeborenen Söhne in einer solchen Familie wären, würden Sie sich dann nicht auch wünschen, Ihr drittes Kind wäre ein Mädchen? Ich schon. Auch auf meine Eltern traf das zu und ich vermute, auf meine Brüder ebenfalls – obwohl die beiden bei meiner Geburt wahrscheinlich schon zu abgebrüht waren, um einen solchen Gedanken zu verbalisieren oder auch nur zu hegen. Aber all diesen Wünschen und Erwartungen zum Trotz kehrte meine Mutter mit einem weiteren kleinen Jungen, einem weiteren potentiellen Soldaten vom Krankenhaus zurück.

Natürlich nur einem potentiellen, keinem tatsächlichen. Wie es bei Kindern des Öfteren vorkommt, erfüllte ich zurückwirkend die Erwartungen meiner Familie, zumindest in einigen Aspekten. Zwar war ich kein verweichlichtes Kind, auch nicht offen feminin, aber ich war entschieden weniger aggressiv als meine Brüder, eher sensibel und introspektiv. Emotional war ich sanfter, fast zerbrechlich, und zumindest an der Oberfläche verhielt ich mich wie ein braver kleiner Junge (ein braves kleines Mädchen?). Ich kann noch die körperliche Empfindung hervorrufen, wie es war, wenn mir Tränen über die Wangen liefen, wenn meine Brüder mich neckten, und auch das dazugehörige Gefühl bitterer Scham. Und ich höre die Stimme meiner Mutter, die helfen wollte und mir den gleichen guten, aber vollkommen nutzlosen Rat gab, den ich jetzt meinen eigenen Kindern gebe, wenn jemand sie auf dem Spielplatz ärgert: «Ignorier sie doch einfach!»

So sah also ein Konflikt meiner Kindheit aus: Einerseits wollte ich mir ein gewisses Maß von emotionaler Verletzlichkeit und Ausdruckskraft bewahren und in meine Familie einbringen. Andererseits hatte ich nicht vor, die Macht und Stärke aufzugeben, die ich in meinen Brüdern erkannte. Na, klingt das vertraut? Ist das nicht ein Paradebeispiel und vielleicht der unbewusste Ursprung meiner «klinischen» Ideen über den Konflikt männlicher Unsicherheit, in dem Männer darum kämpfen, ihre femininen Wünsche gleichzeitig auszudrücken und zu unterdrücken?

Wie bei vielen anderen Männern war meine Auseinandersetzung mit diesem Konflikt nicht immer erfolgreich oder angenehm. Als Teenager beispielsweise gab ich mich nicht nur emotional verletzlich, um die Welt der Gefühle zu retten, sondern auch, weil ich die Waffen strecken und meine Eltern oder irgendeine andere Macht dazu bewegen wollte, mir zu helfen. Ich «beugte mich, um zu bezwingen». Zu anderen Zeiten versuchte ich Aggression sogar noch verdeckter auszudrücken, indem ich die Waffen der Beobachtung und der Analyse einsetzte, um das, was ich als Minderwertigkeit anderer ansah, zu «diagnostizieren». War dies der unbewusste Grund, Psychologe zu werden statt beispielsweise Anwalt? Ich hoffe doch, das war nur ein kleiner Teil eines größeren, ansprechenderen Bilds: Psychologe zu werden, lieferte mir eine Möglichkeit, eine Identität, mit deren Hilfe ich meine maskulinen und femininen Züge besser integrieren konnte. Glücklicherweise ist mir das auch gelungen. Doch wie alle Männer arbeite ich weiter an der Lösung dieses Konflikts, in vielen Bereichen meines Lebens – und mit unterschiedlichem Erfolg.

Ich habe durchaus nicht die Absicht, meine Kindheit oder meine Familiendynamik zu analysieren. Hier geht es um andere, tiefere und komplexere Analysen. Aber dieser Konflikt war fundamental, obwohl er so simpel aussieht. Deshalb zog er sich auch durch meine gesamte psychologische Laufbahn, oft vollkommen unbewusst.

Zu Anfang meiner Karriere nahm ich einen Job als Polizeipsychologe beim New York City Police Department an. Mir gefiel die Vorstellung zwar nicht sonderlich, in dieser paramilitärischen Umgebung zu arbeiten, aber es war der einzig halbwegs anständige Job, den ich ohne Abschluss und Lizenz finden konnte. Trotzdem war ich total fasziniert von der defensiven Natur und den emotionalen Kosten der Hypermaskulinität in dieser Organisation – dem größten Arbeitgeber für Psychologen in den Vereinigten Staaten (!).

Beispielsweise war die Situation, vor der den Psychologen beim NYPD am meisten graute, dass ein Polizist wegen Selbstmordgedanken Hilfe suchte. Dies war nicht so sehr deshalb schwierig, weil jemand überhaupt an Selbstmord dachte, sondern weil der Psychologe entscheiden musste, ob er dem Officer seine Pistole wegnehmen lassen sollte oder nicht. Damals – und ich vermute, dass sich daran bis heute nicht viel geändert hat – führte es zu schwerwiegenden Minderwertigkeitsgefühlen bei dem Betreffenden, wenn er seine Waffe abgeben musste und zu einem Schreibtischjob degradiert wurde. Dazu kam noch, dass sich das Fehlen der Waffe unmöglich verbergen ließ und damit einer öffentlichen Kastration mit allen dazugehörigen Gefühlen von Scham und Erniedrigung gleichkam. Es war also durchaus möglich, dass der Officer durch die Entscheidung des Psychologen noch weiter in Richtung Selbstmord getrieben wurde. Andererseits konnte der Psychologe unmöglich zulassen, dass ein suizidgefährdetes Individuum eine Waffe trug. Das Schlimmste an dem ganzen Dilemma war, dass viele Polizisten zu Hause registrierte Waffen aufbewahrten, die von der Behörde gar nicht beschlagnahmt werden konnten. Selbst wenn die Psychologen also die Dienstwaffe eines Polizisten entfernen ließen, so hatte der Betreffende mit einiger Wahrscheinlichkeit immer noch Zugang zu anderen Mitteln der Selbstzerstörung.

Demzufolge war das Dilemma, das aus dem emotionalen und dem symbolischen Wert der Waffe entsprang, eine praktische Konsequenz der Hypermaskulinität, bei der es um Leben und Tod ging. Ein weniger praxisbezogenes, aber noch verblüffenderes Beispiel zeigte sich gelegentlich in einem der psychologischen Tests, den Polizeianwärter machen müssen, ehe man sie für geeignet erklärt, als Cop zu arbeiten. In einem Teil des recht umfassenden Auswahlprozesses müssen die Kandidaten auf einem weißen Blatt Papier einen Menschen zeichnen. Diese Art «projektiver» Test geht davon aus, dass die Testperson, da sie keinerlei weiteren Instruktionen oder Richtlinien erhält, ihre eigenen Gedanken, Sorgen oder Probleme in ihrem Werk zum Ausdruck bringt – ähnlich wie ein Künstler. Und obwohl der Test hinsichtlich seiner wissenschaftlichen Reliabilität äußerst fragwürdig erscheint, kann er, wenn er zusammen mit anderen, «objektiveren» Tests angewandt wird (was beim NYPD der Fall war), sehr nützlich sein.

Nun meinten viele der Polizeikandidaten – junge Männer Anfang zwanzig –, sie sollten in diesem Test einen starken, gut gebauten Mann zeichnen, vielleicht als Zeichen ihrer eigenen Stärke. Aber da die meisten keine großen Künstler waren, mussten sie sich anstrengen, die Muskeln ihrer Figur zu formen und zu betonen, was zu Resultaten führte, die oft ebenso komisch wie aufschlussreich waren. In dem Bemühen, einen gut entwickelten Oberkörper darzustellen, produzierten manche Kandidaten einen Mann mit einem riesigen, ausgeprägten, busenähnlichen Brustkorb und einer Wespentaille, der insgesamt einen seltsam androgynen Eindruck vermittelte.

Dies veranschaulicht unter anderem auch eine Idee, auf die ich später bei der Diskussion über die *maskulin-feminine Spaltung* zurückkommen möchte, nämlich, dass die Gegensätze einander enthalten. Wenn ein Mann seine innere Verletzlichkeit so stark leugnen muss, dass er eine extreme oder unrealistische Position männlicher Stärke einnimmt, endet er genau an der Stelle, die er so verzweifelt zu vermeiden versuchte. In größerem Rahmen sieht man diese Dynamik in Alkoholismus, Glücksspiel, rücksichtslosem Fahrverhalten und anderen männlichen Verhaltensweisen; um ihre Härte zu beweisen, ziehen Männer in den Krieg und sterben, während die zähen Frauen überleben. In gewisser Weise sind die Gegensätze also nicht nur ineinander enthalten, sondern rufen sich gegenseitig hervor. In meiner Familie war es zum Beispiel die Hypermaskulinität meiner Brüder, die meine femininen Züge zum Vorschein brachte.

In der Forschung für meine Doktorarbeit versuchte ich meine Leidenschaft für klinische Psychologie und Arbeitspsychologie zu kombinieren. Wäre es zu simpel (und politisch inkorrekt), davon auszugehen, dass Erstere – das Interesse, mit Menschen zu arbeiten – weiblicher war, während Letztere – der Wunsch mit Geschäftsorganisationen zusammenzuarbeiten – eher als maskulin eingeschätzt werden konnte? Ich bin mir nicht sicher, aber auf jeden Fall sah ich die Geister der maskulinen und femininen Dimension überall lauern, während ich meine empirischen wissenschaftlichen Forschungen durchführte. Da es in meiner Dissertation um die persönliche Entwicklung von Menschen in Führungspositionen ging, musste ich die wissenschaftlichen Veröffentlichungen spezifisch mit Blick darauf durchgehen, was einen effektiven Führungsstil ausmacht – in einer Firma, in der Politik, wo auch immer. Ich fand heraus, dass bekannte Arbeitspsychologen viele verschiedene Faktoren analysiert und sie mittels statistischer und konzeptioneller Methoden in zwei Elemente kategorisiert hatten, welche dann mit so kryptischen akademischen Namen versehen wurden wie «Initiativstruktur» und «Abwägen». Nun raten Sie mal, welche Führungsstile mit diesen «Grundfaktoren» über Jahre hinweg korrelierten? Hier in Auszügen eine Liste, zunächst für die Initiativstruktur: «aufgabenorientiert», «produktionsorientiert», «zielbetont», «leistungsstark», «selbstorientiert», «direktiv», «autokratisch» und «geschlossen». Und für Abwägen: «beziehungsorientiert», «arbeitnehmerorientiert», «interaktionsfördernd», «unterstützend», «interaktionsorientiert», «konsultativ», «demokratisch» und «offen».

In meiner eigenen Forschung – ohne den blassesten Schimmer hinsichtlich meiner unbewussten Motivation – versuchte ich herauszufinden, welche Persönlichkeitsentwicklung eine Führungsperson dafür prädestiniert, beide Führungsstile anzuwenden oder je nach Situation zwischen beiden abzuwechseln. Mit anderen Worten: Ich folgte zwar empirisch dem legitimen Pfad der Fragestellung, aber unbewusst versuchte ich zu integrieren. Nun, ich denke, Sie wissen inzwischen selbst, worum es mir ging.

Nach meinem Abschluss, während ich meine Praxis als klinischer Psychologe aufbaute, arbeitete ich auch als Arbeits- und Managementberater. Dabei bot ich vielen Geschäftsleuten Beratungs- und Trainingsprogramme im Bereich der Verhandlungsführung an. Je nach Art der Geschäftsbeziehung zwischen zwei Parteien kann man bei Verhandlungen mehr oder weniger kooperative Strategien einsetzen. Wenn Sie beispielsweise Ihr Auto verkaufen und den Käufer nie wieder zu Gesicht bekommen werden, sagen Sie ihm vielleicht nicht freiwillig, dass Sie den Wagen verkaufen, weil er Sie im Jahr 3000 Dollar kostet. Aber bei den meisten Geschäftsverhandlungen (beispielsweise, wenn Ihre Firma die Vertragsbedingungen mit einer Werbeagentur oder einem Computerverkäufer aushandelt) muss eine längerfristige Beziehung in Erwägung gezogen werden. Ist dies der Fall, müssen beide Parteien kooperativere Verhandlungstaktiken anwenden, so genannte «win/win»-Methoden, also solche, bei denen beide Seiten etwas gewinnen. Beispielsweise kann es üble Folgen haben, wenn man der anderen Seite bestimmte Informationen vorenthält. Aber versuchen Sie mal, das einem aggressiven Geschäftsmann bei einem Verhandlungstraining begreiflich zu machen! Verstandesmäßig stimmt er vielleicht mit Ihnen überein, aber in der Verhandlungssituation möchte er viel lieber überraschen, angreifen, argumentieren und den Gegner an die Wand drängen statt «sanftere», verbindende, ja, ich wage zu sagen, «feminine» Verhandlungsstrategien anzuwenden. Sich die Geschäftsinteressen der anderen Seite anhören? Eine gemeinsame Grundlage erarbeiten? Ratschläge anbieten? Bei einem eher unwichtigen Punkt nachgeben, um für beide Parteien einen Schritt nach vorn zu erleichtern? Für die meisten höheren Angestellten – in der überwiegenden Mehrzahl Männer – waren das langweilige Ideen, auf die man mit einer gewissen Verachtung herabschaute. Was mich angeht, so möchte ich wieder einmal gern glauben, dass es in der Welt genug Platz für Wettbewerb und für Zusammenarbeit gibt.

Besteht die maskulin-feminine Dimension nur in meinem Kopf oder auch in der so genannten objektiven Realität, wo ich sie lediglich beobachte? Ich denke, es stimmt beides, und ich hoffe, indem ich meine eigene Subjektivität erkenne, nähert sich mein Buch der Objektivität. Aber wenn Sie weiter lesen, werden Sie sich selbst ein Urteil darüber bilden können.

Selbstverständlich färben meine eigene Geschichte und meine psychologischen Tendenzen in meiner klinischen Praxis die Art, wie ich meine Patienten wahrnehme und mit ihnen umgehe. Behandle ich Männer und Frauen unterschiedlich? Ich würde sagen, ja, bis zu einem gewissen Grad. Beeinträchtigt das die Nützlichkeit dessen, was ich meinen Leserinnen über den Umgang mit Männern zu sagen habe? Wieder würde ich sagen, ja, bis zu einem gewissen Grad. Es sei denn, mein Rat lautet, dass Frauen aus meiner Männlichkeit lernen und sich in Beziehungen mit Männern männlicher benehmen sollen. Tatsächlich gebe ich diesen Rat, zumindest manchen Frauen. Erinnern Sie sich? Ich trete ein für … Integration und das nicht nur für Männer.

Vielleicht sind wir uns nicht ständig dessen bewusst, aber psychisch und physisch hören wir nie auf, ein Mann (oder eine Frau) zu sein. Als ich neulich daran dachte, fiel mir plötzlich auf, dass die vier oder fünf Bücher, die ich meinen männlichen Patienten oft empfehle – von Scott Pecks *Der wunderbare Weg* bis zu Tolstois *Tod des Ivan Illich* –, alle von Männern geschrieben sind. Dessen war ich mir bis dahin nicht bewusst, aber jetzt sehe ich, dass diese Bücher entschieden eine «maskuline» Tendenz besitzen: Sie sind scharfsinnig, provozierend und intellektuell geschrieben. Vergleichen Sie das mit einer Bemerkung, die ich einmal einer Patientin gegenüber machte (ja, ich habe eine ganze Anzahl Patientinnen, also habe ich durchaus Kontakt zur weiblichen Psyche). Die Patientin, eine junge, erfolgreiche Autorin, war eine faszinierende Geschichtenerzählerin. Aber in ihren Therapiesitzungen und im Leben nutzte sie ihre Gaben, um «im Kopf zu leben» und enge Beziehungen zu vermeiden. Um ihr das zu verdeutlichen, sagte ich: «Manchmal komme ich mir in den Sitzungen mit Ihnen vor, als hätte ich mich in einem Roman von Virginia Woolf verirrt.» Hier benutzte ich nicht nur unbewusst eine Schriftstellerin als Beispiel, sondern brachte unabsichtlich auch meine eigene Angst als Mann zum Ausdruck – die Angst, sich im Kopf oder gar im Körper einer Frau zu verlieren.

Doch während das Geschlecht eine Konstante darstellt, hört die Subjektivität des Therapeuten hier nicht auf. Zwar denken die meisten Leute, dass Therapeuten auf ihre Patienten nicht emotional reagieren sollten, aber in Wirklichkeit stimmt fast das Gegenteil – gute Therapeuten achten auf ihre emotionalen Reaktionen und nutzen sie als therapeutisches Werkzeug. Wenn ich auf einen

Patienten wütend bin, der mir erzählt, dass er eigentlich gar nicht an Therapie «glaubt» und dass er nur wegen seiner Frau gekommen ist, dann geht es bei meiner Wut nicht wirklich um mich. Sie wird durch den Patienten hervorgerufen, aber ich kann sie nutzen, um etwas darüber zu erfahren, wie er mit anderen umgeht. Um das zu können, muss ich (1) wissen, dass ich wütend bin, und (2) sicher sein, dass ich nicht wegen meiner eigenen Zweifel an der Therapie wütend bin. Mit anderen Worten, erst wenn wir wissen, wer wir sind, können wir andere wirklich kennen lernen.

Ich habe gesagt, Männer sind schwierig, aber das soll nicht heißen, dass Frauen etwa nicht schwierig wären. Es soll auch nicht heißen, dass Männer Blödiane, Scheißkerle oder Perverse sind, wie manche Frauen glauben. Meinem Gefühl nach ist es jede der sieben Herausforderungen männlicher Unsicherheit wert, sich ihr zu stellen, sie zu verstehen, sich mit ihr auseinander zu setzen und . . . sie zu lieben.

Dies sehe ich oft an Paaren, die zur Ehe- oder Paartherapie kommen. Anfangs hat es oft den Anschein, als wäre der Mann der Böse: Er teilt sich nicht mit, er ist wütend und kritisch, distanziert, kindisch, verantwortungslos, er hat ein sexuelles Problem, verbringt seine ganze Zeit im Büro, er trinkt, er hat eine Affäre, ist kokainsüchtig und so weiter und so fort. Ach ja, oft hat er auch noch eine skeptische Einstellung der Psychotherapie gegenüber. Die Frau dagegen scheint offen für Kritik, bereit, Verantwortung zu übernehmen, erpicht auf Kommunikation und vernünftig in ihren Wünschen und Bedürfnissen.

Doch ziemlich bald ändert sich das Bild: Das Ausagieren des Mannes ist lediglich der Deckmantel für eine sensible, suchende Seele, während das kooperative, vernünftige Verhalten der Frau nur eine dünne Schicht darstellt, unter der . . . aber das müssen wir uns für ein Buch über Frauen vorbehalten.

Kapitel 2

SCHAM

... Jungen weinen nicht

Als mein Sohn in der ersten Klasse war, traf ich den mutigen Entschluss, Trainer in seiner Little League T-Ball-Mannschaft zu werden. Das war deshalb ziemlich mutig, weil ich nicht mit Baseball aufgewachsen war. Deshalb besaß ich kaum ausreichende Kenntnisse über das Spiel, ganz zu schweigen davon, dass ich eine Ahnung vom richtigen Training hatte. Aber ich dachte, es sind ja nur Erstklässler, damit werde ich schon fertig. Und abgesehen von ein paar peinlichen Momenten – beispielsweise, als der beste Freund meines Sohns mich während eines Spiels fragte: «Alon, warum soll ich auf dich hören?», worauf ich antwortete: «Weil ich der Trainer bin!» – kam ich ganz gut zurecht.

Die Wahrheit ist, dass ich eigentlich Fußballtrainer sein wollte. Fußball war der Sport, mit dem ich groß geworden war, in dem ich gut war und den ich liebte. Aber in der ersten Klasse interessierte sich mein Sohn nicht für Fußball und so erhielt ich nicht die «Chance», meinen unerfüllten Traum, Fußballprofi zu sein, auf ihn zu projizieren. Dann kam die zweite Klasse. Die Interessen meines Sohnes änderten sich und er wurde Fußballfan. Natürlich war ich begeistert und aufgeregt bei der Aussicht, sein Team zu trainieren. Ich hatte ja keine Ahnung, dass Fußballtraining noch eine wesentlich größere Herausforderung sein würde als T-Ball und vielleicht eine andere Art Mut erforderte.

Es ist wirklich erstaunlich, wie konkurrenzbesessen Zweitklässler sein können, wie wichtig Gewinnen und Verlieren beim Sport für sie ist. Noch erstaunlicher ist es, ihre Eltern an der Seitenlinie zu beobachten – sie drehen völlig durch. Und der Trainer ist womöglich der Verrückteste von allen. Was mich betrifft, so erzählte ich meiner Mannschaft zwar, dass es viel mehr darauf ankommt, Spaß zu haben und etwas zu lernen als Sieger zu sein, aber insgeheim wollte ich unbedingt, dass die Mannschaft meines Sohns gewann. Dieser kaum artikulierte Wunsch wurde mir mit einem Schlag klar, als mein Sohn einmal wegen eines geringfügigen medizinischen Problems nicht spielen konnte. In diesem Spiel war mein Trainingsstil wesentlich entspannter. Scharfsichtig bemerkte mein Sohn vom Rand aus: «Du warst längst nicht so streng wie sonst.»

Natürlich gibt es nichts daran auszusetzen, sich in wettkampfbetonten Sportarten emotional zu engagieren. Aber in einem Spiel meines Sohns passierte mir etwas, was mich wirklich beunruhigte. In diesem Spiel war die Mannschaft meines Sohns übel am Verlieren, und mein Sohn, der obendrein noch müde und hungrig war, begann zu weinen. Und da stand ich nun, der Psychologe, der für männliche Verletzlichkeit plädiert, und war wütend auf meinen Sohn, weil er weinte. Aus meinem Mund kam ganz automatisch ein «Hör auf zu heulen», gefolgt von dem beschämenden, grausamen Nachsatz: «Siehst du nicht, dass du der einzige Junge bist, der weint?» Ich war so wütend und frustriert, dass ich, obwohl ich wusste, dass ich meinem Kind Unrecht getan hatte, erst viel später verstand, was ich angerichtet hatte.

Für mich war Weinen keine angemessene oder reife Reaktion, wenn man ein Fußballspiel verlor, also schämte ich mich der Tränen meines Sohns. Und weil er schuld war, dass ich Scham empfand, zahlte ich es ihm unbewusst mit gleicher Münze heim und beschämte ihn. Natürlich war er an gar nichts schuld, er konnte nichts dafür, was ich empfand – er weinte nur. Und selbst wenn es unangemessen ist zu weinen, wenn man verliert, wie konnte ich meinem Sohn Vorwürfe dafür machen, dass er mein eigenes Konkurrenzverhalten und meine eigene emotionale Empfindlichkeit widerspiegelte?

Sobald ich verstand, was ich getan hatte, kam das ursprüngliche Gefühl, das ich hatte loswerden wollen, zurück, und zwar mit aller Macht. Aber diesmal schämte ich mich über mein eigenes Verhalten, und natürlich zu Recht. Doch da ich es nun verstanden hatte, konnte ich meine Scham nicht mehr loswerden, indem ich sie einfach auf jemand anderen ablud. Was sollte ich in dieser Situation tun? Mit meinem Kind darüber reden? Würde das nicht alles nur noch schlimmer machen, wenn ich ihn mit einer psychologischen Analyse belastete, um mein Gewissen zu erleichtern? Mit meinen Trainerkollegen darüber reden? Würden sie mich nicht für verrückt halten? Schließlich machen sie genau dasselbe mit ihren eigenen Söhnen und schämen sich kein bisschen. Oder sollte ich mit meiner Frau darüber reden, damit ich mich danach nur noch mieser fühlte, weil ich unser Kind so unsensibel behandelt hatte?

Schließlich entschuldigte ich mich bei meinem Sohn für mein Verhalten und beichtete den ganzen Vorfall einem Freund, der auch ein Kollege ist – und er zeigte viel Verständnis. Vermutlich lege ich auch hier ein Geständnis ab. Aber obwohl eine Beichte erleichtert, kann ich kaum behaupten, dass ich regelmäßig mit anderen über meine Gefühle spreche. Zumindest in diesem Aspekt bin ich kein atypischer Mann.

Natürlich soll man in der Therapie über Gefühle sprechen. Aber selbst mit dieser Erwartung, mit dieser Erlaubnis im Hintergrund fühlen sich viele Männer dabei unbehaglich. Wenn man Männer sich selbst überlässt, diskutieren Männer lieber über Sport, Autos, Hi-Fi-Anlagen, Informationssysteme, Politik, die Börse, Arbeit, Kinder, Freundinnen, Frauenkörper (dies die aktuelle Beliebtheitsskala). Gelegentlich klatschen sie auch gern über Freunde und Nachbarn. Ja, sie sprechen auch über sich selbst, aber meistens, wenn es um ihren äußeren Erfolg bei irgendeiner Aufgabe geht – vom großen Verkaufscoup bis zur Reparatur der Garagentür.

Aber obwohl ein Mann vielleicht nicht über sein emotionales Selbst spricht, findet man doch in allem, was er sagt – oder nicht sagt –, Beweise für dessen Existenz. Man findet sie in der Reaktion beziehungsweise dem Mangel an einer solchen, wenn ein Ehemann nach Hause kommt und dort seine Frau vorfindet, die tränenüberströmt und verzweifelt jammert: «Ich halte das nicht mehr aus, mein Chef war schon wieder so gemein zu mir.»

«Du bist doch erst zwei Wochen dort, Schatz», antwortet er vielleicht und fügt in einem Ton, in dem kaum eine Spur von Ärger zu hören ist, hinzu: «Du musst der Sache mehr Zeit geben.» Sobald er das gesagt hat – noch bevor die Frau zutiefst verletzt das Zimmer verlässt oder ihn mit Schweigen straft oder ärgerlich erwidert: «Warum kannst du mich nicht wenigstens unterstützen?» –, weiß er, dass er die Sache vermasselt hat. Seine Frau möchte doch nur, dass er ihr zuhört, sie tröstet und beruhigt. Warum bringt er das einfach nicht fertig? Warum muss er ihre Gedanken korrigieren, statt einfach Mitgefühl mit ihrer Situation und ihren Tränen zu zeigen?

In seinem Buch *Männer sind anders. Frauen auch. Männer sind vom Mars, Frauen von der Venus* erklärt John Gray, dass Männer es persönlich nehmen und meinen, alles wieder in Ordnung bringen zu müssen, wenn Frauen mit ihnen über schmerzliche Gefühle oder Probleme sprechen. Wenn sie es nicht in Ordnung bringen können, meint Gray, sind sie frustriert. Das trifft sicher auf unseren hypothetischen – wenn auch nur allzu bekannten – Mann weiter oben zu. Aber Gray erklärt die Natur dieser Frustration nicht umfassend genug. Meiner Erfahrung nach sind «Marsianer» nicht einfach «Reparateure», die keine ungelösten Probleme ertragen. Vielmehr sind ihre hektischen, nach Aktivität heischenden Lösungsvorschläge ein unverzügliches Manöver, Schamgefühle zu verdecken und so weit wie möglich zu reduzieren.

Deshalb stimmt es nicht, dass Männer unfähig sind, Mitgefühl mit einer Frau zu empfinden oder ihr zuzuhören, wenn sie von etwas spricht, was ihr wehtut. Aber um das zu tun, muss ein Mann zulassen, dass er das fühlt, was die Frau fühlt – Traurigkeit, Schutzlosigkeit, Verletzlichkeit. «Nein, danke», sagt sich der Mann, und zwar so schnell, so automatisch, dass er sich nicht einmal selbst hört. Aber irgendwo im Hinterkopf weiß er genau, dass er ein Gefühl vermeidet – etwas Unangenehmes, das so ähnlich ist, als müsste er nackt auf der Straße herumlaufen.

Dieser innere Dialog ist immer mein erster Verdacht, wenn ein Mann etwas sagt (oder nicht sagt), was keinen Sinn ergibt. Wenn Männer Informationen nicht herausrücken oder Sätze nicht vollenden oder wenn sie etwas sagen, was ein bisschen oder auch sehr zusammenhanglos erscheint, dann kann man fast drauf wetten, dass sie mit Schamgefühlen zu kämpfen haben.

Wenn also ein junger Börsenmakler beim Dinner mit seiner Freundin leichthin, aber völlig ohne Zusammenhang verkündet: «Ich hab heute ein paar Aktien verkauft», läuft der längere innere Dialog etwa folgendermaßen: «Ich möchte sagen: ‹Ich fühle mich mies, weil ich billig verkauft und eine Menge Geld verloren habe›, aber wenn ich nur sage: ‹Ich hab Aktien verkauft›, fragt sie vielleicht, warum, und dann könnte ich immer noch sagen, wie ich mich fühle, oder noch besser, sie fragt nicht, dann muss ich gar nichts sagen.» Dieser Gedankengang findet oft ohne Worte und innerhalb von Sekundenbruchteilen statt. Wenn die Freundin nicht besonders feine Antennen hat oder ungewöhnlich sensibel ist, hört sie nur eine etwas seltsame oder zusammenhanglose, aber vor allem sachliche, kurze und langweilige Bemerkung. «Warum erzählt er mir das?», fragt sie sich vielleicht und verpasst die Chance eines tieferen, vertrauteren Augenblicks.

Wenn ein Mann sagt: «Ich hatte heute bei der Arbeit eine Leistungskontrolle», statt: «Die Leistungskontrolle heute ist toll gelaufen», sollte seine Frau gleich die Ohren spitzen. Ist die Kontrolle nicht gut gelaufen? Hat ihr Mann Angst, macht er sich Sorgen und fühlt sich verletzlich, sagt aber aus Scham nur die Hälfte dessen, was er fühlt? Häufig ist beispielsweise auch eine simple und ansatzweise verdächtige Aussage wie «Ich habe eine Verabredung» kein

Hinweis auf eine Affäre, sondern auf eine schambesetzte Aktivität, die manchmal ein Geheimnis ist, manchmal aber auch nicht.

Kurz nachdem er die Therapie bei mir angefangen hatte, begann sich einer meiner Patienten mit einer Frau zu treffen, die er für attraktiver und erfolgreicher hielt als sich selbst. Er schämte sich, ihr zu sagen, dass er eine Therapie machte, was sich eine Zeit lang ohne größere Probleme bewerkstelligen ließ. «Ich hatte einen Termin», «Ich hab mit einem Freund zu Mittag gegessen» oder «Ich bin im Central Park spazieren gegangen» waren anfangs akzeptable Erklärungen auf zufällige Fragen nach seinem Verbleib. Aber als die Beziehung ernster wurde und sich die Stundenpläne der beiden immer mehr überlappten, mussten Halbwahrheiten und Notlügen durch immer einfallsreichere Geschichten ersetzt werden.

In der Therapie unterhielten wir uns darüber. Wir sprachen über Scham und darüber, wie wahrscheinlich es war – aufgrund ihrer Persönlichkeit und der Art, wie die meisten Frauen auf den Gedanken einer «Beratung» reagieren –, dass die Freundin verständnisvoll und akzeptierend reagieren würde. Woche um Woche nahm mein Patient sich vor, ihr reinen Wein einzuschenken, tat es aber nicht. Nach anderthalb Jahren kam er mit den Lügen nicht mehr weiter. Obwohl er spürte, dass die Therapie für den Erfolg der Beziehung sehr wichtig war, beendete er unsere Sitzungen abrupt. Das war eine der verblüffendsten und frustrierendsten «Trennungen», die ich je erlebt habe.

Erstaunlicherweise sind die Männer in all diesen Beispielen durch ihre Scham motiviert, weiteren emotionalen Schmerz zu vermeiden, sei es noch mehr Scham, Angst, Zurückweisung oder Minderwertigkeitsgefühl. Als wäre Scham nicht ebenso schmerzhaft wie diese anderen Gefühle! Eine seltsame Taktik, die Männer jedoch bereits in frühester Kindheit lernen. Sie lernen es als Jungen in ihrer Beziehung zu Menschen, aber auch zu Gegenständen und Ideen. Nehmen wir ihre Beziehung zu Barbiepuppen. Im Alter von vier oder fünf Jahren ist es noch durchaus vorstellbar, dass ein Junge mit Puppen spielt. Ein oder zwei Jahre später spielt er vielleicht zwar immer noch mit ihnen, ergreift aber jede Gelegenheit, der Welt zu verkünden: «Ich hasse Barbies.» Oder nehmen wir Jungen und ihre Beziehung zu Klamotten. Womöglich merkt ein Sechs- oder Siebenjähriger eines Morgens in der Schule mit großem Entsetzen, dass er als Einziger der Klasse ein Button-down-Hemd trägt. «Warum hast du mir so ein schickes Hemd rausgelegt?», jammert er dann, wenn seine Mutter ihn abholt. Noch deutlicher wird es vielleicht, wenn man sich die frühe Beziehung zu den eigenen Tränen ansieht. Ein Erst- oder Zweitklässler fühlt sich möglicherweise, wenn er geweint hat, so mies, dass er Augenzeugen bittet, es zu verschweigen – «Bitte erzähl niemandem, dass ich geweint hab», sagt er nach einem Streit zu seinem großen Bruder.

Wenn ein Mann sich schämt, versucht er das Gefühl möglichst klein zu halten, indem er sich nicht mitteilt (Schweigen) oder das Gegenteil behauptet (Lügen) oder sich indirekt mitteilt (Ausflucht). Aber dabei geht es nicht nur darum, dass Scham zu schmerzlich ist, vielmehr ist sie auch ein Signal dafür, dass noch andere beunruhigende Gefühle unter der Oberfläche lauern. Deshalb dient die Scham als Abschreckung und ständige Mahnung, an diese anderen Gefühle nicht einmal zu denken.

Diese anderen Gefühle umfassen nicht alle schmerzlichen Emotionen. Beispielsweise ist es für Männer anscheinend okay, sich zu verlieben, selbst wenn diese Liebe nicht erwähnt wird, oder auch, einen Wutanfall zu bekommen. Aber von Natur her haben diese Gefühle das Potential, Männer zur Aktivität zu motivieren: jemandem den Hof zu machen und hoffentlich die Oberhand zu gewinnen oder ein konkretes Ergebnis zu erzielen. Problematischer sind für sie die Gefühle, die sie verletzen und verletzlich machen.

Wenn wir uns also auf eine enge Beziehung mit Männern einlassen, müssen wir uns erst durch die dicke Schicht der Scham durcharbeiten, die sie verschließt. Das ist relativ leicht, wenn der Mann sich seiner Scham bewusst ist und gezielte Maßnahmen ergreift, um sie zu überwinden. In einer solchen Situation ist er bereit, sich und anderen etwas einzugestehen. Einer meiner Patienten fühlte sich beispielsweise so mies, weil er seine erste sexuelle Begegnung (als Teenager) mit einer Cousine gehabt hatte, dass er sich fünfzehn Jahre später dazu zwang, dies am Vorabend der Hochzeit seiner Verlobten zu gestehen. Ein anderer Mann war begeistert, als ihn eine sehr attraktive Frau schon bei der zweiten Verabredung aus eigener Initiative küsste. Sein Wunsch, möglichen Schamgefühlen vorzubeugen, bewog ihn dazu, den Kuss mittendrin zu unterbrechen und der Frau mitzuteilen: «Ich muss dir sagen, dass ich einmal eine sexuell übertragbare Krankheit hatte, nämlich Gonorrhöe.» Offensichtlich hinderte es ihn nicht an seiner Beichte, dass die Krankheit vor Jahren behandelt und geheilt worden war.

Das Bedürfnis der Männer zu beichten gehört zu den einfachen Methoden, mit Scham umzugehen. Häufig findet man auch einen sarkastischen Humor, mit dem der Mann sich über sich selbst lustig macht, was sich beispielsweise auch in der Arbeit vieler Stand-up-Comedians zeigt. «Vermutlich bin ich selbst auch nicht gerade der Märchenprinz» ist eine Aussage, die wohlmeinend den Untertext «Ich wollte, ich würde mich nicht so für das schämen, was ich bin» verbirgt. Aufschieben und vermeiden sind weitere Mechanismen. Ein Patient, ein hart arbeitender Mann, der immer für seine Familie gesorgt hatte, wurde ohne eigenes Verschulden entlassen. Trotzdem schämte er sich so dafür, Arbeitslosengeld zu beziehen, dass er den entsprechenden Antrag mehrmals aufschob. Schließlich vergaß er es ganz, bis es zu spät war – was seine Familie um einen großen Batzen Geld brachte.

In seinem Buch *Scham. Annäherung an ein Tabu* erklärt der Psychotherapeut Michael Lewis, warum diese Verhaltensformen helfen, Scham zu reduzieren oder zu leugnen. Indem wir vergessen, erklärt Lewis, verlagern wir die Aufmerksamkeit von der Scham verursachenden Situation auf etwas anderes. Wenn wir beichten oder über uns selbst lachen, ist es, als blickten wir von außen auf uns selbst, meint Lewis. «Diese andere Person hat das getan», scheinen wir zu sagen und distanzieren uns damit von der beschämenden Situation.

Wenn Scham nun bewusst erlebt wird, wie in den meisten obigen Beispielen, ist der größte Teil der Arbeit erledigt, sobald wir darüber reden können. Schwieriger wird die Sache dadurch, dass Männer sich in den meisten Fällen ihrer Scham nicht bewusst sind. Während Frauen oft peinliche Gefühle, Scham und mangelndes Selbstwertgefühl artikulieren können, leugnen oder unterdrücken Männer solche Gefühle lieber gänzlich. Für manche Männer ist Scham einfach unerträglich. Nun, was ist daran auszusetzen?, fragen Sie sich jetzt vielleicht. Was ich nicht weiß, macht mich nicht heiß, oder? Sollten Frauen nicht sogar mehr von diesem männlichen Verhalten übernehmen?

Vielleicht schon, aber Nichtwissen hat immer seinen Preis. In diesem Fall bezahlen ihn zunächst die anderen – oft Frauen –, aber irgendwann wird die Währung gewechselt und geht dahin zurück, wohin sie gehört. Lassen Sie es mich genauer erklären.

Der Sozialpsychologe würde es so ausdrücken, dass Frauen dazu neigen, Erfolge anderen und Misserfolge sich selbst zuzuschreiben, während Männer genau das Gegenteil machen: Sie rechnen sich Erfolge selbst an, aber für Misserfolge geben sie anderen die Schuld. Mit meinen eigenen Worten: Um das Gefühl der Scham loszuwerden, projizieren Männer ihre eigenen Unzulänglichkeiten auf andere. Und sowohl bei Dates wie in intimeren Situationen sind diese anderen meistens Frauen.

Verabredungen und Beziehungen: die Checkliste

Eine Freundin hat es so ausgedrückt: «Alle Männer glauben, sie wären Adonis. Kahl, fett, klein oder dünn, immer halten sie sich für unwiderstehlich – deshalb sind sie auch ständig bereit, Sex zu haben.» Aus der Sicht einer Frau ist diese Theorie durchaus sinnvoll, und wenn man männlich-weibliche Interaktionen von außen betrachtet, scheint etwas Wahres daran zu sein. Aber wenn man die männliche Seite solcher Interaktionen aus der Perspektive des therapeutischen Zusammenhangs ansieht, in dem sich das Innere nach außen kehrt, stürzt die Theorie in sich zusammen.

Ja, was viele sensible allein stehende Frauen in der Singleszene vermuten, ist richtig: Hinter verschlossenen Türen holen Männer ihre Checkliste hervor und debattieren über die Vorzüge oder noch häufiger die Nachteile einer Kandidatin. Nach meiner Erfahrung besteht die typische Gedanken-Checkliste eines Mannes aus positiven Punkten wie hübsch, intelligent, schlank, kultiviert, herzlich, selbstbewusst, sinnlich, humorvoll und interessant, während auf der negativen Seite Eigenschaften stehen wie hässlich, dumm, dick, naiv, kühl, unsicher, gehemmt, zurückhaltend und langweilig.

Für gewöhnlich bekommen die meisten Frauen ein paar positive Punkte, aber zumindest in der Therapie konzentrieren sich die Männer bei ihrer Beurteilung oft geradezu zwanghaft auf die negativen Seiten: «Sie ist Juristin und sehr hübsch, also müsste sie eigentlich intelligent sein. Aber sie hat überhaupt nichts Gescheites gesagt. Sie interessiert sich nicht für Politik und auch nicht für Verfassungsrecht und gerade das finde ich besonders faszinierend. Wenn ich recht darüber nachdenke, hat sie überhaupt keine intellektuellen Interessen. Sie wandert gern! Vielleicht ist sie doch eher dumm. Was glauben Sie?»

Bis zu einem gewissen Grad erwartet man diesen Urteilsprozess bei einem Rendezvous, bei dem Männer wie Frauen voller Nervosität herausfinden wollen: «Ist das der richtige Mensch für mich?» Doch wenn wir durchs therapeutische Mikroskop blicken, bekommen wir vielleicht ein klareres Bild.

Ein Patient, ein netter, hübscher, gefälliger Medizinstudent, besaß außerdem noch beträchtliche intellektuelle, musikalische und kulinarische Talente. Seine Karriere sah sehr vielversprechend aus, er hatte eine Menge Energie, liebte Nietzsche, Kafka und Mozart. Und er liebte Frauen, jedenfalls behauptete er das. Aber bislang hatte keine seiner Beziehungen länger gehalten, obwohl es bei seiner gewinnenden Persönlichkeit mehr als genug Kandidatinnen gab. Wenn er sich mit einer Frau zwei bis sechs Wochen lang getroffen hatte, verlor er das Interesse und machte mit ihr Schluss.

Nach einiger Zeit in der Therapie konnten dieser Patient und ich sein Verabredungsmuster mit einer geradezu absurden Trefferquote vorhersagen. In Phase eins (Woche 1–2) sammelte er Daten für die Checkliste. In Phase zwei (Woche 3–4) analysierte er die Daten, und in Phase drei (Woche 5–6) machte er sich mit schlechtem Gewissen daran, das Ende der Beziehung so zu planen, dass es die Frau möglichst wenig verletzen sollte.

Aber das Interessanteste passierte in Phase vier – der posthumen Phase. Hier sammelten wir nach jedem Beziehungsende die Daten und analysierten sie gemeinsam. Dabei entdeckten wir, dass er die Beziehung zu einer Frau abbrach, weil diese zu «naiv» war. «Sie ließ sich zu leicht von ihren Freunden beeinflussen und hat ihren Boss völlig kritiklos bewundert.» Eine andere Frau bekam den Laufpass, weil sie «einfach zu nett» war. Sie liebte Tiere, sie liebte die Natur und war nicht intellektuell genug. Eine dritte Frau war «so begeistert von Folkmusic, dass sie keinen Rock and Roll hören wollte, von Klassik ganz zu schweigen». Und eine vierte ließ sich von «Grußkarten faszinieren und vom ‹Geist› der Ferien».

Ganz eindeutig hatten diese Frauen – zumindest im Kopf des Patienten – etwas gemeinsam, etwas, was ihn immer störte. Zwar konnte ich es nicht recht in Worte fassen – Nettigkeit, Einfachheit, Unschuld, Naivität? –, aber es kam mir jedenfalls nicht vor wie etwas, was viele Leute als abstoßend empfinden würden. Warum brachte es meinen Patienten dann so zur Weißglut? Während ich darüber nachdachte, versuchte ich auf meine eigene Erfahrung mit dem Patienten zu hören.

In unseren Sitzungen schimpfte er oft über die Bürokratie im Medizinstudium, über die Korruption des medizinischen Establishments und den zynischen Mangel an Zuwendung von Institutionen und Menschen in unserer Gesellschaft. Zwar behauptete er, dass er sich keine Sorgen machte, als Arzt ständig mit Krankheit und Tod konfrontiert zu sein, erwähnte aber mehrmals, dass er in blöden Filmen und selbst bei bestimmten Werbespots leicht anfing zu weinen.

In seinen Berichten über seine Kindheit fielen mehrere Sachen auf. Als er noch ganz klein war, hatte ihm sein Vater, der viel geschäftlich unterwegs war, immer großartige Versprechungen gemacht, beispielsweise Skiurlaube oder Reiterferien, diese aber nie wahr gemacht. Bei jedem neuen Versprechen wurde der Patient wieder aufgeregt und freute sich, nur um eine weitere Enttäuschung zu erleben. Aber er wurde nie wütend. Stattdessen versuchte er immer, seinem Vater zu gefallen – und als Erweiterung jeder Autoritätsperson –, und hoffte entgegen besserem Wissen, dass seine Erwartungen irgendwann doch noch erfüllt würden. In der zweiten Klasse musste er einen Satz schreiben, in dem das Wort «du» vorkam, und er schrieb: «Du bist eine tolle Lehrerin, Ms Dalton.»

Später provozierte seine Nettigkeit die älteren Jungen aus der Nachbarschaft, ihn fertig zu machen. Er musste Botengänge für sie erledigen und sie zwangen ihn, nackt im Schnee vor ihnen zu tanzen. Sein Bruder, der spielsüchtig war, ließ sich von ihm immer wieder aus Notsituationen freikaufen, ohne ihm je etwas zurückzuzahlen.

Anders ausgedrückt: Unter seiner weltgewandten Fassade war er idealistisch, einfach und voller Vertrauen. Er hatte eine grundsätzlich ungekünstelte Art, die ihn oft zum Opfer von Verletzungen, Demütigungen und Verlust werden ließ. Verständlicherweise schämte er sich wegen seines Naturells. Besonders beschämend für ihn war, dass er, weil er so gern gefallen wollte, nie etwas aus seinen Erfahrungen gelernt hatte.

Um diese Schamgefühle zu unterdrücken, musste der Patient sich von allem fern halten, was ihn an seine eigene Freundlichkeit, Naivität und so weiter erinnerte. Oder genauer: Zuerst musste er eine Frau finden, die diese Eigenschaften besaß – er interessierte sich nie für intellektuelle, karrierebewusste Frauen –, damit er sie erkennen und dann in der jeweiligen Frau zurückweisen konnte, statt in sich selbst.

Genau darum geht es in der «Checkliste». Eigenschaften und Charakteristiken, derer Männer sich unbewusst schämen, werden auf die Frau projiziert, mit der sie verabredet sind. Männer, die sich ihre Scham über ihren vielleicht mangelhaften Intellekt nicht eingestehen – was oft nicht mit ihrer tatsächlichen Intelligenz zu tun hat –, machen sich besonders Sorgen über Dummheit. Männer, die sich unbewusst schämen, weil sie kahl oder wabbelig sind, fragen sich ständig: «Ist sie denn hübsch genug?» Und diejenigen, die ihre Scham über ihre eigene soziale Angst unterdrücken, sorgen sich endlos darüber, ob eine Frau womöglich nicht «extrovertiert genug» ist.

Interessanterweise ist für viele Männer, wenn sie eine Verpflichtung eingehen oder heiraten, noch lange nicht Schluss mit der Checkliste, jedenfalls nicht ganz. Oft verkürzt sie sich auf ein oder zwei überdimensional aufgeblasene Hauptpunkte. Beispielsweise kann sich ein Mann darüber aufregen, dass seine Frau stundenlang vor dem Fernseher sitzt und Seifenopern ansieht oder dass sie keine Spitzenköchin ist oder dass sie kein anderes Interesse als ihre Kinder kennt oder dass sie das Haus nicht blitzsauber hält. Oft genug führt eins dieser Themen zu ständigem Genörgel oder gar wiederholten, bitteren Konflikten mit anhaltender Wut und Verzweiflung.

Im Lauf meiner Karriere haben mich viele Paare wegen solcher Konflikte aufgesucht. Während der ersten Sitzung meinte die Ehefrau eines solchen Paares, sie habe es satt, ständig von ihrem Mann kritisiert zu werden, vor allem deswegen, weil sie in Gruppensituationen immer so still sei. «Beispielsweise, wenn wir mit Freunden ausgehen», erzählte sie. «Ich bin ein Typ, der gern zuhört. Aber es ist auch nicht so, als würde ich nichts sagen. Ich stelle Fragen und erzähle auch über mich selbst, wenn ich mich ein bisschen eingewöhnt habe. Aber ich verstehe nicht, warum ihn das so stört. Er kann reden oder nicht, mir ist das egal. Ständig sagt er mir, ich soll mehr reden, und das macht mich echt sauer, weil ich mich dann total gehemmt fühle. Meine Freunde finden mich nicht zu still. Und das Schlimmste ist, dass ich ihm irgendwann glaube und selbst denke, mit mir stimmt was nicht und ich sollte tatsächlich mehr reden.

Dazu kommt noch was anderes», fuhr sie fort, «Wenn wir ausgehen, soll ich mich immer auf eine ganz bestimmte Art anziehen.

Ich mache das gern hin und wieder für ihn, aber er wird dann so dringlich. Dann kriege ich ein ganz komisches Gefühl zu mir selbst und alle meine Unsicherheiten wegen meines Körpers und meiner Attraktivität kommen zum Vorschein. Warum akzeptiert er mich nicht einfach so, wie ich bin?»

An dieser Stelle legte sie eine Pause ein und ihr Mann, der vor Wut puterrot angelaufen war, versuchte zu lächeln. «Das war aber ganz schön verdreht, oder?», sagte er. Dann zog er sich wieder ins Lager der Vernunft zurück und erklärte: «Es stimmt, dass ich finde, sie ist bei unseren Freunden zu still. Ich glaube, da fühlen sich die anderen unwohl.» «Meine Freunde finden das aber nicht», unterbrach sie ihn ärgerlich. «Deine Freunde würden dir wohl kaum sagen, wenn sie das finden würden, oder?», feuerte er zurück. «Aber um deine Freunde geht es ja auch gar nicht.» Jetzt holte er aus zum Vernichtungsschlag. «*Ich* finde es unhöflich und ich finde es außerdem langweilig, wenn du nichts sagst – das erinnert mich wirklich an deine Mutter.»

An diesem Punkt war überdeutlich, dass die Frau vor Wut kochte – wer würde das nicht an ihrer Stelle? Aber sie hielt sich zurück und er fuhr fort. «Und was die Klamottenfrage angeht – da kannst du von deiner Mutter sogar noch was lernen. Sie zieht sich so gut an, dass jeder ihr deswegen Komplimente macht. Was ist daran auszusetzen, dass man attraktiv aussehen möchte? Ist das nicht ganz normal?» Er wandte sich an mich. «Außerdem verstehe ich nicht, warum sie so überempfindlich und defensiv ist.» Wieder zu seiner Frau gewandt, fuhr er fort: «Warum hast du das Gefühl, ich kritisiere dich? Ich mache doch nur Vorschläge. Oder man könnte auch sagen, ich bitte dich, etwas mir zuliebe zu tun – was ist daran denn falsch?»

Für unser Thema gibt es zwei Knackpunkte in diesem Austausch. In dem Moment, als der Mann die Mutter der Frau ins Feld führt, wissen wir, dass etwas Ernstes passiert. Er ist absichtlich gemein, versucht, bestimmte Knöpfe zu drücken und seine Frau zu demütigen. Aber warum? Warum ist es ihm so wichtig, ihr klar zu machen, dass sie so schüchtern und zurückhaltend ist wie ihre

Mutter? Erstaunlicherweise stellt sich heraus, dass es zur Familienlegende des Mannes gehört, er habe als Kind nicht geredet. Mit vier Jahren haben seine Eltern ihn sogar zum Kinderpsychologen gebracht, weil er so wenig sprach. Ihm fehle nichts, meinte der Psychologe, er sei einfach still. Die Schüchternheit zog sich bis weit in die Pubertät des Patienten, und erst im College, als er merkte, dass er sehr intelligent war, wurde er verbal selbstbewusster. Und er überkompensierte so, dass er extrem beredt und extrovertiert wurde. Aber in seiner Frau sah er seine eigene Schüchternheit als Junge – und musste sie zerstören.

Verallgemeinernd lässt sich sagen: Wenn ein Mann bei einem Streit gemein wird, versucht er wahrscheinlich seine Gefühle von Scham und Minderwertigkeit zu leugnen. Der zweite Knackpunkt liegt in der Forderung des Mannes, seine Frau solle sich *ihm zuliebe* besser anziehen. Wir können vermuten, dass hinter dieser Forderung sein Bedürfnis steckt, dass nicht sie, sondern vielmehr er selbst besser aussieht. Auf Grundlage meiner bisherigen Analyse erwarten Sie jetzt vielleicht, dass der Mann ungepflegt wäre oder zumindest einen großen Kaffeefleck auf der Krawatte hätte. Aber nein, er sah gut aus und war gut gekleidet. Warum brauchte er seine Frau dann als seine ästhetische Repräsentantin?

Ganz eindeutig ist der Prozess des Leugnens und der Projektion nicht so einfach oder symmetrisch, wie ich es dargestellt habe. Bei dem Mann ging es nicht darum, dass er sein Aussehen bemängelte, sondern seinen Lebenslauf. Er war in einer reichen Vorstadt aufgewachsen, aber anders als die meisten seiner Freunde auf der Highschool besuchte er das örtliche State College – nichts Schickes oder Renommiertes. Anders als viele seiner Freunde war er auch kein Akademiker, obwohl er beruflich recht erfolgreich war. Wie Sie sich jetzt wahrscheinlich denken können, wurde mir klar, dass er sich dessen nur mit Schweigen und Flucht schämte – als ich in einer Folgesitzung seine persönliche Lebensgeschichte aufnahm, ließ er die Collegejahre aus. Außerdem gab er ungefragt eine ausführliche und defensive Erklärung darüber ab, warum er keinen höheren Studienabschluss gemacht hatte.

Dieser Mann schämte sich also für etwas, was in seinem statusorientierten Zirkel als Bildungsdefizit angesehen worden wäre. Um solche Gefühle zu vermeiden, projizierte er sie auf die äußere Erscheinung seiner Frau und erwartete von ihr, seinen Status aufzuwerten. Leider ist diese Dynamik nicht nur bei statusbewussten Menschen verbreitet. Tatsächlich ist sie vielleicht noch häufiger als die Checkliste. Der Grund liegt darin, dass Männer sich eher in Bezug auf arbeitsbezogene Probleme schämen als wegen ihres Aussehens.

Scham und Verletzlichkeit: Ist Angriff die beste Verteidigung?

Die klinische Erfahrung zeigt ebenso wie die Forschung, dass Frauen Scham eher bei Themen empfinden, die mit ihrer äußeren Erscheinung zu tun hat, und Versagen in zwischenmenschlichen Beziehungen fühlen, während Männer sich eher im Zusammenhang mit Leistung schämen, sowohl bei der Arbeit als auch sexuell. Dieser Geschlechtsunterschied oder – klarer gesagt – die Art und Weise, wie Paare damit umgehen, bildet den Hintergrund für viele Streitereien selbst in den besten Beziehungen. Im täglichen Leben haben Männer eine Menge «Chancen», sich ihres Verhaltens zu schämen. Einer steckt vielleicht in einem aussichtslosen Job, ein anderer hat einen Chef, der ständig an ihm herumkrittelt, ein Dritter verdient weniger als alle seine Freunde, ein Vierter ist plötzlich impotent. Selbst der gute alte «schlechte Tag» bei der Arbeit kann genug Misserfolgsgefühl hervorrufen, um Scham zu verursachen – und die instinktive Reaktion, sie nicht zu spüren.

Wenn er nach einem schlechten Tag von der Arbeit nach Hause kommt, kann das im Haus herumliegende Spielzeug, der unvollkommen gedeckte Abendessenstisch oder die strähnigen Haare seiner Frau dem Mann Gelegenheit genug geben, jemand anderes zu kritisieren und seine eigene Scham loszuwerden. Auf ähnliche

Weise kann der Mann mit dem ständig nörgelnden Chef seine Scham abwehren, wenn er mit seiner Freundin zum Essen ausgeht und ihr «vorschlägt», die Haare anders zu frisieren, oder sie «fragt», warum sie denn nicht die «hübscheren Ohrringe trägt, die ich dir gekauft habe».

Unglücklicherweise ist die Frau in einer solchen Situation nur allzu gern bereit, die Projektion des Mannes anzunehmen und zu verinnerlichen. Schließlich tendiert sie dazu, Scham wegen ihres Äußeren zu empfinden und auch wegen ihres Versagens im Beziehungskontext, was der Mann intuitiv ausnutzt. Aber das ist nur der Anfang der Auseinandersetzung. Obwohl die Frau sich selbst beschämt eingesteht: «Ja, ich bin ja auch nicht so besonders attraktiv», ist sie gleichzeitig auch wütend über den Mann, der ihr dieses Gefühl vermittelt. Also holt sie entweder zum Gegenschlag aus oder zieht sich schweigend zurück.

Das zeigt dem Mann, dass er etwas falsch gemacht hat. Aber da er nicht weiß, dass sein Handeln von seiner Scham wegen etwas anderem motiviert ist, kann er nur reagieren, indem er beteuert, dass er sie nicht kritisieren wollte. Die Frau kann ihm das nicht recht glauben, und weil sie sich über sein Leugnen noch mehr ärgert, nennt sie ihn unsensibel oder dumm. Nun fühlt sich der Mann angegriffen und schimpft zurück, sie sei überempfindlich und defensiv. Jetzt eskaliert der Streit in eine Spirale von Angriff und Gegenangriff und Sätze wie «Du machst immer . . .» und «Du bist genau wie . . .» und «Ich hätte nie . . . sollen» lenken den Streit in die destruktive Domäne früherer ungelöster Konflikte. Doch an der Wurzel des Ganzen befindet sich die Unfähigkeit des Mannes, das Gefühl der Scham auszuhalten, und die «Überkapazität» der Frau, sie auf sich zu nehmen.

Damit wir nun die Frau nicht als hilfloses Opfer sehen, ist es nur fair zu bemerken, dass viele Beziehungskräche auf der Dynamik zwischen Spiegel und Spiegelbild basieren, in der die Frau ihre eigenen Minderwertigkeitsgefühle auf den Mann projiziert und ihm zum Beispiel die Botschaft vermittelt, dass er ja gar nicht so gut für die Familie sorgt. Wenn wir über die *maskulin-*

feminine Spaltung sprechen, werde ich auf diesen Punkt zurückkommen.

Warum empfinden Männer und Frauen bei unterschiedlichen Themen Scham? Natürlich verstärken die meisten Kulturen diesen Geschlechtsunterschied, indem sie an die beiden Geschlechter unterschiedliche Erwartungen hinsichtlich Verhalten, körperlicher Anziehungskraft und sozialer Beziehungen stellen. Aber warum ist das so? Zwar würde eine ausführliche Diskussion dieses Themas den Rahmen dieses Buchs sprengen, aber ich möchte zumindest eine sehr interessante Theorie erwähnen, die der Psychiater Michael Lewis in seinem Buch über Scham erwähnt. Nach dieser «soziobiologischen» Theorie geht alles auf das evolutionäre Gebot der Fortpflanzung zurück. Wenn Scham den Mann dazu bringt, höhere Leistungen zu erzielen, und die Frau, attraktiv zu bleiben, steigt die Wahrscheinlichkeit, dass sie zusammenkommen und Nachwuchs zeugen.

Wahrscheinlich können viele meiner eigenen Beobachtungen über Männer durch solche soziobiologischen Theorien erklärt werden. Aber es ist ebenfalls möglich, dass diese soziobiologischen Faktoren sich gerade jetzt verändern. Wäre es beispielsweise nicht möglich, dass die stetige Entwicklung der menschlichen Großhirnrinde – der Teil des Gehirns, der für unsere komplexesten Denkvorgänge zuständig ist – gemeinsam mit den fortwährenden technologischen Revolutionen, die durch sie bewirkt werden, körperliche Geschlechtsunterschiede wie Größe und Kraft immer unwichtiger macht und irgendwann gänzlich mit den psychologischen Geschlechtsunterschieden Schluss sein wird? Ich glaube, dass diese Möglichkeit besteht, aber es kann vielleicht ein paar Milliarden Jahre dauern. Dann wird ein Buch wie dieses wahrscheinlich direkt ins Gehirn des Lesers gebeamt.

Aber kehren wir erst einmal auf die Erde zurück und sehen wir uns die Geschlechtsunterschiede durch den Filter männlicher Verletzlichkeit an. Einfach ausgedrückt: Männer empfinden Scham, wenn sie sich selbst als verletzlich, schwach oder unfähig erleben. Wie wir gesehen haben, versuchen sie, dieser Verletzlichkeit aus dem Weg zu gehen, indem sie eine andere Person dazu bringen, sich an ihrer Stelle verletzlich zu fühlen. Aber diese Technik beschränkt sich nicht nur auf den zwischenmenschlichen Bereich. In der Geschäftswelt passiert etwas ganz Ähnliches – oft mit katastrophalen Konsequenzen.

Eine kleine Getränkefirma verliert ihren Marktanteil an ihren größeren Konkurrenten und wird dadurch extrem verletzlich. In einem letzten verzweifelten Aufbäumen im Kampf ums Überleben tritt sie in Verhandlungen über einen Zusammenschluss mit einem anderen kleinen Konkurrenten. Aber nachdem man sich prinzipiell auf eine Auszahlung geeinigt hat, möchte die andere Firma plötzlich die Bedingungen ändern. Im Gegenzug droht der Chef unserer Firma mit einem Prozess, wohl wissend, dass die andere Firma sich einen Rechtsstreit nicht leisten kann. Der Konkurrent antwortet mit einem Brief, dass er durch eine solche Maßnahme in den Bankrott getrieben würde, und bietet einen Übernahmevertrag an, der für unsere Firma ungünstig wäre. Jetzt hat unser Chef zwei Möglichkeiten: Entweder kann er das alles andere als perfekte Angebot annehmen, was seiner Firma eine Überlebenschance bietet, oder er kann auf einem Prozess bestehen, mit dem er womöglich das andere Unternehmen ruiniert. Bei der Analyse der beiden Möglichkeiten muss unser Chef abschätzen, wie viel Wahrheit in den Forderungen der anderen Firma steckt. Wenn sie sich wirklich so nah am Bankrott befindet, wie sie behauptet, sollte er ihr Angebot annehmen. Aber wenn es sich nur um eine Verhandlungstaktik handelt, sollte er vor Gericht gehen.

Für welche Alternative wird er sich entscheiden? Als er den Deal wirklich brauchte und in einer verletzlichen Lage war, hat er einen kampflustigen, aggressiven Standpunkt gewählt. Jetzt, da sein Konkurrent Verletzlichkeit ins Feld führt, kann er nur davon ausgehen, dass dies ebenfalls ein Trick und in Wahrheit aggressiv gemeint ist. Welcher Chef, der noch alle Tassen im Schrank hat, würde auf dem Markt seine Verletzlichkeit zugeben?, lautet seine Rationalisierung. Also schickt er einen Prozessantrag los und aktiviert seine Anwälte.

Was passiert am Ende dieser Anti-Verletzlichkeits-Sackgasse? Nun, dieser Fall beruht auf einer wirklichen Gegebenheit, bei der ich als Berater – leider vergeblich – versucht habe, konservative, weniger risikoreiche Maßnahmen durchzusetzen. Jetzt, zwei Jahre später, sind die Firmen immer noch in ihren Rechtsstreit verwickelt und beiden droht der Bankrott. Ganz eindeutig führte der Flirt, in dem der aktive Teil jeden Anschein von Schwäche zu vermeiden versuchte, zu nichts und beide Parteien blieben ledig.

In die Offensive zu gehen, um die Wahrnehmung (und/oder die Realität) der eigenen Verletzlichkeit zu vermeiden, gehört auch zu der Dynamik zahlreicher internationaler Konflikte. Ich fühle mich schwächer als mein Nachbar, also muss ich mich schützen, indem ich aufrüste. Der Nachbar fühlt sich bedroht von meinen Waffen, also zieht er nach. Das beweist natürlich, dass ich mit meinen Sorgen von Anfang an richtig lag, also führe ich, um nicht defensiv und verletzlich zu erscheinen, den ersten Schlag aus – und schon herrscht Krieg. Genauso sieht auch die Dynamik einer gegnerischen Scheidung aus, in der die Anwälte – oft im ehrlichen Bemühen, die legalen Interessen des von ihnen vertretenen Ehepartners zu wahren – bestimmte einseitige Manöver vorschlagen, auf welche die Gegenseite mit gleicher Münze reagieren muss. Auch in einem solchen Fall kann man mit großer Wahrscheinlichkeit davon ausgehen, dass bald der Kriegszustand herrscht.

Hier geht es nicht direkt um Scham, dennoch wird der defensive Aspekt dieses Gefühls bei Männern klar. Zwar ist Scham an sich eine schmerzhafte Empfindung, aber zugleich auch ein Schutzschild, ein Verteidigungsmechanismus gegen Gefühle von Schwäche und Verletzlichkeit. Als solcher dient die Scham als Signal und Erinnerung an das, was wir nicht fühlen dürfen (Verletzlichkeit). Obgleich sie sich oft als Angriff maskiert, ist sie genau genommen die vorderste Verteidigungslinie der Männer.

Es ist ein ganz besonderes Paradox, dass das männliche Geschlecht in unserer Gesellschaft zwar das meiste «abweichende» Verhalten zeigt, Männer aber andererseits gegenüber Abweichungen von der Norm viel weniger tolerant sind als Frauen. Männer neigen viel eher dazu, Andersartigkeit, kreative Fantasie, Homosexualität, Obdachlosigkeit, kollektiven Ungehorsam, Rebellion und alle Arten von exzentrischem, unkonventionellem Verhalten abzulehnen oder sogar zu verurteilen. Männliche Psychologen sind mehr an Diagnostik und Pathologie interessiert, während sich Psychologinnen mehr um Mitgefühl und Emotionen kümmern. Im politischen Bereich sind Frauen eher liberal und tolerant eingestellt, während Männer sich von konservativen Ideologien angezogen fühlen, von Recht und Ordnung. Deutlich sichtbar wird das Paradox in der Kluft, die sich zwischen den Geschlechtern in ihrer Meinung über Bill Clinton auftut. Meinungsumfragen zeigen, dass Männer weit weniger bereit sind, ihm seine Fehltritte nachzusehen, obwohl diese geradezu stereotyp männlich und gegen Frauen gerichtet waren.

Wie bei vielen Rätseln liegt die Antwort bereits in der Frage. Der Grund dafür, dass Männer mehr zu Konventionalität neigen, liegt darin, dass sie ein größeres Potential für abweichendes Verhalten besitzen, mit anderen Worten darin, dass sie allen Grund haben, sich in dieser Hinsicht Sorgen zu machen. Typischerweise jedoch sorgen sie sich darum, indem sie ihre Sorgen auf andere projizieren. Sie versuchen, in ihrem eigenen Haus Ordnung zu halten, indem sie rigide die Erwartungen anderer und der Gesellschaft im Allgemeinen durchdrücken. Aber sie wenden dasselbe Denken auch privat und oft sogar unbewusst bei sich selbst an. Weil sie wegen ihres Potentials zum Übertreten der Regeln beunruhigt sind, kritisieren sie sich selbst sehr hart für Gedanken und Gefühle, die ihnen abnormal erscheinen.

Bisher haben wir gesehen, dass Männer Scham empfinden, wenn sie keine Leistung erbringen. Doch zeigt die klinische Erfahrung, dass sich Männer auch schämen, wenn sie vom engen Pfad der Konventionen abweichen, auf dem sie meinen, gehen zu müssen – sei es in ihren Gedanken oder in der Welt draußen. Da die meisten von uns zumindest in Gedanken «sündigen», ist die Quelle der Scham vor allem in Situationen wichtig, in denen es darum geht, sich anderen zu öffnen. Ganz offensichtlich hat man damit in der therapeutischen Situation zu kämpfen, aber es ist auch in anderen engen Beziehungen ein wichtiger Faktor.

Für einen Therapeuten, eine Freundin, eine Ehefrau – immer gilt das Gleiche: Wenn man will, dass ein anderer offen über seine innere Welt spricht, muss man eine Umgebung schaffen, in der Unterschiede akzeptiert werden. Eine solche offene Umgebung kann meiner Meinung nach nicht künstlich herbeigezwungen werden und ist auch nicht das Produkt erlernter therapeutischer Methoden. Vielmehr geht es dabei um eine authentische, ehrliche innere Einstellung. Aber wenn wir von Natur aus dazu neigen, anderen Menschen gegenüber kritisch und beurteilend zu sein, wie sollen wir sie da ehrlich akzeptieren können?

In Anbetracht der Tatsache, dass wir alle zumindest in Gedanken potentielle Abweichler sind, ist leicht einzusehen, dass wir uns nur vor unserer eigenen Angst und vor der Scham wegen unserer eigenen Sonderbarkeiten schützen, wenn wir das Verhalten anderer als «bizarr», «krank» oder «verrückt» verurteilen. Indem wir andere als abnormal bezeichnen, festigen wir unseren Glauben, wir selbst seien normal. Und je weniger wir mit unserer eigenen Pathologie zu tun haben wollen, desto mehr müssen wir andere als pathologisch betrachten. Wenn man andere akzeptieren und lieben möchte, ist es unabdingbar, sich selbst zu akzeptieren und zu lieben. Solange Sie sich der Leichen in Ihrem Keller zu sehr schämen, können Sie von Ihrem Partner nicht erwarten, dass er seine Scham überwindet.

Diese Wechselseitigkeit impliziert etwas sehr Wichtiges, was ich für skeptische Patienten oft wiederhole. Männer haben häufig das Gefühl, dass sie, wenn sie beschämende Gedanken oder Gefühle eingestehen, gedemütigt und zurückgewiesen werden. In Wirklichkeit – und meiner Ansicht nach ist dies das bestgehütete

Geheimnis für zwischenmenschlichen Erfolg – stimmt fast genau das Gegenteil. Statt den anderen zu demütigen, reagieren die meisten Menschen mit Fürsorge und fühlen sich obendrein sicher genug, um auch eigene Selbstzweifel und geheime Sünden zu beichten. Natürlich gibt es auch Leute, die sich die Gelegenheit nicht entgehen lassen, ihre eigene Stärke dadurch zu demonstrieren, dass sie auf dem Betreffenden herumhacken. Aber der ist dann hoffentlich klug genug, solche Typen links liegen zu lassen.

Erfolgreiche Politiker wissen, wie sie dieses Geheimnis nutzen können, um populär zu werden – achten Sie einmal darauf, wie gern solche Leute über sich selbst Witze reißen und aus der Not eine Tugend machen. Im engen zwischenmenschlichen Bereich jedoch kann man nicht aus taktischen Gründen so tun, als würde man sich selbst und andere akzeptieren – es muss echt sein. Außerdem ist das Leben keine gigantische Support-Gruppe. Man sollte sich nicht der naiven Vorstellung überlassen, Akzeptanz und Toleranz wären das Gleiche wie bedingungslose Liebe. Vielmehr sollte eine solche Einstellung auf bestimmten philosophischen und psychologischen Annahmen beruhen.

Zum Beispiel:

- Menschen sind einander grundsätzlich eher ähnlich als unähnlich.
- Letzten Endes ist es besser, Mitglied in einem Club zu sein, der Leute wie Sie als Mitglied aufnimmt.
- Frag nicht danach, was andere für dich tun können, sondern was du für dich selbst tun kannst, oder anders gesagt, statt nach dem richtigen Menschen zu suchen, sei selbst einer.
- Die Grenze zwischen geistiger Gesundheit und Krankheit ist schmal, wenn nicht überhaupt unsichtbar (wenn du das nicht glaubst, denk daran, dass selbst die meisten so genannten abnormen Verhaltensweisen bei Kindern häufig vorkommen und ganz «normal» sind).
- Alkoholiker und soziale Trinker trinken aus ähnlichen Gründen – weil sie sich dann gut fühlen.

- Der größte Unterschied zwischen dem «normalen» und dem «neurotischen» Individuum besteht darin, dass Letzterer den Mut hat, sein Unglücklichsein zu hinterfragen.
- Überkritisch zu sein ist scheinheilig, weil zu wenig selbstkritisch.
- Unsere Angst vor und unser Hass auf Außenseitergruppen wie Ausländer, Moslems oder Schwule basiert darauf, dass wir denken, wir müssen unsere eigenen Außenseitergefühle unterdrücken.
- Weil der amerikanische Präsident unsere eigene potentielle Unvollkommenheit widerspiegelt, kann man entweder von seinem persönlichen Ausrutscher angeekelt sein oder ihm verzeihen.

So könnte ich ewig weitermachen, aber ich weiß nicht, ob das sinnvoll wäre, denn letztlich kann man solche Gedanken nicht aus einem Buch lernen. Unglücklicherweise müssen wir sie ganz allein entwickeln, selbst wenn es den Anschein hat, als würden wir das Rad neu erfinden. Dadurch, dass wir uns mit den Ideen auseinander setzen, nicht dadurch, dass wir diese Ideen gebrauchsfertig kaufen, lernen wir, mit Scham umzugehen.

Dies sollten wir im Hinterkopf behalten, wenn ich im Folgenden zeige, wie sich das, was zunächst außergewöhnlich oder sogar abweichend erschien, sich als eher gewöhnlich herausstellt, wenn man mit Männern daran arbeitet, die Scham zu überwinden. Ich möchte drei Techniken veranschaulichen, die in jahrelanger Arbeit und Forschung entwickelt wurden: (1) dumme Fragen stellen, (2) lachen und (3) denken.

Der Mann, der Barbara Bush sein wollte

Mein Patient war aus New Jersey, Architekt und Mitte dreißig. Er sah gut aus, war intelligent und sensibel. Er strahlte eine physische und emotionale Sanftheit aus, die viele Frauen sehr anziehend fanden. Aber zu seinem Leidwesen konnte er keine längerfristigen Beziehungen eingehen und kam deshalb zur Therapie.

Zuerst hörte er sich an wie ein typischer «Beziehungsphobiker». Er ließ sich mit einer Frau ein, aber nach ein paar Monaten begann er, sich von ihr «erstickt» oder «erdrückt» zu fühlen. Daraufhin distanzierte er sich von ihr, aber im Allgemeinen reagierte die Frau so darauf, dass sie noch bedürftiger und anhänglicher wurde. Damit war die Beziehung natürlich endgültig zum Scheitern verurteilt, obwohl er, aus schlechtem Gewissen und aus Angst vor dem Alleinsein, oft erst nach mehreren Monaten endgültig Schluss machte.

Nach etwa einem Jahr Therapie, in dem ich zwei solcher Beziehungszyklen miterlebte, kam das Thema sexueller Fantasien auf. Der Patient, der im Allgemeinen selbstbewusst und wortgewandt war, wurde plötzlich gehemmt, unsicher und äußerte sich verschwommen. Dann schwieg er eine Weile. Schließlich sagte er, er habe etwas Sexuelles im Kopf, über das zu sprechen ihm schwer fiele.

«Warum ist es schwer, über Sex zu reden?», fragte ich. «Ach, kommen Sie, es ist einfach peinlich», gab er in einem Ton zurück, als hätte ich eine ganz besonders blöde Frage gestellt. Was mich nicht abhielt, die nächste dumme Frage zu stellen. «Was ist daran denn peinlich?», fragte ich. Aber bevor er antworten konnte, musste ich über mich selbst lachen. «Ich weiß, das sind dumme Fragen», sagte ich, «aber ich stelle sie aus einem bestimmten Grund.» Ich räumte ein, dass Sexualität grundsätzlich Privatsache ist und dass es deshalb schwierig sein kann, darüber zu sprechen. «Aber manchen Leuten ist es gar nicht peinlich», fügte ich hinzu, «und andere schämen sich nur bei bestimmten Aspekten ihrer sexuellen Erfahrungen. Also noch mal – was ist Ihnen denn besonders peinlich?»

«Na ja», antwortete er zögernd, «das Problem ist, dass ich glaube, ich mag große Brüste.» Hier hätte ich einwerfen können: «Wo liegt denn da das Problem?», bevor ich von normalen sexuellen Variationen, Geschmacksfragen und Vorlieben und so weiter und so fort anfange. Aber statt die Schamgefühle abzutun, wollte ich sie beim Namen nennen, damit wir beide erfahren konnten, worum es eigentlich ging. Deshalb fragte ich ziemlich aufdringlich: «Warum sagen Sie: Ich *glaube*, ich mag . . .?» «Wahrscheinlich tu ich's einfach, aber ich schäme mich deswegen und möchte es nicht zugeben – vor mir selbst.»

«Warum sehen Sie das als Problem?», fuhr ich fort, den Dummen zu spielen. «Weil ich ohne sie nicht erregt werde», platzte er beinahe wütend heraus und fügte hinzu: «Würden Sie nicht auch sagen, dass das ein Problem ist, Mr Psychologe?» Ich lächelte und wir diskutierten weiter über das «Problem». Allmählich wurde klar, warum die Beziehungen gescheitert waren: Er hatte sich mit den Brüsten verabredet, nicht mit der Frau. Hinter der Ausstrahlung des großen Busens verschwamm die Persönlichkeit der Frau und wenn die ursprüngliche Anziehung dann nachließ, war die hervortretende Persönlichkeit nicht mit seiner eigenen vereinbar.

Obwohl der Patient die Hoffnung hegte, dass er sich auch in eine Frau verlieben könnte, die nicht unbedingt einen großen Busen hatte, machte er sich immer noch Sorgen, in dem Fall sexuell zu versagen. Aber dann dachte er, da er sich jetzt weniger schämte, könnte er ja, wenn er sich zu einer Frau aus anderen Gründen als wegen ihres Busens hingezogen fühlte, offen über seine Vorliebe sprechen. «Vielleicht ist sie ja bereit, künstliche Brüste zu tragen oder so.»

Obgleich ich nichts gegen die Idee einzuwenden hatte, sah ich die Auflösung der Scham nicht als Endziel, sondern eher als Mittel zum Zweck. Also stellte ich einige weitere Fragen, diesmal über die Details der sexuellen Fantasien meines Patienten. Rasch befanden wir uns wieder in einem Zyklus von Hemmung, Verschwommenheit und Peinlichkeit. Wieder unterbrach ich meine Fragen, diesmal, um mich in eine etwas rhetorische Diskussion über den Unterschied zwischen Realität und Fantasie zu stürzen. Was ist der Unterschied, ob man fantasiert, eine Fünfzehnjährige zu verführen, oder ob man es wirklich tut? Ist es jemals sinnvoll, sich wegen einer Fantasie oder einem Gedanken zu schämen (im Gegensatz zu einer wirklichen Tat)? Anschließend fragte ich meinen Patienten, ob er seine eigenen Fantasien verurteilen würde, wenn er sie von seinem besten Freund erzählt bekäme, worauf er mit Nachdruck erwiderte: «Überhaupt nicht.» Danach fühlte er sich wohl genug, um mich in die tieferen Schichten seiner Busenfantasien einzuweihen.

«Der Grund, dass ich große Brüste mag, ist, dass ich daran teilhaben kann», sagte er. «In meiner Fantasie bin ich derjenige mit den Brüsten. Am meisten erregt mich die Fantasie, ich wäre eine Frau mit großen Brüsten, die von einer anderen Frau gefickt wird. Wahrscheinlich kann ich beim Sex deshalb auch nur kommen, wenn die Frau oben liegt.»

Wie wir sehen, hilft es zur Öffnung der Kommunikation, Scham anzuerkennen und darüber zu sprechen. In gewisser Weise ist gerade die Scham ein Tor zu größerer emotionaler Offenheit – solange man keine Angst hat, danach zu fragen. Und man braucht kein Therapeut zu sein, um dumme Fragen zu stellen. Was Sie dafür brauchen, ist Courage. Oder man muss wie Dostojewskis Idiot – dessen Naivität und Schwerfälligkeit im Denken ihm den Zutritt zur russischen höheren Gesellschaft eröffneten – verlernen, was man über Menschen zu wissen glaubt. Wenn Sie keine Annahmen darüber machen, worüber Männer sich schämen, fällt es Ihnen leichter, «dumme Fragen» zu stellen und herauszufinden, wofür sie sich schämen.

Die zweite Technik, das Lachen, ist eine Gratwanderung zwischen auslachen und mit dem anderen zusammen lachen. Als der Patient in einer Sitzung über seine sexuellen Fantasien sprach, sagte er: «Wenn Sie wissen wollen, wie pervers ich wirklich bin – neulich hab ich mich wie eine Frau angezogen und mich fotografiert, damit ich ein Bild habe, mit dem ich mich sexuell stimulieren kann.» Mit einem mühsam unterdrückten Lächeln fuhr er fort: «Ich wollte für das Bild ein Frauengesicht, aber die einzige Maske, die ich im Laden gefunden habe, war Barbara Bush. Die hab ich dann auch benutzt.»

Ich konnte mir ein Grinsen kaum verkneifen und eine Sekunde

später fingen wir beide laut zu lachen an. Ich lachte über die Absurdität der Fantasie und zeigte dadurch, dass mir die kreative Verspieltheit gefiel. So war es gleichzeitig eine Bewertung der Fantasie und eine Einladung, mehr zu erzählen.

Die dritte Technik, das Nachdenken, führt Sie und die andere Person zu der Einsicht, dass die Fantasie eigentlich doch gar nicht so bizarr ist, wie es anfangs vielleicht den Anschein hatte. Mein Patient mit der Vorliebe für große Brüste beispielsweise wuchs als einziges Kind ohne Vater auf. Seine Mutter, eine starke, unabhängige und idealistische Frau, beherrschte die Landschaft seiner Kindheit. Sie war beruflich erfolgreich, hatte aber in den Sechzigern zu den Hippies von Haight-Ashbury gehört und deshalb sehr ausgeprägte Ansichten über Sexualerziehung. Dazu gehörte beispielsweise, dass man nackt zu Hause herumlief, dass ganz beiläufig die Genitalien berührt wurden und auch, dass sie ihrem Sohn als Teenager Pornohefte kaufte.

Wenn wir uns seine Geschichte vorstellen, ist es dann so abwegig, wenn die Essenz seiner Fantasie (1) daraus bestand, dass er sich mit seiner Mutter identifizierte und werden wollte wie sie (das heißt, eine Frau) und (2) dass er von seiner Mutter geliebt werden wollte (das heißt, von einer großen Frau, die oben liegt)? Und dass diese tiefe und alleinige emotionale Verbindung sexualisiert wurde, weil seine Mutter faktisch seine sexuelle Entwicklung gemanagt hatte? Wenn wir noch ein bisschen weiter denken, müssen wir dann nicht erkennen, dass die Beziehung jedes Mannes zu seiner Mutter auf dem kindlichen Wunsch basiert, in irgendeiner Weise wie sie zu werden, und ganz gewiss, von ihr geliebt zu werden?

Solche Gedanken überwinden letztlich die Schamgefühle eines Mannes. Aber um zu funktionieren, darf diese Technik nicht nur therapeutisches Handwerkszeug sein, das eingesetzt wird, damit «der Patient sich besser fühlt». Die Methode muss eine authentische und natürliche Erweiterung der philosophischen Überzeugung sein, dass Menschen eher ähnlich als unterschiedlich sind.

Trotzdem müssen wir uns eingestehen, dass die Fantasie des

Patienten oberflächlich gesehen etwas ungewöhnlich war. Erklärt das an sich schon die Schamgefühle des Patienten? Bis zu einem gewissen Grad schon. Männer mit außergewöhnlichen Fantasien, Gedanken oder Gewohnheiten sind besonders anfällig für das Gefühl, ein Außenseiter zu sein. Andererseits können wir alle mit ziemlich seltsamen mentalen Produkten aufwarten, wenn wir es uns nur erlauben. Wenden wir also unsere natürliche Neugier an und haben wir keine Angst vor der menschlichen Vorstellungskraft. Und überlassen wir die Sache nicht nur den Therapeuten: Jeder, der wissen möchte, was im Kopf eines Mannes vorgeht, muss zuerst einschätzen, wie dieser Kopf – mit Fantasien und allem – funktioniert.

Wie bereits oben erwähnt, sind diese Techniken letztlich Abkömmlinge der Liebe. Aber kann das Gefühl der Liebe an sich und aus sich selbst heraus das Gefühl der Scham durchbrechen und vielleicht sogar heilen? Die kurze Antwort lautet Ja: Die Liebe des Therapeuten, der Eltern, des Kinds, des Freunds oder des Liebhabers – alle gehören zur heilenden Liebe. Die lange Antwort lautet, dass diese Liebe für eine stabilere Heilung verinnerlicht, verdaut und dann in eine neue Struktur der Selbstliebe umorganisiert werden muss.

Die Schweigemethode

Wenn der Mann, mit dem Sie sich im Alltag verabreden oder eine Beziehung führen, solche sexuellen Fantasien hat, erzählt er Ihnen höchstwahrscheinlich manche davon nicht, weil er sich schämt. Aber wie dem auch sei, die Techniken, die ich mit dem großen Busen angewendet habe, können überall und immer benutzt werden.

Im Allgemeinen ist Fragenstellen eine unglaublich simple und leichte Methode – und außerdem die beste Verkaufs- und Verhandlungsstrategie, weil man durch sie die Interessen und Wünsche des Kunden oder Partners kennen lernt. Dumme Fragen zu stellen ist ein bisschen schwieriger, denn es gibt Sie leicht der Lächerlichkeit preis. Nur ist es im Fall der Scham, wie Sie sich sicher erinnern, eigentlich ein Vorteil, sich verletzlich und offen zu zeigen – darauf komme ich gleich noch einmal zurück.

Aber was das Fragen beim Thema Scham so besonders schwierig macht, ist die Tatsache, dass man dadurch die Aufmerksamkeit direkt auf die schambesetzte Erfahrung richtet und dadurch riskiert, dass der Betreffende sich noch schlechter fühlt. «Ich möchte nicht darüber sprechen, okay? Wie oft muss ich das noch sagen?», könnte die Antwort eines männlichen Partners dann lauten. Deshalb liegt der Schlüssel, wie man einem Mann erfolgreich Fragen stellt, darin, dass einem die Antworten egal sind. Sie sollten Fragen stellen, weil Sie auf naive Weise neugierig sind wie ein Kind, nicht weil es Ihnen um die «Wahrheit» geht oder darum zu helfen oder darum, einem Mann seine Geheimnisse zu entlocken. Deshalb sollten Sie vor allem dann nicht fragen, wenn Sie etwas wirklich wissen wollen oder müssen, es sei denn, Ihre Intuition sagt Ihnen, dass der Mann bereit ist für eine Beichte. Fragen Sie, wenn Sie ein sachliches, offenes oder intellektuelles Interesse an der Sache im Allgemeinen haben (beispielsweise: «Worum drehen sich männliche Fantasien?»). Und fragen Sie so, dass Ihre akzeptierende Einstellung und Ihre Bereitschaft, die Antwort anzuhören, deutlich erkennbar werden. Solange es sich nicht wie Genörgel anhört, können Sie auch fragen, um den Mann dazu zu ermuntern, seine Scham zu überwinden.

Die zweite «Technik», das Lachen, ist noch schwieriger. Zuallererst – was ist, wenn Sie gar keinen Sinn für Humor haben? Ich glaube nicht, dass die meisten Leute von Natur aus Humor besitzen. Das Problem ist außerdem, dass Leute in gespannten Situationen Angst haben zu lachen. Erstens fürchten sie, etwas Unangemessenes oder Läppisches zu sagen, was wiederum im Kontext der Scham eigentlich kein Problem sein dürfte. Zweitens fürchten sie sich vor dem Auslach-Aspekt des Humors, der Feindseligkeit oder Aggression, die in einer Pointe enthalten sein können. Aber wenn Sie sich selbst als Mitsünder sehen, lachen Sie nicht mehr über den anderen als über sich selbst. Sie müssen nicht unbedingt mit genau demselben Problem zu kämpfen haben, um zu spüren, dass eine große Ähnlichkeit zwischen Ihnen besteht.

Mit dem beschämten Menschen oder in seiner Nähe zu lachen ist großartig, weil Sie dadurch anerkennen, dass es tatsächlich etwas gibt, worüber man sich schämen kann («Ich kann gar nicht glauben, dass du das getan hast»), aber mit einem gewissen Grad an emotionaler Distanz und Akzeptanz («Wir können zusammen darüber lachen»). Das rückt die beschämende Erfahrung in die richtige Perspektive und erlöst den Betroffenen aus seiner Niedergeschlagenheit und seinem Selbstmitleid.

Auch beim Nachdenken, der dritten «Technik», geht es um die Verschiebung der Perspektive. Wenn man über etwas nachdenkt oder etwas analysiert, fragt man sich unweigerlich, ob das, was man sieht, das ist, was man bekommt. Deshalb stellen wir nicht nur das Objekt unseres Studiums, sondern auch unsere Wahrnehmung in Frage. Nicht nur nehmen wir etwas nicht als selbstverständlich, sondern wir hinterfragen auch unsere Art, es anzusehen, und damit implizit auch unser ganzes Wissenssystem. Denken ist eine von Natur aus subversive Tätigkeit, deshalb ist es in totalitären Systemen auch so verpönt. Denken führt zu Verstehen – zum Verständnis für eine andere Perspektive –, deshalb ist intellektuelle Introspektion in Gesellschaften, die sich im Krieg befinden, gar nicht gern gesehen: Wenn man den Feind versteht, will man ihn vielleicht nicht mehr umbringen.

Damit die Sache nicht zu sehr ins Reich der Philosophie abschweift, sehen wir uns jetzt an, wie das Denken bei alltäglicher Scham funktioniert. Ihr Freund erzählt Ihnen, dass sein bester Freund seine Freundin betrügt. Ihre Reaktion: «So ein Scheißkerl, ich kann gar nicht glauben, dass du mit so jemandem noch was zu tun haben willst!» An dieser Reaktion ist nichts auszusetzen, nur vermitteln Sie Ihrem Freund damit nicht nur, dass Sie keinen Seitensprung dulden, sondern auch, dass Sie keine Verbindung mit Abweichlern akzeptieren. Auch daran ist grundsätzlich nichts auszusetzen, solange Sie nicht erwarten, dass Ihr Freund Ihnen offen über seine eigenen Verfehlungen berichtet – seinen Gefühlen. Falls Sie dahin gehende Erwartungen hegen, fahren Sie mit der «intellektuelleren» Reaktion besser: «So ein Scheißkerl, aber die Geschichte hat bestimmt zwei Seiten.»

Die drei vorgestellten Techniken funktionieren besonders gut, wenn Scham bewusst erfahren wird. Unbewusste oder verleugnete Scham lässt sich mit ihnen nicht erreichen, sie muss bewusst werden, ehe sie gelindert werden kann. Natürlich gehört es zum Job eines Therapeuten, das Unbewusste bewusst zu machen, aber ich glaube, dass auch Personen ohne entsprechende Ausbildung dies fertig bringen – und es jeden Tag tun. Nehmen wir einen Ehekrach, in dem der Mann seine unbewusste Scham über seinen Mangel an beruflichem Erfolg auf seine Frau projiziert, indem er ihr vorwirft, sie treibe zu wenig Sport. Wenn seine Kritik sie nun unberührt lässt – wenn sie beispielsweise einen Witz macht, die Achseln zuckt oder meint: «Sag mir Bescheid, wenn du wieder was Nettes zu erzählen hast» –, sitzt er mit seiner Scham auf dem Trockenen. Jetzt muss er sich damit auseinander setzen, warum er über die Unvollkommenheit seiner Frau so unglücklich ist. Und dann bleibt ihm nichts anderes mehr übrig, als zu sagen: «Na ja, ich bin auch nicht perfekt – ich verdiene nicht so viel Geld, wie ich gerne möchte.» Bingo, schon ist ihm die Scham bewusst geworden. Sein nächster Schritt wäre nun entweder, dass er versucht, mehr Geld zu verdienen – statt sich um das Fitnessprogramm seiner Frau zu kümmern – oder sich selbst und seine Frau so zu akzeptieren, wie sie sind.

Kurz gesagt ist das Prinzip, dem Betreffenden den Ball zurückzuspielen und ihn in seinem eigenen Saft schmoren zu lassen. In etwas subtilerer Art kann dieser Ansatz auch bei Verabredungen angewandt werden. Wenn der Mann Sie nach ein paar angenehmen Treffen mit der Bemerkung überrascht: «Ich weiß nicht, ob wir zusammenpassen», wäre Ihre beste Antwort vielleicht: «Wir können gar nicht zusammenpassen, denn ich habe gerade gedacht, wir würden es tun.» Entschlüsselt lautet der Dialog folgendermaßen: Er sagt: «Du bist nicht gut genug für mich», und Sie bleiben

Ihrer Wahrnehmung treu, was seine Bemerkung paradoxerweise ins Extrem führt. Genau genommen sagen Sie: «Hört sich an, als hättest du ein Problem, stimmt's?», worauf er sich Gedanken machen muss, wer hier für wen nicht gut genug ist.

Bis hierher hat es sicher den Anschein, dass es eine Menge Arbeit erfordert, mit der männlichen Scham zurechtzukommen. Aber ich möchte noch eine weitere Technik erwähnen. Das Schweigen. Wenn ein Mann den Mut aufbringt, über etwas zu sprechen, dessen er sich schämt, ist es manchmal das Beste, gar nichts zu sagen. Wenn Ihnen Ihr Freund zum Beispiel erzählt, dass er sich unfähig fühlt, seinem Chef gegenüber selbstsicher aufzutreten, dann ist Schweigen – ein gleichmütiges, kein vielsagendes Schweigen –, als würden Sie sagen: «Deine Scham beeindruckt mich nicht sonderlich. Was gibt's sonst noch?» Anders gesagt, wenn Sie nicht reagieren, vermitteln Sie die Botschaft: «Das ist keine große Sache», wodurch sich Ihr Partner vielleicht frei genug fühlt, mehr ins Detail zu gehen.

Doch wenn Sie generell ein kritischer Mensch sind oder wenn der Mann, mit dem Sie es zu tun haben, zu den besonders misstrauischen Typen gehört, ist Schweigen vielleicht nicht die beste Technik – denn dann könnte es auch als unausgesprochenes Missfallen aufgefasst werden. Wenn Sie selbst viel Scham empfinden, wird Ihr Schweigen außerdem noch korrekt als die Angst interpretiert, Sie könnten sich beide genieren.

Auch bei unbewusster Scham kann die Schweigemethode nützlich sein. Einer meiner Patienten, ein Systemanalytiker, berichtete von einem Traum, in dem er auf seinem Computer bei der Arbeit pornografische Bilder betrachtete. «Plötzlich ging die Tür auf und jemand kam rein. Ich versuchte, schnell auf ein anderes Programm umzuschalten, aber die Taste war kaputt. Da wurde ich wütend, stand auf und knallte den Bildschirm auf den Boden.» Als ich ihn fragte, welche Assoziationen der Traum bei ihm hervorrief, erzählte er von seiner Beziehung zu seinen Arbeitskollegen, dem Gefühl, dass er seine Bürotür nicht schließen konnte, und wie sehr Computer ihn frustrierten. Dann interpretierte er den Traum in

Bezug auf sein Bedürfnis, allein zu sein, und das Gefühl, nicht effektiv zu arbeiten.

Als wir schon dabei waren, mit anderen Themen weiterzumachen, sagte er noch: «Ich glaube nicht, dass das viel mit dem Traum zu tun hat, aber ich möchte es trotzdem erwähnen. Am Abend vor diesem Traum habe ich mir ein Pornovideo ausgeliehen.» Bei einem anderen Patienten hätte ich vielleicht schockiert und ungläubig reagiert mit einem «Und Sie glauben nicht, dass das etwas mit Ihrem Traum zu tun hat?». Aber bei ihm antwortete ich überhaupt nicht. Er wiederholte seine Aussage: «Wissen Sie, ich glaube, ich habe nichts gegen Pornografie», und wir machten weiter. Der Grund für mein Schweigen war folgender: Wenn ein intelligenter Mann sich hartnäckig weigert, das Offensichtliche zur Kenntnis zu nehmen, ist es weniger wahrscheinlich, dass er lügt als dass er leugnet. Seine Scham darüber, pornografische Filme anzusehen, war unbewusst.

Der Vorteil der Schweigemethode war in diesem Fall ein zweifacher. Erstens war der Mensch, den er vielleicht als den kritischen, gestrengen Richter über geistige Gesundheit empfand, von seinem unbewussten, lockeren Geständnis, dass er sich Pornos ansah (er hatte das nie zuvor erwähnt), nicht beeindruckt. Zweitens blieb der Ball bei ihm: Jetzt musste er sich Gedanken machen über die Lücke in seiner Logik diesem Traum gegenüber – ganz allein. Manchmal ist dies die beste Methode, das Unbewusste bewusst zu machen – man lässt es aus eigenem Antrieb aus dem unlogischen Nebel des Leugnens heraustreten. Selbstverständlich ist es auch möglich, dass ich ganz falsch lag und der Patient seine «Erwachsenen»-Unterhaltung ohne Scham genießen konnte, was ein weiterer guter Grund gewesen wäre, den Mund zu halten.

Wenn es bis zu diesem Punkt aussieht, als würde ich Akzeptanz und Offenheit als Allheilmittel gegen Scham verschreiben, möchte ich jetzt eine Warnung aussprechen: Seien Sie nicht so aufgeschlossen, dass Ihnen das Gehirn herausfällt. Wie das schlechte Gewissen kann auch die Scham einen nützlichen Zweck erfüllen: Manchmal sollten wir uns wirklich schämen. Wenn der Therapeut

– oder jeder Teilhaber einer intimen Kommunikation – die Einstellung vermittelt, dass alles egal ist – in dem Stil von: «Ich bin pervers, du bist pervers, wir sind beide okay» –, dann nimmt er seinem Gegenüber die Gelegenheit, die Feindseligkeit, die sich in seiner Abweichung befinden kann, anzuerkennen und die Verantwortung dafür zu übernehmen. Es ist kein Zufall, dass die verschiedenen Techniken, die ich erwähnt habe, eher neutral als unterstützend sind. Beispielsweise ist Fragen eine Einladung, sich zu öffnen, aber keine vorweggenommene Billigung der Antwort.

Andererseits ist der Zeitpunkt, wann wir uns schämen sollten, nicht unbedingt der, an dem es die Konventionen uns einreden wollen. Beispielsweise begann ein Patient sehr verlegen über seine «Lieblingsfantasie» zu berichten. Nachdem er eine Weile heftig mit seiner Scham gerungen hatte, gestand er schließlich, dass diese Fantasie etwas mit einer sexuellen Begegnung im College zu tun hatte. Er hatte ein Mädchen in sein Zimmer eingeladen und im Lauf des Abends «bettelte» sie darum, mit ihm Sex zu haben. Je mehr er zögerte, desto mehr bettelte sie, was ihn ungeheuer anmachte.

Es wäre leicht für mich und wahrscheinlich für jeden, Scham wegen einer solchen Fantasie als unnötig abzutun. Aber während ich den Ausführungen des Patienten lauschte (hier ein weiterer Nutzeffekt des Schweigens), kamen die Gründe für seine Verlegenheit ans Tageslicht. Wie sich herausstellte, schämte sich der Patient, weil er tief in seinem Herzen wusste, dass es in seiner Fantasie in Wahrheit darum ging, Frauen abzuweisen und zu beherrschen.

Was der Patient damals allerdings nicht wusste, war, dass die Fantasie ein sexualisierter Versuch war, das Machtverhältnis in seiner frühen Beziehung zu seiner Mutter umzukehren. Erst als er sich seiner Wut auf die abweisende und dominante Mutter bewusst wurde, konnte er seine Scham überwinden.

Dieser Fall veranschaulicht einmal mehr, dass in der Welt des Unbewussten das Banale oft perverser – deshalb berechtigterweise schambesetzt – sein kann als das «Bizarre». Außerdem zeigt er, mit den Worten des Psychiaters Harry Stack Sullivan, dass «Beschwichtigung nicht funktioniert». Offenheit und Toleranz kann Männern helfen, ihre Scham zu überwinden – jedenfalls in deren Funktion als Kommunikationsbarriere. Doch das ist nicht das Gleiche, als würde man ihnen ersparen, die Scham voll und ganz zu erleben. Letzteres ist vielleicht kein realistisches Ziel. Aber wenn wir Fortschritte machen wollen auf dem Weg, Männern bei der Überwindung ihrer Scham zu helfen, müssen wir noch tiefer in ihre Psyche hinabsteigen.

Kapitel 3

GEFÜHLSTAUBHEIT

... ich weiß nicht, was ich fühle

«Vielleicht ändert sich ja was», dachte ich, als der dritte männliche «Kunde» nacheinander in mein Zimmer marschiert kam. Im Gegensatz zu dem, was das Thema dieses Buchs vielleicht nahe legt, teile ich meine Welt für gewöhnlich nicht in Männer und Frauen auf. Aber im Unterbewusstsein habe ich wohl immer noch erwartet, dass mich in meinem schicken, aber ziemlich sterilen Hochhausbüro an der Wall Street, das mir für diesen einen anstrengenden Tag zugeteilt worden war, eher Frauen als Männer aufsuchen würden.

Ein paar Tage zuvor hatte ich einen Anruf von einem der Partner der Investmentfirma bekommen. Er wollte wissen, ob ich mich für ein paar Stunden in sein Büro setzen könnte, falls die Firmenangehörigen jemanden zum Reden brauchten. Sie hatten nämlich gerade eine schreckliche Nachricht erhalten: Eine der beliebtesten Mitarbeiterinnen, eine langjährige Chefsekretärin, war bei einem Autounfall ums Leben gekommen.

Als ich ankam, informierte mich der Partner und zeigte mir das Büro. «Lassen Sie sich doch einfach hier nieder», schlug er vor. «Ich habe allen gesagt, dass Sie da sind und dass wir das hier anbieten.» Dabei deutete er auf eine große Auswahl Kekse und Kaffee auf seinem riesigen Mahagonischreibtisch. «Ich dachte, das lockt die Leute vielleicht reinzuschauen», erklärte er. Ich sagte nichts – zu den Keksen –, war im Stillen aber sehr skeptisch. (So was macht man mit Kindern, dachte ich. Aber mit Erwachsenen?)

Wie sich herausstellte, war der Investmentbanker ein besserer Psychologe als ich. Vielleicht kannte er auch seine Kollegen besser. Zu meiner Überraschung war der erste Mensch, der seine Nase durch die Bürotür steckte – als ich schon seit einer vollen Stunde dort saß und schon anfing mit dem Gedanken zu spielen, wieder zu gehen –, ein großer Mann mit Brille in einem eleganten italienischen Anzug. Er erkundigte sich nach . . . den Keksen. Als ich ihn aufforderte, Platz zu nehmen und sich ein wenig mit mir zu unterhalten, sagte er: «Nein, ich bin nur wegen der Kekse hier, aber vielleicht trinke ich auch eine Tasse Kaffee. Unterhalten? Worüber soll ich mich mit Ihnen unterhalten?» Dann setzte er sich und wir verbrachten die nächsten fünfzehn Minuten mit einem interessanten Gespräch über Leben und Tod. Er hatte seinen Vater mit dreiundzwanzig verloren und vor zwei Jahren war seine Mutter gestorben.

Der zweite Mann, der hereinschneite, hatte in jungen Jahren seinen Bruder verloren. Zwar kam er nicht wegen der Kekse, aber er meinte auch, dass es nicht viel zu bereden gäbe. Trotzdem blieb er eine halbe Stunde. Als er sich verabschiedete, musterte er mich von oben bis unten und sagte: «Das ist das erste Mal . . . ich meine, ich war noch nie beim Psychologen.» «Muss eine ziemlich traumatische Erfahrung gewesen sein», scherzte ich. «Ich finde, Sie sehen gar nicht so furchterregend aus», gab er lachend zurück, bereits auf dem Weg nach draußen.

Auch der Dritte interessierte sich für die Kekse. Er verkündete rundheraus, dass er zu den Männern gehörte, die «Sachen in sich reinfressen und allein damit fertig werden». Mit ihm ergab sich ein Gespräch über den Kampf gegen die Unfruchtbarkeit, den er und seine Frau seit fünf Jahren führten. Er sprach sachlich und ziemlich gelassen darüber, aber das Thema blieb seltsam nahe an dem, was mich in dieses Büro gebracht hatte, nämlich – trotz des Panoramablicks über den New Yorker Hafen und trotz der Kekse – der Verlust des Lebens.

Ich weiß nicht, was die Statistiken sagen, aber mir scheint, dass mehr und mehr Männer willens sind, sich zu öffnen – und das ist wirklich eine Neuigkeit. Ein alter Hut dagegen ist, dass sich die Art, in der Männer reden, nicht sehr verändert hat. Die drei Männer, die einzigen Mitarbeiter der Firma, die vorbeikamen, um über ihre Gefühle anlässlich des plötzlichen Tods einer Mitarbeiterin zu sprechen, redeten nicht wirklich über ihre Gefühle. Vielmehr erzählten sie von ihren eigenen Verlusten, ihrer eigenen Sterblichkeit und über den Sinn des Lebens – alles Gedanken, aber keine Gefühle. Trotzdem war ich seltsam bewegt. Nachdem ich schon des Öfteren solche Gespräche geführt hatte, erwartete ich Gefühlsausbrüche, wie dies bei traditionelleren weiblichen Trauernden für gewöhnlich der Fall ist. Doch interessanterweise war ich gerade nach dem viel intellektuelleren Austausch mit diesen Männern von tiefen Gefühlen erfüllt, fast so, als hätte ich selbst einen mir nahe stehenden Menschen verloren. Die Gefühle von Frauen in ähnlichen Situationen hatten eher Gedanken und Ideen in mir wachgerufen – als müssten die Gefühle strukturiert und gezügelt werden.

Die grässlichen Toten

Die Beobachtung, dass Männer auf einen Verlust intellektuell reagieren, ist nicht neu. Und auch nicht unbedingt abstoßend. Als seine Frau im Kindbett stirbt, zeigt Fürst Andrej, eine von Tolstois bewegendsten Hauptfiguren in *Krieg und Frieden*, eine Reaktion, die wir ohne weiteres als intellektualisierte Depression bezeichnen können. In seiner komplexen Formulierung ziemlich einfacher psychischer Vorgänge beschreibt Tolstoi nicht einen bewussten Trauerprozess, in dem man Verlust, Traurigkeit und Wut empfindet, sondern die Veränderung von Andrejs Persönlichkeit. Aus einem heldenmütigen, idealistischen Mann wird ein egoistischer Zyniker. Logisch und wohl durchdacht, vertritt er die Ansicht, dass Bildung und medizinische Versorgung für die Armen nur schlecht sein können: «Und was ist das überhaupt für eine Idee, die Medizin hätte schon irgend einmal irgendjemand gesund gemacht! Einen Menschen töten – ja, das kann sie!»

Als er diese Ideen mit seinem Freund Pierre (Pjotr) diskutiert, wird die so nahe liegende Verbindung zu seinem Verlust mit keinem Wort erwähnt. Sonderbarerweise schildert Andrej seine Position überraschend lebhaft und engagiert. «Und der Ausdruck seiner Augen [wurde] immer lebendiger, je hoffnungsloser die Anschauungen wurden, die er entwickelte», erfahren wir. Dennoch spürt der Leser ständig die Härte des zugrunde liegenden Verlusterlebnisses. Und genauso ergeht es dem Freund des Fürsten, Pierre, der erwidert: «Aber das ist ja entsetzlich, das ist ja entsetzlich! . . . Ich verstehe gar nicht, wie man überhaupt noch leben kann, wenn man so denkt.»

Aber am Ende lieben wir diesen intellektualisierten, emotional abwesenden Mann genau deshalb, weil ihm einfache, direkte Emotionen fehlen. Natürlich ist es nicht so, dass Fürst Andrej seinen Verlust nicht fühlt – ganz im Gegenteil. Er ist in seinen Grundfesten erschüttert und muss deshalb eine starke, allumfassende Verteidigungsmauer gegen seine Gefühle aufbauen. Lieber ändert er seine tiefsten Überzeugungen, als dass er sich von seinem emotionalen Schmerz überwältigen lässt. Insofern, als sie größeren emotionalen Schmerz ertragen können, sind Frauen stärker als Männer. Männer fürchten sich so sehr vor seelischem Schmerz, dass sie ihr Leid in philosophische Gedanken oder Aktivitäten verwandeln. Oder manchmal auch in einen großen Witz.

In dem Film *Das Leben ist schön* machte der italienische Regisseur und Schauspieler Roberto Benigni genau das: Er näherte sich einem emotional unzugänglichen Thema – dem Holocaust – mit der Psychologie und der Kunst des Tragikomischen. In dem Film macht ein lustiger, naiver Kellner – die chaplineske Hauptfigur – seinen Sohn glauben, das Konzentrationslager, ja, der ganze Krieg sei eine Art groß angelegtes Räuber-und-Gendarm-Spiel für Kinder, um ihn vor dem Grauen des Lagers zu schützen. In einer der dramatischsten Szenen des Films bricht der Sohn zusammen, weil er keine Lust mehr auf das Spiel hat und wieder nach Hause will. Der Vater geht auf ihn ein, indem er auf die «paradoxe Intention» zurückgreift. Er geht aus der Baracke und fängt an, das Spiel und den Preis, den man fürs «Gewinnen» (eigentlich fürs Überleben) bekommt, mies zu machen. Natürlich ist das für ihn ein großes Risiko: Nicht nur kann er jederzeit von den Wachen erschossen werden, es bleibt auch noch die Frage, was passiert, wenn sein Trick nicht funktioniert und das Kind immer noch weg möchte? Zu unserer großen Erleichterung jedoch lässt sich der Junge darauf ein und die beiden bleiben (am Leben).

Vielleicht muss man ein Genie sein, um diesen Film durchzuziehen. Aber ich glaube auch, dass nur ein Mann sich so eine Geschichte ausdenken könnte. Außerdem kann man sich kaum vorstellen, dass eine Frau sich so «dissoziiert» verhalten könnte – Benigni spielt auch die Hauptrolle. Interessant ist, dass der Vater am Ende zwar das Kind retten kann, aber nicht sich selbst. Die Mutter jedoch – die rein emotional handelt und freiwillig mit den beiden in den Zug steigt, der sie zum Konzentrationslager bringt – überlebt.

Abgesehen vom Thema Holocaust geht es in dem Film um eine Vater-Sohn-Beziehung: Gefühle bleiben unausgesprochen, wenn nicht sogar geleugnet, und werden in Taten, Fantasien und Ideen umgesetzt. Aber das Publikum fühlt – genau wie der Leser von Tolstoi bei Fürst Andrejs dunklen Intellektualisierungen – alles, was die Männer mit ganzer Kraft versuchen nicht zu fühlen. Vielleicht wäre in diesem Sinne die umgekehrte «weibliche» Kunstform die Oper oder der Hollywoodschinken – etwas, was so emotional ist, dass die meisten Männer nur mit Zynismus und Distanz reagieren können.

Selbstverständlich haben wir nicht immer Mitgefühl mit Männern, die nicht fühlen. Manche Männer sind so darauf versessen, Gefühle aus ihrem psychischen Repertoire zu streichen, dass sie uns nur langweilen und ärgern. Männer, die sehr früh im Leben einen schweren Verlust erlitten haben, sind für dieses Syndrom besonders anfällig: Ihre Gefühle sterben beim (tatsächlichen oder symbolischen) Tod eines Elternteils ebenfalls, was insofern den doppelten «Vorteil» bringt, dass sie den Verlust nicht spüren und gleichzeitig dem Toten gegenüber loyal bleiben und eine enge Beziehung zu ihm wahren.

In gewisser Hinsicht haben solche Männer einen psychischen Holocaust erlebt, denn sie haben emotional das Schlimmste durchgemacht. Deshalb haben sie nicht mehr viel zu verlieren und ihrer emotionalen Philosophie zufolge ist weniger mehr. Sie stellen alles in Frage und können über alles lachen. Für sie ist nichts heilig. In der Psychotherapie können sie ebenso frustrierend sein wie in der Ehe, weil ihre Gefühle unzugänglich sind – und aus einem Stein kommt kein Wasser. Aber oft sind sie auch unglaublich bewegend, weil sie intellektuell wissen, dass sie unter ihrer Unfähigkeit zu fühlen leiden.

Wenn ich diese Männer beschreibe, möchte ich damit nicht nahe legen, dass dies immer die Reaktion sein muss, wenn ein Junge einen Elternteil verliert – viele Faktoren sind beteiligt, um eine menschliche Reaktion auszuformen. Ich meine auch nicht, dass der Tod eines Elternteils die einzige Art frühen Verlusts oder Traumas ist, die eine solche Charakterabwehr hervorruft. Der Patient, den ich als Nächstes beschreibe, beweist dies.

Der Mann, der sich nicht missbraucht fühlen wollte

Unter anderem habe ich diesen Patienten im Gedächtnis wegen der Art, wie er seine Therapie begann. Die Begründung, warum er mich aufsuchte, erschien mir geradezu unnormal normal – aber andererseits, was weiß ich denn schon? Ich bin nur Psychologe. In der ersten Sitzung erklärte mir der Patient, ein britischer Investmentbanker mit einem ausgeprägten Interesse für Philosophie, dass er gekommen sei, weil er neugierig auf die Psychoanalyse war. «Wissen Sie», sagte er, «meine Leidenschaft, sofern ich eine habe, ist die Philosophie. Als ich auf der Universität war – oder auf dem College, wie Sie hier sagen –, befasste ich mich mit dem Marxismus, vor allem mit seiner Theorie des Kulturdeterminismus. Jetzt, im mittleren Alter, ist es Zeit für mich, die Psychoanalyse zu erforschen. Allerdings muss ich sagen, dass ich ziemlich skeptisch bin, und zwar genau aus demselben Grund, weshalb mir als jungem Mann der Marxismus so einleuchtete – ich glaube nicht an den freien Willen.»

Als ich den Patienten – nennen wir ihn John – fragte, ob es in seinem Leben irgendetwas Beunruhigendes oder Schmerzliches gab, was ihn dazu bewogen hatte, zur Therapie zu kommen, lächelte er und verneinte. Aber dann fügte er mit anscheinend beträchtlichem Vergnügen hinzu: «Natürlich würden *Sie* vielleicht sagen, dass mir irgendetwas *unbewusst* Kummer bereitet. Meine Erwiderung darauf lautet, dass ich nicht sicher bin, ob ich Ihnen die Existenz des Unbewussten zugestehen möchte. Aber vielleicht können Sie mich in diesem Punkt belehren, dann könnte sich zwischen uns sicher eine angeregte intellektuelle Diskussion ergeben.»

Als ich den Patienten daraufhin fragte, warum er nicht einfach ein paar Bücher über Psychoanalyse lesen wollte, antwortete er sehr clever, er sei sich «durchaus bewusst, dass die psychoanalytische Therapie nicht nur ein intellektueller Prozess ist, sondern dass höchstwahrscheinlich auch emotionale Faktoren eine Rolle spielen. Daher kann man die Theorie nicht vollständig beurteilen, ohne die Behandlung selbst durchzumachen.»

Seine Einführung verwirrte mich völlig. Zuerst dachte ich, na großartig, ein Patient, der sich für Theorie und Praxis der Psychotherapie interessiert – da haben wir ja eine Menge gemeinsam. Aber dann – obwohl ich Therapeut bin, habe ich noch nicht ganz den Verstand verloren – fiel mir auf, dass an diesem Bild irgendetwas nicht stimmte. Kein Mensch, der seine fünf Sinne noch einigermaßen beisammen hat, dachte ich, investiert so viel Geld, Zeit und emotionales Engagement, wie man für eine Psychotherapie nun einmal braucht, rein aus intellektueller Neugier.

Mich amüsierte die Neigung des Patienten zum Absurden – sein verspielter Tonfall zeigte eine Spur Ironie gegenüber seiner eigenen Schilderung. Aber schließlich fühlte ich mich auch noch frustriert und irritiert, weil er sich über die ganze Situation – einschließlich meiner Person – lustig machte. Ist es nicht erstaunlich, wie viele Gefühle ein «gefühlloser» Mann in seinem Gesprächspartner hervorrufen kann?

In mancher Hinsicht war diese Sitzung repräsentativ für Johns gesamte Therapie. In seinem Streben, emotionslos zu bleiben, wandte er eine Reihe höchst kreativer Techniken an: Von der Frage, warum ich warum fragte, bis zur Frage, warum ich meine Schuhe nicht poliert hatte; von der Behauptung, er langweile sich in der Sitzung, bis zu der Behauptung, er sei so entspannt, dass er gleich einschliefe; vom Vorschlag, ich könnte doch im Wartezimmer Kaffee und Doughnuts servieren, bis zu der Überlegung, ob ich nicht irgendwelche Elektroden an seinen Kopf anschließen, seine Gedanken überprüfen und ihm die Mühe ersparen könnte, reden zu müssen, und so weiter und so fort.

Als ich die Vermutung äußerte, dass diese Ideen Tricks waren, entweder, um mich zu unterhalten, abzulenken oder in Verlegenheit zu bringen – alles mit dem Ziel, Emotionen zu vermeiden –, behauptete er, dass er doch nur seinen Job als Patient machte und mir erzählte, was ihm durch den Kopf ging – womit er ja ganz Recht hatte. Und als ich ihm sagte, dass das eine sehr schlaue Methode sei, die Therapie zu untergraben, während man gleichzeitig den Anschein erweckte, kooperativ zu sein, lächelte er triumphierend und ließ Sprüche vom Stapel wie: «Tja, Dr. Gratch, da geht es schon wieder los. Dies ist eine dieser epistemologischen Tautologien, durch welche die psychoanalytische Theorie seit ihren Anfängen zum Krüppel geworden ist. Ich bin sicher, Sie wissen darüber wesentlich besser Bescheid als ich, und doch . . .»

In solchen Sitzungen wusste ich nicht, ob ich lachen oder weinen sollte, und das sagte ich dem Patienten auch. Das Problem war, dass John die Kunst, mich mit seinen intellektuellen Rätselspielchen zu ködern, dermaßen gut beherrschte, dass ich, obwohl ich glaubte, es besser zu wissen, oftmals nicht widerstehen konnte. So erlaubte ich mir von Zeit zu Zeit, mich auf seine philosophischen Kämpfchen einzulassen. Aber nach einer Weile bekam ich das Gefühl, dass es mich emotional zu sehr angriff und ich das vernachlässigte, worum es in Johns Therapie eigentlich gehen sollte.

Wie sich herausstellte, war daran nichts Philosophisches, Amüsantes oder auch nur Komplexes: Johns Problem war, dass er nicht lieben konnte. Ja, er war verheiratet, ja, er hatte Kinder, ja, sie waren ihm wichtig. Aber insgeheim war seine Frau für ihn in erster Linie ein Sexualobjekt und seine Kinder eine lästige Pflichtübung. Er war nie verliebt gewesen, hatte in jungen Jahren aufgrund körperlicher Anziehung geheiratet und vermisste Frau und Kinder auf seinen häufigen, oft ausgedehnten Geschäftsreisen nicht im Mindesten. Und wenn man zu dieser Mixtur auch noch Johns kulturellen Hintergrund hinzufügt – die Selbstbeherrschung einer britischen Vorstadt der oberen Mittelklasse – bekommt man das Bild eines emotional abwesenden Mannes – trotz seiner Brillanz, seines Erfolgs, seines Humors.

Die meisten Menschen haben schon einmal erlebt, dass ihre Liebe nicht erwidert wurde: Sehnsucht, Zurückweisung, Eifersucht, um nur einige der Gefühle zu nennen, die damit einhergehen. Und es scheint uns selbstverständlich, dass es weit schmerzhafter ist, zurückgewiesen zu werden, als selbst zurückzuweisen. In gewisser Weise jedoch trifft eher das Gegenteil zu, denn wenn wir jemanden zurückweisen, der uns liebt, wirft das die Frage auf, ob wir überhaupt fähig sind zu lieben. Einen geliebten Menschen zu verlieren, ist traurig und kann unter bestimmten Umständen verheerende Auswirkungen haben. Aber wenn man seine Liebesfähigkeit verliert, ist man zu emotionaler Verarmung verurteilt und verliert die Hoffnung, dass man jemals geliebt werden könnte. Aus dieser Perspektive sind Frauen, die «zu sehr lieben», anrührender, Männer, die zu wenig lieben, dagegen tragischer.

So sah ich John. Während er sich als freundlich, wenn auch etwas abgehoben erlebte, spürte ich die unausgesprochene Verzweiflung, die unter der Oberfläche lauerte. Aber worum ging es bei dieser Verzweiflung? Warum hatte John das Bedürfnis, die Hoffnung auf Liebe in die emotionale Neutralität des Nichts zu verwandeln? In seiner frühen Kindheit gab es keinen Todesfall oder sonst einen erkennbaren Verlust. Allerdings hatte es einen Vertrauensverlust gegeben, wobei es nicht nur um das Vertrauen in Menschen, sondern auch um das Vertrauen in die Regeln der Realität ging.

Übrigens – wie Sie inzwischen sicher besser einschätzen können, mussten John und ich, ehe wir über seine frühe Kindheit sprechen konnten, erst einmal den Rubikon der *Scham (Jungen weinen nicht)* überqueren. Und in Johns Fall ging es um einen doppelten Hammer. Er schämte sich seiner Scham, weil er wusste, ja, weil er darauf bestand, das es nichts gab, dessen er sich schämen musste – obwohl jeder Mensch, der eine Erfahrung macht wie er, von Scham geradezu gequält wird. Damit meine ich, dass er in seiner Kindheit sexuell missbraucht worden war.

Im Alter zwischen fünf und elf wurde John nämlich mehrfach vom Freund (und späteren Ehemann) seiner älteren Schwester sexuell belästigt. Als er mir endlich davon erzählte, sogar noch, nachdem er sich selbst «irrationale Schamgefühle» eingestanden hatte, weigerte sich John, das Geschehene als Missbrauch zu bezeichnen. Auf meinen Fehler hin, dieses Wort zu benutzen, korrigierte und ermahnte er mich streng. Nicht nur, weil John sich in seinem Denken für unabhängig hielt, sondern auch, weil seine Erinnerung an den «so genannten Missbrauch» – auf diese Bezeichnung einigten wir uns schließlich – nicht nur unangenehm war. Zum einen erinnerte er sich daran, dass ihm «die Aufmerksamkeit gefiel, das Gefühl, etwas Besonderes zu sein, Macht zu haben – fast so, als besäße ich etwas, was er unbedingt haben wollte und ich ihm gewähren oder verweigern konnte». Während John mit mir die Geschichte näher erforschte, interessierte er sich weniger für die legalen oder moralischen Aspekte des «so genannten Missbrauchs», sondern viel eher für die psychologische Seite: «Wenn ich es nicht gehasst, wenn ich es womöglich sogar genossen habe, warum sollte es dann ein Missbrauch sein?», fragte er immer wieder.

So absurd das klingen mag, bildet Johns Frage oft den Kern dessen, was sexuellen Missbrauch für ein Kind so grässlich, so entsetzlich verwirrend macht. Während manchmal, beispielsweise bei Vergewaltigung oder anderen gewaltsamen Formen des Missbrauchs, die Erfahrung des Kindes ein reiner, absoluter Horror ist, stellt sich das Bild in den meisten Fällen wesentlich komplexer dar. Das Kind hat vielleicht zu dem Erwachsenen, von dem es missbraucht wird, eine sehr enge Beziehung und vielleicht sind ihm bestimmte Aspekte der Situation sogar angenehm – wenn nicht sexuell, so doch emotional. Ist das der Fall, sagt das Kind unweigerlich zu sich: «Es ist nicht so schlimm», oder: «Wenigstens hab ich auch was davon», oder: «Vielleicht hab ich mir alles nur eingebildet.»

Mit solchen Gedanken versucht das Kind intuitiv den Erwachsenen zu schützen, um die Möglichkeit von Liebe und Kohärenz in seinem Leben nicht zu zerstören. Aber sosehr es sich auch bemüht, das Bewusstsein, dass etwas daran schrecklich falsch ist, lässt sich nicht abschütteln: dass es benutzt und manipuliert wird, dass es sich schämt und ein schlechtes Gewissen hat, dass die heimliche Beziehung es von Familie und Freunden entfremdet, dass es wegen der Beziehung seine Männlichkeit und Sexualität in Frage stellen muss, dass es ängstlich wird und anfängt zu kränkeln. Und selbst wenn dieses Wissen unterdrückt oder aus dem Bewusstsein gedrängt wird (dissoziiert) – was oft der Fall ist –, kann das Kind der Liebe oder den Regeln der Wirklichkeit nicht mehr vertrauen. So wird ein kleiner Junge skeptisch und kühl und wehrt emotionale Bindungen ab.

Über die psychischen Konsequenzen sexuellen Missbrauchs gibt es noch viel mehr zu sagen und es ist auch schon eine Menge gesagt worden. Aber hinsichtlich *Gefühlstaubheit (ich weiß nicht, was ich fühle)* illustriert Johns Fall nicht nur die Abwehr, irgendwas zu fühlen – die ihm geholfen hat, aus der Not eine Tugend zu machen –, sondern auch die paradoxe Macht, die Emotionen über den Verstand ausüben. Johns Versuch, seinen Intellekt zur Vermeidung von Gefühlen einzusetzen, richtete sich letztlich gegen ihn selbst, denn die Gefühle, die er zu unterdrücken versuchte, übernahmen die Kontrolle über seinen Intellekt. Betrachten wir sein anfängliches Verhalten mir gegenüber im Lichte dessen, was wir inzwischen über seine Geschichte erfahren haben. Er erzählt mir, dass er sich für Psychoanalyse interessiert – so werde ich ihm ähnlich und er fühlt sich als etwas Besonderes. Er fordert mich zu einem intellektuellen Wettstreit auf meinem Spezialgebiet heraus – das bringt mich in Versuchung, meine Macht über ihn auszuüben. Aber er informiert mich außerdem, dass er weiß, dass Psychotherapie kein rein intellektueller Prozess ist – was mich daran erinnert, dass es ein Fehler von mir war, mich intellektuell mit ihm einzulassen.

Spüren Sie hier, dass das, was zunächst als autonome intellektuelle Sequenz erscheint, eigentlich durch die emotionale Dynamik von Verführung, Beherrschung und Umkehrung der Macht vorangetrieben wird? Nicht dass John als Junge den Mann, der ihn missbraucht hat, etwa verführt hätte (obgleich das nicht so weit hergeholt ist, wie es vielleicht scheint). Aber mich hat er «verführt», indem er unsere Beziehung auf eine Schiene brachte, die seine emotionale Erfahrung reproduzierte. Wie nicht anders zu erwarten, reiste John durch einen großen Teil der emotionalen Landschaft seiner frühen Erfahrung, während sich unsere Beziehung entwickelte. Unglücklicherweise bekam er von seiner Bank in London ein einmaliges Angebot, ehe er den so unglaublich wichtigen Vulkan des Zorns erreichte. «Vielleicht werde ich Ihre Beobachtungen hinsichtlich des so genannten Missbrauchs gelegentlich mit einem Ihrer Kollegen in England diskutieren», meinte er, als er sich in der letzten Sitzung von mir verabschiedete.

Der Chirurg als Metapher

Bei ansonsten gleichen Voraussetzungen – würden Sie bei der Wahl eines Chirurgen eher einen unterstützenden, freundlichen und mitfühlenden Menschen wählen oder einen roboterartigen, gefühlsarmen Techniker? Hoffentlich wird keiner von uns je vor diese Wahl gestellt, aber ich persönlich tendiere zwar sehr zu Ersterem, würde mich im Endeffekt aber wahrscheinlich doch für den Zweiten entscheiden. Vermutlich aus offensichtlichen Gründen: Ich möchte lieber von jemandem operiert werden, der meinen Körper als seelenloses Objekt wissenschaftlicher Beobachtung sieht, als von einem Menschen, der, wenn es um Dinge wie Blut und Schmerz geht, mit seinen Gefühlen «in Kontakt steht».

Zwar glaube ich nicht, dass bestimmte Berufe von vornherein eher weiblich oder eher männlich sind, aber die Charakterabwehr des typischen männlichen Chirurgen ist, zumindest was emotionale Abwesenheit angeht, ein symbolischer Lehrsatz für das emotionale Selbstmanagement bei Männern. Der Chirurg ist – als Metapher – ein Mensch, der von dem Wunsch zu retten, zu heilen und gesund zu machen motiviert ist. In dieser Hinsicht ist er genau wie jeder andere metaphorische Arzt. Aber die besondere Aufgabe des Chirurgen erfordert eine Art kompetenten Eingreifens, die möglichst wenig von starken Emotionen beeinträchtigt werden sollte. Das Problem ist nur, dass es nicht wirklich möglich ist, ganz ohne Gefühl einen Brustkorb oder ein Gehirn aufzuschneiden oder zu wissen, dass das Leben eines anderen in den eigenen Händen liegt. Es sei denn, man hat überhaupt keine Gefühle, was tatsächlich der prototypischen Lösung eines Chirurgen für dieses Dilemma entspricht.

So ist die Trennung des Chirurgen von seinen Gefühlen nicht so viel anders als die meines Patienten John. Vielleicht ist sie weniger philosophisch verbrämt als bei ihm – schließlich muss ein Chirurg konkret handeln: Er nimmt sachlich Fakten, Informationen, Statistiken, Techniken und Prozeduren in sich auf, verarbeitet sie und setzt sie in Handlung um. Die Anwesenheit von Emotionen kann nur indirekt abgeleitet werden, etwa wenn wir analysieren, warum er so kurz angebunden mit uns war, oder wenn wir den schwarzen Humor durchleuchten, den er seinen Kollegen gegenüber häufig an den Tag legt.

Diese mechanische Haltung Gefühlen und Information gegenüber zeigt sich nicht nur bei den meisten Männern, sondern sie ist auch der Hauptgrund für viele Missverständnisse und Auseinandersetzungen zwischen Männern und Frauen. In seinem Buch *Männer sind anders. Frauen auch. Männer sind vom Mars. Frauen von der Venus* zeigt John Gray, dass Männer und Frauen verschiedene Sprachen sprechen, wenn es um Emotionen geht. Wie er es ausdrückt, benutzen Frauen Worte, um Gefühle zu beschreiben, während Männer mit Worten Informationen übermitteln. Während weder Gray (vermutlich jedenfalls) noch ich glauben, dass diese Unterscheidung immer zutrifft und es keine Zwischenstufen gibt, scheint sie doch den Kern vieler Kommunikationsprobleme in Beziehungen zu treffen. Wenn eine Frau zum Beispiel sagt: «Keiner hört mir mehr zu», antwortet der Mann wahrscheinlich mit: «Aber ich höre dir doch gerade zu.» Wie Gray erklärt, nimmt der Mann bei dieser Art Austausch den Satz der Frau zu wörtlich, als wollte sie damit Informationen weitergeben – und keine Gefühle.

Eins meiner Lieblingsbeispiele stammt aus meiner persönlichen Erfahrung. Ich brauchte tatsächlich Jahre, um zu verstehen, was meine Frau meinte, wenn sie sagte: «Willst du den Müll raustragen?» Ich nahm ihre Frage wörtlich, als würde sie mich fragen, ob ich tatsächlich den Wunsch verspürte, den Müll wegzubringen, worauf ich instinktiv antwortete: «Nein!» Warum sollte ich so was *wollen*? Schließlich aber begriff ich, dass sie ihr Anliegen (oder ihren Befehl) nicht deshalb als Frage formulierte, weil es tatsächlich eine Frage war, sondern eher, weil sie ihren Respekt vor meiner emotionalen Autonomie zum Ausdruck bringen wollte.

In gewissem Maß schützt die Tendenz eines Mannes, Dinge wörtlich zu nehmen, ihn vor den emotionalen Turbulenzen, die mit Krisen und Traumata einhergehen. Gleichzeitig jedoch nimmt ihm diese Tendenz einen Teil seiner Fähigkeit, sich zu freuen. Es ist, als führte die emotionale Abwesenheit dazu, dass ihre Psyche eine Dimension verliert, dass sie platt und zweidimensional wird. Jeden Tag, wenn ich in den Zug zu meiner New Yorker Praxis steige, werde ich an diese scheinbare Flachheit erinnert. Scharen von Männern in dunklen oder grauen Anzügen, mit Aktentasche und Zeitung in der Hand, strömen gemessenen Schrittes auf den Bahnsteig, verschwimmen in ihrer Uniformität zu einem monotonen Gemisch aus Farbe, Gangart und Sprache, unterbrochen hie und da von Frauen und an einem günstigen Tag ein paar anderen visuellen Nonkonformisten.

Der englische Psychoanalytiker Christopher Bollas prägte den Ausdruck «normotische Persönlichkeit» (als Gegenstück zur neurotischen Persönlichkeit), um ein Individuum zu beschreiben, das einen unnormalen Drang hat, normal zu sein. Solche Menschen, meint Bollas, leben, um den objektiven, materiellen Maßstäben der Gesellschaft gerecht zu werden – beispielsweise der Anhäufung von «Dingen» wie Wissen, Geld, Freunde, Ehefrauen, Kinder, Autos –, ohne dass dabei die subjektiven Gefühle, Gedanken oder Konflikte erlebt werden, die solchen Errungenschaften oder Beziehungen einen persönlichen Sinn verleihen.

Bollas spricht nicht spezifisch über Männer und natürlich können auch Frauen unter «normotischen Störungen» leiden. Aber bei Männern ist das Hauptsymptom das Verflachen der Emotionen. Das Stereotyp hierfür ist: Wenn eine Frau ihren Mann fragt: «Liebst du mich?», und dieser antwortet: «Ich bin hier, oder?» Ein Patient erzählte mir – alles andere als amüsiert – folgende Geschichte: Mitten auf einer Autofahrt, bei der sein bester Freund sich beklagte, dass seine Frau emotional so bedürftig sei, rief ihn seine eigene Freundin auf dem Handy an, um Hallo zu sagen und ihn zu fragen, ob er sie liebte. «Sie raubt mir damit meine Fähigkeit zu antworten», erklärte er.

Für manche Männer ist diese Art von Schwierigkeit nur eine Sache der Scham – Jungen sagen so was nicht, schon gar nicht auf Befehl. Aber bei anderen geht es mehr um Stoizismus, Neutralität und Langeweile. Für viele ist dieses Absterben des Subjektiven eine subtile Form der Depression, gekennzeichnet von der chronischen, wenn auch unausgesprochenen Weltanschauung, dass das Leben letztlich eine Pflicht ist. Diese Verfassung lässt uns vor dem Fernseher ebenso einschlafen wie am Steuer unseres Wagens. Oft dauert ein solcher Zustand jahrelang an und ist der direkte Weg in die so genannte Midlife-Crisis. Wenn ein Mann sich in mittleren Jahren in eine junge Frau verliebt (oder in einen Sportwagen), dann kann man das von diesem Standpunkt aus als einen zum Scheitern verurteilten Versuch ansehen, das Selbst aus seiner langen schlafwandlerischen Unverbindlichkeit zu wecken und wieder jung zu machen.

Aber selbst wenn keine Depression im eigentlichen Sinne vorliegt, kann die emotionale Abwesenheit eines Mannes ihn und andere in Schwierigkeiten bringen. Die physikalischen Grundgesetze, wie die Erhaltung der Materie, scheinen auch hier zu gelten: Die Emotionen sind nicht wirklich abwesend – sie lösen sich nicht auf, sie verschwinden nicht einfach. Sie nehmen auch nicht ab, weder ihre Intensität noch ihre Menge. Vielmehr nehmen sie eine andere Gestalt an – manchmal unbeabsichtigt, oft unerwartet.

Männer sind berüchtigt für ihre verzögerten und verschobenen emotionalen Reaktionen. Beispielsweise hatte ein Patient, nachdem seine Frau ihr erstes Kind zur Welt gebracht hatte, höchst unwillkommene, aber äußerst aufdringliche Gedanken, dass er schwangere Frauen in den Bauch schlagen wollte. Übersetzung: Der Patient hatte sich darüber geärgert, dass seine Frau sich von ihm zurückgezogen und sehr stark mit ihrer Schwangerschaft beschäftigt hatte, aber um weiter für sie sorgen zu können – was er neun Monate lang getreulich getan hatte –, schob er seinen Ärger unbewusst auf und polte ihn auf geeigneten Ersatz um.

Das Gefühl der Angst auszuschalten und in einer gefährlichen Situation «Kampf» statt «Flucht» zu wählen – das ist der Stoff, aus dem männliche Helden gemacht sind. Aber es ist auch der Weg der toten Soldaten, der toten Bergsteiger auf dem Mount Everest und, wenn auch weniger dramatisch, vieler gescheiterter Geschäftsunternehmer. Ob Sie ein Flugzeug fliegen, ein Pferd reiten oder an der Börse spekulieren, Sie brauchen immer ein kleines, aber gesundes Maß an Angst, das Daten sammelt und einschätzt, wie groß das Risiko ist, das Sie eingehen. Wenn Sie ohne jede Nervosität – egal, ob wegen Ihrer Sicherheit oder wegen eines potentiellen Strafzettels – mit hundertdreißig Sachen durch die Gegend rasen, warum sollten Sie dann nicht noch schneller fahren?

Im zwischenmenschlichen Bereich bringt die emotionale Abwesenheit einen Mann nicht nur deshalb in Schwierigkeiten, weil seine Mitmenschen über sein mangelndes Gefühl frustriert sind, sondern weil man, wenn man die eigenen Gefühle nicht spürt, die der anderen weder erahnen noch mitfühlen kann. Der Mann, der seine eigene emotionale Reaktion auf eine Erkältung oder Grippe möglichst niedrig hält, ignoriert wahrscheinlich auch das Bedürfnis seiner Frau oder seiner Kinder nach zärtlicher Zuwendung, wenn diese einmal krank sind. Der Vater, der bei sich selbst keine Angst und keine Traurigkeit zulässt, schreit sein Kind an, es soll aufhören zu weinen, statt seinem Schmerz zu lauschen. Der emotional abwesende Ehemann, der versucht, sich wieder jung zu fühlen, indem er sich eine Affäre sucht, ist trotzdem noch emotional abwesend, auch in der Beziehung zu seiner neuen Geliebten – er kann den Schmerz und die Zerstörung nicht voraussehen, die sie am Ende höchstwahrscheinlich empfinden wird. Und der Mann, der seine Kinder und seine Partnerin auf der Geschäftsreise nicht vermisst, wird auch nicht instinktiv spüren, welche potentiellen Auswirkungen seine Abwesenheit auf sie hat.

Dieser Mangel an Mitgefühl – für sich selbst und für andere – kann einer der Gründe sein, weshalb Männer nicht fähig sind zu sagen «Es tut mir Leid». Und es könnte auch der Grund dafür sein, dass, wenn sie sich einmal dazu durchringen, keinerlei Überzeugung zu hören ist. «Ich will gar nicht, dass du dich bei mir entschuldigst», antwortet die Frau oder Freundin vielleicht dann. «Ich möchte, dass du mich verstehst.»

Mangelndes Mitgefühl oder allgemeine Achtlosigkeit gegenüber emotionalem Schmerz macht es auch leichter, Fehltritte zu rationalisieren oder zu intellektualisieren. Wenn Sie ein kleines Büroverbrechen begehen oder die Finanzen der Wahlkampagne manipulieren, können Sie argumentieren, dass das alles Verbrechen sind, bei denen es keine Opfer gibt, und dass Sie in dieser harten Welt doch tun müssen, was alle tun. Aber das ist eher eine Rationalisierung als eine wirklich vernünftige Erklärung – eine Methode, Ihr Gewissen zu beruhigen, das, wenn Sie es von Anfang an befragt hätten, verhindert hätte, dass Sie sich überhaupt in derlei Schwierigkeiten bringen.

Das Gleiche gilt für zwischenmenschliche Fehltritte. Viele Männer rationalisieren ihre Seitensprünge, indem sie sich selbst einreden, sie würden ihre Frau nicht wirklich betrügen. Wenn sie den Schmerz ihrer Frau nicht fühlen, ist es leichter für sie, sich selbst so kreative Erklärungen abzukaufen wie beispielsweise: «Das ist nur Sex, keine Liebe», «Wir haben uns nur geküsst», «Wir haben uns nicht geküsst», «Wir haben nicht miteinander geschlafen», «Sie hat mir bloß einen geblasen», «Meine Frau mag keinen Sex» oder «Der Alkohol war schuld».

Allein stehende Männer sind oft noch subtiler und rühmen sich ihrer Ehrlichkeit, wenn sie einer Frau, mit der sie sich möglicherweise verabreden wollen, erzählen, dass sie nur an einer lockeren Beziehung interessiert sind. Zwar kann das vielleicht als Erklärung genügen, um sie von den Verpflichtungen allgemein gängiger Moral zu befreien, aber es kann sich dabei auch um eine Methode handeln, mit der sie ihr schlechtes Gewissen beschwichtigen, weil sie nämlich vorhaben, die Frau, mit der sie verabredet sind, sexuell zu benutzen.

In ausgewogener Form ist die emotionale Abwesenheit der Männer eine gute Sache – deshalb gibt es sie überhaupt. Am dramatischsten führte mir das ein Patient vor Augen, bei dessen jüngstem Kind, einer vierjährigen Tochter – die er abgöttisch liebte – eine ernste Entwicklungsstörung festgestellt wurde. Dieser Mann war selbst als sechs Monate altes Baby adoptiert worden und hielt nicht viel von Worten – und von Emotionen. Selbst während der emotional aufreibenden Suche nach seinen leiblichen Eltern zeigte er kaum Gefühle.

Im Lauf dieser aufregenden Entdeckungsreise zeigte sich, dass seine leibliche Mutter aus einem europäischen Adelsgeschlecht stammte und sein Vater ein asiatischer Prinz war; sein Vater war mit einer anderen Frau verheiratet gewesen und hatte bereits drei Kinder, als er seine Mutter schwängerte; womöglich hatte er sie sogar vergewaltigt. Als mein Patient geboren wurde, zwang die Familie die junge Mutter, das Baby zur Adoption freizugeben, worauf die Mutter schwer depressiv und psychotisch geworden war. Beide Eltern waren jung gestorben und mein Patient hatte prominente Blutsverwandte.

Während der ganzen Höhen und Tiefen der langen Suche behielt der Patient eine neugierige, fast fröhliche Haltung; er suchte nicht nur nach seinen Wurzeln, sondern auch nach seinen Gefühlen. Aber lange Zeit war er nur in der Lage, sie stellvertretend zu empfinden, durch mich, durch seine Frau und noch mehr durch die anderen erwachsenen Adoptivkinder in seiner Support-Gruppe.

Mitten in diesem Prozess wurde nun bei seiner Tochter die Störung festgestellt, die möglicherweise bedeutete, dass das Kind in seiner weiteren Entwicklung schwerwiegend beeinträchtigt war. Viele Eltern hätten extrem besorgt und verängstigt reagiert, was zwar verständlich ist, der Entwicklung eines Kindes aber zusätzlich schaden kann. Aber auf meinen Patienten traf das nicht zu: Er war von Natur aus so ruhig, dass die schlechte Nachricht seine Liebe und Hingabe gegenüber seiner Tochter nicht im Geringsten beeinträchtigte. In gewisser Weise war es ihm nicht wichtig, ob seine Tochter lesen lernen, Freunde finden, unabhängig leben können würde oder nicht (natürlich machte es ihm etwas aus, aber er empfand kaum etwas davon). Er würde sich trotzdem an ihr freuen, für sie da sein und tun, was notwendig war, ohne sich deshalb elend zu fühlen. Er war der perfekte Vater für sein Kind.

Wie dieser Fall deutlich zeigt, können unsere Schwächen gleichzeitig unsere Stärken sein und umgekehrt, was man im Kopf behalten sollte, wenn man sich selbst oder andere beurteilt. Bei einer Leistungskontrolle im Job kann jemand beispielsweise hohe Werte bei «Beharrlichkeit» und niedrige Werte für «Prioritäten setzen» bekommen. Das Problem ist, dass beides streng genommen Seiten des gleichen Charakters sind – ein solcher Mensch neigt vielleicht dazu, sich auf Details zu konzentrieren statt auf den großen Zusammenhang. Möglicherweise sieht er entweder die Bäume oder den Wald, aber könnte er auch so perfekt sein, dass er beides sieht? Auf ähnliche Weise geben wir bei einer Verabredung unserem Gegenüber vielleicht gute Noten für die äußere Erscheinung und schlechte Noten für die Intelligenz (oder umgekehrt) – und dann wollen wir das Schlechte nicht zusammen mit dem Guten nehmen. Aber vielleicht haben wir gar nicht die Wahl, weil unsere Verabredung eine Person ist, die sich bemüht hat, das eine zu entwickeln – auf Kosten des anderen.

Vom psychologischen Standpunkt aus stimmt dieses «Angebot im Paket» immer für unsere Abwehrmechanismen – sie sind gleichzeitig unsere besten Verbündeten und unsere gefährlichsten Feinde. Das stimmt sogar, wenn unsere Abwehrmechanismen nicht in Ordnung sind. Mein Patient John, der Mann mit dem «so genannten Missbrauch», ist hierfür ein Paradebeispiel: Seine Unfähigkeit zu fühlen war für seine Karriere äußerst vorteilhaft. Als internationaler Investmentbanker hatte er sich an der Wall Street einen Namen gemacht, weil er turbulente finanzielle Märkte mit einer geradezu schlafwandlerischen Sicherheit einschätzen konnte – was er in einem großen Ausmaß seiner Fähigkeit zu verdanken hatte, dass er auch unter Stress einen kühlen Kopf bewahrte und sich generell aus der Hitze des Gefechts heraushielt.

Die ambivalente Nabelschnur

Aller Wahrscheinlichkeit nach bildet die emotionale Abwesenheit einen wesentlichen Bestandteil der männlichen emotionalen Hardware – der genetischen und evolutionären Veranlagung eines Mannes. Dazu kommt noch – wie die Philosophin Myriam Miedzian erklärt –, dass Jungen traditionell zu Soldaten erzogen wurden, das heißt, um zu töten, nicht um Mitgefühl zu empfinden. Doch aus einer inneren psychologischen Perspektive hat der Widerwillen der Männer gegen Gefühle mehr mit der Fähigkeit zu lieben zu tun als mit der Fähigkeit zu töten. Wie unter anderem auch die Psychoanalytikerin Karen Horney feststellt, ist die größte Angst der Männer, sich in einer Beziehung mit einer Frau zu verlieren. Deshalb brauchen sie umso mehr Freiraum, je mehr ihre Partnerin sie braucht.[1]

Dazu gehört, dass manche Männer nicht mehr auf eine Frau reagieren können, sobald diese ihn will. Wenn die Frau auf ihn zugeht, wird er kalt, hart und abweisend. So hat Tolstoi auch Fürst Andrej, eine seiner Lieblingsfiguren, beschrieben und erzählt, er behandle «seine Schwester mit übertriebener Vernunft, als wollte er jemand für die heimlichen unvernünftigen Empfindungen strafen, die sich in ihm selbst regten». Tatsächlich ist es sein *eigenes* Abhängigkeitsgefühl Frauen gegenüber, das ein Mann zu leugnen versucht, indem er nichts fühlt und sich Frauen vom Leib hält. Einer meiner Patienten hatte solche Angst, in einer Beziehung seine Unabhängigkeit zu verlieren, dass er in Gedanken jede Frau, die sich für ihn interessierte, in eine bedürftige, jämmerliche Karikatur verwandelte. Einmal sagte ich zu ihm: «Ich staune, welche Gedankenakrobatik sie einsetzen, um zu vermeiden, dass Sie sich in einer Frau verlieren.» Interessanterweise deutet die Antwort meines Patienten – «Das verstehen Sie falsch, eigentlich versuche ich ins Innere einer Frau vorzudringen» – auf ein wichtiges Paradox hin, das im Zentrum der männlichen emotionalen Abwesenheit liegt: Ihre Angst, sich in einer Frau zu verlieren, ist genau genommen ein Wunsch.

Im Fall dieses Patienten war die Erwiderung auf meine Beobachtung bewusst so gemeint, dass er einfach nur zu wählerisch sei und eine Möglichkeit suchte, eine dieser Frauen zu lieben. Seine weniger bewusste Vorstellung von Liebe jedoch war, leidenschaftlich das eigene fundamentale Getrenntsein und die eigenen egoistischen Wünsche zu vergessen. Wie nicht anders zu erwarten, liegen die Ursprünge dieses Konflikts in der frühen Beziehung eines Jungen zu seiner Mutter. Darauf werde ich später in diesem Buch noch näher eingehen.

Im ersten Jahr meines Graduiertenstudiums hatte ich mit meiner Mutter ein Gespräch über die Entwicklungstheorie von Trennung und Individuation, also darüber, wie ein Kind sich seinen eigenen Weg in psychischer Getrenntheit von der Mutter sucht. «Aus der Perspektive der Mutter kommt das Kind aus ihr heraus und bleibt immer Teil von ihr», meinte meine Mutter. Damals setzte ich alles daran, diese Bemerkung als Problem meiner Mutter abzustempeln, die mich nicht loslassen konnte. Aber jetzt habe ich selbst Kinder und verstehe, was sie gemeint hat – und ich bin nicht mal eine Mutter. Trotzdem, eben weil es die emotionale Realität einer Mutter ist, muss das Kind seine eigene, von ihr getrennte emotionale Realität schaffen. Das trifft natürlich auf Jungen wie auf Mädchen zu und ist in gewisser Hinsicht sogar für einen Jungen leichter als für ein Mädchen, weil der Junge schon durch sein Geschlecht her anders ist als seine Mutter, auf körperliche, sehr grundlegende Art. Doch dieser Unterschied repräsentiert auch einen Verlust, eine Art «Vagina-Neid», und erweckt den Wunsch, in einen Zustand vollkommener Verschmelzung zurückzukehren. Hier tritt die emotionale Abwesenheit auf den Plan, mit der Mission, diesen gefährlichen Wunsch aus dem Bewusstsein zu verbannen – als Schutz gegen seine Erfüllung und um den Prozess der Trennung voranzutreiben.

In diesem Sinne haben Männer Angst vor der Liebe in ihnen selber. Aber um die Sache noch komplizierter zu machen, haben sie auch Angst vor ihrem eigenen Hass, der ein weiteres wichtiges Element zur Entwicklung emotionaler Abwesenheit darstellt.

Mehrere englische Psychoanalytiker haben die Entwicklung dieses «schizoiden» Abwehrmechanismus – die Trennung von Gefühl und Intellekt – bis ins Kleinkindstadium zurückverfolgt, wenn das Baby, um keine Wut gegenüber seiner liebevollen, aber frustrierenden Mutter zu empfinden, ihr Bild in «die gute Brust» und «die böse Brust» aufspaltet – eine Dualität, die zum Elternsein dazugehört. Es gibt einige recht komplizierte psychoanalytische Theorien darüber, was als Nächstes geschieht, aber im Grund läuft es darauf hinaus, dass das Kind nicht die Hand beißen will, die es füttert.

Auch das trifft gleichermaßen auf Jungen und Mädchen zu. Aber die emotionale Abwesenheit der Männer bietet ihnen das Werkzeug oder die Mittel, sich von den wütenden, hasserfüllten Gefühlen zu distanzieren. Der Preis für diese Distanzierung ist jedoch allgemeiner Rückzug, Reserviertheit und Isolation, verbunden mit dem Gefühl, kalt oder gar schlecht zu sein, ein Mensch, der zu sehr mit Hass erfüllt ist, um geliebt zu werden. Tatsächlich haben viele Männer Angst vor Intimität, weil sie ihre eigene Wut und Destruktivität fürchten. Wenn sie sich auf jemanden einlassen, haben sie Angst, ihre Wut darüber, dass diese Person wie alle ihre Vorgänger emotional nicht genug für sie sorgt, könnte ihre Liebe zerstören und Vergeltung heraufbeschwören. Oft genug hat diese Angst gute Gründe.

Natürlich ist ein derartiger Rückzug im Allgemeinen nicht so dramatisch und total. Er zeigt sich beispielsweise oft in einem eher beobachtenden als teilnehmenden Umgang mit anderen Menschen und mit sich selbst. In diesem Sinne ist jeder Mann ein Beobachter, vielleicht ein Schriftsteller – aber eher ein Journalist als ein Romanautor. Lassen Sie es mich etwas näher ausführen. Einer meiner Patienten, tatsächlich ein Journalist, brachte zu einer Sitzung die «Dokumentation einer Krise» mit, deren Zeuge er in der Nacht zuvor geworden war. Spätabends war seine Freundin betrunken nach Hause gekommen und hatte in einem Wutanfall aus heiterem Himmel angefangen, Geschirr und Gläser auf dem Küchenboden zu zerschmettern. Nachdem der Patient vergeblich versucht hatte sie zu beruhigen, zog er sich an seinen Schreibtisch zurück, um alles, was sie sagte und tat, aufzuschreiben, damit er es (mir) am nächsten Tag «zur Analyse mitbringen» konnte. Während wir darüber sprachen, wurde jedoch der wahre Grund klar, weshalb sich der Patient dokumentarisch betätigt hatte – also ein Beobachter geworden war, statt aktiv am Geschehen teilzunehmen: Nur so konnte er seine Wut darüber, dass seine Freundin sich betrunken hatte und ausgerastet war, unter Kontrolle halten.

Doch der Patient hielt sich nicht nur aus den Krisen seiner Freundin, sondern auch aus seinen eigenen Krisen heraus. Als er mich beispielsweise einmal wegen einer Extrasitzung anrief, sagte er nicht: «Ich muss Sie sehen» oder «Ich mache gerade eine schwere Zeit durch», sondern: «Ich hätte diese Woche gern einen zusätzlichen Termin, damit Sie einen ‹Schnappschuss› von einem psychologisch wichtigen Augenblick machen können.» Vielleicht erscheint diese Reaktion des Patienten ziemlich seltsam, aber Tatsache ist, dass Männer so etwas ständig machen. Wenn sie zu einer Frau sagen: «Beruhige dich» oder «Du reagierst wirklich übertrieben» oder «Ich denk mal drüber nach» oder «Warum regst du dich so auf?», dann versuchen sie eigentlich, sich in abgeklärte Historienschreiber zu verwandeln, statt an einem zeitgenössischen Drama teilzunehmen.

Man kann über die männliche Neigung lachen, in der Welt der Ideen zu leben und mit ihnen ihre Gefühle zu intellektualisieren, denn die Weigerung, die emotionale Realität anzuerkennen, wirkt oft wirklich etwas albern. Aber man kann sie auch als Beitrag zum durchgeistigten Leben ansehen. Einer meiner Patienten wollte unbedingt eine Beziehung eingehen, hatte aber eine solche Phobie vor dieser Verpflichtung, dass er, wie er es scherzhaft formulierte, Angst hatte, einer Frau auf dem Korridor Hallo zu sagen, weil er sie dann würde heiraten müssen. Nachdem er sich jahrelang von Frauen fern gehalten hatte, die emotional für eine Beziehung verfügbar gewesen wären, konnte er sich selbst schließlich «austricksen» und eine Beziehung beginnen, indem er sich und seiner zukünftigen Freundin mitteilte, sie solle das, «was wir zusammen machen, nicht für eine Beziehung halten». Daraus wurde zwischen den beiden ein stehender Witz, während sie eine liebevolle «Nichtbeziehung» aufbauten, die sie rasch auf den Weg zu Verlobung und Ehe brachte.

Dass Männer die emotionale Realität einer Idee unterwerfen, nämlich einer Idee, wie die emotionale Realität aussehen sollte, scheint vielleicht lächerlich und unreif. Aber manchmal funktioniert es. Ich habe diese Technik vor ein paar Jahren angewandt, als ich ein neues Auto kaufte. Meine Frau wollte einen Kombi – aus all den praktischen Gründen, aus denen Leute mit Kindern sich einen solchen kaufen. Aber für mich symbolisierte der Kombi die Niederlage der kreativen Freiheit und den Sieg der vorstädtischen Unkultur und es wurde eine Entscheidung im Stile von «nur über meine Leiche». Also nahm ich meine gesamte intellektuelle Feuerkraft zusammen und überzeugte mich, dass ein Minivan viel weniger vorstädtisch war als ein Kombi – «der ist eher ein sportliches Nutzfahrzeug». Also kauften wir einen Minivan und ich bin sehr glücklich damit – es scherte mich nicht, dass er kurze Zeit später zum universellen Symbol des Lebens in der Vorstadt aufstieg. (Wie nicht anders zu erwarten, verschwindet jetzt der Kombi und ich frage mich im Stillen, wie es wäre, einen zu haben.)

Wie dieses Beispiel zeigt, stülpen Männer nicht nur Ideen über Emotionen, sondern auch Ideenrealität über tatsächliche Realität. Obwohl die Psychose im Extrembereich dieser Tendenz anzusiedeln ist, muss man nicht verrückt sein, um gelegentlich oder in bestimmten Momenten die Realität nicht zu sehen. Ein Patient erzählte mir in seiner ersten Sitzung, er sei gekommen, weil seine Verlobte ihn unter Druck setzte. Außerdem hätte er seine Verlobte die letzten sechs Monate angelogen und behauptet, er sei bereits in Therapie. Um diese Lüge zu untermauern, hatte er montagabends bei einem Therapeuten einen regelmäßigen Termin vereinbart, was den zusätzlichen Vorteil hatte, dass er einen freien Abend ohne sie verbringen konnte. Als ich ihn fragte, weshalb er das getan hatte, verhedderte er sich und sagte: «Ich dachte, eine Therapie würde helfen . . .», als wäre er wirklich dort gewesen. So hatte sich dieser Mann, ohne wirklich zu wissen, warum er die Lüge erfunden hatte, momentweise tatsächlich eingeredet, dass es keine Lüge war. Da er nicht psychotisch war, korrigierte sich der Patient sofort. Aber es ist leicht einzusehen, warum er einen Augenblick lang die Realität hinter sich gelassen hatte – schließlich hatte er sich letztendlich ja in Therapie begeben und das wahrscheinlich schon die ganze Zeit vorgehabt.

Virtuelle Intimität

Um herauszufinden, worum es bei der emotionalen Abwesenheit geht, kann man sich den Theorien der psychischen Entwicklung widmen oder sich mit dem Internet beschäftigen. Nicht nur ist das Internet ein neues Medium, sondern auch ein neuer zwischenmenschlicher Bereich mit seiner ureigenen Psychologie. Indem das Internet die Live-Kommunikation eines Telefongesprächs mit der unilateralen, reflexiven Methode des Briefeschreibens kombiniert, ist es sozusagen ein Treffpunkt für Köpfe ohne Körper. Das Internet ist ein Ort, der keine körperlichen oder seelischen Offenbarungen, keine Konsistenz oder Verpflichtung verlangt und dennoch Hoffnung auf endlose Möglichkeiten macht. Eine davon ist die Realität. Es ist ein riesiger emotionaler Spielplatz, auf dem man sich nach Lust und Laune austoben kann, ohne Konsequenzen fürchten zu müssen.

Beispielsweise können Sie, wenn Sie in einem Chat-Room nach Diskussionsgruppen oder Internetfreunden suchen, so anonym bleiben, wie es Ihnen gefällt. Damit befinden Sie sich in der ungewöhnlichen Lage, die Proportionen von beobachtendem Verhalten und aktiver Teilnahme genau bestimmen zu können. Sie können sich als unsichtbaren Voyeur erleben, absolut geschützt in seiner Privatsphäre, oder als das krasse Gegenteil – als Exhibitionisten, der alles aufs Spiel setzt, indem er einem Fremden Zutritt in sein inneres Allerheiligstes gewährt. Oder eben als irgendetwas auf dem Kontinuum dazwischen. Um eine Metapher des Psychoanalytikers Henry Guntrip zu benutzen, ist dieser zwischenmenschliche Raum so ähnlich wie der zwischen zwei Stachelschweinen, die sich treffen, um sich zu wärmen. Wenn sie sich zu nahe kommen, tun sie einander weh, aber wenn sie zu weit auseinander sind, ist ihnen kalt. Also bewegen sie sich ständig vor und zurück auf der Suche nach der Stelle, wo es weder zu schmerzhaft noch zu kalt ist.[2]

Aus dieser Beschreibung müsste unmittelbar hervorgehen, dass kein emotional abwesender Mann, der diese Bezeichnung verdient, der Versuchung widerstehen kann, im Netz zu surfen. Und ich vermute, dass diese schizoide Natur des Internetraums einer der Gründe ist, warum er größtenteils von Männern bevölkert wird. Was also kann das Internet uns über die emotionale Abwesenheit seiner Benutzer mitteilen? Meine männlichen Patienten scheinen das Internet ähnlich zu benutzen wie eine Gruppentherapie oder eine Prostituierte – als natürliches Versuchslabor, als emotional geschützten Bereich, in dem man mit neuen, emotional riskanten Verhaltensweisen experimentieren kann.

Wenn ein Mann beispielsweise unsicher über seine sexuellen Vorlieben ist, aber Angst hat, homosexuellen Sex tatsächlich auszuprobieren, versucht er es erst einmal virtuell. Oder wenn er sich frustriert fühlt, weil der Sex fast ganz aus seiner Ehe verschwunden ist, und sich gleichzeitig vor sexuell übertragbaren Krankheiten fürchtet, nimmt er sich vielleicht eine Geliebte im Internet – mit dem zusätzlichen «Vorteil», dass er sein schlechtes Gewissen noch leichter wegrationalisieren kann. Andere Männer finden es einfacher, sich zu öffnen oder über ihre Geheimnisse und Fantasien zu «sprechen», wenn sie online sind.

Dann gibt es noch Fälle, die gefährlich nahe daran sind, online zu leben. Ein Mann begann mit dreißig eine Therapie, nachdem er sich von seiner Frau getrennt hatte, mit der er sieben Jahre zusammen gewesen war. Er war ein schlaksiger, drahtiger Mann mit einem gestressten Babygesicht, einem wilden Wuschelkopf und einer dicken schwarzen Brille. Er kleidete sich leger bis unordentlich und war, wie Sie vielleicht erraten haben, Computerwissenschaftler. Kopflastig veranlagt, extrem nett und mit einem trockenen Humor gesegnet, besaß er auch noch mathematische und musikalische Talente. Als Teenager war er ein echter Computerfreak gewesen, aber statt einfach «Hacker» zu werden, drang er zwar illegal ins Computersystem großer Firmen ein, rief die betreffenden Unternehmen jedoch am nächsten Tag an, um ihnen mitzuteilen, wie sie ihr Sicherheitssystem verbessern könnten. Dabei war er so gut und überzeugend, dass er schon zu Studienbeginn von allen möglichen technischen Firmen Angebote bekam. Aber schon damals interessierte er sich mehr für die akademische Forschung als für die materielle Welt.

In den ersten Sitzungen mit mir sprach er über seine Karriere. Doch da seine Ehe vor kurzem in die Brüche gegangen war und er dieses Thema so sorgfältig vermied, ermunterte ich ihn, seine Konzentration ein bisschen zu verlagern. Schließlich erzählte er mir die Geschichte seiner Ehe. Wie sich herausstellte, hatten er und seine Frau nie eine lebhafte sexuelle Beziehung gehabt und das bisschen Sex, das zwischen ihnen stattgefunden hatte, war verklemmt und schüchtern gewesen. Der Patient fühlte sich in seinem Körper nicht wohl, wie in der Welt der Körper überhaupt. Und obwohl er gern mehr Sex gehabt hätte, war er zu nett, um seine Frau deswegen unter Druck zu setzen. Sie stammte aus einer altmodischen, engen, streng katholischen Familie italienischer Herkunft und war in ihrer Sexualität allgemein gehemmt. Mit neunzehn hatte sie den Patienten geheiratet, ohne jede sexuelle Erfahrung, ja, ohne auch nur mit jemandem über Sex gesprochen zu haben.

Als sie Don, meinen Patienten, kennen lernte, verliebte sie sich sofort in ihn – oder zumindest in eine bestimmte Vorstellung von ihm und in seinen Verstand. Sie sah ihn als einen Menschen, der sie aus ihrer kleinen, ungebildeten Welt befreien und ihr neue interessante Horizonte in Technik, Kunst und Wissenschaft eröffnen würde. Vielleicht war es für sie eine Möglichkeit, sich aus der erdrückenden Enge ihrer Familie zu befreien. Dons Interesse an ihr war mehr passiver Art. Aber ihre direkte, naive Jugendlichkeit bezauberte ihn und ihre Bewunderung für ihn tat das Ihrige. In den ersten Jahren ihrer Beziehung waren die beiden sehr verliebt, aber vielleicht eher wie Bruder und Schwester als wie ein richtiges Liebespaar. Trotzdem war der Patient zutiefst getroffen, als seine Frau ankündigte, sie wolle sich von ihm trennen.

Ihre einzige Erklärung war, sie habe zu jung geheiratet und müsse erst noch herausfinden, wer sie sei. Der Patient war zu klug, um diese Erklärung einfach zu schlucken, fürchtete sich aber davor, sie zur Rede zu stellen. Er wollte nicht hören, er sei unattraktiv, zu dünn und unbeholfen oder sexuell nicht aggressiv genug. Außerdem hatte er Angst vor der Demütigung, falls sie eine Affäre hatte. Auf die für ihn typische nachgiebige Art fügte sich Don in die Situation, packte seinen Computer zusammen und zog aus. Anschließend stürzte er sich in seine Forschung und versuchte alles zu vergessen. Aber er vergaß auch zu essen und zeigte noch weitere Anzeichen einer Depression. Schließlich sprach ihn seine Mutter darauf an, dass er immer dünner wurde, und er beschloss Hilfe zu suchen.

Während wir in der Therapie über all diese Themen sprachen, wuchs etwa ein Jahr nach der Trennung plötzlich Dons Interesse herauszufinden, warum seine Frau ihn verlassen hatte. Aber er wollte sie noch immer nicht direkt fragen. Sie anzurufen war ihm zu demütigend, zudem hatte er überhaupt Angst, mit ihr zu sprechen. Doch es machte ihm rein gar nichts aus, das Internet zu benutzen. Während ihrer gemeinsamen Zeit hatte Don seine Frau in das World Wide Web eingeführt und sie hatte sich in einigen Chat-Rooms und anderen Diskussionsgruppen sehr engagiert. Nun beschloss Don, sich diesen Umstand zu Nutze zu machen.

Da er sich mit dem Server seiner Frau und dessen Sicherheitssystem auskannte, konnte er einen eigenen Account unter falschem Namen einrichten und in mehreren Chat-Rooms nach seiner Frau suchen. Dabei gab er sich große Mühe, einen «Charakter zu entwickeln», wie er sich ausdrückte. Später erzählte er mir stolz, dass er einen ganz anderen Satzbau und Wortschatz als sonst benutzte und absichtlich bestimmte Schreibfehler machte, die ihm selbst nie unterlaufen wären. Obendrein gab er sich als Frau aus: Wenn er einen Chat-Room betrat, stellte er sich als Pamela Hoggan vor, Professorin für vergleichende Literaturwissenschaft, mit besonderem Interesse für Renaissancemalerei, die Bloomsbury Gruppe und Gertrude Stein. Letztere war ein Köder für seine Frau: Zwar wusste er selbst wenig über Gertrude Stein, aber seine Frau hatte ihre Werke erst vor kurzem gelesen.

Und es funktionierte. Er fand seine Frau, sie antwortete auf eine seiner Botschaften und sie begannen ein «Gespräch» über Gertrude Stein und das Leben in New York. Manchmal klinkte sich Pamela aus dem Gespräch aus, um mehr über Gertrude Stein nachzulesen. Dann kam sie zurück und fing Gespräche mit anderen Teilnehmern im Raum an. So ging es einige Tage und nun führte Don zeitgleich mit Pamela sein richtiges Selbst im Chat-Room ein – um seine Glaubwürdigkeit zu erhöhen und um ein bisschen mit dem System zu spielen. Als Don wechselte er ein paar höfliche Worte mit seiner Frau, dann schlüpfte er wieder in die Haut von Pamela und führte mit ihrer «Stimme» das Gespräch mit seiner völlig ahnungslosen Frau weiter.

Nach einer Weile verließ Don den Chat und die beiden «Frauen» führten ihre Unterhaltung weiter. Geduldig wartete Pamela einen günstigen Augenblick ab und fragte Dons Exfrau schließlich nach «anderen, persönlichen Interessen». Diese erzählte, dass sie sich vor kurzem von ihrem Mann getrennt hatte. Mit heftig klopfendem Herzen ergriff Pamela die Gelegenheit und fragte, warum. Die Frau schlug vor, in einen so genannten «Private Room» zu gehen. Dort, in der Abgeschiedenheit einer virtuellen Privatsphäre, erfuhr Don, dass seine Frau sich im letzten Jahr ihrer Ehe verliebt und eine Beziehung mit einer Frau gehabt hatte. Weiter erklärte sie, sie sei sich ihrer sexuellen Identität nicht so sicher, habe aber das Gefühl, sie noch weiter erforschen zu müssen. «Was ist aus der Beziehung zu der Frau geworden?», fragte Don alias Pamela. «Es hat nicht funktioniert – wir waren zu verschieden», lautete die Antwort.

Wie Don mir berichtete, spürte er in diesem Moment eine

große Sehnsucht und starkes sexuelles Verlangen nach seiner Frau. Also wandte er sich Hilfe suchend an Pamela. «Warum willst du es nicht mal mit mir versuchen?», fragte Pamela verführerisch. «Ich bin mir selbst nicht sicher, wo meine Vorlieben liegen, aber ich würde es auch gern herausfinden, vor allem mit jemandem wie dir. Wir können damit anfangen, dass wir uns hier besser kennen lernen.» Zu Dons Überraschung war seine Exfrau einverstanden und sie begannen eine virtuelle Beziehung, die sich innerhalb mehrerer Tage von Streicheln und Liebkosen bis zu leidenschaftlichen sexuellen Fantasien entwickelte, mit beiderseitigem (nicht nur virtuellem) Orgasmus. Aber eine Woche später verschwand Pamela aus dem Internet, spurlos und ohne jede Erklärung.

In der Therapie sprachen Don und ich darüber, dass er, indem er inkognito ins Internet gegangen war, die *Information* finden konnte, die er gesucht hatte (das heißt, warum seine Frau ihn verlassen hatte), ohne sich dem ganzen Schmerz auszuliefern, den er bei einer direkten Begegnung mit seiner Frau empfunden hätte. In diesem Sinn schützte er sich vor den emotionalen Konsequenzen der Liebe zu seiner Frau, nämlich davor, sich zurückgewiesen, betrogen und eifersüchtig zu fühlen. Aber er schützte sich auch vor den Konsequenzen dessen, dass er sie hasste: In der virtuellen Verführung hatte er sie betrogen und war in sie eingedrungen, hatte ihr seinen Willen aufgezwungen und sie dann hängen lassen – genau das hatte sie ihm angetan. Und obwohl seine bewussten Gefühle während ihrer virtuellen Beziehung zwischen sexueller Leidenschaft und distanziertem Amüsement geschwankt hatten, revanchierte er sich mit einem Berg von Feindseligkeit – ohne es zu wissen und ohne Angst vor Vergeltung.

Für dieses Kunststück gibt es keinen Selbsthilfeleitfaden, denn man kriegt niemanden, und erst recht keinen Mann, dazu, etwas zu fühlen, solange er es nicht zulässt. Trotzdem kann man einiges tun, um sozusagen den Boden für Gefühle zu bereiten. Das erste wichtige Prinzip ist, dass man das Eisen schmiedet, solange es heiß ist. Ein Analytiker empfiehlt, bei bestimmten sehr emotionalen Menschen das Eisen erst zu schmieden, wenn es kalt ist, was durchaus Sinn macht, weil man ansonsten höchstwahrscheinlich auf taube Ohren stößt. Aber wenn Sie möchten, dass der andere etwas fühlt, dann ist es weniger wichtig, dass er Sie hört, als dass Sie ihm zuhören. Bei Männern muss man zuhören, und zwar sehr genau, vor allem in den seltenen Fällen, in denen sie wirklich etwas fühlen.

Oft bedeutet das, dass man zunächst einmal ganz oberflächliche Emotionen anhören und akzeptieren muss, selbst wenn man eigentlich auf der Suche nach etwas Tieferem ist. Bei Don war die unbewusste Feindseligkeit, die er bei seiner Internetaffäre mit seiner Frau zum Ausdruck brachte, auch in Bezug auf mich schon in der ersten Sitzung spürbar. «Ich habe mir Informationen über Sie besorgt, wissen Sie», sagte er und nannte mir meine Forschungsinteressen, Publikationen, meine Adresse und den kürzesten Weg von meinem Büro zu meinem Haus. «Das Internet ist schon erstaunlich», sagte er und ich konnte ihm nur aus tiefstem Herzen beipflichten. Aber ich verriet ihm – damals – nicht, dass ich das Gefühl hatte, mir würde Gewalt angetan. Ich machte ihn auch nicht auf seine Feindseligkeit aufmerksam. Warum nicht? Weil es von meinem bewussten Standpunkt aus nichts Besonderes war, sich Informationen über mich per Internet zu verschaffen, es gehörte irgendwie dazu und konnte sogar ganz nett gemeint sein. Also war es zu früh, seine Gefühle in Frage zu stellen.

Das Gleiche galt für die Wut und den Hass, den er mit der virtuellen Verführung seiner Frau zum Ausdruck brachte. Obwohl er wusste, dass es nicht richtig war, sie unter Vorspiegelung falscher

Tatsachen zu einer Affäre per Internet zu drängen, spürte er bewusst keine Wut und keinen Hass auf sie. Daher konzentrierte ich mich bei der Analyse zuerst auf die offensichtlicheren Gefühle wie Scham, Demütigung und Zurückweisung. Und ich ermutigte den Ausdruck dieser bewussten Gefühle so oft wie möglich, indem ich zuhörte, diesbezügliche Fragen stellte und die Gefühle als solche ernst nahm. Aber ich weckte nicht die schlafenden Hunde seines Zorns – zumindest zunächst nicht.

In diesem Fall war es ziemlich leicht, die Oberflächengefühle zu hören und mitzufühlen, aber in vielen Fällen ist dies anders. Doch wenn Sie möchten, dass ein Mann anfängt zu fühlen, müssen Sie mit dem vorlieb nehmen, was Sie bekommen – Sie müssen alle Gefühle willkommen heißen, negative wie positive. Zum einen folgen auf negative oft positive Gefühle. Und was noch wichtiger ist, die Empfindungskapazität lässt sich nicht aufspalten, also müssen wir das Schlechte mit dem Guten nehmen. Wenn Sie sich einen emotionalen Mann wünschen, ist es wichtig, die negativen Gefühle zu akzeptieren und zu überstehen, auch wenn die positiven zunächst nirgends zu sehen sind. Hat ein Mann einen Wutausbruch, ist der erste Impuls seiner Partnerin für gewöhnlich, ihn zu beruhigen und die Wut zu vertreiben. Doch wenn man Emotionen fördern will, ist es besser, wenn die Partnerin eine distanzierte, fast amüsierte Haltung annimmt, als wollte sie sagen: «Nur los, mach deinem Ärger Luft, mich bringt es schon nicht um.» Natürlich ändert sich die Lage, wenn er in seiner Wut beleidigend und ausfallend wird.

Für viele Frauen ist es genauso schwer, auf positive Gefühle von Männern zu reagieren wie mit den negativen zurechtzukommen. Vielleicht ist es einfach für eine Frau, ihre Liebe auszudrücken und von ihrem Mann das Gleiche zu fordern. «Du sagst mir nie, dass du mich liebst», «Du kaufst mir nie Blumen» und: «Ich hab das Gefühl, ich bin dir gar nicht mehr wichtig», sind Klagen, die man von Frauen häufig hört. Aber was geschieht, wenn Männer ihre Liebe tatsächlich mehr zum Ausdruck bringen? Viele Frauen scheinen sich auf die Gelegenheit zu stürzen und geben ihrem

Mann seine Liebeserklärungen so überschwänglich zurück, dass er förmlich erstickt und sich blitzschnell wieder zurückzieht. Andere Frauen sehen es als Zeichen von Schwäche und gehen auf Distanz.

Von der klinischen Warte her kann das «Man soll das Eisen schmieden, solange es heiß ist» so interpretiert werden, dass eine emotionale Krise – oder überhaupt jede Art von Krise – auch eine Chance darstellt. Unter anderem ist es deshalb eine Chance, weil der Kliniker die Krise als Hebel benutzen kann, um Veränderungen zu unterstützen. «So wie es jetzt läuft, funktioniert die Sache nicht», sagt uns eine Krise, «und ich bin hier, um dafür zu sorgen, dass du die nötigen Veränderungen herbeiführst.» Für Männer besteht die Krise oft im Versagen des Abwehrmechanismus, der für die emotionale Abwesenheit zuständig ist – aus welchem Grund auch immer sind sie nicht mehr in der Lage, den starken Gefühlen aus dem Weg zu gehen. In diesem Kontext ist es nicht die Aufgabe des Therapeuten, alles unter den Tisch zu kehren und den Mann in seinen früheren Zustand zurückzuschicken, sondern eher, dem Mann zu helfen, eine breitere Palette von Gefühlen auszuhalten. Dies gilt auch für den Nicht-Therapeuten, denn schließlich steckt das Leben voller kleiner und großer Krisen. Zwar kann es uns Angst machen, wenn unser Partner in eine Krise gerät, vielleicht ist es uns sogar lästig, aber wir müssen uns der Sache stellen, unsere Kraft zusammennehmen und das emotionale Chaos von heute unterstützen, statt das sich lösende Heftpflaster von gestern zu ersetzen.

Aber was machen wir, wenn das Eisen niemals heiß ist, wenn die emotionale Abwesenheit des Mannes der Intimität im Weg steht und wenn es nicht mal eine Krise gibt, um die Angelegenheit etwas aufzulockern? Und was tun wir, wenn wir tiefer gehen wollen, nachdem wir die Oberflächengefühle akzeptiert und erforscht haben? Im Folgenden möchte ich Ihnen einige Techniken anbieten, die ich in Zusammenarbeit mit meinen Patienten entwickelt habe und die allesamt auf dem gleichen Prinzip beruhen: Wenn Sie den Feind nicht schlagen können, verbünden Sie sich mit ihm.

Mit Logik gewinnen

Ein Patient kam auf Drängen seiner Frau zur Therapie, weil er sich in mehreren Lebensbereichen verantwortungslos aufführte. Er gab zu, dass er ungeduldig war, argumentierte aber, Ungeduld sei angeboren und er könne nichts dagegen tun. Auch was die Idee einer Psychotherapie anging, war er äußerst ungeduldig. Ich nahm eine sachliche, logische Haltung ein und sagte: «Wer weiß, vielleicht ist Ungeduld tatsächlich angeboren – bislang ist sich die Wissenschaft in diesem Punkt noch nicht einig. Aber lassen Sie mich Folgendes fragen: Wenn Sie experimenteller Psychologe wären, einer, der Mäuse durch ein Labyrinth laufen lässt, und wenn Sie dann eine davon ungeduldig machen wollten, wie würden Sie das anstellen?»

Dem Patienten gefiel diese wissenschaftliche Aufgabe. Er dachte einen Augenblick nach und schlug dann vor, man könnte die Maus ärgern, indem man ihr hinter einer Glaswand Futter zeigte, ihr aber nichts davon gab. Ich pflichtete ihm bei, dass so etwas sehr wohl Ungeduld hervorrufen könnte, und steuerte meinerseits einen anderen Ansatz bei: Man könnte der Maus jedes Mal Futter geben, wenn sie einen Hebel betätigte – um sie zu verwöhnen. Der Patient stimmte mir zu. Verallgemeinernd erklärte ich weiter, dass sowohl Entzug als auch übermäßige Befriedigung Ungeduld auslösen kann. In diesem Moment horchte der Patient, der als Einzelkind ohne Vater groß geworden war, erstaunt auf. «Genau das hat meine Mutter gemacht – beides! Zuerst, als ich noch ganz klein war, hat sie mich halb zu Tode verwöhnt, aber als sie dann anfing zu arbeiten, hat sie mich den ganzen Haushalt erledigen lassen – Putzen, Kochen, alles, jeden verdammten Tag – ich hatte von da an überhaupt keine Kindheit mehr!»

Ich konnte mir den Kommentar nicht verkneifen und sagte: «Wahrscheinlich war es dann wie das Futter hinter der Glaswand.»

Mit Aktivität gewinnen

Weil Männer in ihrer Sozialisation lernen, dass sie «die Brötchen verdienen» müssen, neigen sie dazu, ihre Gefühle in der Außenwelt auszuleben, statt sie in ihrem Inneren zu erfahren. Als einer meiner Patienten beispielsweise seinen Job verlor, kam er zu mir und kündigte mir. Bewusst wurde er von praktischen finanziellen Erwägungen motiviert. Aber als er drei Monate später zurückkam – noch immer arbeitslos –, fanden wir heraus, dass er so wütend über seine Entlassung gewesen war, dass er irgendetwas tun musste. Also versetzte er dem Hund einen Tritt – verwandelte sich von hilflos in mächtig, indem er eine deplatzierte Vergeltungsaktion startete.

Von Natur aus ist die Psychotherapie nicht handlungsorientiert. Das legitime Repertoire des Therapeuten umfasst sehr wenig, was man als Aktivität bezeichnen könnte – die Zeit überziehen, eine ungewöhnliche Krawatte tragen oder zu viel reden, viel mehr ist nicht drin. Aber um Männer zu erreichen, kann ein Therapeut Aktivität simulieren und zumindest die entsprechende Sprache oder Körpersprache einsetzen. Zum Beispiel konnte sich ein vierzigjähriger Mann, der mit einer gleichaltrigen Frau verheiratet war, nicht entscheiden, ob er ein Kind haben wollte. «Offensichtlich stehe ich der Sache ambivalent gegenüber und wir müssen es unbedingt analysieren, damit ich die Entscheidung treffen kann», sagte er. «Hören Sie», antwortete ich in ungeduldigem, fast verächtlichem Ton, «ich bin Psychologe, also würde ich das gern die nächsten sieben Jahre analysieren, denn so lange würde es wahrscheinlich dauern. Aber wir haben keine Zeit für Analysen. Damit ist jetzt Schluss. Sie müssen handeln, so oder so.» Das half ihm, mit seiner Panik in Kontakt zu kommen.

Bei einem anderen entscheidungsunfähigen Patienten ging es um einen Berufswechsel. Er war ein schwedischer Diplomat, der für die schwedische Botschaft in New York arbeitete. Anfangs fand er die Arbeit hochinteressant, aber nach einigen Jahren fing er an, das Reisen, den politischen Druck, die lange Arbeitszeit und schließlich den ganzen Job zu hassen. Aber er hatte keine anderen Fähigkeiten, sein Englisch war nicht sonderlich gut und er sprach mit einem starken Akzent. Seine Frau und seine Kinder waren in Amerika verwurzelt. Einerseits bot ihm New York also keine nahe liegende Alternative, andererseits konnte er auch nicht zurück nach Schweden.

Umso frustrierter und hilfloser er sich fühlte, desto stärker konzentrierte er sich auf diese zugegebenermaßen beengenden äußeren Umstände – als könnte er sie ändern. Aber ich erklärte ihm, dass er nur sein Innenleben ändern konnte, also die Gefühle, die er in der Situation empfand. Das Problem war nur, dass diese Veränderung keine Aktivität erforderte und der Patient deshalb nicht wusste, wie er sie angehen sollte. Außerdem war er eigentlich nicht bereit dazu. Lieber war er ein Gefangener der äußeren Realität als ein Befreier der inneren Welt. Schließlich erzählte ich ihm das Paradigma von Nelson Mandela, einem wirklichen Gefangenen und späteren Präsidenten. Hier ging es mir nicht darum, ihm einen Hoffnungsschimmer zu zeigen, vielmehr wollte ich ihn anregen, darüber zu spekulieren, welche innere Freiheit Nelson Mandela erreicht haben musste, um nach achtundzwanzig Jahren Gefangenschaft ohne Bitterkeit und Hass in die Welt hinauszutreten und ein politisches Führungsamt anzunehmen, statt sich als Opfer zu sehen oder selbst zum Unterdrücker zu werden. Es ging mir darum, dem Patienten zu zeigen, dass innere Freiheit genau genommen Vorbedingung für äußere Freiheit ist. Aber mein Beispiel gefiel dem Patienten nur, weil in seinem Ergebnis eine grundlegende Veränderung in der Welt der Aktivitäten enthalten war. Immerhin konnte ich ihn noch darauf aufmerksam machen, dass Nelson Mandela während seiner Gefangenschaft keine Ahnung hatte, dass nach achtundzwanzig Jahren eine solch dramatische Wende für ihn eintreten würde.

Detektivarbeit im Dunkeln

Die emotionale Abwesenheit der Männer lässt sie oft nicht nur im Dunkeln darüber, was sie fühlen, sondern auch, woran sie sich emotional erinnern. Wenn sie eine persönlich berührende Geschichte aus ihrer Kindheit (oder von letzter Woche) erzählen, kann es vorkommen, dass sie beim Höhepunkt der Handlung plötzlich sehr beiläufig werden, als wäre die ganze Sache doch nur eine Lappalie. Um ihnen unter die Arme zu greifen – und sich selbst zu helfen, mit ihnen in Kontakt zu treten –, müssen Sie sich zum Detektiv des Herzens entwickeln und sich auf die Suche nach der fehlenden Emotion machen. In dieser Rolle können Sie vorsichtig mit logischen Deduktionen vorgehen oder – besser noch – sich dumm stellen, ein bisschen wie Inspektor Columbo. Genau genommen ist es das Beste, dumm zu sein und einfach über die Lösung zu stolpern, denn dann vermeiden Sie jegliches Manipulieren. Das ist schwierig, aber gelegentlich habe ich Erfolg damit.

Einer meiner Patienten war mir ein emotionales Rätsel. Im Allgemeinen war er nett und offen, aber er konnte nichts Persönliches von sich erzählen. Dies war offensichtlich ein Problem innerhalb der Therapie, denn viele unserer Sitzungen waren von langem Schweigen und vagen Erinnerungen an irgendwelche Kleinigkeiten geprägt.

Eines Tages berichtete der Patient, dass er auf dem Weg zur Therapie im Taxi ein unangenehmes Erlebnis gehabt hatte. Der Taxifahrer hatte anscheinend eine rassistische Tirade vom Stapel gelassen und verkündet, wen er alles nicht in seinem Taxi mitnehmen würde. Der Patient fragte sich, warum er sitzen geblieben war und dem Taxifahrer nicht widersprochen hatte, obgleich er sich gar nicht wohl dabei gefühlt hatte. Leicht gelangweilt dachte ich darüber nach, was ich nun wieder mit diesem Häppchen anfangen sollte. In meinem Bemühen, es mit irgendetwas in Zusammenhang zu bringen, platzte ich heraus: «Ich weiß auch nicht, warum, aber mit fällt dabei die Affäre ein, die Sie letztes Jahr mit Ihrer Chefin hatten.» Mir war wirklich nicht bewusst, warum ich daran denken musste, und ich begriff es erst, als der Patient mit seiner eigenen *emotionalen* Assoziation reagierte – als er fünf oder sechs Jahre alt gewesen war, hatte er seinen Vater beim Sex mit der minderjährigen Nachbarstochter erwischt. Dieses Geheimnis hatte der Patient so streng bewahrt, dass er es selbst vergessen und nie mit jemandem darüber gesprochen hatte. Jetzt, als sich die Erinnerung ihren Weg in sein Bewusstsein bahnte, begann er heftig zu schluchzen. Während wir darüber sprachen – und auch über verschiedene andere Situationen, beispielsweise, dass er seinen Freund nie wegen dessen Sauferei zur Rede gestellt hatte –, wurde die Verbindung zu der Taxifahrt deutlicher. Immer wieder geriet der Patient in Situationen, in denen er im stillen Einverständnis mit dem unangemessenen Verhalten anderer Leute handelte.

Natürlich begegnen Ihnen die emotionalen Geheimnisse der Männer nicht nur in der Vergangenheit oder im Zusammenhang mit Dritten. Oft geht es dabei ganz direkt um Sie, im Hier und Jetzt. Ist dies der Fall, kommen Sie mit dem intellektuelleren Ansatz eines Sherlock Holmes vielleicht besser zurecht. Hier sollten sie Ausschau halten nach symbolischem, «deplatziertem» Ausdruck von Gefühlen Ihnen gegenüber.

Ein Patient berichtete mir davon, dass seine Frau – selbst eine erfahrene Patientin – den Eindruck hatte, dass er mich, als ich im Urlaub war, sehr vermisst und sich darüber geärgert hatte, dass ich nicht für ihn da war. Während er mir das erzählte, lächelte der Patient und informierte mich – ohne dabei eine Spur defensiv zu klingen –, dass er in Wirklichkeit keinerlei derartige Gefühle hegte. Auch ich lächelte, machte mich dabei ein bisschen über meine eigene Arbeit lustig. Je mehr Erfahrung ich als Therapeut sammle, desto weniger neige ich in solchen Fällen dazu, offensichtliche Interpretationen anzubringen. Nicht weil diese grundsätzlich nicht stimmen, sondern vielmehr, weil sie auf einem gewissen Niveau fast immer stimmen, weshalb sie oft nur Verwirrung stiften – und letztlich nutzlos sind. Was meistens wesentlich wichtiger ist als der Umstand, dass ein Patient sich vernachlässigt fühlt, ist die Art, wie er dies weitergibt und wie er damit umgeht.

Für diesen Patienten waren solche Emotionen wie für die meisten Männer unter einem Berg aus intellektuellem Symbolismus verschüttet. «Um das Thema zu wechseln», fuhr der Patient fort, während ich die Ohren spitzte, ob er vielleicht noch etwas anderes tat als das Thema zu wechseln. «Ich bin mit dem Zug nach Washington gefahren und saß neben einem Psychologen, da hatte ich drei Stunden Zeit, ihm all die Fragen über Ihren Beruf zu stellen, die ich Ihnen nicht stelle, weil ich es für unangemessen halte.» «Was haben Sie ihn gefragt?» Jetzt war ich noch hellhöriger geworden. «Na ja, ich hatte eine Menge Fragen, das können Sie sich doch bestimmt vorstellen. Beispielsweise, ob seine eigenen sexuellen Fantasien von denen seiner Patienten beeinflusst werden. Oder wann er seine Kinder zu Gesicht kriegt, wenn er frühmorgens und oft bis spät am Abend arbeitet.»

Ich lächelte wieder und meinte, er habe ja anscheinend gar nicht das Thema gewechselt und es sehe ganz danach aus, als hätte seine Frau am Ende doch Recht. «Elementar, mein lieber Watson», wie Holmes gesagt hätte, wenn sein Begleiter ihn um eine Erklärung bat. In meiner Abwesenheit hatte sich der Patient an eine Ersatzperson geheftet, mit der er gleichzeitig vertraut sein konnte (merken Sie sich meine Fantasien?), aber auch wütend und kritisch (Sie sind kein guter Vater!).

Als ich meinem Patienten diese Gedanken mitteilte, fand er das intellektuell hoch interessant. Noch immer hatte er keine nennenswerten Gefühle, aber ich vertraute darauf, dass sie sich mit der Zeit schon einstellen würden – aus eigenem Entschluss. Vielleicht, wenn ich das nächste Mal Urlaub habe.

Der Teufel steckt im Detail

Ein Patient schien mir kaum drei Wochen nach dem schmerzhaften Ende einer zehnjährigen Ehe ein bisschen zu fröhlich. Er freute sich über seine berufliche Situation, über seinen neuen BMW und darüber, dass er sich wieder mit Frauen verabreden konnte. Und das Beste von allem war, dass er soeben für Weihnachten einen Skiurlaub in den kanadischen Rockies gebucht hatte. Ich wusste, dass er und seine Frau leidenschaftliche Skifahrer waren, aber für gewöhnlich waren sie in Vermont oder Colorado gewesen, also fragte ich ihn, warum er diesmal Kanada gewählt hatte. Ohne erkenntliche Gefühlsregung erklärte er mir, dass er und seine Frau vor ihrer Heirat einen tollen Skiurlaub in Kimberley gemacht hatten, hoch oben in den kanadischen Bergen, und dass sie sich beim Abschied geschworen hatten, irgendwann wiederzukommen.

Darauf erkundigte ich mich, wo er wohnen würde. Er sah mich etwas perplex an und antwortete: «In einem Hotel natürlich.» «In was für einem Hotel?», fragte ich weiter, ohne genau zu wissen, warum. «Ich hab eine hübsche große Suite gebucht, falls ich hier doch noch ein Mädchen kennen lerne, das ich mitnehmen will.» Er lächelte. «Für was für ein Mädchen würden Sie so viel Geld ausgeben?», fragte ich, denn Weihnachten stand bereits vor der Tür.

«Wissen Sie, was komisch ist», entgegnete er leichthin, als ginge es um etwas völlig anderes. «Neulich hab ich mit Linda [seine Exfrau] telefoniert und ihr von meinen Plänen erzählt – ich dachte, vielleicht kommt sie mit. Sie hat immer gesagt, dass sie unbedingt noch mal nach Kimberley will, wissen Sie.» Nun ließ der Patient seiner Fantasie freien Lauf und stellte sich vor, wie es wäre, nach einem langen Tag auf den Skiern und einem heißen Bad mit Linda zusammen zu sein. «Sie würde mir ihren Körper öffnen, wie sie das immer getan hat, hundertprozentig, wie sonst keine. Und ich würde sie vögeln, lang und leidenschaftlich, bis ich mich ganz leer gemacht habe in ihr und am ganzen Körper zittere vor lauter animalischer Liebe . . .» Vielleicht liest sich das pornografisch, aber es hörte sich nicht so an. Während der Patient seine Fantasie ausführte, verwandelte sich seine rohe Begierde in eine tiefe Sehnsucht und sein fröhliches, lockeres Plaudern ging in einem heftigen Schluchzen unter.

Die Gefühle dieses Mannes waren alle in ein kleines Detail eines Zukunftsplans gesperrt (was nicht untypisch ist), in diesem Fall in der Hotelreservierung für einen Urlaub. Und ebenfalls nicht untypisch ist, dass der Teufel auch mit drinsteckte – im Sex.

Den Heimvorteil verspielen

Persönlich hasse ich Sportmetaphern, aber wenn man es mit Männern zu tun hat, kommt man nicht ganz um sie herum. Diese Technik ist, so offensichtlich sie erscheinen mag, eigentlich eine Zusammenfassung von all dem, was ich weiter oben erwähnt habe. Wie soll man Männern helfen, um Hilfe zu bitten, wenn sie gar nicht das Gefühl haben, dass sie Hilfe brauchen? Indem man auf ihren Sportplatz kommt! Ein Beispiel: Ein Patient hinterließ mir eine Nachricht, dass er gern eine Extrasitzung hätte, weil «meine Frau denkt, ich bin komplett durchgedreht und müsste dringend mit Ihnen reden». In der Sitzung beharrte er darauf, dass dies tatsächlich der einzige Grund für den zusätzlichen Termin war. «Wenn das stimmt», sagte ich, «dann sind Sie wirklich verrückt. Aber da ich Sie für ziemlich vernünftig halte, muss es noch einen besseren Grund geben – kennen Sie ihn vielleicht?» «Ich glaube schon», räumte er ein und begann zu erzählen.

Der Grund, dass ich diesen Mann direkt und erfolgreich mit seinen Gefühlen konfrontieren konnte, lag darin, dass ich zunächst bei seinen Gedankenspielchen mitmachte – wenn auch nur, um sie anschließend zu beenden und ihn mit herauszuholen. Aber genau darin liegt die Gefahr emotionaler Abwesenheit – möglicherweise kommt man am anderen Ende nicht wieder heraus.

Ein Wort zur Vorsicht bei Allianzen mit dem Feind

Beim Anwenden dieser Techniken sollte man nie zu tief in das Territorium emotionaler Abwesenheit vordringen. Ob Sie Therapeut sind, ob Freundin, Ehefrau oder Geschäftspartner, müssen Sie immer in der Lage sein, als Modell der Emotionalität zu fungieren. Sonst landen Sie und Ihr Mann/Freund/Partner am Ende im Land der Entfremdung und Verzweiflung.

Einen Monat vor seiner Hochzeit erhielt ein Patient einen Anruf von seinem besten Freund, der ihm erzählte, er habe eine Affäre mit seiner Zukünftigen gehabt. Der Freund entschuldigte sich übertrieben und beteuerte, ihre Freundschaft sei ihm wichtiger als irgendeine Frau. Für den Patienten, der sehr in seine Verlobte verliebt war, war die Nachricht ein schlimmer Schock. Mehr als alles andere fürchtete er, sie für immer verloren zu haben. Dennoch nahm er die Entschuldigung seines Freunds freundlich an und bestätigte das, was der andere über ihre Freundschaft gesagt hatte. In dieser Nacht hatte der Patient einen Traum, in dem er die Treppe eines großen Bürogebäudes emporstieg und auf jedem Stockwerk Halt machte, um mit verschiedenen Männern ein Gespräch zu führen. Je höher er hinaufstieg, desto mehr Macht hatten diese Männer, aber alle ignorierten ihn auf die eine oder andere Art oder wiesen ihn gar schroff ab. Ganz oben, im Penthouse, jedoch führte ihn eine wunderschöne, attraktive Frau in ein großes Zimmer, in dessen Zentrum ein weiches, sinnliches Bett stand. Sie legte sich darauf, breitete die Arme aus, spreizte die Beine und lud ihn ein, sich zu ihr zu legen.

Als der Patient mir den Traum am nächsten Tag beschrieb, war klar, dass das emotionale «Gewicht» auf dem Ende des Traumes lag – die Erleichterung und Freude, die Frau «zu gewinnen». Dies korrespondierte mit der bewussten Angst des Patienten, er könnte seine Verlobte verlieren. Aber weil er den intellektuellen Aspekt der Traumanalyse so liebte und wegen meiner eigenen emotionalen Abwesenheit versuchte ich, uns beide auszutricksen, indem ich mich auf die weniger nahe liegende Bedeutung des Traums konzentrierte. Diese hatte damit zu tun, dass die Männer ihn abblitzen ließen; dazu gehörte sein Freund, der ihn betrogen hatte, und sein Vater, ein mächtiger, aber emotional distanzierter Mann.

Obwohl diese Analyse theoretisch korrekt ist, widersprach ihr der Patient und sagte, dass er seinem Freund gegenüber keine schlechten Gefühle hätte und auch die Verbindung zu seinem Vater nicht einsähe. Was er nicht zur Sprache brachte und was ich später erst verstand, war das Offensichtliche. In diesem Augenblick interessierte ihn meine Analyse nicht, so wahr sie sein mochte. In diesem Moment kämpfte er, wenn auch im Stillen, mit Gefühlen des Verlassenseins und des Verrats im Bezug auf seine Verlobte.

Indem ich mich in die Tendenz des Patienten zur Intellektualisierung einreihte, verpasste meine Analyse völlig den emotionalen Zug, sodass wir in der psychologischen Wüste landeten. Interessanter- und sicherlich nicht zufälligerweise war ich zu einem der Männer im Traum meines Patienten geworden. Ich kam mir dumm vor und fühlte mich mies, aber dann sah ich den Hoffnungsschimmer – oder vielleicht war es auch nur meine eigene intellektualisierende Abwehr. Ich konnte dem Patienten zeigen, wie sein intellektueller Lebensansatz meine eigene emotionale Abwesenheit auf den Plan gerufen hatte. So hatte er nicht nur seinen Traum in meiner Praxis neu aufleben lassen, sondern auch noch seinen Vater in mir – weiteres Wasser auf seine Mühlen.

Was also ist die Essenz der emotionalen Abwesenheit? Wie es mir hoffentlich zu zeigen gelungen ist, ist sie keinesfalls unser Feind – genauso wenig wie die Scham. Wenn sie nicht überstrapaziert wird, kann die emotionale Abwesenheit ein hilfreicher Abwehrmechanismus sein. Aber wir befinden uns sowieso nicht im Krieg. Wenn wir uns also in der Therapie oder im Alltag mit Abwehr befassen, dann ist unsere Strategie nicht, sie zu zerstören, sondern ihr vorsichtig anzubieten, sich zu entspannen. Wenn wir damit Erfolg haben, werden Steinmauern durchlässig und Männer fangen nicht nur an zu reden – sie werden Dichter.

KAPITEL 4

UNSICHERHEIT

... ich hab es satt, immer stark zu sein

Ein gefährlicher Einfluss

«Der erste Punkt auf der Geschäftsordnung des Mannseins lautet: Sei keine Frau.» So drückt der Psychiater und Autor Robert Stoller aus, worum es bei der männlichen Geschlechtsidentität geht. In unserer Gesellschaft, sagt Stoller, halten Männer die Frauen immer auf Distanz: Sie schließen keine engen Freundschaften mit ihnen, sie haben Angst, von ihnen in eine Falle gelockt oder vereinnahmt zu werden, sie kritisieren ihre Emotionalität, sie machen schmutzige Bemerkungen über ihre Anatomie. Obendrein haben Männer auch noch schreckliche Angst, ihre eigenen weiblichen Charakterzüge offen zu zeigen. Zärtlichkeit, Unbehaartheit, Rundheit, hohe Stimme, Fürsorge, Zuneigung und der ungehemmte Ausdruck von Gefühlen – all diese Dinge werden als Feinde der Männlichkeit angesehen. Und dann ist da natürlich auch noch die Angst, von einem anderen Mann sexuell begehrt zu werden. Stoller meint – und ich stimme ihm zu –, dass sich alles zu einer unausweichlichen Beobachtung zusammenfügt: Anscheinend haben Männer das Gefühl, dass Frauen und Weiblichkeit an sich ein gefährlicher Einfluss sind.

In dem Versuch, Licht in dieses dunkle Phänomen zu bringen, hat Stoller gemeinsam mit dem Anthropologen Gilbert Herdt einen entlegenen Stamm aus Neuguinea gefunden und beschrieben, dessen gesamte Sozialstruktur auf der ausdrücklichen und bewussten Überzeugung beruht, dass Frauen gefährlich sind. Laut Stoller glauben die Männer dieses Stamms, die Sambianer, dass Menstruationsblut und Scheidenflüssigkeit Krankheiten übertragen. Sie glauben, dass die Frau dem Mann beim Geschlechtsakt die männliche Substanz, den Samen, also die Essenz von Vitalität und Männlichkeit, raubt. Um sich vor diesen weiblichen Gefahren zu schützen, schreiben die Sambianer eine strikte Geschlechtertrennung vor. Selbst in der Familienhütte, wo verheiratete Männer mit ihren Frauen und kleinen Kindern wohnen, sind weibliche und männliche Bereiche voneinander getrennt. Alle Kontakte mit Frauen, vor allem der Geschlechtsverkehr, werden streng kontrolliert und reguliert.

Bei ihren Forschungen kamen Stoller und Herdt zu dem Schluss, dass dieser isolierte Bergstamm männliche Aggression fördern musste, um sich gegen die brutalen Feinde in seiner Umgebung verteidigen zu können. Natürlich würden «feminine» Verletzlichkeit und weibliche Verhaltensweisen diese Art Aggression unterminieren. Doch erstaunlicherweise spielt die Weiblichkeit bei der Entwicklung der männlichen Aggression in der sambianischen Kultur aus eben diesem Grund eine entscheidende Rolle.

In den ersten sieben Lebensjahren sind die Jungen nie mit ihrem Vater zusammen. Genau genommen haben sie überhaupt keinen richtigen Kontakt zu Männern. Kinder sieht man als Verlängerung des Körpers ihrer Mutter – so sehr, dass man ihnen auch erst neun Monate nach der Geburt einen Namen gibt. In den folgenden «prägenden» Jahren genießen sie eine intensive und ausschließliche Nähe zu ihrer Mutter.

Aber irgendwann im Alter zwischen sieben und zehn Jahren nimmt dies alles ein abruptes und grausames Ende. Der Junge muss die Familienhütte verlassen und ins Clubhaus der Männer ziehen, dem Nervenzentrum der Kriegerschaft des Dorfes, wo alle

Jungen hausen, bis sie achtzehn sind. Von diesem Zeitpunkt an darf der Junge mit seiner Mutter nicht mehr sprechen, sie nicht anfassen, ja, nicht einmal ansehen. Stattdessen beginnt nun die Initiation in die Männlichkeit: Der Junge wird zu oralem Sex an einem älteren Jungen gezwungen, um seinen «Samen zu empfangen». Da die Sambianer glauben, dass Männer Sperma nicht selbst bilden, sondern von außen zugeführt bekommen müssen, wird diese sexuelle Aktivität als Äquivalent des Saugens an der Mutterbrust gesehen und von allen Seiten kräftig unterstützt: je öfter, desto besser.

Wenn der Junge in die Pubertät kommt, tritt er in die Reihen der älteren Jungen. Er beginnt «Samen zu geben», darf aber keinen mehr empfangen. Interessanterweise endet mit achtzehn, wenn der Junge verheiratet wird, schlagartig jede homosexuelle Aktivität. Dieser Verlauf der Entwicklung wird strikt durchgesetzt und von allen Jungen befolgt.

Stollers Analyse der männlichen Entwicklung bei den Sambianern konzentriert sich auf das, was er als «Symbiosefurcht» des Jungen bezeichnet. Einfach gesagt ist dies die Furcht, dass der Junge, der sich als Teil seiner Mutter erfährt, sich zu einem Mädchen entwickelt. Daher wird die Mutter strikt gemieden und ein strenger, aggressiver und grausamer männlicher Einfluss eingeführt. Trotz des Traumas beim Verlust seiner Mutter ist der größte Wunsch eines Jungen, ein Mann zu werden. Und nachdem er seine Mutter verloren hat, bleibt ihm ohnehin keine andere Wahl, als sich mit seinem Vater – verkörpert von den älteren Jungen – zu identifizieren. Von nun an wächst er heran, um zu werden wie diese Jungen und schließlich wie sein Vater – aggressiv, feindselig, grausam und heterosexuell.

Hier sehen wir, dass ohne Angst vor der Weiblichkeit keine Männlichkeit notwendig wäre. Das psychologische Prinzip ist simpel, aber durchschlagend: Wenn man eine Angst bekämpfen will, übertreibt man meistens ein bisschen. Der Legende zufolge wurde Demosthenes zum größten Redner des antiken Griechenland, weil er mit einer Sprachbehinderung zu kämpfen hatte. Ein

Beispiel aus moderneren Zeiten ist der Kontrollfreak mit seiner Angst vor dem Kontrollverlust und der Putzteufel, der sich ständig Sorgen wegen seiner eigenen Schlampigkeit macht. Und natürlich erklärt die Dynamik auch, warum erfolgreiche Schauspieler oft schüchterne Menschen sind.

Was männliche Entwicklung anbelangt, so müssen sich Jungen in unserer Kultur zwar nicht den Qualen der Sambianer unterziehen, aber ihre Reise ins Erwachsensein verlangt trotzdem ähnliche Manövrierkünste. Jeglichen politischen Korrektheiten und den Veränderungen durch die Frauenbewegung zum Trotz beginnen die Jungen in unserer Gesellschaft ihr Leben immer noch in symbiotischer Nähe zu ihrer Mutter und identifizieren sich am Ende irgendwann mit ihrem Vater. Irgendwo unterwegs, im Allgemeinen zwischen sechs und sieben Jahren, beginnen sie sich von ihrer Mutter zu distanzieren – und von allen anderen Mädchen ebenfalls. Selbst als erwachsene Männer halten sie Frauen grundsätzlich auf Distanz.

Für einen Siebenjährigen ist es eine schwierige Zeit. Auf der einen Seite bekommt er von seiner Mutter so viel Liebe, Wärme und Unterstützung wie von keinem anderen Menschen. Und auch er liebt seine Mutter zärtlich, oft sogar leidenschaftlich. Auf der anderen Seite aber wird er von seinem Vater, von seinen Freunden auf dem Spielplatz, von seinen Brüdern, vom Fernsehen, von Büchern und im Wettbewerbssport mit Botschaften überschüttet wie «Jungen sind hart im Nehmen», «Behalt deine Gefühle lieber für dich» und «Spiel nicht mit Mädchen». Auch von sich aus bewundert der Junge das, was ihm Stärke und Macht der Männer zu sein scheint, und möchte daran teilhaben.

Um die Sache noch komplizierter zu machen, kann der Junge seine Mutter zwar wegstoßen, wird aber die eigene Weiblichkeit, die sie ihm eingeimpft hat, nicht so einfach los. Genau genommen will er sie auch gar nicht loswerden. Schlimm genug, dass er sich von seiner Mutter distanzieren muss, warum soll er auch noch das zerstören, was sie ihm gegeben hat? Doch der äußere und innere Druck der Männlichkeit stellt weiter seine Forderungen.

Die Lösung? Irgendwann verbannen die meisten Jungen den frühen Einfluss ihrer Mutter ins intime, stille, unartikulierte Reich des Unbewussten. Dort wird es unauffällig in die permanente Charakterstruktur eingefügt und Teil des «inneren Kindes». Dieser Prozess, den Psychologen als «Internalisierung» bezeichnen, ist sehr wichtig, denn jetzt ist es nicht mehr nötig, dass der Junge vor der Weiblichkeit flieht: Er kann die Mädchen draußen auf Distanz halten, aber nicht innen. Er hat einem trojanischen Pferd Einlass gewährt und muss für den Rest seines Lebens irgendwie damit fertig werden.

So wird die Art, wie Männer mit ihrer unterdrückten Weiblichkeit umgehen, zum Epizentrum männlicher Entwicklung. Sollen sie ihre Gefühle, ihre Weiblichkeit ausdrücken oder unterdrücken? – das ist die große Frage. Das Phänomen, das ich als männliche Unsicherheit bezeichne, betrifft genau diesen Konflikt in seinen mannigfachen Manifestationen, deren offensichtlichste das Bedürfnis der Männer ist, sich immer männlich genug zu fühlen und stets männlich zu wirken. In diesem Sinne ist die emotionale Abwesenheit der Männer nichts als ein Gegengift gegen ihre eigenen femininen Bedürfnisse.

Im täglichen Leben wie in der Paartherapie spürt man diesen Konflikt in den Reaktionen der Männer, wenn Frau, Freundin oder Kind anfängt zu weinen. Ob sie nun versuchen, das Problem zu lösen, die Tränen zu ignorieren oder sogar die betreffende Person zu trösten, indem sie ihre Hand nehmen – eine Spur von Unbehagen und Angst ist immer erkennbar. Vorrangig zeigt sich in diesem Unbehagen der Wunsch des Mannes, die Tränen würden einfach verschwinden. Zwar bedeutet dies manchmal nichts anderes, als dass der Mann die Person vor emotionalem Schmerz bewahren möchte, aber weit häufiger dient es dem Selbstschutz. Wenn ein Mann eine Frau weinen sieht, ist es, als blickte er in einen Spiegel der Vergangenheit, der ihm ein Bild der eigenen potentiellen Verwundbarkeit vor Augen hält. Bei dieser Selbsterkenntnis überfällt ihn Panik und er nimmt vorsorglich die Haltung absoluter Selbstkontrolle an.

Selbstverständlich ist diese Reaktion nur eine Seite des Konflikts. Die andere Seite, nämlich der Wunsch, verletzlich zu sein, lauert direkt unter der Oberfläche. Oft artikulieren Männer, dass sie neidisch sind auf Frauen, weil diese weinen können, und tatsächlich ist es das häufigste Problem männlicher Psychotherapie-Patienten, dass sie ihre Emotionen nicht wie Frauen spontan und direkt ausdrücken können.

Eine dramatische Version dieses Konflikts tauchte bei einem meiner Patienten auf. Bei der Darstellung seiner Geschichte könnte es hilfreich sein, den folgenden theoretischen Tipp im Auge zu behalten. In der Freud'schen Psychologie werden Männer als das erste, ja sogar als das überlegene Geschlecht angesehen: Sie sind mächtig, haben bessere Möglichkeiten und beherrschen die Welt. Seiner Anschauung nach versuchen Frauen ihr Leben lang, wie Männer zu sein («Penisneid»). Stoller dagegen hält das weibliche Geschlecht für das erste: Männlichkeit entwickelt sich nicht von allein, sondern braucht erst die defensive Distanzierung vom Weiblichen und äußere männliche Einflussnahme. Interessanterweise haben Stoller und andere Wissenschaftler gezeigt, dass Letzteres der Geschlechtsentwicklung beim Fötus entspricht: Ohne Zusatz männlicher Hormone entwickelt der Fötus keine männlichen Organe und wächst zu einem Mädchen heran.

Verlorene und wiedererlangte Weiblichkeit

«Eli» begann seine Psychotherapie angeblich, weil ihn eine seltsame Phobie in seiner beruflichen Karriere beeinträchtigte. Dabei sei die Karriere für ihn das einzig Wichtige. Tatsächlich hatte er auch große Erfolge zu verbuchen. In wenigen Jahren hatte er sich vom Kassierer in einer Bank seiner kleinen südkalifornischen Heimatstadt zum Autohändler in Detroit und von dort zum leitenden Marketingmanager in New York emporgearbeitet. Zu dem Zeitpunkt, als er mich aufsuchte, hatte er sich mit seinen energischen, hartnäckigen Verkaufsstrategien und seinem fröhlichen, selbstbewussten Auftreten nationalen Ruhm in seiner Branche erworben.

Die Phobie, über die er in der ersten Sitzung berichtete, bezog sich auf Bierflaschen. Inzwischen vermied er es, mit seinen Kunden auszugehen, um die Angst und Anspannung nicht zu spüren, die ihn überfielen, sobald jemand in seiner Nähe eine Flasche Bier trank, und das machte ihm natürlich sehr zu schaffen. Da er in seiner Vergangenheit gelegentlich übermäßig getrunken hatte, erforschten wir zunächst, ob sich die Phobie einfach aus der Angst vor einem Rückfall entwickelt hatte. Aber schon nach einigen Sitzungen wurde klar, dass es mit der Bierflasche mehr auf sich hatte und dass für Eli eine Flasche nicht einfach nur eine Flasche war.

Elis Auftreten wirkte wie eine Karikatur der Männlichkeit. Er verbrachte seine ganze Zeit bei der Arbeit, weil er den Trubel dort liebte. Er liebte es, Geld anzuhäufen, und gab es fast ausschließlich für männliches Spielzeug aus – Motorräder, Boote, ein paar kleine Flugzeuge. Er war aggressiv, direkt und draufgängerisch. Aber er konnte auch höchst charmant sein und hatte ein Talent, die gemeinsten Sachen höchst liebenswert an den Mann zu bringen. «Wissen Sie, Gratch, meine Frau ist Spitze», sagte er, was nicht so schlimm klang, abgesehen davon, dass man den Eindruck bekam, er behandle sie wie eine Ware. «Meine Frau sagt, ich bin ein Roboter, ich habe keine Gefühle für sie, und womöglich hat sie Recht! Wenn ich mich frage, warum ich sie liebe, dann denke ich an Dinge wie, dass sie unser Haus so gemütlich macht, dass sie sich um mich kümmert, dass sie eine tolle Mutter ist. Einmal hatten wir einen Riesenkrach und sie weinte. Da hab ich angefangen zu lachen, als würde mir das alles Spaß machen oder was – ich sag Ihnen, ich bin wie eine Maschine. Aber ich bin mit ihr sehr glücklich und nächstes Jahr wollen wir noch ein Kind.

Das Einzige, was mir echt Sorgen macht, ist die Sache mit den Bierflaschen», fuhr er fort, und dann erzählte er mir endlich, wie die Phobie entstanden war. In kurzen Worten war Folgendes passiert: Obwohl Eli sich immer zu Frauen hingezogen gefühlt und nie eine sexuelle Beziehung mit einem Mann gehabt hatte, hatte er, seit er Anfang zwanzig gewesen war, sexuelle Fantasien, in denen ein Mann in ihn eindrang. Gelegentlich hatte er beim Masturbieren Bierflaschen benutzt, um sich anal zu stimulieren. Aber diese Fantasien machten ihm angeblich nichts aus – er hätte mit ihnen leben können, ohne je das Gefühl zu bekommen, er müsste etwas dagegen unternehmen.

Das eigentliche Problem hatte vor etwa zwei Jahren bei einer Weihnachtsparty im Büro angefangen. Als er eine Bierflasche an den Mund hielt, überkam ihn plötzlich das Gefühl, dass der Mann neben ihm genau wusste, was Eli manchmal mit den Flaschen machte. «Das Seltsame war, dass es stimmte, Gratch. Es war, als könnte der Kerl Gedanken lesen, er fing nämlich tatsächlich an, sich über mich lustig zu machen und darüber, was ich mit den Bierflaschen anstelle. Das war richtig unheimlich, Gratch. Und seither kann ich nirgends mehr hin, wo Bierflaschen in der Nähe sind, weil ich Angst habe, dass jemand rausfindet, was ich damit mache, und denkt, ich bin schwul.»

Während seiner Behandlung ging Eli der Frage seiner sexuellen Orientierung auf den Grund. Im Allgemeinen war er mit seinem heterosexuellen Lebensstil ganz zufrieden. Nicht die Möglichkeit, schwul zu sein, machte ihm Angst, sondern eher, was die Leute von ihm denken würden. Für ihn bedeutete Schwulsein, dass man als schwach und unmännlich angesehen wurde. Auch an seiner Phobie quälten ihn nicht so sehr seine sexuellen Fantasien oder was seine Frau und seine Freunde davon halten würden, sondern eher, dass sie seine Zusammenkünfte mit seinen Klienten beeinträchtigte. Entsprechend stellte er sie auch hauptsächlich als berufliches Problem dar.

Nach einigen Monaten Psychotherapie war Elis Phobie überwunden. Wie jedes psychologische Symptom repräsentierte sie mehrere verschiedene unbewusste Faktoren. Doch der therapeutische Prozess, in dem das Problem gelöst wurde, beleuchtete sehr eindrucksvoll das Konzept der männlichen Unsicherheit. Vor allem zeigte er, wie wir dieses Konzept nutzen können, um die innere Welt der Männer besser zu verstehen und uns vielleicht sogar Zutritt zu ihr zu verschaffen.

Als wir Elis persönliche Geschichte durcharbeiteten, wurde klar, dass seine sexuellen Fantasien eng mit seiner Beziehung zu seinem Vater zusammenhingen. Wie wir schon früher gesehen haben, müssen Jungen sich von ihrer Mutter zurückziehen, um sich mit dem Vater zu identifizieren. Aber was geschieht, wenn der Vater als Identifikationsfigur nicht verfügbar ist? Elis Vater war ein strenger, kalt distanzierter Mann, der seinen Sohn schlug, der Gehorsam und Stärke verlangte und vor allem keine Gefühlsäußerungen duldete. Seine Mutter dagegen (und in geringerem Maße auch Elis zwei ältere Schwestern) war überempfindlich, irrational und hysterisch und wurde von seinem Vater völlig dominiert.

So befand sich Eli als Kind in einem fürchterlichen Dilemma. Die einzige Möglichkeit, noch ein bisschen emotionales Leben zu retten, bestand darin, sich nach dem Vorbild der Frauen in seiner Familie zu richten. Aber dies stellte eine undenkbare Bedrohung dar für die männliche Identifikation, die sein Vater einforderte. Was sollte der kleine Junge also tun? Elis Lösung (in dem Sinn, dass sein Charakter und seine Persönlichkeit im Lauf der Jahre versuchten, den Konflikt zu lösen) sah so aus, dass er äußerlich wurde wie sein Vater, im Innern aber seine femininen Fantasien bewahrte. Aus verschiedenen Gründen – einer davon hatte damit zu tun, dass sein Vater ihm oft als Strafmaßnahme ein Thermometer in sein Rektum «rammte» – nahmen die Fantasien sexuelle Form an.

Aber wie ich Eli erklärte, handelte es sich dabei prinzipiell nicht um sexuelle Konflikte. Obgleich ich diese Überzeugung mehrmals äußerte, begriff Eli es erst, als eines Tages – wie durch göttliche Fügung – in der Therapie etwas Außergewöhnliches passierte. An diesem Tag kam Eli zu einem Termin früh am Morgen zu mir, kurz vor einer wichtigen Präsentation vor den Chefs seiner Firma. Am Ende der Sitzung entdeckte Eli voller Entsetzen, dass sein Laptop, das er im Wartezimmer gelassen hatte, nicht mehr da war. Bestürzt mussten wir uns eingestehen, dass der Computer – in dem sich Elis gesamte Präsentation befand – aus meinem Wartezimmer gestohlen worden war.

Eli wurde panisch. Nicht so sehr wegen des Computers, nicht einmal so sehr wegen der Präsentation – er meinte, dass er die Präsentationsmaterialien ziemlich schnell rekonstruieren konnte, wenn er im Büro angekommen war. Nein, die Panik rührte daher, dass die verlorene Präsentation Daten enthielt, zu denen er sich jetzt nur über seinen Chef Zutritt verschaffen konnte, und dass er deshalb seinem Chef gestehen musste, dass er seinen Computer verloren hatte. Zuerst wollte er ihm sagen, dass er ihn auf dem Weg in die Stadt im Zug vergessen hatte. Aber das hätte verantwortungslos gewirkt. Also gab es nur die Alternative zu gestehen, dass der Computer aus dem Büro seines Therapeuten gestohlen worden war – und genau das war der Grund für seine Panik: Jetzt musste er seinem Chef sagen, dass er eine Therapie machte. Als ich ihn fragte, warum er nicht sagen konnte, der Computer sei ihm «aus einer Arztpraxis» gestohlen worden, erwiderte Eli, sein Chef würde trotzdem wissen, dass es eine psychologische Praxis war. Das erinnerte mich sofort daran, wie seine Bierflaschenphobie angefangen hatte: Der Mann *wusste* irgendwie, was Eli mit den Bierflaschen machte!

Als Eli und ich der Assoziation nachgingen, sahen wir eine deutliche, nichtsexuelle Analogie zu der Bierflaschenphobie. Eli hatte Angst, wenn sein Chef von der Therapie wüsste, würde er Eli für schwach und unmännlich halten. Schließlich diskutierten wir in dieser Therapie ständig über solche femininen Fantasien und Emotionen. Aber was sollten wir mit Elis Sorge anfangen, dass sein Chef, genau wie der Mann bei der Party, seine Gedanken lesen könnte und Elis schwache, feminine Seiten durchschauen würde? Was ich lange vermutet hatte, wurde nun uns beiden klar: Unbewusst *wollte* Eli anderen Menschen seine weibliche Identifikation mitteilen. Vor allem Männer sollten es wissen. Und vor allem solche in führenden Positionen. Letztlich hatte er immer den Wunsch gehabt, dass sein Vater seine weibliche Seite sehen würde – seine emotionale Verletzlichkeit – und dass er seinen Sohn dafür akzeptieren und lieben würde. In dieser Weise war Elis Phobie ein Beispiel für eine der großartigsten theoretischen Annahmen Freuds, nämlich, dass jede Angst auch einen Wunsch enthält.

Nachdem Eli und ich über diese Erkenntnis gestolpert waren, stellten wir schnell die Vermutung auf, dass der Mann bei der Party Elis Gedanken wahrscheinlich deshalb gelesen hatte, weil Eli eine Geste mit der Flasche machte, die etwas Derartiges nahe legte. Und jetzt erkannte Eli auch, dass er seinem Chef wahrscheinlich so beschämt, so verlegen oder so defensiv von der «Arztpraxis» erzählen würde, dass dem Chef gar nichts anderes übrig blieb, als zu argwöhnen, es handle sich nicht um einen gewöhnlichen Arzt.

Als wir das ein paar Minuten besprochen hatten, lag plötzlich Krisenstimmung in der Luft. Auf mich wartete der nächste Patient, Eli musste zur Arbeit. Aber durch die Erkenntnis, dass er sein Geheimnis vor einem anderen Mann enthüllen wollte, wurde ihm klar, dass nichts ihn zwang, seinen Chef einzuweihen. Stattdessen würde er eine Möglichkeit finden, seinem Chef zu erzählen, dass er sein Laptop in einer Arztpraxis verloren hatte, ohne seine Gedanken und Gefühle in seine Worte zu projizieren. Die Präsentation lief großartig, und danach schenkte ihm sein Chef persönlich einen brandneuen Computer auf dem modernsten Stand der Technik.

Doch noch wichtiger war, dass sich in diesem Ereignis sowohl für Eli als auch für mich der therapeutische Prozess konkretisierte, der Elis Phobie überwand («heilte»). Als er erkannte, dass seine sexuellen Fantasien den Wunsch repräsentierten, «sich an der Schulter eines Mannes auszuweinen», brauchte Eli sie nicht mehr sexuell zu erleben. Die Flasche wurde wieder zur Flasche und es gab kein Geheimnis mehr, das er nicht verraten durfte. Also brauchte er auch die Öffentlichkeit nicht mehr zu meiden, in der es zu einer Bloßstellung kommen konnte.

Wie bei jedem Patienten war auch diese «Heilung» nicht so einfach, wie es sich in meiner Erzählung vielleicht anhört. In Elis Fall gab es zahlreiche Höhen und Tiefen, Einsichten und Missverständnisse, Ablenkungen und Widerstände. Und die «Heilung» war auch keine Heilung, denn zwar hatte sich die Phobie aufgelöst, nicht aber die komplexe emotionale Welt, von der sie umgeben war. Aber in unserem Bemühen, die männliche Unsicherheit zu verstehen, beleuchten Elis Konflikte und die Art, wie sie sich im Lauf der Therapie entfaltet haben, einen sehr wichtigen Punkt der männlichen Problematik.

Obwohl sich die Geschlechterrollen in unserer Gesellschaft verändert haben, stehen Männer immer noch unter dem Druck, sich selbst nur innerhalb eines engen männlichen Spektrums zu sehen und zu erleben. Nicht unbedingt bewusst und auch nicht nur in Reaktion auf sozialen Druck bemühen sich Männer, hart, stark, rational und gelassen zu sein. Vielleicht noch wichtiger als alles andere ist ihnen, ein guter Ernährer zu sein. Wie wir gesehen haben, beruhen diese «männlichen» Bestrebungen zumindest teilweise auf dem Bedürfnis, die eigene «weibliche» Verletzlichkeit zu leugnen. Deshalb sind sie eine wichtige Quelle für die Selbstverwirklichung und das Selbstwertgefühl eines Mannes. Gleichzeitig bürden sie ihm Verantwortung auf und bedrohen das männliche Ego mit ständiger Angst vor Misserfolg. Ich sage ständige Angst, denn weil sie auch nur Menschen sind, versagen Männer früher oder später (bei irgendetwas) – je höher man sich schwingt, desto tiefer man sinkt. Daher liegt unter dieser Bürde der Wunsch nach Passivität, Verletzlichkeit, Emotionalität und Irrationalität – alle die Qualitäten, die – zu Recht oder zu Unrecht – mit der traditionellen Vorstellung der Weiblichkeit einhergehen.

Diese Vorstellung der Weiblichkeit, können wir jetzt weiter spekulieren, repräsentiert die unbewusste Erinnerung der Männer, nicht die an ihre Mutter, sondern die Erinnerung an sich selbst als mädchenhafte Jungen, die den mütterlichen Einfluss der Weiblichkeit noch ungetrübt genießen. Tatsächlich bestätigt die Forschung diese Sicht der Dinge und zeigt, dass kleine Jungen emotional genauso verletzlich sind wie kleine Mädchen, wenn nicht sogar noch mehr. Jede Grundschullehrerin kann davon berichten, dass ihre Erstklässler ständig damit beschäftigt sind, ihre Tränen zurückzuhalten. Mädchen dagegen machen meist einen ruhigen und gefassten Eindruck.

Unbewusst verkörpert der Wunsch der Männer, ihre Verantwortung abzulegen, also den Wunsch, in die Zeit und an den Ort mit ihrer Mutter zurückzukehren, wo Tränen – auch Freudentränen – erlaubt sind. Aber wie mein Patient Eli erleben die meisten Männer diesen Wunsch als Angst, eine Angst, die sie für gewöhnlich mit einer dicken Schicht maskuliner Gleichgültigkeit übertünchen.

Hören, was uns Viagra sagt

Als ein leitender Angestellter die Fusion seines Unternehmens mit einem anderen Giganten der Telekommunikation ankündigte, beschrieb er die neue Partnerschaft als «Viagra der Telekommunikation». Damit brachte er mit neuen Worten eine alte Idee über die Politik der Potenz in der amerikanischen Wirtschaft zum Ausdruck. Während sambianische Männer körperlich aggressiv sein mussten, hat der Mann der westlichen Kultur subtilere Formen des Kampfes entwickelt. Zwar kämpft er gelegentlich auch noch auf dem Schlachtfeld, aber wesentlich öfter an seinem Arbeitsplatz. Und obgleich er das Gefühl haben mag, dass dabei genauso viel auf dem Spiel steht – nämlich seine Männlichkeit – kämpft unser Mann nicht wirklich. Es geht um seine Performanz. Er manövriert, plaudert, fordert, konfrontiert, macht Überstunden, liegt mit der Nase vorn, kurbelt die Daten hoch, sticht der Konkurrenz das Messer in den Rücken und so weiter – alles, um die schlüpfrigen Stufen zum Erfolg erfolgreich emporzusteigen. Vor allem der Geschäftsmann lebt und stirbt für die Bewertung seiner Performanz. (Natürlich trifft das heutzutage auch auf viele Frauen zu.)

Wie wir sehen, ist das Schlüsselwort hier die Performanz, was sowohl die direkte und unbestreitbare Leistung umfasst als auch das weit komplexere und defensivere Konzept, dass man eine Rolle spielt, dass man sozusagen auf der Bühne steht. Politische Führer wie Ronald Reagan und Bill Clinton sind berühmte Beispiele für dieses Konzept, sie sind Performanzpersönlichkeiten, und beide sind so gut darin, dass sie nicht einmal mehr merken, dass sie eine Rolle spielen. Deshalb wirken sie so authentisch und sind trotz der Widersprüche in ihrem persönlichen Leben so populär.

Eine andere Version dieser Persönlichkeit – der ehrgeizige, prahlerische und aggressive Geschäftsmann – wurde von früheren Analytikern als «phallisch-narzisstischer Charakter» bezeichnet und in den achtziger Jahren an der New Yorker Börse wieder belebt. Vielleicht war er auch nie tot gewesen. Damals versahen ihn medizinische und Verhaltenspsychologen mit dem Etikett «Typ A» und dokumentierten sein Risiko, an langwierigen, schlachtfeldbezogenen Störungen zu erkranken. Feministische Analytikerinnen diagnostizierten sein Verhalten als «Penisschwenken».

Doch ungeachtet seiner verschiedenen Erscheinungsformen ist das grundlegende Charakteristikum dieses Mannes der Drang, akrobatische Leistungen der Männlichkeit zu vollbringen, vorzugsweise in der Öffentlichkeit. Wie wir in Kapitel 5 erfahren werden, ist die Performanz zu einem großen Teil motiviert vom narzisstischen Bedürfnis nach Anerkennung. Aber auch hier geht es um die Ablehnung der Weiblichkeit. «Seht her, ich bin ein Mann», sagt der Firmenkrieger (oder der Kämpfer auf einem anderen Arbeitsgebiet). Dieser fundamentale Zusammenhang zwischen Performanz und Männlichkeit ist einer der Gründe, warum Impotenz und ihr derzeitiges Gegengift Viagra eine so starke, wenn auch etwas überstrapazierte Metapher für männliche Unsicherheit darstellen.

Konflikte am Arbeitsplatz, die aus männlicher Unsicherheit entstehen, können sehr irrational sein, von ihrem Preis ganz zu schweigen. Einer meiner Firmenklienten, ein Investmentunternehmen an der Wall Street, musste das von seinen Maklern benutzte Softwaresystem austauschen lassen. Obgleich das neue System für die Handelsoperationen der Firma sehr wichtig war und obwohl es auf dem Softwaremarkt keine ernsthaften Konkurrenten gab, war der Widerstand gegen die Neuerung so groß, dass es fast zehn Jahre dauerte, bis sie endlich installiert war.

Als ich die Situation näher in Augenschein nahm, erfuhr ich, dass der Verantwortliche für die Installation des neuen Systems von seinem Chef keine klaren Vorgaben erhalten hatte und mit den Händlern – fast ausschließlich ebenfalls Männer – aneinander geraten war. An einem Punkt verkündete einer der höherrangigen Makler bei einer erhitzten Projektsitzung, dass er das neue System nicht benutzen würde, weil es von ihm verlangte, dass er nachts seinen Computer abstellte (was er ohnehin hätte tun sollen, damit die Putzfrau nicht plötzlich auf seinem Computer Aktien verkaufte!). «Wir haben keine Zeit, das Ding jeden Tag an- und wieder auszuschalten», schrie er.

So etwas ist irre, selbst für die Verhältnisse an der Wall Street, wo das männliche Ego in perfekter Analogie zur männlichen Anatomie mit seiner Performanz steigt und fällt – oder noch genauer, mit der *Wahrnehmung* der Performanz, das heißt der Performanzangst. Zwar kommen viele Frauen extrem gut an der Wall Street zurecht, aber die Explosivität der Börse ist vor allem etwas für Männer: Ihre männliche Identität basiert auf dem prekären Gleichgewicht zwischen der Freude, obenauf zu sein, und der Angst vor dem Absturz, beziehungsweise zwischen der Angst, am Boden liegen zu bleiben, und dem Thrill, sich zum Gipfel emporzukämpfen. Da wir nun schon einmal von prekärem Gleichgewicht sprechen, wenden wir uns der männlichen Anatomie zu.

Impotenz als Metapher

Performanz und Performanzangst gehören untrennbar zur männlichen Unsicherheit und genau deshalb ist Impotenz ein so häufig auftretendes Problem. Von den zahlreichen Patienten, die wegen Impotenz in meine Sprechstunde gekommen sind, fällt mir hier vor allem «Peter» ein, der auf dem Höhepunkt seiner Karriere als Anwalt der Unterhaltungsindustrie beschloss, sich selbst als Filmproduzent zu versuchen. Bewundernswerterweise schaffte er mit fünfundvierzig den Wechsel, und zwar mit Erfolg.

Einige Jahre später kam er zu mir wegen einem, wie er sagte, «sexuellen Problem». Bereits in der ersten Sitzung beeindruckte mich der Patient als charmanter, herzlicher und gefälliger Mann, dem alles gelang, was er anpackte, weil er wusste, wie er Leute dazu brachte, sich zu produzieren. Dies galt sowohl beruflich als auch privat. Er half nicht nur seiner Frau, einer Broadway-Schauspielerin, bei ihrer Arbeit, sondern unterstützte sie auch in ihrer Rolle als Mutter. Besonders hilfreich war er gewesen, als sie mit ihrer Unfruchtbarkeit und mit verschiedenen Schwierigkeiten bei der Adoption ihrer drei Kinder zu kämpfen hatte. Später unterstützte er seinen erwachsenen Sohn, als dieser sich auf die Suche nach seinen biologischen Eltern machte – er produzierte praktisch die Wiedervereinigung. Doch während das Geheimnis für seinen Erfolg darin bestand, andere zu Höchstleistungen in ihrer Rolle zu motivieren, war es natürlich seine eigene Performanz, die ihm am meisten am Herzen lag.

Deshalb war es keine große Überraschung, dass Peters Impotenz begann, als er Schwierigkeiten mit dem Budget und dem Zeitplan eines Films bekam und dies selbst als berufliches Versagen betrachtete. Seine Angst wegen des Films zeigte sich darin, dass er sich erfolglos und minderwertig fühlte. Von diesem Gedanken war er irgendwann regelrecht besessen und schließlich schlichen sich die Selbstzweifel in sein Sexualleben ein. Zuerst hatte er nur gelegentlich Probleme, aber je mehr Sorgen er sich machte, desto schwieriger wurde es für ihn, eine Erektion «zustande zu bringen», bis es schließlich gar nicht mehr klappte. Zu diesem Zeitpunkt suchte er bei mir Hilfe.

Zuerst war ich hauptsächlich von Peters Charme und Großzügigkeit eingenommen. Wie alle anderen in seinem Leben spürte auch ich, dass ich für ihn mein Bestes geben wollte – und ich machte meine Sache ziemlich gut. Doch unter seiner Freundlichkeit war Peter ein sehr exakter, anspruchsvoller Mann. Nach einigen Sitzungen, in denen es mir «nicht gelang», seine Impotenz zu kurieren, begann ich den Erfolgsdruck zu spüren. Und ehe ich so richtig wusste, was los war, ging es mir wie dem Penis meines Patienten – ich sackte unter dem Druck in mich zusammen. Selbstzweifel und Minderwertigkeitsgefühle tauchten auf und ich fragte mich, ob ich überhaupt in der Lage war, diesem Mann zu helfen.

In meinem Beruf ist es wirklich leicht, sich ungenügend zu fühlen, denn die Probleme, mit denen man täglich konfrontiert wird, sind enorm kompliziert. Den Patienten geht es schlecht und sie suchen verzweifelt Hilfe, aber ihr Widerstand ist ebenso stark. Der Schmerz «will» da sein, denn er hat eine Bedeutung, außerdem haben alle Menschen Angst vor Veränderungen und klammern sich an das Gewohnte. Der therapeutische Prozess ist langsam, sein Ausgang ungewiss. Unmöglich, den Gegner mit einem brillanten Geistesblitz auszutricksen. Als Therapeut ist man nicht im Besitz der Antworten, sondern lernt den Patienten kennen, während er sich selbst kennen lernt. Und da man es mit dem Leben zu tun hat, weiß man nie genug.

Doch als ich in diesem Fall an mir selbst zu zweifeln begann, wusste ich, dass dieses Gefühl von meinem Patienten stammte. Indem er mich unter Performanzdruck setzte, erreichte er, dass ich das fühlte, was er fühlte. Diese Art Druck war auch dafür verantwortlich, dass sein Penis «versagte». Darin liegt ein wichtiges Paradox bei der Impotenz und ihrer Behandlung: Je mehr Sorgen man sich ihretwegen macht, desto schlimmer wird es. Warum? Warum machen wir unsere Sache nicht so gut, wenn wir uns unter Druck gesetzt (beurteilt, verbessert, kritisiert, beschimpft) fühlen? Warum werden wir «nervös», statt einfach das zu tun, was von uns erwartet wird und was wir ja auch von uns selbst erwarten?

Einmal fuhr ich mit einem Geschäftsklienten und seinem Chauffeur zum Flughafen, um dort einen wichtigen Gast abzuholen. Wir waren spät dran, weil der Geschäftsmann in seinem Büro aufgehalten worden war. Als wir endlich unterwegs waren, gerieten wir auch noch in den Stoßverkehr. Der Geschäftsmann sagte dem Fahrer, er solle den Highway verlassen und eine normale Straße nehmen. Der Fahrer kam seiner Aufforderung nach, aber da er sich hier nicht so gut auskannte, bog er falsch ab und schon hatten wir uns verirrt. Jetzt rastete der Geschäftsmann völlig aus und schrie den Fahrer an, er solle sich gefälligst zusammenreißen. Je mehr der Mann schrie, desto mehr verfuhr sich der Fahrer. Am Ende waren wir so verspätet, dass der Gast nirgends mehr zu finden war – er hatte sich ein Taxi genommen. Der Geschäftsmann war wütend und niedergeschlagen.

Warum benahm sich der Fahrer wie der Penis meines Patienten? Offensichtlich, weil der Geschäftsmann sich wie mein Patient benahm. Aber was ist die Natur dieser Dynamik? Die Antwort liegt in der Tatsache, dass der Geschäftsmann selbst zu spät in die Gänge gekommen war. Anscheinend war er, ohne sich dessen ganz bewusst zu sein, in Bezug auf das Abholen des «wichtigen» Gasts ambivalent eingestellt und brachte den Fahrer letztlich dazu zu fühlen, was er selbst fühlte, nämlich Widerwillen und Unschlüssigkeit. Der Fahrer fügte sich und handelte unbewusst diesen Gefühlen gemäß.

Das Gleiche trifft auf den Penis meines Patienten zu. Er weigerte sich, die von ihm erwartete Leistung zu erbringen, weil sein Herr und Meister unbewusst nicht wollte, dass er etwas leistete. Ohne diesen Gedanken vor sich selbst zu formulieren, hatte Peter die Nase voll davon, immer stark und obenauf zu sein. Er hatte es satt, seiner Frau, dem Studio, den Schauspielern ständig alles recht machen zu müssen. Er hatte es satt, aggressiv zu sein, eine Menge Geld zu verdienen und sich um alle anderen zu kümmern. Er hatte es satt, immer hart und unnachgiebig zu sein, er wollte weich und sanft werden. Und genau darum geht es bei psychologischer Impotenz. Es kann eine Ablehnung der eigenen Aggression sein, das Bedürfnis, versorgt zu werden, ein unbewusster homosexueller Wunsch oder einfach ein Rückzug aus dem Performanzdruck. Aber all diese und vielleicht noch andere Abläufe stehen für die heimliche Sehnsucht des Mannes, seine männliche Abwehr fallen zu lassen und einen femininen Ort der Ruhe zu finden.

Das Problem ist, dass Männer sich wegen Impotenz schnell fürchterliche Sorgen machen und deshalb eine Instant-Heilung erwarten – von sich selbst, von ihrem Arzt, ihrem Therapeuten, ihrem Penis. Aber je mehr sie das wollen, desto mehr Widerstand muss ihr Körper leisten. Deshalb verbündet sich der kluge Therapeut mit dem autonomen Penis und nicht mit dem anspruchsvollen Patienten. Dadurch dreht er den Spieß herum, sodass der Patient in Gedanken und Gefühlen das erlebt, was sein Körper symptomatisch aufzeigt. Wahrscheinlich ist es für die frustrierte Ehefrau das Beste, wenn sie das Gleiche tut. «Dein Penis ist mir unwichtig, wichtig sind mir deine Gefühle», lautet die Botschaft.

Oft sage ich meinen Patienten (in dem Versuch zu erklären, wie Psychotherapie funktioniert), dass die paradoxe Behandlung der Impotenz ein gutes Beispiel ist für den psychotherapeutischen Prozess als solchen: Um Fortschritte zu erzielen, muss man sich erst einmal von seinen Zielen lossagen. Zuerst muss der Mann seine Impotenz akzeptieren (was an sich keine so schlechte Idee ist, wenn die Alternative in Überforderung mit eventuell depressiven Folgen besteht) und sich dann deren Absichten und Bedeutungen annehmen. Dann, und wirklich erst dann kann die Potenz zurückkehren, und das tut sie auch, meist scheinbar von ganz allein. Aber man hat keine Chance zu mogeln – zuerst muss man sich den Wunsch, vor dem man sich fürchtet, eingestehen. In dieser Hinsicht geht es in der Psychotherapie nicht darum, Menschen zu verändern, sondern eher darum, ihnen zu helfen, mehr sie selbst zu sein. Von dieser Warte aus ist es die Aufgabe des Therapeuten, die Selbsterkenntnis zu fördern, nichts mehr und nichts weniger.

Was die buchstäbliche Impotenz angeht, ist die Frage, ob das relativ neue Medikament Viagra ihre Psychologie einfach ausschaltet und die Behandlung aufpoliert. Wird Viagra dieses klassische Symptom männlicher Unsicherheit ausmerzen? Vielleicht. Es gibt jedoch bereits Anzeichen, dass in vielen Fällen der unbewusste Widerstand gegen die Potenz stärker ist als Viagra. Wie der große Psychologe Howard Stern sagte, wird das Medikament auf jeden Fall eine ganze Reihe neuer Probleme schaffen, weil all die Ehemänner, die nicht mit ihrer Frau schlafen wollen, andere Möglichkeiten finden müssen, den Beischlaf zu vermeiden.

Verabredungen: die maskulin-feminine Spaltung

Bei Verabredungen kann es sich als vorteilhaft erweisen, wenn eine Frau sich der männlichen Unsicherheit mit dem Ansatz des Dealbreakers nähert – um einen Ausdruck der Wall Street zu benutzen. In der Praxis der meisten Therapeuten, die mit Erwachsenen arbeiten, gibt es zumindest einige Frauen, auf die folgende Beschreibung zutrifft: Smart, unabhängig und erfolgreich, introspektiv, attraktiv und charmant, vernünftig, unterstützend und authentisch. Ja, Sie haben richtig geraten, dieser «Typ» Frau kommt zur Therapie, weil sie unfähig zu sein scheint, den richtigen Mann zu finden und damit die Vision ihres Lebens mit Liebe, Partnerschaft und/ oder Kindern zu vervollkommnen.

Wie vielleicht andere Menschen im Leben der Frau tappt auch der Therapeut einer solchen Frau – zumindest zu Anfang der Therapie – im Dunkeln, warum diese so liebenswerte Person nicht die Liebe findet, die sie sich wünscht. Aber wenn der Therapeut und die Patientin das Dunkel etwas länger aushalten können, kommt ein erstaunlich logisches und sich hartnäckig wiederholendes Muster zum Vorschein. Für gewöhnlich hat diese Frau kein Problem damit, Männer kennen zu lernen und sich mit ihnen zu verabreden – trotz der eher geringen Anzahl in Frage kommender Kandidaten. Aber es funktioniert nie. Typischerweise ergibt sich zuerst ein Kontakt mit einem «netten», emotional sensiblen, offenen Mann. Aber bald entdeckt die Frau – oder glaubt zu entdecken (nicht einmal als Therapeut kann man immer sagen, was von beidem der Fall ist) –, dass dieser Mann zu bedürftig, «schwach» oder langweilig ist. Sicher, er ist nett, aber er hat einfach keinen Pep. Oder er ist nicht erfolgreich genug. Also macht sie mit ihm Schluss und versucht anschließend einen selbstbewussteren, unabhängigeren oder ehrgeizigeren Mann kennen zu lernen. Doch schon bald merkt sie – oder glaubt zu merken –, dass dieser Mann sie schlecht behandelt. Zwar ist er finanziell abgesichert und verantwortungsbewusst, aber er ist auch unsensibel, egoistisch und furchtbar kritisch. Also macht sie mit ihm Schluss, vorausgesetzt, sie neigt nicht zu Masochismus und bleibt bei ihm, bis er sich von ihr trennt.

Manchmal wird das klare Muster von kleinen Variationen verwischt. Vielleicht ist die Reihenfolge der Männertypen umgekehrt, vielleicht folgen einige gleiche Typen aufeinander, gefolgt von einer Reihe gegenteiliger. Aber grundsätzlich scheint die Welt der Männer aus der Perspektive dieser archetypischen alleinstehenden Frau in Weicheier und Machos aufgeteilt.

Was ist hier los?, fragen Sie sich wahrscheinlich. Gibt es wirklich nur diese beiden Arten von Männern oder denkt sich diese intelligente, sonst so scharfsichtige Frau das alles nur aus? Wie bei allen Entweder-oder-Fragen mit inakzeptablen Antworten liegt auch hier die Antwort in der Frage selbst – es ist ein bisschen von beidem. Tatsächlich gibt es Männer, die mehr oder weniger aggressiv sind, und es ist etwas Wahres daran, dass nette Männer manchmal langweilig sind. Aber es gibt ebenso einen ausgewogeneren Mittelbereich, in dem sich viele erfolgreiche und sensible Männer relativ harmonisch angesiedelt haben. Diesen Mittelbereich nimmt die Frau jedoch nicht wahr, weil sie sich selbst nicht darin befindet. Lassen Sie mich das näher erklären.

Wenn Sie die Lebensgeschichte einer solchen Frau untersuchen, fällt auf, dass sie sich aus irgendeinem Grund nicht mit ihrer Mutter identifizieren – sie bewundern, respektieren, zu ihr aufschauen – konnte. Vielleicht war die Mutter verrückt oder inkompetent oder dumm (oder wurde zumindest so wahrgenommen), und zwar in einem Ausmaß, dass diese Frau sich als kleines Mädchen immer wieder geschworen hat, niemals so zu werden wie ihre Mutter. Deshalb entwickelte sie einen Charakter, der sich nach dem Prinzip ausrichtet «alles, aber nicht wie meine Mutter».

Deshalb hat sich die Frau an der Oberfläche mehr mit ihrem Vater identifiziert. Vielleicht war er der Identifikation nur deshalb würdiger, weil es niemand anderen gab oder einfach weil er einen Kontrast zur Mutter bildete. Doch man kann die eigene Mutter nicht einfach vergessen. So erlebt sich diese Frau trotz aller Bemühungen, den Einfluss ihrer Mutter auszumerzen, unter der Oberfläche immer noch als die Mutter, die sie notgedrungen doch absorbieren musste. Auch ihre Angst, so zu werden wie ihre Mutter, deutet auf ein tieferes, weniger bewusstes Niveau der Identifikation. Kurz gesagt beruht ein großer Teil der Psyche dieser Frau auf dem Wunsch, die reale Mutter – die äußere – zu verbannen und abzuweisen und die innere Mutter zu leugnen und zu vertreiben.

Genau diese Dynamik steckt nun hinter dem Muster ihrer Männerbekanntschaften. Zwar möchte sie gern gut behandelt werden, aber der nette, sensible Mann wird rasch zu einer Bedrohung für ihr hartes, männlich identifiziertes Äußeres. Wenn sie diesen Mann näher an sich heran ließe, würde sie genauso weich wie er – und damit genau wie ihre Mutter. So verstärkt diese Erfahrung nur das defensive Element ihrer sexuellen Identifikation. Vielleicht ist der Mann, mit dem sie sich verabredet, nicht aggressiv genug – vielleicht hat er sich, spiegelbildlich zu ihr, mit seiner Mutter identifiziert –, aber ist er deshalb der jämmerliche Versager, den sie in ihm sieht? Womöglich. Aber wahrscheinlicher ist er die Projektion der unerträglichen Mutter im Innern der Frau, vor der sie fliehen muss. Mit anderen Worten, jetzt, wo sie ihre Mutter in ihrem Freund gefunden und/oder wieder erschaffen hat, muss sie ihn verlassen.

Doch so gern sie mit einem «starken» Mann zusammen sein möchte, ist seltsamerweise auch der selbstbewusste, ehrgeizige Mann eine Bedrohung. Normalerweise will ein solcher Mann nicht allzu sehr umworben werden. Er möchte sich zumindest in der Illusion wiegen, dass er das Sagen hat. Und er möchte sich auch nicht mit einer Frau verabreden, die ihm Konkurrenz macht. Um mit diesem Mann auszukommen, muss sie ihm also erlauben, die Initiative zu ergreifen und seine aggressive Zuneigung passiv entgegennehmen. Das jedoch bringt sie genau dorthin, wo sie nie sein wollte – an den Platz ihrer Mutter. Nun muss sie entweder mit dem Mann um die Kontrolle kämpfen, womit sie bei ihm keine Chance hat, oder sie gibt nach und fügt sich seinen Vorstellungen. Aber auch die letztere Möglichkeit führt nicht sehr weit, denn irgendwann fühlt sich die Frau missbraucht und schlecht behandelt, und je länger diese Beziehung andauert, desto mehr erlebt sie sich als irrational, schwach oder masochistisch. Nun, da ihre schlimmsten Albträume wahr werden, mobilisiert sie eine Kampf-oder-Flucht-Reaktion, die beide zu einem Abbruch der Beziehung führen.[3]

In der Selbsthilfeliteratur gibt es zahllose Beispiele und Ratschläge, was eine Frau alles anstellen soll, um ihr Liebesleben zu verbessern. Das Problem ist nur, dass viele solcher Tipps, genau wie viele Tipps von Therapeuten, meistens aus spezifischen Verhaltenstaktiken bestehen, ohne eine übergreifende emotionale Strategie anzubieten. «Rufen Sie den Kerl nicht an – lassen Sie ihn zappeln», lautet ein Beispiel für solche taktischen Ratschläge. Aber die Taktik funktioniert nicht, weil der Einzige, der aus eigenem Antrieb anruft, sowieso ein «Weichei» ist, der sich zu dem Macho in ihr hingezogen fühlt. «Warum warten Sie, bis er anruft?», sagt vielleicht ein anderer Therapeut. «Sie sollten die Initiative ergreifen!» Nun, auch dies funktioniert nicht, weil ein Macho bestimmt nicht zu Hause rumsitzt und auf einen Anruf wartet – er geht lieber mit den Frauen aus, die sich gern von ihm herumkommandieren lassen.

Derartige Taktiken funktionieren erst, wenn die Frau emotional aufnahmefähig für eine ausgewogenere Emotionalität wird. «Aber wie soll ich das anstellen?», fragt sie vielleicht ihren Therapeuten. «Falsche Frage», erwidert der Therapeut darauf wahrscheinlich. Obgleich das Bedürfnis, aktiv etwas zu verändern, durchaus verständlich ist – oft genug getrieben vom Ticken der biologischen Uhr –, ist der Wunsch der Frau, das Problem in den Griff zu bekommen, ein wichtiger Bestandteil der defensiven männlichen Identifikation, die sie überhaupt erst zur Therapie gebracht hat. Eine meiner Patientinnen, bei der dieses Muster zu erkennen war, versuchte lange Zeit, etwas gegen ihr Problem zu *tun*. Zuerst knüpfte sie endlose Kontakte, vor und zurück, vom Weichei zum Macho und andersherum. Als wir endlich ihr Muster durchschauten und es auf ihre Angst zurückführten, so (eine Frau) zu werden wie ihre Mutter, verlagerte sie ihre Aktivitäten darauf, femininer zu werden. Sie plante in ihrem Terminplan Zeit ein, in der sie an ihren Gefühlen «arbeitete», besuchte einen Kurs «Wie lerne ich flirten», zeichnete männlich-weibliche Diagramme «mit Tipps für die nächsten Schritte nach vorn» und vereinbarte mit Freunden Termine für «gegenseitige Feedback-Sitzungen», um ihren Erfolg zu überwachen. Natürlich lag das Paradox darin, dass all diese Aktivitäten ziemlich «maskulin» waren. Genauer gesagt waren sie eine Fortsetzung ihrer Abwehr dagegen, nichts zu tun und nur zu sein, was für sie gleichbedeutend war mit Inkompetenz, Wertlosigkeit und übertriebener Emotionalität. Wohlgemerkt war ihre Mutter eine erfolglose Schauspielerin, die mit ihrem Leben «nichts anfing». Nach den Beschreibungen der Patientin hing sie zu Hause herum, servierte verbranntes oder halb rohes Abendessen, gespickt mit zusammenhanglosem emotionalem Gefasel voller Angst und Selbsthass.

Taktiken können also leicht genau das Gegenteil von dem bewirken, was wir anstreben, es sei denn, sie sind Ausdruck einer klaren, authentischen inneren Stimme. Dies ist ein weiterer Grund, warum die Nützlichkeit von Verhaltensstrategien begrenzt ist – und warum ich sie nicht mag. Sie haben immer etwas Unehrliches an sich, ein Element der Manipulation, als wollten wir jemanden damit an der Nase herumführen. Emotionale Strategien dagegen umfassen bislang unbekannte Teile des Selbst, entwickeln Möglichkeiten für ein erfüllteres und ausgewogeneres Dasein und ersetzen alte Muster durch neue Freiheit. Ich weiß, das klingt, als würde ich den Mund ganz schön voll nehmen, deshalb werde ich gleich näher darauf eingehen. Doch lassen Sie mich zunächst zurückkehren zu . . . den Männern.

Wie gesagt hausen das «Weichei» und der «Macho» nicht nur in der Fantasie der «männlich identifizierten» Frau. Die beiden existieren in der Wirklichkeit als zwei Pole auf dem Kontinuum zwischen Weiblichkeit und Männlichkeit und als die beiden Gesichter der männlichen Unsicherheit. Wir haben bereits gesehen, dass das Zentrum dieses Konflikts in der ambivalenten Identifikation des Jungen mit seiner Mutter liegt. Aber wie im Fall meines

Patienten Eli ergänzt die Notwendigkeit, dass der Junge sich danach mit dem Vater identifiziert, diese Ambivalenz und macht sie noch weit komplizierter.

Indem Männer in den westlichen Industrienationen ihr Leben dem Streben nach einer erfolgreichen Karriere verschreiben, verfeinern sie ständig ihre aggressiven, leistungsorientierten Fähigkeiten, und zwar meist auf Kosten «sanfterer» Elemente wie Sensibilität, Akzeptanz und spielerischem Verhalten. Außerdem sind sie durch lange Arbeitszeiten und Geschäftsreisen oft lange von ihren Familien getrennt. Für einen kleinen Jungen verkörpert ein solcher Vater – man könnte sagen, eine Skizze oder gar Karikatur eines Vaters – ein ganz spezifisches Dilemma. Wenn der Junge versucht, so zu werden wie sein Vater – für einen Jungen der übliche Wunsch –, muss er irgendwie sein Gefühl, von ihm zurückgewiesen zu werden, ablegen und sich selbst mit derselben Gleichgültigkeit oder Härte behandeln, die sein Vater ihm angedeihen lässt.

Diese defensive Identifikation («Identifikation mit dem Aggressor») ähnelt dem so genannten «Stockholmsyndrom», bei dem die Passagiere eines entführten Flugzeugs das Vorgehen ihrer Geiselnehmer rechtfertigten oder mit ihnen sympathisierten, um die Angst und Hilflosigkeit ihrer Gefangenschaft nicht fühlen zu müssen. Im Erwachsenenleben führt dieser Weg in die Fußstapfen des Vaters, was gewöhnlich beruflichen Erfolg, aber zwischenmenschliches Versagen bedeutet – bei Freunden, Ehefrau oder Kindern. Wie es scheint, ist dies eine mildere, westliche Version dessen, was die sambianischen Männer in Neuguinea durchmachen müssen.

Oder der Junge «entscheidet sich», den Schmerz darüber, dass sein Vater ihn ignoriert oder schlecht behandelt, zu fühlen und den Vater als Rollenmodell zu verwerfen. Aber dann identifiziert er sich wahrscheinlich am Ende mit seiner Mutter und zieht sich ganz aus der Welt der Männer zurück. Diesen Weg schlagen möglicherweise die «Weicheier» ein, mit denen sich die «männlich identifizierte» Frau erst verabredet und die sie dann fallen lässt. Paradoxerweise steht diese defensive Identifikation mit der Mutter im Einklang mit dem unterdrückten Kindheitswunsch, den Vater zu besitzen (im Sinne von «haben» oder «so sein wie»): Ein solcher Mann will keine Frau heiraten, sondern einen Mann. Ich spreche nicht von Homosexualität, sondern von einem Mann, der nach der Art maskuliner Kontrolle und Struktur sucht, die ihm von dem oben beschriebenen Frauentyp angeboten wird. Aber für ihn funktioniert die Sache genauso wenig wie für die Frau, und zwar aus dem gleichen Grund – sie sind beide nicht glücklich damit, Tochter ihrer Mutter zu sein.

Meiner Erfahrung nach gehört diese ambivalente Geschlechtsidentifikation zu den Hauptgründen, weshalb Singles beiderlei Geschlechts nicht den oder die «Richtige/n» finden. Sie verlangen vom anderen Geschlecht, dass es ihre eigene asymmetrische sexuelle Identifikation ergänzt, was immer ein gewagtes Projekt ist. Vielleicht wird darüber nicht viel gesprochen und vielleicht schneiden viele Therapeuten das Thema nicht an, wenn es angebracht wäre – ich denke, weil man es mit konservativen politischen Ideen und Religiosität verwechselt. Es ist, als wären die Worte «feminin» und «maskulin» von vornherein sexistisch. Doch wenn man sich die Sache etwas näher betrachtet, wird klar, dass das Thema eigentlich keine politischen, religiösen oder moralischen Implikationen besitzt.

Heranwachsende Jungen müssen sich mit ihrem Vater identifizieren. Aber sie brauchen auch die frühe Verinnerlichung ihrer Mutter. Wenn sie dann erwachsene Männer sind, streben sie danach, beide Einflüsse zu bewahren und zu integrieren. Im Allgemeinen jedoch wohnt die feminine Identifikation, archäologisch ausgedrückt, meist in einer tieferen Schicht der Persönlichkeit – sie wird normalerweise mit einem früheren Entwicklungsstadium in Zusammenhang gebracht. Obgleich auch sie danach verlangt, ausgedrückt zu werden, ist diese feminine Identifikation meist eine Bedrohung der Männlichkeit und wird deshalb eher von einer Frau (oder einem Mann) offen zum Ausdruck gebracht, die (oder der) nicht in der psychologischen Arena der Männlichkeit konkurriert.

Selbst in Langzeitbeziehungen oder Ehen gehört es zu den schwierigeren Angelegenheiten, wie das Paar mit der männlichen Unsicherheit des Mannes (und dem entsprechenden Konflikt der Frau) umgeht. Viele alltägliche Streitereien und auch gewichtige Eheprobleme sind unmittelbare Auswirkungen der Art und Weise, wie männliche und weibliche Identifikation zwischen den Partnern ausgehandelt und verteilt wird.

Ein Patient, der große Vorbehalte gegen die Psychologie hegte, kam nur auf massives Drängen seiner Frau zur Therapie. «Wissen Sie, die Behandlung wird nichts daran ändern, wer ich bin, und das will ich auch gar nicht», erklärte er mir gleich ganz offen. «An ein paar Themen zu arbeiten, die mit meiner Ehe zu tun haben, ist okay. Aber verlangen Sie bitte nicht von mir, dass ich anfange, über meine Kindheit zu jammern. Meine Eltern sind wundervolle Menschen. Außerdem funktioniere ich nicht emotional. Deshalb macht es mir nichts, mich mit Ihnen zu unterhalten, wenn meine Frau das möchte, aber ehrlich gesagt finde ich es unnötig. Sie macht selbst eine Therapie, was gut für sie ist, wenn es ihr hilft, aber ich glaube nicht an Therapie.»

Skepsis war nicht die einzige Manifestation seines Widerstands gegen Gefühle im Allgemeinen. Wie er mir selbst mitteilte, funktionierte er in allen Lebensbereichen nach logischen, «rationalen» Regeln (ist es rational, immer logisch zu funktionieren?). Selbst im Schlaf gab es bei ihm nichts Spielerisches, keine Fantasie, keine Poesie: Viele Nächte lag er halb wach im Bett und löste in seinen Träumen berufliche Probleme.

Seine Unfähigkeit, Gefühle zu erleben, war für seine Ehe ein ernstes Problem, denn er konnte sich natürlich auch nicht auf die Gefühle seiner Frau einlassen. Früher war er Polizist gewesen, betrieb seit einiger Zeit aber einen eigenen Kleinhandel, der recht gut lief. Alle paar Jahre jedoch geriet er in irgendeine geschäftliche Katastrophe und musste als Schadensersatz auf das Familienvermögen, einschließlich des Hauses, zurückgreifen. Zwar verstand er, dass seine Frau sich wegen dieser Situation «Sorgen machte», aber er war völlig außerstande, ihre Unsicherheit, Angst und Wut mitzufühlen oder auch nur ansatzweise zu verstehen.

Da er sich konstant weigerte, sich emotional verletzlich zu zeigen, hatte seine Frau im Lauf der Zeit immer mehr die emotionale Rolle in der Ehe übernommen. Wenn sie wusste, dass ein wichtiger Geschäftsabschluss bevorstand, wurde sie ängstlich, nervös und angespannt. Der Ehemann dagegen versuchte, ihr ständiges «emotionales Auf und Ab in den Griff zu bekommen», wie er sich ausdrückte. Er sagte ihr, sie solle sich beruhigen, es gebe keinen Grund zur Sorge, die Transaktion sei absolut risikolos, er kümmere sich um alles und so weiter. Natürlich sprach er mit ihr überhaupt so wenig wie möglich über sein Geschäft.

Die Frau beschuldigte ihn zwar, er würde lügen und ihr seine Geschäfte verheimlichen, zeigte aber ihrerseits kein echtes Interesse an ihrer beider Finanzen. Sie wusste wenig bis nichts über das Familieneinkommen, die Ausgaben, Ersparnisse oder Investitionen. Demzufolge traf sie jede finanzielle Krise wie ein Schock: «Du hast versprochen, das würde nie wieder passieren!», jammerte sie dann.

In der Zeit zwischen den Krisen bestand der Dialog zwischen den beiden darin, dass sie ihn zu drängen versuchte, mehr Gefühle zu zeigen, während er sie zu überzeugen versuchte, dass sie zu emotional war. In einer solchen Beziehung (die es natürlich in den unterschiedlichsten Ausprägungen gibt) besteht eine höchst ungesunde Arbeitsteilung: Der Ehemann erledigt das Denken, die Frau ist für die Gefühle zuständig. Die Frau ist hyperfeminin, der Mann hypermaskulin. Interessant aber ist Folgendes: Zweifellos hütet sich der Mann vor emotionaler Verletzlichkeit. Während er also vorgibt sich zu wünschen, seine Frau wäre eine «rationale» Partnerin, fühlt er sich eigentlich mit ihrer «Hysterie» ganz wohl – denn diese gibt ihm die Möglichkeit, ruhig und logisch zu reagieren. Wovor er in Wirklichkeit Angst hat, ist die Hysterie in seinem Innern, nicht die in der Außenwelt. Etwas Ähnliches haben wir auch in Kapitel 3 gesehen.

Umgekehrt behauptet die Frau zwar, sie hätte gern einen «einfühlsamen» Partner, aber es passt ihr eigentlich ganz gut, dass ihr Mann nichts fühlt, denn damit bleibt die ganze Welt der Gefühle ihr überlassen – auch wenn sie gelegentlich wehtun, fühlt sie sich nicht unwohl mit Emotionen. «Denken», finanzielle Entscheidungen oder andere «männliche» Angelegenheiten – das ist es, was sie nicht mag. (Dies ist übrigens auch ein gutes Beispiel für die paradoxe Ähnlichkeit zwischen psychologischen Gegensätzen. Der Ehemann, der emotional so stark zu sein scheint, ist im Grunde schwach, während die Frau, die so schwach zu sein scheint, eigentlich stark ist, wenn es darum geht, Schmerzen auszuhalten.)

In dieser Art von maskulin-femininer Spaltung sind beide Partner nicht mit ihrer sexuellen Identifikation zufrieden. Ihre Beziehung ist so strukturiert, dass sie sich gegenseitig in ihren fast absurden Geschlechterrollen bestärken. Dies ist nicht nur ein Problem, weil es einen Konflikt beim Ausdruck von Gefühlen hervorruft, sondern auch, weil eine solche Polarisierung oft eine tiefe Kluft zwischen den Interessen und Wertvorstellungen der Partner zeigt. Im oben beschriebenen Fall interessierte sich der Patient ausschließlich für Fußball, Boxen, Investmentfonds und dafür, mit seinen Kumpeln in die Kneipe zu gehen. Seine Frau dagegen interessierte sich für Seifenopern, Einkaufen, Lesen und Kino – aber um Himmels willen keine Actionfilme. Abgesehen von ihren Kindern hatten sie genau genommen keine gemeinsamen Interessen. Sie konnten nicht einmal gemeinsam ins Kino gehen.

Heutzutage scheinen viele Ehen unter einer umgekehrten maskulin-femininen Spaltung zu leiden. Beispielsweise besuchte mich ein Paar, das kurz davor war, die Scheidung einzureichen, in einem verzweifelten, letzten Versuch, die Ehe doch noch zu retten. Nach acht Jahren Zusammenleben waren sie zwar immer noch sehr ineinander verliebt, aber inzwischen davon überzeugt, dass sie nicht zusammenpassten, und obwohl sie die letzten Jahre versucht hatten, daran zu arbeiten, schien es nur noch schlimmer zu werden.

So beschrieb die Frau das Problem: «Wir sind einfach zu verschieden. Beispielsweise möchte ich immer was unternehmen und rausgehen und er will das überhaupt nicht. Der einzige Urlaub, den er mag, ist am Strand liegen. Mir ist das viel zu langweilig. Ich möchte gern nach Europa oder in den Fernen Osten oder sonst was unternehmen, aber er hängt am liebsten nur rum. Aber es kommt noch mehr dazu. Ich plane immer alles und er ist absolut passiv. Er ergreift nie die Initiative. Zum Beispiel repariert er nie was im Haus. Ich möchte nach England ziehen, aber er möchte hier bleiben, in der Nähe seiner Familie. Ich bin ehrgeizig im Beruf, ihm ist es recht, weiter vor sich hin zu dümpeln. Mich stört es irgendwie, dass er bei der Arbeit nicht selbstbewusster auftritt. Er lässt sich von seinem Chef schikanieren – vielleicht hat er ja ein zu geringes Selbstwertgefühl oder so. Am Anfang hat es mir gefallen, wie sensibel und geduldig und wenig aggressiv er war, aber jetzt hab ich das Gefühl, wir sind zu verschieden, wir wollen was anderes vom Leben. Und im letzten Jahr habe ich mich immer weiter zurückgezogen – zum Beispiel verbringe ich seither viel Zeit im Internet.»

Der Ehemann antwortete folgendermaßen: «Was sie sagt, ist schon richtig. Wir erwarten jeder was anderes vom Leben. Ich wollte immer, dass es zwischen uns funktioniert und das will ich auch immer noch, aber inzwischen glaube ich nicht mehr so recht daran. Ich habe starke Gefühle für sie, aber sie ist ständig unterwegs, immer in Aktion. Sie hört mir gar nicht mehr richtig zu. Neulich hab ich ihr gesagt, dass ich das Gefühl habe, sie ist in letzter Zeit so weit weg. Dauernd sitzt sie vor dem Computer. Vielleicht kann ich ihr das Leben nicht bieten, das sie sich wünscht. Es ist wahr, ich bin nicht so ehrgeizig wie sie, aber ich bin zufrieden in meinem Job. Und ich möchte wirklich gern in der Gegend bleiben, in der ich aufgewachsen bin. Wissen Sie, ihre Familie ist überall verstreut, aber meine Verwandten sind alle hier und ich habe eine enge Beziehung zu ihnen. Ich hab auch das Gefühl, seit sie den Managerjob hat, hat sie sich verändert. Als wäre sie aggressiver oder herrschsüchtiger geworden, obwohl sie das bis zu einem gewissen Grad schon immer war. Früher mochte ich ihr Selbstbewusstsein und ihre Entschlossenheit, aber im Lauf der Jahre hat sich das gewandelt, sie ist unsensibel geworden, aufdringlich oder irgendwas in der Art. Vielleicht sehe ich es jetzt einfach auch anders.»

In dieser Beziehung waren es genau die Qualitäten, die beide Partner anfänglich zueinander hingezogen haben, die jetzt abstoßend wirkten. Der Grund dafür ist, dass beide Partner sich in der ihm/ihr zugewiesenen Rolle gefangen fühlten. Der übermäßig mit der weiblichen Rolle identifizierte Ehemann hatte irgendwann das Gefühl, von seiner Frau gegängelt zu werden. Er war nicht mehr willens, sich das gefallen zu lassen, aber da er mit seiner (unterdrückten oder verleugneten) männlichen Identifikation keinen Kontakt fand, wusste er nicht, wie er das innerhalb der Beziehung ändern sollte. Widerwillig, ohne zu begreifen, dass er sich selbst ändern musste, begann er darüber nachzudenken, wie er seine Partnerin ändern oder ersetzen könnte.

Die Frau andererseits hatte es satt, immer am Ruder zu sitzen. Sie wollte auch einmal von einem starken Mann «versorgt» werden. Sie wollte, dass sich ein anderer um Ehrgeiz, Geld und Organisation kümmerte. Aber weil sie keinen Zugang zu ihrer weiblichen Identifikation fand, wusste sie nicht, wie sie diesen Wunsch innerhalb der Beziehung verwirklichen konnte. Da sie nicht erkannte, dass ihr Mann einen abgetrennten Teil in ihr selbst verkörperte (die verleugnete Weiblichkeit), wollte sie ihn ersetzen.

Die Zwangslage dieses Paares war besonders schmerzlich und bewegend mit anzusehen, weil ihnen wirklich etwas aneinander zu liegen schien. Aber sie saßen in der Falle der maskulin-femininen Spaltung. Und weil ihnen das nicht klar war, hielt ich es für sehr wahrscheinlich, dass sie in ihrer nächsten Beziehung den gleichen – oder gegenteiligen und deshalb auch wieder gleichen – Platz einnehmen würden. Wie wir schon beim Verabredungsmuster gesehen haben, wäre der gegenteilige Platz wahrscheinlicher, aber traurigerweise genauso fatal. In ihrer nächsten Beziehung, meinte die Frau ausdrücklich, würde sie ganz bewusst eine andere Art Mann suchen: stark, ehrgeizig, aggressiv. Aber ich sagte ihr, bei einem solchen Mann würde sie sich zwar anfangs beschützt und umsorgt fühlen, aber nach einiger Zeit wahrscheinlich kommandiert, unbeachtet und unterdrückt. So würde sie in der neuen Beziehung ihre weibliche Identifikation erfahren, während ihr neuer Partner die maskuline Rolle übernehmen würde.

Auch der Mann (inzwischen ihr Exmann) würde vielleicht eine parallele Erfahrung durchmachen und eine andere Art von Frau kennen lernen – eine, die sensibler und empfänglicher war. Aber mit der Zeit würde er höchstwahrscheinlich das Gefühl bekommen, dass sie zu schwach wäre, zu unterwürfig, zu passiv. Seine weiblichen Qualitäten würden verschwinden, oder richtiger: auf sie projiziert werden. Sie ihrerseits würde die Projektionen aufnehmen und entsprechend handeln.

Wenn diese Analyse zutrifft, kann das Problem der maskulin-femininen Spaltung nicht dadurch gelöst werden, dass man den «richtigen» Partner findet. Stattdessen muss man selbst erst einmal ein richtiger Partner werden. Das heißt, man muss die Spaltung in sich selbst überwinden oder integrieren, um einen anderen «integrierten Menschen» kennen zu lernen und sich mit ihm zusammenzutun. Außerdem ergibt sich daraus, dass ein Paar, das auf der maskulin-femininen Dimension nicht zusammenzupassen meint, lieber an der Spaltung arbeiten sollte, ehe es die Ehe aufgibt.

Leider bedeutet die Arbeit an der Spaltung für viele Paare, dass einer dem anderen sagt, wie er oder sie sich ändern sollte. Ich betone *leider*, denn meistens vergrößert diese Herangehensweise die Spaltung nur noch. Denken Sie einmal an das oben beschriebene Paar. Wenn die Frau dem Mann dauernd vorwirft, er sei zu passiv und solle gefälligst selbstbewusster und ehrgeiziger werden, beherrscht sie ihn nur weiter. Genauso wird er sie wahrscheinlich auch verstehen und ihr dadurch noch kleiner vorkommen – er ergreift nicht mal die Initiative, wenn es um sein eigenes Bedürfnis, ein «Mann» zu werden, geht! Wenn umgekehrt der Mann seine Frau bittet, sensibler, emotionaler und unterstützender zu werden, steigert er damit die Vorstellung, dass sie in der Beziehung diejenige ist, die das Heft in der Hand hält. Indem er ihr Macht über seine Gefühle gibt, bestärkt er weiter ihre aggressive und seine eigene unterwürfige Rolle.

Wie also kann ein Paar daran arbeiten, die maskulin-feminine Spaltung zu überwinden oder zu integrieren? Das ist eine schwierige Frage, weil sich die Geschlechterrollen sehr früh im Leben ausgeformt haben und tief in unser Bewusstsein und auch in unser Unterbewusstsein eingegraben sind. Hier ist eine umfassende emotionale Strategie vonnöten, nicht irgendwelche Verhaltenstricks.

Androgynie

«Beim Sport hat mir ein Junge gesagt, ich bin ein verkleidetes Mädchen», begrüßte mich mein Sohn eines Tages mit Tränen in den Augen, als ich von der Arbeit nach Hause kam. Er war fix und fertig. Gefasst und klar wie selten antwortete ich ihm: «Zuerst mal ist es nicht wahr, aber selbst wenn es so wäre, würde ich dich genauso lieben.» Zwar fühlte ich mich gut mit dieser Antwort, aber sie schien meinem Sohn nicht zu helfen. Was dann endlich half, war der Vorschlag, er solle zu dem Jungen gehen und ihm sagen, er sei eine verkleidete Barbiepuppe. Schlagartig änderte sich seine Stimmung. Er fing an zu lachen, und am nächsten Tag erzählte er mir, dass er meinen taktischen Ratschlag erfolgreich in die Tat umgesetzt hatte. Doch ich hoffte trotzdem, dass meine erste Reaktion – das Äquivalent einer therapeutischen emotionalen Strategie – sich meinem Sohn so tief einprägen würde, dass er seine eigene Weiblichkeit würde akzeptieren können.

Aber könnte ich ihn wirklich genauso lieben, wenn er ein verkleidetes Mädchen wäre? Eine seltsame Frage verlangt nach einer seltsamen Antwort. Betrachten Sie die folgende Passage aus Virginia Woolfs kühnstem Roman, *Orlando*. Während des Lesens sollten Sie sich immer wieder vor Augen führen, dass hier nicht von einer Operation zur Geschlechtsumwandlung die Rede ist – damals gab es so etwas nicht.

«Er streckte sich. Er erhob sich. Er stand aufrecht in völliger Nacktheit vor uns, und während die Trompeten Wahrheit! Wahrheit! Wahrheit! schmettern, bleibt uns keine Wahl, als zu gestehen – er war eine Frau.

Der Klang der Trompeten erstarb, und Orlando stand splitternackt da. Kein menschliches Wesen, seit Anbeginn der Welt, sah je hinreißender aus. Seine Gestalt vereinigte in sich die Kraft eines Mannes und die Anmut einer Frau. Während er da stand, verlängerten die silbernen Trompeten ihren Ton, als zögerten sie, den lieblichen Anblick zu lassen, den ihre Fanfare hervorgerufen hatte ...

Orlando war eine Frau geworden – das ist nicht zu leugnen. Aber in jeder anderen Hinsicht blieb Orlando genauso, wie er gewesen war. Der Wechsel des Geschlechts, wenn er auch die Zukunft der beiden änderte, tat nicht das Geringste, ihre Identität zu ändern ...

... der Wechsel schien sich schmerzlos und vollständig und auf eine Art vollzogen zu haben, dass Orlando selbst keine Überraschung darüber zeigte. Dies berücksichtigend und mit der Behauptung, ein solcher Wechsel des Geschlechts widerspreche der Natur, haben viele Menschen keine Mühen gescheut, zu beweisen, 1.) dass Orlando immer eine Frau gewesen sei, 2.) dass Orlando auch in diesem Augenblick ein Mann sei. Sollen Biologen und Psychologen dies entscheiden. Für uns genügt es, die schlichte Tatsache festzuhalten; Orlando war ein Mann bis zum Alter von dreißig Jahren; als er eine Frau wurde und es seitdem geblieben ist.»

Indem Virginia Woolf hier die Androgynie feiert, betont sie die psychologische Kontinuität in Orlandos Persönlichkeit, ungeachtet der Geschlechtsumwandlung. Trotz der äußeren Veränderung, sagt sie uns, bleibt Orlando in seinem Innern gleich. Dies ist in gewisser Weise unser Hinweis, dass die äußere androgyne Form, die sie bewundert, zu einem großen Teil eine Metapher für ihren inneren Gehalt darstellt. Tatsächlich sind «die Kraft eines Mannes und die Anmut einer Frau» keine rein körperlichen Merkmale. Aber bevor wir das Körperliche verlassen, lohnt es sich zu bemerken, dass die Verherrlichung androgyner körperlicher Schönheit sowohl in der klassischen als auch in der populären Kultur eine lange Tradition besitzt. Michelangelos David und noch mehr Donatellos Skulptur des gleichen mythischen Helden sind lebendige und wunderschöne Beispiele, wie sich männliche und weibliche Form zur Perfektion vermischen. Mick Jagger, David Bowie, Michael Jackson und Prince – deren Schönheit vielleicht ein wenig umstrittener sein mag – sind Beispiele androgyner Männer, die in der populären Jugendkultur bewundert werden.

Es ist wohl kaum ein Zufall, dass die Fürsprecher der Androgynie als Schönheitsideal immer Menschen waren, denen es weniger um die Vorschriften der konventionellen Moral ging – Künstler, Schriftsteller und . . . Teenager. Indem diese Menschen die rigiden Normen ihrer Gesellschaft in Frage stellen – zumindest in den Werken und Bildern, die sie erschaffen haben –, waren sie verhältnismäßig frei von Homophobie und hatten auch keine Bedenken, womöglich von Homophobikern verurteilt zu werden. Aber selbst gängige Vorstellungen von körperlicher Attraktivität beinhalten «feminine Charakteristiken» wie glatte Haut und sanft geschwungene Gesichtszüge. Heute scheint die männliche Attraktivität sogar von sensiblen, jungenhaften und androgynen Hollywoodstars wie Leonardo DiCaprio verkörpert zu werden.

Nun werden Ihnen Hollywoodleute sofort versichern, dass die ersten Verfechter und Konsumenten dieses Ideals Mädchen im Teenageralter waren. Möglicherweise ist es auch nicht ohne Bedeutung, dass Orlando von einer Frau erschaffen wurde. Mit anderen Worten: Es ist ziemlich sicher, dass Frauen sich emotional androgyne Männer wünschen – stark und anmutig, hart und sensibel, selbstsicher und verletzlich und so weiter und so fort. Aber die Frage ist, ob Männer, vor allem heterosexuelle Männer, anmutig, sensibel und verletzlich sein wollen. Ganz sicher benehmen sie sich nicht so, auch wenn sie behaupten, dass sie so sein möchten. Ihre Symptome, ihr Ausagieren und ihre Seelenforschung in der Therapie – alles sagt, dass sie es wollen.[4]

Aber – und das ist ein wichtiges Aber – sie können psychologische Androgynie nur erreichen, wenn sie diese aus eigenem Antrieb suchen. Vor allem darf man nicht von ihnen erwarten, dass sie unter dem direkten Einfluss einer Frau androgyn werden. Das sehen wir in der Weiblichkeitsphobie der sambianischen Männer ebenso wie in der Dynamik der traditionellen Form der maskulin-femininen Spaltung. Betrachten wir als Illustration auch noch folgende Geschichte eines meiner Patienten. «Neulich hat meine Frau eine verletzte Taube gefunden. Sie hat den Vogel mit nach Hause genommen, um ihn zu pflegen – ich konnte es kaum glauben, aber sie hatte *Tränen* in den Augen! *Tränen* wegen einer blöden Taube! Da sagte ich zu ihr, um Himmels willen, Schatz, warum weinst du? Da wurde sie wütend und ist weggegangen.» Soweit Teil eins der Geschichte.

In Teil zwei trat der Teenagersohn des Patienten aus Versehen auf das Tier, das inzwischen im Garten herumhüpfte. Als der Patient davon erfuhr, wurde er schrecklich wütend und schrie seinen Sohn an, er sei unachtsam, hartherzig und nehme keine Rücksicht auf seine Mutter. Daraufhin beklagte sich der Junge bei der Mutter, dass der Vater ihn angefahren hatte, und sie eilte zu ihrem Mann und kanzelte ihn ab, weil er so unsensibel zu ihrem Sohn gewesen sei.

Als der Patient mir später von diesem Drama berichtete, schien es, als wüsste er nicht so recht, ob er lachen oder weinen sollte. Während er erzählte, landete sonderbarerweise eine Taube auf dem Fensterbrett vor meinem Sprechzimmer und begann, ans Fenster zu picken. Zwar mussten wir beide lachen – und ich lachte später noch einmal (für mich allein), weil mein nächster Patient auch noch erzählte, er habe von Tauben geträumt –, aber wir wussten trotzdem, dass die Geschichte einen ernsten Kern hatte, um den wir uns kümmern mussten.

In Teil eins, so fanden wir heraus, versuchte der Patient, sich von der Bedrohung der Emotionalität zu distanzieren – deshalb kritisierte er seine Frau. Aber darüber hinaus verinnerlichte er auch ihre Sensibilität und reagierte deshalb emotional, als sein Sohn die Taube unabsichtlich verletzte. Jetzt stand natürlich seine Männlichkeit auf dem Spiel – er hatte Gefühle für eine Taube! Seine letzte Zuflucht bestand darin, wütend zu werden – nicht traurig zu sein oder, Gott bewahre, Tränen zu vergießen wie seine Frau. Das wiederum provozierte seine Frau, ihn zu rügen, weil er unfreundlich zu ihrem Sohn gewesen war, was die Geschichte zu ihrem ironischen Schluss brachte. Für den Patienten ergab sich daraus folgende Lektion: Man kann dem Einfluss einer Frau nicht entfliehen, indem man auf ihn reagiert. Wenn du dich von den Tränen deiner Frau so weit bringen lässt, dass du dich distanzieren musst, wirst du dich erst recht nicht «maskulin» fühlen – weil du unter der Oberfläche genauso emotional bist. Zusammenfassend: Es ist besser, sich zu *benehmen* wie eine Frau – indem man bei seinen Gefühlen bleibt –, als auf eine Frau zu reagieren.

Aber auch für Frauen hat die Geschichte ihre Moral. Wenn eine Frau den Wunsch nach emotionaler Androgynie äußert oder diese sogar einfordert, erreicht sie damit höchstwahrscheinlich genau das Gegenteil. Wenn Sie einen Mann bitten, mehr Gefühle zu zeigen, erreichen Sie vielleicht ein Lippenbekenntnis in der Art von: «Natürlich liebe ich dich, Schätzchen», aber eigentlich fühlt er *weniger*, und schließlich wird ihm sogar das Lippenbekenntnis zu schwierig sein, als dass er es länger aufrechterhalten könnte. Je mehr Sie ihn bitten, so zu werden wie eine Frau, desto mehr wird er darauf beharren, ein Mann zu sein. Im griechischen Mythos kämpfte Hermaphrodit mit aller Kraft, um die Nymphe von sich fern zu halten, die sich an ihn heftet. Und als die Götter endlich den Wunsch der Nymphe erfüllen und die Körper der beiden für immer vereinen, da ist er alles andere als glücklich. (Bemerkenswerterweise ist sein Rachewunsch, dass andere Männer ihre «Halbmännlichkeit ebenfalls verlieren».)

Demzufolge muss die emotionale Strategie der Männer – wenn

sie denn eine suchen – in der frei gewählten Androgynie bestehen. Sollten sie sich hierzu entschließen, so liegt ihre Mission darin, die beiden Seiten des Konflikts der männlichen Unsicherheit zu integrieren. Für die meisten Männer bedeutet das, ihre unterdrückten femininen Wünsche zu akzeptieren, aber für viele – nämlich die «weiblich identifizierten» – auch, ihre blockierten männlichen Bedürfnisse zu entwickeln. Und die Frauen? Was sollen sie tun, während ihr tatsächlicher oder potentieller Partner seinen Weg geht? Zuerst und vor allem müssen Frauen erkennen, dass die Art, wie sie mit ihrer sexuellen Identifikation umgehen, einen direkten Einfluss auf die sexuelle Identifikation ihres Partners hat. Wenn eine Frau zu weiblich ist, ist ihr Mann wahrscheinlich zu männlich oder läuft jedenfalls Gefahr, es zu werden. Wenn sie zu maskulin ist, ist oder wird ihr Mann wahrscheinlich zu feminin. Wenn man das erkennt, folgt daraus ganz selbstverständlich, dass Frauen am besten mit der männlichen Unsicherheit zurechtkommen, wenn sie ihrerseits an ihrer eigenen feminin-maskulinen Integration arbeiten.

Demgemäß ließe sich die emotionale Strategie der Frauen – die natürlich ebenfalls frei gewählt sein muss – am besten beschreiben als «das Spiel des Verlierers gewinnen». Dieses Prinzip, das in einem klassischen Investmentbuch gleichnamigen Titels besprochen wird, wurde inspiriert von einem anderen Buch, einem Buch über ... Tennis. Dort erklärt der Autor Simon Ramo, dass Tennis eigentlich aus zwei verschiedenen Spielen besteht: eins, das die Profis spielen, und ein anderes für den Rest der Menschheit. Wie Stanley Angrist vom *Wall Street Journal* es ausdrückt: «Während ein Profi das Spiel tatsächlich ‹gewinnt›, wird der Gewinner bei einem Amateurwettkampf vom Verhalten des Verlierers bestimmt – der sich selbst besiegt.» Das impliziert, dass Sie, wenn Sie kein Profi sind, eigentlich nur gewinnen können, wenn Sie spielen, um nicht zu verlieren, das heißt, wenn Sie gegen sich selbst spielen, nicht gegen Ihren Gegner.

Für Frauen ist der Umgang mit der Unsicherheit der Männer ein Verliererspiel – sie können nur gewinnen, wenn sie spielen, um nicht zu verlieren. Ganz ohne Frage ist die Voraussetzung für diese Strategie die Fähigkeit zu ignorieren, das heißt, das Verhalten des Gegners als Fakt hinzunehmen. Für Frauen besteht also der erste Schritt darin, dass sie den Versuch aufgeben, ihrem Mann um jeden Preis zumindest ein bisschen Weiblichkeit einzutrichtern, und stattdessen seine Männlichkeit akzeptieren. Dann, und wirklich erst dann, können sie selbst beginnen, an sich zu arbeiten, um Anmut und Kraft, Gefühl und Gedanken, Passivität und Aktivität in Einklang zu bringen.

Vermutlich könnte man sagen, dass auch Frauen ihren Konflikt mit der «weiblichen Unsicherheit» haben – manche Frauen werden als Abwehr gegen einen verbotenen Wunsch (beispielsweise dem Wunsch, Wirtschaftsanwältin zu werden) zu feminin. Solche Frauen fürchten, ihre Weiblichkeit zu verlieren, wenn sie ihrem Bedürfnis nachgeben, in der «Männerwelt» zu konkurrieren. Andere Frauen gehen in andere Extreme. Wie auch immer – sie identifizieren sich genau wie Männer mit Mutter *und* Vater und haben demzufolge sowohl das Potential für den Konflikt mit der sexuellen Identifikation als auch für deren Integration.[5] Und erst wenn sie sich für den Weg der Integration entscheiden – so lang und verschlungen dieser auch sein mag – erkennen sie vielleicht unterwegs, dass ihr Mann sich auf einem parallelen Pfad befindet. Nein, sie haben ihn nicht inspiriert, ihm nicht einmal die Wahl erleichtert. Sie haben sich einfach auf ihr eigenes Spiel konzentriert und ihm die Freiheit gegeben, sich um seines zu kümmern. Aber jetzt kommen sie als Paar plötzlich viel besser miteinander aus.

Paradoxerweise müssen also beide Geschlechter zuerst einmal die Unterschiede zwischen den Geschlechtern erkennen und das andere Geschlecht so akzeptieren, wie es ist, um irgendwann die gleiche emotionale Strategie anzuwenden, die ganz natürlich im androgynen Zentrum zwischen den beiden liegt. Doch der Schlüssel zu dieser Strategie ist ein paralleler, nicht ein gemeinsamer Weg, denn die psychologische Integration zweier Gegensätze kann nicht aus einer reaktiven Notwendigkeit heraus erreicht werden. Für sie muss jeder sich aktiv und aus freiem Willen entscheiden.

Für den professionellen Therapeuten andererseits ist die emotionale Strategie der Androgynie keine Möglichkeit unter vielen, sondern das, wofür er bezahlt wird. Wenn es um männliche Unsicherheit geht, ist meiner Meinung nach ein Therapeut/eine Therapeutin nur dann gut, wenn er/sie sich auf dem Weg der androgynen Integration befindet. Zum ersten Mal wurde mir das vor einigen Jahren klar, und zwar durch einen faszinierenden, sehr ergreifenden Traum eines meiner Patienten.

Dieser junge Mann war in einer Familie mit zweidimensionalen, abziehbildhaften Rollenvorbildern aufgewachsen. Seine Mutter war Hausfrau, wunderschön, liebte ihren Ehemann «zu Tode» und erstickte ihn mit körperlichen Aufmerksamkeiten und einer Emotionalität, die ihn praktisch zum Baby degradierte. Sein Vater, ein Marineoffizier, behandelte ihn, wenn er nicht gerade irgendwo in der Welt herumsegelte, mit militärischer Strenge, verlangte Gehorsam, Präzision und Logik.

Ziemlich am Anfang seiner Therapie hatte der Patient einen Traum, in dem er nach einigen Schwierigkeiten mit Verkehrsstaus und schlecht funktionierenden Aufzügen gerade noch rechtzeitig zur Therapiesitzung kam. Aber als ich ihn aufforderte hereinzukommen, stellte sich heraus, dass ich eine Frau war. Voller Entsetzen setzte er sich auf den Boden und begann verzweifelt zu weinen.

Warum war der Patient so bestürzt darüber, dass ich eine Frau war? Die offensichtlichste Erklärung lautet, er wollte nicht, dass ich so überaufmerksam und emotional würde wie seine Mutter. Ich sollte lieber ruhig und objektiv sein – ein durchaus verständlicher Wunsch. Aber eine andere, ergänzende Interpretation des Traums wäre, dass der Patient fürchtete, ich würde ihn im Stich lassen wie sein Vater, allein und schutzlos den femininen Übergriffen seiner Mutter ausgesetzt. Natürlich wollte der Patient aus mir auch keinen kalten, abwesenden Militärangehörigen machen, nein, er wollte – und verdiente – eine vollblütige dreidimensionale, androgyn integrierte Person, kein weibliches oder männliches Abziehbild.

Obwohl das ohne Zweifel alle Patienten verdient hätten, ist ein solcher Wunsch nicht leicht zu erfüllen und für einen Psychologen nicht leichter als für alle anderen. Zwar scheint Virginia Woolfs Orlando sein Geschlecht gänzlich zu transzendieren – genau wie er die Zeit transzendiert und in mehreren Jahrhunderten lebt –, aber ich glaube nicht, dass die Autorin oder der Leser dies jemals erreichen kann. Ich werde für meine Patienten nie etwas anderes sein als ein Mann, ganz gleich, wie dringend sie eine Heilung der maskulin-femininen Spaltung nötig hätten. Vermutlich werde ich persönlich auch nie eine vollständige, ausgewogene Integration erreichen. Aber ich kann hoffentlich den Rest meines Lebens daran arbeiten.

Dies ist es, was den Job eines Therapeuten emotional und technisch zu einer solcher Herausforderung macht: Man muss ständig an seinem eigenen Werkzeug feilen – an sich selbst. Beispielsweise erwähnte einer meiner Patienten ein paar Monate nach Therapiebeginn, dass er bei der Therapeutin seines Kindes gewesen war, um irgendeine schulische Angelegenheit zu besprechen. «Am Ende habe ich von mir erzählt, die gleichen Dinge, über die wir hier auch sprechen», sagte er, «aber ich hab mich richtig geöffnet und war ganz emotional – so wie es mir hier nie gelingt, glaube ich. Und ich frage mich, warum. Vielleicht weil Sie ein Mann sind? Oder liegt es an Ihrer Persönlichkeit? Ich weiß es nicht. Und dann dachte ich, vielleicht sollte ich lieber zu ihr gehen – nicht, dass ich jetzt wirklich wechseln möchte, aber es ging mir jedenfalls durch den Kopf.» Als ich ihn fragte, was es war, wodurch er sich bei der Therapeutin offener gefühlt hatte, druckste er ein bisschen herum und antwortete dann: «Ich glaube, ich habe manchmal das Gefühl, dass Sie mich kritisieren und beurteilen.»

Wie Sie inzwischen wahrscheinlich erkannt haben, bin ich nicht übertrieben empfindlich. Aber diese Bemerkung traf mich ins Mark. Ich dachte eigentlich nicht, dass ich diesen Patienten wirklich beurteilt hatte, aber sobald er es sagte, wusste ich, dass ich nicht so sensibel und einfühlsam gewesen war, wie ich es hätte sein können. Und ich begriff sofort, dass ich bei der Analyse seines Verhaltens tatsächlich kritisch gewesen war – nicht absichtlich, nicht bewusst, aber trotzdem. Es war geschehen und ich konnte es nicht rückgängig machen. Diese Erkenntnis tat weh, weil es sich um ein so grundlegendes Versagen handelte – wer braucht einen Therapeuten, der unsensibel und kritisch ist? Außerdem tat es weh, weil ich einem Menschen genau den Schmerz zugefügt hatte, den ich ihm zu heilen helfen sollte. Es tat weh, weil ich jemanden verletzt hatte, den ich mochte. Und schließlich tat es auch noch besonders weh, weil ich es genauso hasste, kritisiert zu werden, wie er.

Ein solcher Moment – der in der einen oder anderen Form in der Beziehung zwischen Patient und Therapeut regelmäßig vorkommt – ist voller emotionaler und intellektueller Spannung für den Therapeuten. Zuerst einmal – wer mag es schon, wenn ihm etwas wehtut? Selbst jetzt, wo ich nur darüber schreibe, will ich mich nicht daran erinnern und spüre den Drang, das Ereignis wegzuschieben. Nur erlaubt die Arbeit eines Therapeuten ihm diesen Fluchtweg nicht – unser Job ist es zuzuhören und aus dem Schmerz zu lernen. Das Zulassen eigener Schmerzen ist die Voraussetzung dafür, dass man mit dem Patienten fühlen kann – und genau das musste ich tun. Und man kann es nicht vortäuschen – ich zumindest nicht.

Außerdem kann einem die eigene Reaktion auf den Patienten – wenn man sich gut genug kennt – etwas Wichtiges über den Patienten sagen. In diesem Fall musste ich verstehen, warum ich kritisch war – und was ist dafür eine bessere Motivation als ein bisschen Schmerz? Aber all diesen Argumenten zum Trotz hat ein Therapeut eigentlich gar keine Zeit für Schmerzen. Er muss den eigenen Schmerz beiseite schieben und dem Schmerz des Patienten lauschen. Bei diesem Patienten hatte ich das Glück, schnell genug zu erkennen, dass ich mich von der ersten Sitzung an von ihm beurteilt fühlte und unbewusst versucht hatte, mich zu schützen, indem ich den Spieß umdrehte. So war der Patient zwar verständlicherweise und auch «korrekt» unzufrieden mit meiner Arbeit, aber die ganze psychologische Transaktion wurde von seiner eigenen Psychologie in Gang gesetzt.

Letztlich verlagerte eben diese Analyse den Schwerpunkt der

Therapie für die nächsten sechs Monate, in denen wir eine fast unglaublich ergiebige Geschichte von Leistungsdruck und Erfolgsangst in seiner Familie aufdeckten. Was mich angeht, so überlebte ich nicht nur meinen Schmerz – ich profitierte sogar davon. Für den Therapeuten gehört diese Art intensiver Arbeit oft zu den lohnendsten Erfahrungen. Er ist nicht nur Zeuge und ein gelegentlich hilfreicher Begleiter auf der Reise seines Patienten, sondern er lernt genauso viel über sich selbst wie über den Patienten. Und er wächst mit ihm. So hat sich ein Therapeut am Ende eines harten Arbeitstages hoffentlich nicht nur selbstlos verausgabt und ist jetzt so voller Groll, dass er keinem Menschen mehr zuhören mag, aber er ist auch kein Kaufmann, der dasitzt und sein Geld zählt (womit ich nicht sagen will, dass das schrecklich wäre und nie Teil der Arbeit eines Therapeuten oder sonst eines berufstätigen Menschen).

Im Zentrum jeder emotionalen Strategie steht die Vorstellung von Leben als fortlaufendem Prozess. Und erst wenn ein Patient diese Vorstellung akzeptiert – was für Männer besonders schwierig ist –, beginnt die therapeutische Reise Früchte zu tragen. An diesem Punkt brauchen Patienten keine taktischen Ratschläge mehr, die sie ohnehin nur in den seltensten Fällen beherzigen und die oft genug gründlich danebengehen. Stattdessen entwickelt der Patient jetzt eigene Taktiken, gemäß dem, was er ist, und dem, was er inzwischen als sein wahres Bedürfnis erkannt hat. Im Folgenden schildere ich ein konkretes Beispiel für eine solche Taktik, wie sie eine meiner Patientinnen in ihrem Kampf mit der maskulin-femininen Spaltung angewandt hat. Die entsprechende Taktik ist kursiv gedruckt.

Die Patientin, die immer nur nette, erfolglose Männer kennen lernte – normalerweise hatten sie weder Geld noch verfolgten sie eine nennenswerte Karriere – machte einen radikalen Schritt bei der Anwendung der Strategie, das Spiel des Verlierers zu gewinnen. *Sie sparte ein bisschen Geld und kündigte ihre gute Stellung*, ohne einen anderen Job oder sonst eine Alternative in Aussicht zu haben. Bewusst war ihr lediglich der Wunsch, die «rigide, hierarchische, männlich orientierte» Firmenumgebung zu verlassen und in Kontakt mit ihrer Weiblichkeit zu kommen. Aber auf einem tiefer gehenden Niveau versuchte sie, ihre pflichtbestimmte, reservierte und aggressive Identifikation mit ihrem Vater aufzugeben und dem emotional frei fließenden, empfänglichen und kindlichen Vorbild ihrer Mutter nachzugehen, die gestorben war, als die Patientin gerade ins Teenageralter kam.

An ihrer Stelle hätte ich (als Frau[6]) niemals einen Job aufgegeben, ohne wenigstens einen konkreten Zukunftsplan zu haben. Aber bei ihr funktionierte es: Innerhalb weniger Monate begann sie die «netten Kerle» in einem ganz anderen Licht zu sehen. Sie lernte einen von ihnen näher kennen und heiratete ihn. Und schließlich fand sie einen Halbtagsjob in einer Beratungsstelle, was ihrer Meinung nach viel besser zu ihrer neu integrierten sexuellen Identifizierung passte.[7]

Oft sagen und tun Kinder Dinge mit einer Einfachheit und Wahrhaftigkeit, die noch nicht von den psychischen Abwehrmechanismen der Erwachsenen verstellt sind. Meine sind da keine Ausnahme. Als meine Tochter vier war und mein Sohn sieben, entdeckten sie endlich, dass sie miteinander spielen konnten, und ließen uns morgens ein bisschen länger schlafen. Da meine Tochter Barbies liebte und mein Sohn eher auf Kriegsspiele stand, mussten sie beim Spielen jedes Mal irgendwie die Kluft zwischen den Geschlechtern überwinden. Lustigerweise erfanden sie ein Kompromissspiel, in dem aufgetakelte Barbies auf Jeeps und Panzern durch die Gegend fuhren und kämpften, um Frankreich von den Nazis zu befreien.

Ich würde gern glauben, dass diese Art Spiel mehr ist als nur ein Kompromiss. Meiner Tochter gefiel das Kämpfen und mein Sohn fand die Barbies richtig gut. Doch um ganz ehrlich zu sein und aus Gründen einer Abwehrhaltung, die inzwischen offensichtlich geworden sein sollte, fühle ich mich bei ersterer Variante des Ideals wesentlich wohler als bei der zweiten.

Kapitel 5

SELBSTBEZOGENHEIT

... sieh mich, hör mich, fühl mich, lieb mich

Der tschechische Schriftsteller Milan Kundera hat einmal geschrieben: «Das ganze Leben des Menschen unter Seinesgleichen ist weiter nichts als der Kampf, sich bei anderen Gehör zu verschaffen.» Der Wunsch, gehört zu werden, ist ganz bestimmt ebenso männlich wie weiblich, aber die Vorstellung, dass wir unser Leben lang um ein Publikum kämpfen, führt mir die Neigung der Männer vor Augen, andere mit ihren Themen verbal förmlich zu überfallen. In diesem Kontext ist es nicht nur eine Verzerrung der Wahrheit, wenn man sagt, dass Männer nicht sprechen, sondern das Gegenteil ist der Fall. Während sich manche Männer hinter einer Mauer des Schweigens verschanzen, sind andere nur zu gern bereit, alles mit dem Sperrfeuer endloser Vorträge zu überziehen. Diese Männer sind die Alan Dershowitzes und Pat Buchanans der von Männern dominierten Kabelnachrichten, wo Gast und Gastgeber sich in einen verbalen Wettstreit stürzen, der nur dafür gemacht scheint, dass sie dem «Gegner» ihre aufgeblasenen, intellektualisierten männlichen Egos um die Ohren schlagen.

Folglich geht es nicht darum, dass Männer nicht reden – sondern dass sie nicht zuhören. Sie monologisieren, es kommt kein

Dialog zustande. Und obgleich es stimmt, dass Männer in der Öffentlichkeit nicht über ihre emotionale Verletzlichkeit sprechen, so ist diese für uns doch zu erkennen, auch wenn sie es nicht merken. Leider hat aufgrund ihrer Darbietungsart – so brillant die Ideen auch sein mögen und gleichgültig, wie sehr sie sich bemühen, Gehör zu finden – niemand Lust, ihnen mehr als ein paar Minuten zuzuhören, höchstens um eine Erwiderung vorzubereiten.

Imponieren und exponieren

In vielen Familien liefert die Essenszeit für den Mann am Kopf der Tafel die Kulisse dafür, sich zu produzieren. Er spricht über die neuesten Neuigkeiten und die Tagespolitik. Er beurteilt das Essen und das Äußere seiner Frau. Er berichtet von seinen aktuellen beruflichen Errungenschaften. Er interviewt die Kinder über ihre Schulleistungen. Er interviewt die Mutter über das Verhalten der Kinder zu Hause. Er erzählt Geschichten mit wichtigen moralischen Botschaften oder alternativ dazu Witze mit geistreichen Pointen.

Während dieser Darbietung, in der der Mann als Autor, Regisseur und Hauptdarsteller fungiert, spitzen alle am Tisch Versammelten – mit der gelegentlichen Ausnahme eines rebellischen Kindes oder einer verstockten Ehefrau – gespannt die Ohren, um nur ja alles mitzubekommen und eventuell auf einem gerade akzeptablen Niveau eine Kleinigkeit beizusteuern.

Glücklicherweise handelt es sich bei diesem Familienessen nur um ein Stereotyp. Doch wie alle Stereotypen ist es uns schmerzlich vertraut. Worum geht es dabei? Eine treffende Antwort finden wir in einer Geschichte, die mir ein Patient erzählte. Sein Stiefsohn, ein Sechstklässler in einer renommierten Privatschule in Manhattan, bekam von einem Klassenkameraden altklug ins Gesicht gesagt, er leide unter «Penisneid». Da der Ausdruck dem Jungen nicht geläufig war, informierte er sich in der Bibliothek und entdeckte zu seinem Entsetzen, dass Penisneid etwas war, worunter eigentlich nur Mädchen leiden sollten. Wütend und verletzt ging er zurück auf den Schulhof und konfrontierte seinen Peiniger. «Du meinst also, ich habe Penisneid? Na, und was ist das hier!?», schrie er und ließ die Hose herunter.

Unglücklicherweise löste der Vorfall beim Stiefsohn meines Patienten ein exhibitionistisches Verhaltensmuster aus, das für ihn noch traumatischer war als für die Kinder in seiner Umgebung. Eine solche männliche Selbstentblößung ist im Grunde nicht viel anders als die Art, wie Männer – in Anlehnung an Shakespeare – ihre Zeit auf der Bühne herumstolzieren und dann sang- und klanglos verschwinden. Mit anderen Worten: Der Exhibitionismus des Jungen war eine wahrheitsgetreue, wenn auch reichlich plumpe Demonstration dessen, wie aus dem Konflikt der männlichen Unsicherheit die männliche Selbstbezogenheit entsteht. Es reicht nicht, sich mit dem Wissen zu beruhigen, dass man ja ein Mann ist, man muss es auch öffentlich zur Schau stellen, vor allen, die es sehen wollen (und besonders vor denen, die es nicht sehen wollen).

In einer berühmten, wenn auch etwas veralteten Feldstudie an der University of California luden Forscher eine große Gruppe zehn- bis zwölfjähriger Jungen und Mädchen ein, mit einer Zufallsauswahl von Spielsachen zu spielen. Bei der Analyse der Untersuchung beobachtete der Psychoanalytiker Erik Erikson, dass Mädchen eher mit Innenräumen (beispielsweise einer Puppenstube) spielten, während Jungen eher Strukturen, Häuser oder Türme errichteten. Aus diesem Geschlechtsunterschied folgerte Erikson, wie Sie vielleicht schon erraten haben, dass der Umgang mit Raum bei Mädchen und Jungen die Struktur ihrer Geschlechtsorgane nachvollzog. In dem Maß, in dem dies heute noch zutrifft – die Donald Trumps dieser Welt sind offensichtlich immer noch vorwiegend Männer –, lässt sich leicht erkennen, warum für viele Männer aus dieser phallischen Vorliebe ein süchtig machender Abwehrmechanismus wird. Da sie emotionale Verletzlichkeit mit Weiblichkeit assoziieren, ist es nur logisch, dass der kompensatorische Mechanismus die öffentliche Zurschaustellung unbestreitbarer Männlichkeit beinhaltet.

Ein solcher Mechanismus, der wie eine Art Werbekampagne versucht die Wahrnehmung eines Problems umzukehren, indem er das Gegenteil zur Schau stellt, bildet den Kern des Narzissmus – männlicher wie weiblicher Ausprägung. Es ist ein weit verbreiteter Irrtum, Narzissmus sei eine Form übermäßiger Selbstliebe; in Wahrheit geht es dabei nämlich mehr um Selbsthass. In seiner Egozentrik scheint sich der Narzisst zwar selbst zu sehr zu lieben – «Sieh her, ich bin so großartig» scheint uns jede seiner Bewegungen sagen zu wollen –, aber es handelt sich dabei um eine ziemlich spröde Abwehr gegen weniger bewusste Gefühle der Selbstverachtung. Erinnern Sie sich: Narziss verliebte sich in sein Spiegelbild, nicht in sein wirkliches Selbst.

Außerdem kann der Narzisst, wie es der Psychoanalytiker Heinz Kohut ausdrückt, aber auch jemand sein, der uns bewusst mitteilt, dass er sich hasst und dass nichts Gutes an ihm ist. Auf den ersten Blick wirkt dieser Mensch geradezu wie das Gegenteil eines Narzissten, aber wenn man an der Oberfläche seiner Selbstabwertung kratzt, findet man oft, dass er mit sich selbst nicht glücklich ist, weil er nicht so *großartig* ist, wie er gern sein möchte. Ein Freund, ein auf seinem Gebiet sehr erfolgreicher Mann, fragte mich einmal: «Was stimmt nicht mit mir, dass ich nicht Präsident oder Oberster Richter oder etwas Ähnliches geworden bin?» Die gleiche Logik sehe ich bei weiblichen Patienten, die oft sehr attraktiv sind, sich jedoch ständig wegen ihres Aussehens kritisieren, als wollten sie sagen: «Was stimmt nicht mit mir, dass ich kein Topmodel bin?»

Am besten lässt sich Narzissmus beschreiben als Versuch, das eigene Selbstwertgefühl zu justieren. Natürlich sind wir in diesem Sinne alle narzisstisch, und das trifft ja auch tatsächlich zu. Das zweite wichtige Element des Narzissmus ist das der Darstellung, und zwar bewusst und unbewusst. Der Schauspieler agiert auf der Bühne vielleicht bewusst, um den Zuschauern zu gefallen und von ihnen Beifall zu bekommen, damit er sich gut fühlen kann. Aber es kann auch passieren, dass er das Publikum vergisst, ganz in seiner Rolle aufgeht und sich völlig mit der Figur identifiziert, die er darstellt. Diese Art der Schauspielerei, bei der der Schauspieler nicht mehr weiß, dass er spielt, ist mit dem verwandt, was Theaterprofis als Method Acting bezeichnen.

Natürlich hasst sich möglicherweise auch dieser Typ Schauspieler selbst – weil er nicht mit Geld umgehen kann, weil er sexuelle Probleme hat oder sich gegenüber seinem Produzenten nicht durchsetzen kann. Bis er seine Grenzen akzeptiert, wird seine Schauspielkunst und die Bewunderung, die er damit bei anderen hervorruft, nur eine temporäre Erleichterung bedeuten, eine Ablenkung.

Da die ganze Welt eine Bühne ist, beschränkt sich Schauspielerei nicht aufs Theater. Sie beschränkt sich auch nicht auf geistige Gesundheit oder Krankheit oder auf Männer oder Frauen. Dennoch gibt es Unterschiede, wie sich männliche und weibliche Narzissten der Welt präsentieren. Zum einen – wie wir in Kapitel 2 gesehen haben – hassen sich Frauen eher wegen Versagens in sozialen Beziehungen oder wegen ihrer äußeren Erscheinung, während Männer dazu neigen, sich minderwertig zu fühlen, wenn sie beruflich oder sexuell nicht die erwartete Leistung erbringen. Anders ausgedrückt: Die Selbstbezogenheit der Männer trägt eindeutig phallische Züge.

Nervöse Zähne

Nun, da wir mehr über den Narzissmus wissen, sehen wir uns doch einmal die subtileren Formen männlicher Selbstdarstellung an. Ein interessantes Merkmal des selbstbezogenen Mannes – und in gewissem Maß jedes Mannes – ist die Tatsache, dass er seinem eigenen Verhalten gegenüber völlig blind ist. Narziss, der ursprüngliche selbstbezogene Mann, begriff nicht, dass der schöne Jüngling, der seinen bewundernden Blick aus dem Wasser erwiderte, nur ein Spiegelbild war. Weil Männer sich oft ihrer eigenen psychischen Struktur wenig oder nicht bewusst sind, halten sie ihre Wahrnehmung von anderen Menschen für die objektive Realität statt für die Projektion ihrer eigenen Psyche.

In diesem Zusammenhang fällt mir immer einer meiner Professoren an der Uni ein, ein brillanter, autoritärer Mann, einem Pfau nicht unähnlich, der ständig sein intellektuelles Gefieder spreizte, damit alle es bewundern konnten. Stets schien er seine Brillanz unter Beweis stellen zu müssen und ließ die Beiträge seiner Studenten niemals kommentarlos oder unkritisiert durchgehen. Demzufolge waren alle eingeschüchtert und viele (ich eingeschlossen) wurden in seiner Gegenwart zu faselnden Idioten. Meine einzige Abwehr bestand damals darin, dass ich glaubte, dass dieser Mann, so intelligent er auch sein mochte, eine verzerrte Sicht der Realität haben musste. Da war er Professor in einem der landesweit besten Studienprogramme, in dem es ja zumindest ein paar kluge Studenten geben musste, und benahm sich, als wären alle um ihn herum nur dumm. Anscheinend, so spekulierte ich, begriff er gar nicht, dass er selbst dieses Meer der Dummheit erschaffen hatte, um sich selbst unangefochten im Licht seines Intellekts sonnen zu können.

Ein etwas subtileres Beispiel ist ein Patient, dessen narzisstische Blindheit sich erst nach ein paar Jahren Therapie zeigte. Er hatte direkt nach dem Jurastudium eine Frau geheiratet, die ihm damals ideal erschien; sie war schön, fleißig, stabil und vergötterte ihn. Tatsächlich schuf sie ihm ein Bilderbuchheim. Zuerst gefiel ihm die Mischung aus Yuppie-Schick und rustikaler Behaglichkeit – die Vorhänge, die Tischarrangements, die Blumen, die Bettwäsche. Aber nach einer Weile bekam er das Gefühl, dass es keinen Platz gab, wo er auch einmal die Füße hochlegen, seine Kleider oder eine Zeitung herumliegen lassen konnte. Auch sexuell fühlte er sich eingeengt und gelangweilt – alles war einfach zu hübsch und ordentlich.

So begann er nach etwa drei Jahren Ehe eine sehr aufregende außereheliche Affäre. Aber da er im Grunde ein ehrlicher Typ war, hatte er ein schrecklich schlechtes Gewissen und beichtete seiner Frau die Sache schließlich, in der festen Absicht, die Affäre zu beenden. Doch seine Frau wollte davon nichts hören, sondern schickte ihn weg. Also zog er zu seiner Geliebten, die ein völlig anderer Typ als seine Frau zu sein schien und mit der er eine völlig andere Beziehung zu haben glaubte: Sie war Malerin, lebte in Downtown Manhattan und führte ein Leben für Kunst und Romantik. Ihr Loft im East Village war unkonventionell eingerichtet, mit riesigen, vage zweideutigen Aktgemälden an den Wänden. In ihrer Beziehung zu dem Patienten war sie kapriziös, herausfordernd und besitzergreifend. Und sie führte ihn in sexuelle Freuden ein, die er nie für möglich gehalten hätte.

Aber schließlich machte der Patient mit ihr Schluss, weil er das emotionale Auf und Ab nicht ertragen konnte. Nachdem er sich auch von seiner Frau hatte scheiden lassen, kamen er und ich zu dem Schluss, dass die beiden Frauen, die er liebte, in einem wichtigen Punkt sehr ähnlich waren. Die Ehefrau hatte ein bestimmtes Bild von der Ehe, das sich um ihre Vision des perfekten Heims rankte, eine ästhetische Idee, keine komplexe, unvollkommene Realität. Die Geliebte hatte ebenfalls eine bestimmte Vorstellung von einer Beziehung, die auf der Ästhetik von Sinnlichkeit und Leidenschaft basierte und dazu auf der Vorstellung von der Überlegenheit der Kunst. So existierten beide Frauen in der Welt der Bilder und Ideen, nicht der Realität. Beide Frauen waren gleichermaßen blind für die emotionalen Bedürfnisse des Mannes, besonders wenn diese ihrer eigenen idealisierten Welt widersprachen. Kurz gesagt waren sie beide sehr narzisstisch veranlagt und unfähig, mit dem Patienten zu fühlen.

Aber warum hatte der Patient das nicht erkannt, als er sich mit ihnen einließ? In der Therapie beschäftigten wir uns eine ganze Weile mit dieser Frage, aber die Antwort kam von selbst, als der Patient, nachdem er sich von beiden getrennt hatte, beschloss, sich eine Weile nicht mehr zu verabreden. Weil er keine Frau hatte, fühlte er sich schlecht und als Ablenkung kaufte er sich einen Sportwagen. Wenn er jetzt in dem Auto durch die Stadt fuhr, kam er sich dermaßen cool vor, dass er sich gleich noch einen kaufte. Bald hatte er seine Probleme mit Frauen ganz vergessen und war stolzer Eigentümer von sechs klassischen Sportwagen. Er liebte diese Autos wirklich und zeigte mir mit großer Begeisterung Fotos von ihnen – als wären sie seine Kinder oder eher seine Freundinnen.

Sobald ihm klar wurde, dass die Autos ein Ersatz für die Frauen waren, die er geliebt und von denen er sich getrennt hatte, begriff er, warum er deren Narzissmus nicht früher bemerkt hatte. Obgleich er spürte, dass er die Frauen geliebt hatte, war sein Interesse an ihnen schon etwas anderes als sein Interesse an den Autos. Seine Frau verkörperte ein Idealbild des behaglichen Heims, seine Geliebte ein Idealbild des Sex. Die Sportwagen waren vermutlich ein bisschen von beidem. Für den Patienten spielte das Image also eine ebenso große Rolle wie für die Frauen, und das auch noch aus demselben Grund: Um die Unvollkommenheit der Welt zu leugnen – alles in dem Bemühen, das eigene Selbstwertgefühl aufzubessern. Kurz gesagt, er hatte den Narzissmus der Frauen nicht erkannt, weil er selbst ein Narzisst war.

Rückblickend hätte mir die Selbstbezogenheit des Mannes von Anfang an offensichtlich sein müssen, nur war er so charmant und freundlich, dass ich erst viel später darauf kam. Bei vielen Männern jedoch ist die Selbstbezogenheit schwer zu erkennen, auch wenn sie nicht mit einem Übermaß an Charme gesegnet sind. Dabei muss ich an einen Patienten denken, der Seniorpartner in einer Buchhaltungsfirma war und wirklich eher über einen spröden Charme verfügte. Unter dieser herben Oberfläche jedoch wurde er von heftigen Gefühlen zerrissen: Er war seit zwanzig Jahren verheiratet und Vater von drei Teenagern und jetzt kam er zur Therapie, weil er sich Hals über Kopf in eine junge Frau in seinem Büro verliebt hatte.

Genau genommen ist «verliebt» nicht ganz die richtige Beschreibung. Er war von dieser Frau so besessen, dass er in den Therapiesitzungen von nichts anderem sprechen konnte. «Wohlgemerkt, zwischen uns ist nichts passiert», sagte er. «Aber wir tauschen so zärtliche und intensive Blicke, dass ich spüre, wenn sie ins Zimmer kommt, ohne hinzuschauen. Die ganze Zeit denke ich an sie und habe Fantasien über sie. Ich kann einfach nicht anders. Meine Frau fragt dauernd, was mit mir los ist – natürlich verrate ich es ihr nicht. Und auch bei der Arbeit sitze ich vor meinem Computer und träume stundenlang vor mich hin – buchstäblich. Ich glaube, allmählich fällt es meinen Kollegen auf, dass ich nicht richtig funktioniere. Nur wenn sie in der Nähe ist, werde ich lebendig – bei ihr fühle ich mich so lebendig, als wäre ich seit Jahren tot gewesen. Natürlich ist sie auch noch sehr, sehr hübsch.»

Anfangs konnte ich diesem Mann überhaupt nicht helfen, weil er sich für nichts anderes interessierte als für seine Obsession – er ließ sich abwechselnd darüber aus, wie leidenschaftlich er diesen Zustand genoss und wie dringend nötig es war, dem umgehend ein Ende zu bereiten. Anfangs machte ich das Spiel mit, weil ich verstehen wollte, was dieser Mensch erlebte. Aber nach ein paar Sitzungen wurde mir klar, dass ich, genau wie er selbst, von seiner Leidenschaft gekidnappt worden war. Wenn ich nichts über den Rest seines Lebens wusste – wer er war und welche psychischen Ressourcen er besaß –, wie sollte ich ihm dann helfen, seine «Liebe» zu bekämpfen?

Also begann ich ihn Schritt für Schritt in eine andere Richtung zu steuern. Er erzählte mir, dass er vor kurzem ein bisschen Stress gehabt hatte – nichts Dramatisches. Zu Hause hatte sein ältester Sohn gerade den Bescheid über seine College-Bewerbungen bekommen. Alle Colleges erster Wahl hatten ihn abgelehnt, stattdessen hatte ihn sein «Sicherheitshaken» angenommen, ein State College, das zwar ganz in Ordnung, aber kein bisschen aufregend war. Der jüngere Sohn, im zweiten Jahr des Grundstudiums, bekam nur durchschnittliche Noten und überlegte, ob er überhaupt aufs College gehen sollte. Bei der Arbeit wurde die Abteilung des Patienten von Managementberatern wegen eventueller Produktivitätsverbesserungen überprüft. Zwar gab es keinen Grund zu der Annahme, dass es größere Probleme gab, aber obwohl seine leitende Position ohnehin sicher war, machte er sich Sorgen, dass die Überprüfung etwas Negatives ans Tageslicht fördern könnte.

Doch dieser Stress erschien relativ unbedeutend und genügte ganz bestimmt nicht als Auslöser für seine Besessenheit. Trotzdem stellte ich die Hypothese auf, es könnte sich um etwas Ernstes handeln, zumindest in der Hinsicht, dass das Selbstwertgefühl des Patienten auf dem Spiel stand. Beruflich gesehen würde es natürlich auf ihn zurückschlagen, wenn es an der Leistung seiner Abteilung etwas auszusetzen gab. Die gleiche Logik wandte ich auch auf das Privatleben des Patienten an und stellte hier die Hypothese auf, dass er auch das akademische «Versagen» seiner Kinder auf sich selbst bezog. Vielleicht hatte er das Gefühl, dass er nichts taugte, dass er ein Versager war. Aber war dieses Gefühl so stark, dass er sich deshalb in eine Besessenheit stürzte, die sowohl seine Ehe als auch seinen Arbeitsplatz bedrohte? Das schien mir eher unwahrscheinlich. Aber nur bis er mir mehr über die Frau erzählte, von der er so besessen war, und über sich selbst.

Ihre «Beziehung» war entstanden, als man ihn mit ihrer Ausbildung betraut hatte. Er war ihr Mentor und brachte ihr ziemlich komplizierte Dinge bei. Einmal ermutigte er sie, eine Präsentation für die Partner zu machen. Zwar äußerte sie zunächst Bedenken, aber dann versuchte sie es trotzdem und machte ihre Sache sogar sehr gut. Nach der Präsentation begann sie, ehrfürchtig und bewundernd zu ihm aufzublicken. «Es war, als hätte ich ihr meine Fähigkeiten übertragen», erklärte er mir. «Ich sorgte dafür, dass sie groß rauskam, und sie gab mir das Gefühl, dass ich der Tollste war.» Dies bestätigte meine Hypothese, dass die Besessenheit meines Patienten als Methode diente, sein rissig gewordenes Selbstwertgefühl aufzupäppeln. Aber warum war er überhaupt gegenüber verhältnismäßig geringen Bedrohungen seines Selbstgefühls so verwundbar? Dies wurde deutlich, als er mir von seiner Familie zu erzählen begann.

Seine Eltern waren beide Einwanderer und in vieler Hinsicht typisch für ihre Generation: hart arbeitende, strenge Menschen, die große Erwartungen an ihre Kinder stellten, vor allem, was akademische Leistungen anging. Als der Patient elf Jahre alt war, entwickelte sein älterer Bruder eine Software, die später beim Aufkommen des Kabelfernsehens eine bedeutende Rolle spielte. Die Eltern suchten überall nach einem Investor und setzten den Bruder und die ganze Familie einem beträchtlichen Medienrummel aus. Dann stürzten sie sich mit voller Kraft auf die College-Karriere des älteren Sohns. Als der Bruder schließlich auf dem College war – in Stanford –, beschlossen sie, mit ihm ein Unternehmen in Kalifornien zu gründen. Überzeugt, dass dies ihr Ticket zum amerikanischen Traum sein würde, ließen sie sich ihren Pensionsfonds auszahlen, zogen mit der ganzen Familie nach Kalifornien und investierten alles, was sie hatten, in das Unternehmen. Und als wäre das noch nicht Grund genug, dass sich mein Patient vernachlässigt fühlte und neidisch wurde, lernte sein Bruder auf dem College eine Schauspielerin, ein ehemaliges Teenie-Idol, kennen und heiratete sie.

Diese Geschichte erklärte (1), warum der Patient ein geringes Selbstwertgefühl hatte – im Vergleich zu seinem Bruder fühlte er sich von seinen Eltern nie genügend anerkannt; (2), warum akademische und berufliche Leistung für ihn so heikle Themen waren – gleiche Begründung wie oben; (3), warum es für ihn so schwerwiegend war, dass sein Sohn es nicht auf ein besseres College geschafft hatte – dieses «Versagen» erinnerte ihn an eine sehr schmerzliche Zeit, in der er sich von seinen Eltern im Stich gelassen fühlte, weil sie nichts anderes mehr im Sinn hatten, als seinen brillanten Bruder zu fördern; und (4), warum es für ihn die beste Methode zur Stärkung seines Selbstwertgefühls war, ein hübsches Mädchen zu begehren – ein unbewusster Versuch, mit seinem bewunderten Bruder in Konkurrenz zu treten oder zu werden wie er.

Diese Geschichte zeigt auch, dass Narzissmus sich selbst erzeugt. Weil die Eltern spüren, dass ihr Sohn ihre beste Chance ist, ihr geringes Selbstwertgefühl aufzubessern, fordern und erwarten sie von ihm Spitzenleistungen. Das Kind, das sich nicht akzeptiert fühlt, unterdrückt dieses Gefühl und versucht es seinen Eltern recht zu machen. Aber unbewusste Gefühle mangelnden Selbstwerts bleiben bestehen, und als Erwachsener versuchte mein Patient, sie zu heilen, indem er einen neuen narzisstischen Zirkel mit seinem eigenen Kind begann. Dieser Kreislauf macht uns auch das Markenzeichen des Narzissmus deutlich: Seine Freuden und Leiden werden stets stellvertretend empfunden. Im Fall meines Patienten lebten die Eltern stellvertretend durch ihre Kinder. Und mein Patient machte es ihnen nach, indem auch er stellvertretend lebte – durch seine Kinder, durch seinen Arbeitsplatz und selbst durch die junge Frau, von der er besessen war. Weil *sie* schön und jung war, fühlte *er* sich lebendig. Weil *sie* ihn bewunderte, fühlte *er* sich gut. So gut sogar, dass er sie nicht verlieren wollte – nicht körperlich und vor allem nicht als Präsenz in seiner Vorstellung. Daher rührte seine Besessenheit.

Natürlich besitzt der Narzissmus auch eine kulturelle Komponente. Im Fall meines Patienten hat sie wahrscheinlich etwas mit der bei Einwanderern oft besonders hartnäckigen Verfolgung des amerikanischen Traums zu tun. Ich vermute stark, dass sich viele Einwandererkinder mit der Geschichte meines Patienten oder mit der seines Bruders identifizieren können. Oder sogar mit beiden, denn die eine Geschichte ist ja nur die Umkehrung der anderen. Natürlich betonen die Ziele der Einwanderer letztlich nur die Werte der Gesellschaft, an die sie sich zu assimilieren versuchen, und tatsächlich kann die Verfolgung des amerikanischen Traums an sich schon ein narzisstisches Unterfangen sein – man strebt nach externen Zeichen des Erfolgs, um sein inneres Selbstwertgefühl zu stärken.

Es ist schon viel gesagt worden über die Beeinträchtigungen, unter denen vor allem die Frauen durch den Narzissmus unserer Gesellschaft leiden – beispielsweise dass körperliche Attraktivität anhand irgendwelcher Models definiert wird, obwohl Frauen wissen, dass sie zum Objekt gemacht werden und häufig zu Essstörungen neigen. Über die Konsequenzen für Männer ist bisher weniger gesagt worden. Offensichtlich geht es bei dem kulturellen Druck auf Männer weniger um die körperliche Erscheinung als um die Aura des Erfolgs. Obgleich der Stil oder die Art des Drucks auf Männer zwischen den verschiedenen Subkulturen oder manchmal schon regional wechseln kann, ist die Botschaft stets die gleiche. Meist ist der Vater der Überbringer dieser Botschaft. In New York beispielsweise ist der halsabschneiderische Stil des Investmentbankings maßgeblich; hier stellt der Vater das Gesetz auf: «Du solltest lieber zusehen, dass du überall Einsen kriegst, wenn du im Leben was erreichen willst.» (*Wenn du möchtest, dass ich dich respektiere, du fauler Hund* – so klingt das in den Ohren des Kindes.) In Hollywood ist es eher eine freundliche, verschwommene Botschaft in der Art von : «Du bist so toll, du hast bestimmt keine Probleme, Einsen zu bekommen.» (*Wenn ich das nicht schaffe, bin ich bestimmt nicht mehr toll*, denkt das Kind.)

In den letzten Jahrzehnten wurde der zweite Ansatz in vielen Bereichen sehr populär, von Trainingsseminaren für Manager bis zu Ratgebern zur Kindererziehung. Doch nach meiner Erfahrung kann «positives Feedback» oder Loben bei Kindern – und in geringerem Ausmaß auch bei Erwachsenen – genauso verheerende, wenn nicht noch verheerendere, Auswirkungen haben wie negatives Feedback. Für ein Kind enthält beides gleichermaßen eine Beurteilung und macht ihm klar, dass es beobachtet und bewertet wird, dass seine Leistung wichtig ist für den *Elternteil* (nicht nur für es selbst) und dass sein Wert von seiner Leistungsfähigkeit abhängt.

Während der Wall-Street-Ansatz direkt ist und das Kind wenigstens weiß, was von ihm erwartet wird, steckt im Hollywood-Ansatz wesentlich mehr Manipulation – das Kind hört das Wort Liebe, fühlt aber, dass es dafür eine Bedingung gibt. Und es hat nicht einmal die Chance, wütend oder ängstlich zu reagieren – es fühlt sich nur zu Höchstleistungen getrieben. Schert sich Barbara Walters um die Gefühle der von ihr Interviewten, wenn sie einfühlsam und liebevoll darum bittet, dass ihre Gäste doch bitte ihre Seele im nationalen Fernsehen entblößen mögen, oder geht es ihr mehr darum, eine möglichst dramatische und rührende Darbietung für ihre Zuschauer zu bekommen? Wahrscheinlich spielt beides eine Rolle, aber was ist die Hauptsache?[8]

Natürlich wird der Erfolgsdruck – eine unglückliche Komponente vieler Vater-Sohn-Beziehungen – im Wandel der Zeiten auch zwischen Vätern und Töchtern immer häufiger. Dennoch ist die uralte Dynamik zwischen Abraham und Isaak – dem Vater, der bereit ist, seinen Sohn auf dem Altar einer Idee, Erwartung oder Prüfung zu opfern – immer noch eine vornehmlich männliche Angelegenheit. Ob es uns gefällt oder nicht, ist es bis heute weniger wahrscheinlich, dass ein Mädchen den Preis für irgendeine hochfliegende Besessenheit ihres Vaters bezahlen muss (beziehungsweise deren Lohn einheimsen kann). An einer anderen Stelle der Bibel wird diese Dynamik zwischen Vater und Sohn vom Propheten Jeremia thematisiert, der sagt: «Die Väter haben saure Trauben gegessen und den Kindern sind die Zähne stumpf geworden.»[9]

In der Psychologie wie im richtigen Leben hat der Narzissmus einen eher schlechten Ruf. Doch viele einflussreiche Analytiker haben seinen positiven Beitrag hervorgehoben – beispielsweise in Jobs, in denen man sich stark produzieren und zur Schau stellen muss. Der Psychoanalytiker Heinz Kohut stellte eine ganze Theorie darüber auf, wie sich der Narzissmus in jedem Menschen von der frühen Kindheit an entwickelt. Die natürliche Folgerung hieraus – mit der ich voll übereinstimme – lautet, dass Selbstbezogenheit nur dann krankhaft ist, wenn sie ins Extrem umschlägt. Eine gesunde Dosis Selbstliebe – durchaus auch als Abwehr gegen unbewussten Selbsthass – ist insofern gut, als sie uns motiviert, für uns selbst zu sorgen, und uns inspiriert, uns bei dem, was wir tun, nach Kräften zu bemühen.

Natürlich bleibt immer noch die Preisfrage: Wo ist die Grenze zwischen gesundem und übertriebenem Narzissmus? Sicher, sie ist schwer feststellbar, aber ich glaube, wir merken es, wenn wir – oder andere – sie überschreiten. Als generelles Prinzip hält uns unser Narzissmus fit, solange unsere Erwartungen an uns oder andere – einschließlich unserer Kinder – nur leicht über unserem oder ihrem Potential liegen. Aber wenn unsere Erwartungen unser Potential deutlich überschreiten, besteht die Gefahr, dass wir anderen und uns unproduktive Schmerzen bereiten. Liegen unsere Erwartungen weit unter unserem Potential, tun wir uns und anderen auch keinen Gefallen. Die andere Richtlinie ist natürlich, dass unsere Fähigkeit zu lieben möglichst unabhängig von Leistungserwartungen sein sollte.

Spitze Ohren oder das Syndrom des fiesen Chefs

Man kann die Selbstbezogenheit der Männer folgendermaßen betrachten: Im Berufsleben ist sie ein Vorteil, zu Hause oder in intimen Beziehungen jedoch eine Gefahr. Dahinter steckt die ganz logische Erklärung, dass es bei der Arbeit immer eine positive Taktik ist, gut auszusehen, denn der Anschein von Selbstvertrauen ruft bei anderen ebenfalls Vertrauen hervor. Tatsächlich haben viele beruflich erfolgreiche Menschen genau diese überschwängliche, extrovertierte, selbstsichere und selbstbezogene Persönlichkeit. Im Bereich zwischenmenschlicher Beziehungen jedoch muss man sich nicht nur für andere interessieren, sondern die eigenen Schutzmechanismen herunterfahren und Gefühle wie Selbstzweifel, Unsicherheit und Angst vor Zurückweisung offenbaren. Der selbstbezogene Mann ist womöglich zu sehr damit beschäftigt, solche Gefühle aus dem Bewusstsein zu verbannen und einen guten Eindruck zu machen, als dass er sich auf diese Weise öffnen könnte. Außerdem bemüht er sich vielleicht auch noch zu intensiv um das gute Image der ihm wichtigen Mitmenschen – da dies ja auf ihn zurückstrahlt –, um zulassen zu können, dass sie sich zu ihren eigenen Unzulänglichkeiten bekennen.

Sicher ist etwas Wahres an dieser Hypothese, aber letztlich kann man die Psyche eines Mannes nicht in eine Arbeitsmaschine und einen Liebhaber aufspalten. Ein Mann, der mit seiner Frau oder seiner Freundin Frust hat, wird davon auch in seiner Arbeit beeinflusst – und umgekehrt. Also ist die Selbstbezogenheit auch am Arbeitsplatz ein echtes Problem. Typischerweise sucht der Betreffende das Problem zuerst bei allen anderen in seiner Umgebung – bis jemand ihn zur Beratung oder Therapie schickt, was heutzutage glücklicherweise nicht mehr nur in Ausnahmefällen geschieht.

Mark, ein solcher Patient, Mitte dreißig, war Systemmanager in einem Pharmazieunternehmen. Er wurde zu mir vom Personalchef überwiesen, weil drei seiner Untergebenen sich beklagt hatten, von ihm beschimpft worden zu sein. Als ich mich bei dem Patienten nach diesen Vorfällen erkundigte, stellte sich heraus, dass alle drei Frauen waren. Außerdem zeigte sich, dass er von allen drei Frauen das Gefühl hatte, sie «hörten» nicht auf ihn, «kapierten nichts» und «hätten keine Ahnung von ihrem Job». In seinem Bericht räumte der Patient ein, tatsächlich ausfallend geworden zu sein, bestand aber darauf, dass die «blinde Inkompetenz dieser Frauen» ihn «wahnsinnig provoziert» hätte. Und er leugnete, dass sein Verhalten irgendetwas mit dem Geschlecht der Betreffenden zu tun hatte, obwohl er sich später darüber beklagte, dass er Angst «vor irgendwelchen rechtlichen Folgen hinsichtlich sexueller Belästigung» hatte.

In der ersten Sitzung fiel mir auf, dass Mark mich ungewöhnlich scharf fixierte. Er schien die ganze Zeit über Augenkontakt zu halten, als wollte er meine Augenbewegungen überwachen oder kontrollieren. Nach einer Weile fühlte ich mich so unbehaglich, dass ich ihn darauf ansprach. «Wissen Sie», sagte ich, «es fällt mir schwer, es zu benennen, aber irgendwas an der Art, wie Sie mich ansehen, kommt mir angespannt oder nervös vor. Können Sie sich vorstellen, was ich meine?» Einen Sekundenbruchteil lang wirkte Mark, als hätte ihn meine Frage vor den Kopf gestoßen oder zumindest auf dem falschen Fuß erwischt. Aber dann fand eine seltsame Verwandlung statt: Er lehnte sich auf der Couch zurück und entspannte nicht nur seinen Blick, sondern seinen ganzen Körper. Dann nahm er wieder die ursprüngliche Haltung an und der bohrende Blick kehrte zurück. «So bin ich immer», antwortete er, «fast immer jedenfalls. Und ich weiß ganz genau, was Sie meinen!»

Hier legte er eine Pause ein, fixierte mich noch intensiver und fügte hinzu: «Ich glaube, das hat etwas mit meinem Ohr zu tun.»

«Mit Ihrem Ohr?», wiederholte ich und merkte plötzlich, dass ich gegen einen starken Drang ankämpfte, meinen Blick von seinen Augen abzuwenden und seine Ohren zu betrachten. «Mein rechtes Ohr», sagte er, drehte den Kopf zur Seite und zeigte es mir kurz. Es ging zu schnell, als dass ich mir das Ohr richtig hätte ansehen können, und es vergrößerte meine Neugier, aber auch seine raubvogelhaften Bemühungen, meinen Blick zu kontrollieren. Immerhin erkannte ich, dass das Ohr irgendwie missgebildet war – es war spitz und schrumpelig.

«Wissen Sie, ich wurde mit einem deformierten Ohr geboren – aufgrund einer sehr seltenen genetischen Abweichung. Meine gesamte Kindheit hindurch hat meine Mutter mich von einem Arzt zum nächsten geschleppt. Zwischen sechs und elf hatte ich eine endlose Reihe von Schönheitsoperationen, die alles nur noch schlimmer machten. Außerdem musste ich wochenlang diese Gazeverbände um Ohr und Kopf tragen und hatte immer das Gefühl, dass mich alle anstarrten! Vermutlich habe ich mir deshalb im Lauf der Jahre das Starren angewöhnt. Ich wollte die Leute daran hindern, mich anzusehen – beziehungsweise mein Ohr. Es ist so eine Art Versteckspiel.

Na, egal. Ich weiß gar nicht, wie wir auf dieses Thema gekommen sind, außer dass Sie mich danach gefragt haben. Aber ich bin nicht sicher, ob das irgendwas mit dem zu tun hat, was bei der Arbeit passiert.»

«Vielleicht hat es was damit zu tun, vielleicht auch nicht», sagte ich. «Waren Ihre Eltern eine Hilfe, als Sie klein waren und mit dem Ohrproblem zurechtkommen mussten?»

«Meine Eltern haben sich getrennt, als ich ungefähr fünf war, und mein Vater lebte irgendwie in seiner eigenen Welt – ich hab ihn danach kaum noch gesehen. Meine Mutter hat mir immer erzählt, dass ich wunderbar aussehe, dass mein Ohr absolut normal wirke und dass es nach der nächsten Operation noch besser werden würde. Aber sie war sehr emotional. Ständig sah sie mich an und weinte dabei und ich dachte: ‹Verdammt noch mal, hör endlich auf mit diesem Drama!› Natürlich sagte ich ihr das nicht direkt. Ich glaube, ich habe ihr auch nie erzählt, dass die Kinder mich dauernd anglotzten und so – Gott, *sie* hat mich immer angestarrt, als täte es *ihr* weh! Wir haben uns grässlich gestritten und am Ende fing sie immer an zu heulen. Also, um Ihre Frage zu beantworten, nein, mein Vater war ganz nett, aber nutzlos – und meine Mutter half auch nicht viel, sie war ja selbst völlig durch den Wind. Sie war absolut inkompetent! Und so beschissen kontrollierend – immer hatte sie Recht und alles musste nach ihrer Nase gehen.»

Inzwischen hatte sich Mark in eine richtige Wut hineingesteigert und schien noch mehr auf Lager zu haben. Aber plötzlich hielt er inne und seufzte. «Ich dachte, ich hätte die Wut auf meine Mutter seit Jahren hinter mir gelassen, aber anscheinend habe ich mich geirrt. Sie reizt mich immer noch bis aufs Blut, die alte Lady – dabei dachte ich, ich hätte mich damit abgefunden. Anscheinend nicht.»

An dieser Stelle erzählte ich dem Patienten den Witz mit den beiden Psychoanalytikern, die sich zum Lunch treffen. «Ich hab neulich mit meiner Mutter zu Abend gegessen», sagt ein Analytiker zum anderen. «Dabei ist mir ein schrecklicher Versprecher unterlaufen. Ich wollte meine Mutter bitten, mir das Salz zu geben, aber stattdessen habe ich gesagt: ‹Du elendes Miststück, du hast mein Leben ruiniert!›» Wie dieser Witz unschwer erkennen lässt, bekommen Mütter in der psychoanalytischen Theorie oft den schwarzen Peter zugeschoben. Doch die Mutter-Kind-Beziehung ist natürlich wirklich ein sehr mächtiger Einfluss und für meinen Patienten galt das in besonderem Maße, da der Vater abwesend war. Das Traurige ist, dass diese Mutter es offensichtlich sehr gut meinte: Sie versuchte, das Ohr ihres Sohnes herrichten zu lassen, sie versicherte ihm, es sähe gut aus. Sie trieb nur das auf die Spitze, womit alle Eltern ihren Kindern schaden – sie versuchte ihn vor Leid zu bewahren.

Letztlich tat sie das nicht, um ihn, sondern um sich selbst zu schützen – wie alle Eltern das in gewissem Maße tun. Offensichtlich ertrug sie den Schmerz nicht, dass sie ein körperlich unvollkommenes Kind hatte. In dieser Hinsicht lag ihr Fehler darin, dass sie ihren Sohn nicht *sah* – sie achtete immer nur auf sein verformtes Ohr. Deshalb vermittelte sie ihm nicht das Gefühl, dass sein Ohr ein bisschen und letztlich belanglos anders war – eine Wahrnehmung, die er sich ja auch hätte zu eigen machen können –, sondern dass er als Mensch deformiert war, was nun unglücklicherweise zu seiner psychischen Wahrheit wurde.

Nachdem ich dies mit Mark analysiert hatte, wurde sofort augenfällig, warum ihn «blinde Inkompetenz» seitens weiblicher Untergebener auf die Palme brachte. In seinen eigenen Worten: «Es war dieser weibliche Modus Operandi, der mir von Anfang an das Gefühl gab, ich wäre der Elefantenmensch.» Natürlich bestand die eigene «blinde Inkompetenz» des Patienten – die immer im Zentrum der männlichen Selbstbezogenheit liegt – darin, dass er diese Frauen nicht als das sah, was sie waren, nämlich Menschen mit ihren eigenen Grenzen und Unvollkommenheiten. Genau wie die Mutter den Schmerz über das deformierte Ohr nicht ertragen konnte, konnte er die Gefühle nicht ertragen, die bei ihm entstanden, wenn seine Untergebenen einen Fehler machten. Und genau wie er sich wegen seiner Mutter schlecht fühlte, brachte er seine Untergebenen dazu, sich schlecht zu fühlen, indem er sein beschädigtes Selbstgefühl auf ihre Unvollkommenheit projizierte.

Das Ohr des Patienten, das diese Dynamik in Gang setzte, wird mir immer im Gedächtnis bleiben und mir stets vor Augen führen, wie die narzisstische Selbstliebe genau das Gegenteil dessen erreicht, was sie erreichen will. Hätte der Patient nicht versucht, sein Image zu kontrollieren, indem er meinen Blick kontrollierte, hätte ich wahrscheinlich seinem verformten Ohr nicht mehr als beiläufige Aufmerksamkeit geschenkt. Aber er war so mit seinem Ohr beschäftigt, dass er mich praktisch dazu zwang, mich darauf zu konzentrieren – oder mich darauf zu konzentrieren, mich nicht darauf zu konzentrieren, was natürlich auf das Gleiche hinausläuft. Vermutlich kennen wir alle vergleichbare Erlebnisse mit anderen Leuten, beispielsweise mit Männern, die die Aufmerksamkeit auf ihre unzulängliche Körpergröße lenken (würde der Betreffende diese nicht thematisieren, würden Sie vielleicht gar nicht merken, dass er klein ist) oder auf ihren unvollkommenen Haarwuchs (würden sie keinen selbstironischen Witz reißen, würde keiner merken, dass die Haare schütter werden).

Man könnte sagen, dass die Mutter des Patienten ihn mit zu viel Mitgefühl überschüttete – sie identifizierte sich vollständig mit dem Schmerz über den deformierten Körperteil. Auch die umgekehrte mütterliche Reaktion kann man sich leicht vorstellen, das heißt, zu wenig Mitgefühl und Blindheit für die Gefühle des Kindes («Mit deinem Ohr ist überhaupt nichts los und ich möchte nichts mehr davon hören»). In Wahrheit fehlt es beiden Reaktionen gleichermaßen an Mitgefühl – die Mutter des Patienten konnte sein Bedürfnis nicht nachvollziehen, sich okay zu fühlen, obwohl sein Ohr nicht ganz okay war. Im Extremfall können beide Arten mangelnder Empathie – die Gefühle des Kinds zu ignorieren oder ihnen übermäßig nachzugeben – eine narzisstische Entwicklung fördern. Wenn ein Kind spürt, dass seine Emotionen nicht wahrgenommen werden, hat es das Gefühl, dass es unwichtig ist. Da dieser Gedanke aber zu schmerzlich ist, zieht es sich in Fantasien über seine Besonderheit zurück, die oft pompös und rachsüchtig sind. Umgekehrt gibt es, wenn das Kind spürt, dass seine Emotionen immer wahrgenommen werden und immer darauf reagiert wird, wenig Grund, die natürliche egozentrische Einstellung aufzugeben, dass es der Nabel der Welt ist.

Fairerweise muss ich noch anmerken, dass mein Patient mit dem spitzen Ohr gar nicht so narzisstisch war – eigentlich war er ein bescheidener, fürsorglicher Mensch. Auch wurde er durchaus nicht ständig seinen Untergebenen gegenüber ausfällig, vielmehr hielten ihn alle für einen angenehmen Boss, und er reagierte extrem positiv auf unsere kurze therapeutische Beziehung. Er übernahm die Verantwortung für sein Verhalten und soweit ich weiß, gab es keine weiteren Vorfälle dieser Art. Dennoch zeigt diese Geschichte die zentrale Dynamik eines meiner Meinung nach in der amerikanischen Geschäftswelt weit verbreiteten Phänomens, das ich für mich das «Syndrom des fiesen Chefs» genannt habe.

Im Lauf der Jahre hatte ich mit einigen dieser «fiesen Chefs» zu tun. Aber ich habe auch ihre «Opfer» gesehen, die es immer hilfreich finden, die Psychologie ihres Chefs zu verstehen. Ein solcher Patient war ein junger Mann, der gerade sein Studium abgeschlossen hatte und für eine «heiße» Multimedia-Internet-Firma in New Yorks Silicon Alley arbeitete. Anfangs lief alles sehr gut, weil er instinktiv dafür sorgte, dass sein Boss sich wie ein Genie fühlte. Aber nach einer Weile funktionierte die Strategie nicht mehr, weil er sich nicht um sein eigenes Image kümmerte, sodass seine Bewunderung für den Chef von diesem als Eingeständnis von Schwäche ausgelegt wurde. Und tatsächlich begann das Geschimpfe eines Tages, als der Patient nervös zugab, etwas nicht zu wissen – wahrscheinlich hätte er es wissen können, aber letztlich war es absolut bedeutungslos. Der Chef machte einen fiesen, herablassenden Witz, sozusagen als Eröffnungssalve in einem sadomasochistischen Zyklus, von dem der Patient nicht wusste, wie er ihn stoppen sollte. Schon bald war sein ganzes Leben in Mitleidenschaft gezogen.

Interessanterweise hätte der Patient seinen Job ohne weiteres hinschmeißen können. Er hatte ein bisschen Geld auf die hohe Kante gelegt und besaß eine Reihe begehrter technologischer Fähigkeiten, die ihm praktisch innerhalb eines Tages einen neuen Job verschafft hätten. Aber er war kein «Drückeberger» und fest entschlossen, die Situation mit seinem Chef zu begreifen und zu meistern. So entwickelten er und ich gemeinsam eine Reihe von diagnostischen Fragen und Möglichkeiten, mit denen er an dem Problem arbeiten konnte.

Zunächst muss man ausschließen, dass der Chef sich aus anderen Gründen so fies benimmt. Obwohl sie sich im Zusammenspiel mit Selbstbezogenheit nicht gegenseitig ausschließen, können verschiedene psychologische oder verhaltensmäßige Faktoren am Werk sein, wie etwa Störungen der Impulskontrolle, «Launen», Alkoholismus und Selbstzerstörung. Aber in Abwesenheit solcher Indikatoren und wenn der Boss ein zielbewusster, leistungsorientierter Mann ist, der von anderen ebenso viel verlangt wie von sich selbst, wenn er selbstbewusst bis an die Grenze zur Arroganz wirkt, wenn er Macht, Intelligenz oder Schönheit bewundert, dann bestehen gute Chancen, dass man es mit einem selbstbezogenen Mann zu tun hat, der sich an einer vermeintlichen Schwäche eines Untergebenen festhält und sein eigenes passives, selbstzweifelndes, leistungsresistentes Selbst auf jemand anderes projiziert, damit er selbst es nicht zu erleben braucht.

Ist all dies der Fall, betreffen die übrig gebliebenen diagnostischen Fragen mehr Sie selbst als den Chef. Sind Sie in der Lage, zu jemandem aufzuschauen, ohne übermäßig ehrfürchtig zu werden, beispielsweise: «Sie sind toll, aber ich bin auch toll»? Falls nicht, sollten Sie sich wahrscheinlich nach einem anderen Job umsehen. Mit einem solchen Chef verhält es sich so ähnlich wie mit dem Knaben, der die ganze Gegend tyrannisiert und besonders die Kinder ins Visier nimmt, von denen er eine Reaktion bekommt. Wenn Sie dem Boss etwas über Ihre Gefühle mitteilen (zum Beispiel «Es ist mir unangenehm, wenn . . .» oder «Es macht mich unsicher, wenn Sie . . .»), weiß er, dass Ihnen etwas wehtut, aber das ist schlecht, weil er damit auch weiß, dass er Sie benutzen kann, um sich selbst besser zu fühlen. Wenn Sie zu verschüchtert sind, um überhaupt etwas zu sagen – immerhin ist er der Boss –, ist das auch nicht gut, denn er spürt sofort Ihre Verletzlichkeit und hat Sie abermals in der Hand. Selbst wenn Sie so tun, als würden Sie ihn ignorieren, nützt das nichts, denn er durchschaut Sie garantiert und weiß, dass Sie ihm etwas vorspielen.

Aber wenn Sie erkennen, dass die Unsicherheit, die Sie im Verhältnis zu Ihrem Chef spüren, eine Einlagerung von ihm ist, das heißt, dass die Schimpferei dazu da ist, dass Sie das fühlen, was er in seinem Innern fühlt, dann können Sie ihm diese Einlagerung prompt zurückgeben. Natürlich führt das oft zu einer Konfrontation, was zwei weitere diagnostische Fragen erfordert, ehe wir den nächsten Schritt machen. Können Sie es sich leisten, Ihren Job zu verlieren? Falls nicht, ist eine Konfrontation womöglich ein zu großes Risiko, obgleich das Risiko, sich über lange Zeit in einem Job mies zu fühlen, noch schlimmer sein kann und Sie wahrscheinlich ohnehin früher oder später entlassen würden.

Was ist, wenn Sie es sich zwar leisten können, den Job zu verlieren, es aber nicht wollen? Beispielsweise wenn er richtig gut für Ihre Karriere ist? In diesem Fall müssen Sie einschätzen, ob Ihr Boss zu allen Untergebenen gemein ist. Falls ja, ist der Kampf wahrscheinlich aussichtslos – sein Verhalten bleibt unverändert, ganz egal, welche Persönlichkeit oder welchen Stil sein Gegenüber hat. Falls nein, haben Sie den Beweis, dass er sich sehr wohl zusammenreißen kann, wenn er nur möchte. In den meisten Fällen teilt der selbstbezogene Boss nämlich sehr selektiv aus, was bedeutet, dass Sie die Chance haben, etwas dagegen zu unternehmen.

Jetzt sind Sie also bereit, ihm gegenüberzutreten. Was für ein Witz – wie viele von uns würden es tatsächlich tun? Es ist schwierig genug, den Mut aufzubringen und zu einem Tyrannen zu sagen: «Wenn du mir noch mal zu nahe kommst, brech ich dir die Beine», aber es ist eine weit größere Herausforderung, das Äquivalent hierfür in einer professionellen Umgebung zu finden. Die nächste Frage lautet demzufolge: Sind Sie innerlich stark genug, die Konfrontation durchzuziehen? Das Problem ist, Sie können nicht so tun als ob. Die gesamte Charakterstruktur Ihres Chefs rankt sich um seine überentwickelte Fähigkeit, in anderen Menschen wunde Punkte zu entdecken – damit er sich besser fühlt (inzwischen können Sie diesen Satz vermutlich selbst ergänzen). Es bringt also nichts, einfach nur das richtige Wort zu sagen – Sie müssen schon überzeugt sein, das heißt, Sie müssen innerlich wissen, dass Sie sich von ihm nie wieder beschimpfen lassen. Wenn Sie das nicht wissen, brauchen Sie Hilfe – von einem Freund, einem Kollegen oder einem Therapeuten –, und zwar Hilfe, die Sie in Kontakt bringt mit Ihrem Wert und Ihrer Macht als Firmenangestellter und besser noch als menschliches Wesen.

Angenommen, Sie sind jetzt wirklich bereit, sich Ihrem Boss zu stellen, was sagen Sie? Nun, Ihre Aufgabe ist es, ihn darauf aufmerksam zu machen, dass er Sie mit etwas in seinem Innern verwechselt und dass Sie sich das nicht mehr gefallen lassen. Wenn Sie ihm das verständlich machen, lässt er von Ihnen ab und sucht sich ein neues Opfer. Tatsächlich gewinnen Sie wahrscheinlich seinen

Respekt und werden in sein narzisstisches Universum aufgenommen, das heißt, Sie erhalten Eintritt in seine Fantasiewelt der Großartigkeit, in der niemand, einschließlich Ihnen, etwas falsch machen kann.

Dieses narzisstische Universum – Sie ahnen es – kann stabil sein in dem Sinn, als dass Sie lange Zeit als Planet geduldet werden. Aber es bleibt dennoch immer eine Illusion – selbst wenn wir toll sind, wird uns früher oder später klar, dass es noch tollere Menschen gibt. Daher ist das Gleichgewicht im Grunde immer bedroht, was zu der letzten Frage führt, die Sie sich, wenn nicht vor, so zumindest nach der Konfrontation stellen sollten: Will ich wirklich zu diesem Verein gehören?

Was die Wortwahl bei der Konfrontation anbelangt, so besteht die Ironie darin, dass sie relativ einfach ist, sofern Sie innerlich gefestigt sind. Sie können nur einen ganz einfachen Satz sagen wie beispielsweise: «Mir gefällt die Art nicht, wie Sie mit mir reden», oder «Hat Ihnen schon mal jemand gesagt, was für ein Despot Sie sind?». Andererseits können Sie auch komplexer vorgehen: «Ich verstehe nicht, warum Sie glauben, so mit mir reden zu können. Ich hab einen Fehler gemacht, na gut. Aber ich habe vor, noch mehr Fehler zu machen, genau wie Sie und alle anderen auch. Ich bin kein Kind und schon gar nicht Ihres. Ich liebe meine Arbeit und ich möchte gern weiter für Sie arbeiten, aber nicht unter diesen Bedingungen.»

Als Psychologe möchten Sie vielleicht etwas sagen wie: «Hören Sie auf, mich zu schikanieren. Ich bin nicht der Abladeplatz für Ihre femininen Projektionen. Haben Sie schon mal daran gedacht, das Mädchen in sich zu akzeptieren statt es auf andere abzuwälzen, damit sie dann auf es einprügeln können?» Aber dann wird Ihr Chef Sie wahrscheinlich einfach als Irren abschreiben – es sei denn, er ist selbst in Therapie.

Nun soll dies alles keine Mobilmachung sein. So anziehend das Mantra «Ich lasse mich nicht fertig machen» sich vielleicht auch anhört, ist es doch im Allgemeinen ein eher aussichtsloses Unterfangen, gegen seinen Chef in den Kampf zu ziehen. Dies war übrigens der Schluss, zu dem mein Patient kam. Er händigte seinem Chef schließlich einen Kündigungsbrief aus, in dem er erklärte, dass er lieber in einer menschlicheren Umgebung arbeiten wollte. Wahrscheinlich hätte man prophezeien können, dass der Chef ihn bat zu bleiben und ihm versprach, ihn von nun an anders zu behandeln. Doch der Patient lehnte ab. Übrigens ist die Lektion, die sich daraus lernen lässt, dass die meisten Menschen ihrem Boss (und Arbeitgeber) gegenüber mehr Macht haben, als sie denken. Natürlich gibt es Ausnahmen. Manche Leute «konfrontieren» einen harten Chef nicht, damit er aufhört sie zu schikanieren, sondern um nicht die Verantwortung für ihre eigene schlechte Leistung übernehmen zu müssen. Wenn man das legitime Machtgefälle zwischen Boss und Untergebenem ignoriert, ist man meiner Meinung nach genauso selbstbezogen und destruktiv wie ein fieser Chef, der seine Mitarbeiter attackiert.

Ohne Zweifel gibt es überall Chefs, die ihren Untergebenen gegenüber ausfallend werden. Vielleicht ist es ja auch reiner Zufall, dass die beiden oben beschriebenen Manager im High-Tech-Bereich tätig waren, aber meiner Erfahrung nach bringt die Technologie den Narzissten in uns allen zum Vorschein. Wie? Nun, hier wird Tempo, Effizienz und leichte Handhabung versprochen – nichts anderes als eine hervorragende Performanz. Und da es für gewöhnlich Ergebnisse gibt, die einen auf wunderbare Weise mächtig scheinen lassen, werden wir abhängig und erwarten Perfektion. Doch früher oder später – und oft gerade im ungünstigsten Moment – tritt ein Fehler auf und das System streikt. Darauf reagieren wir mit heftiger narzisstischer Wut, als hätte uns jemand den Boden unter unseren grandiosen Füßen weggezogen.

Ganz gleich, wie groß die Fortschritte im High-Tech-Bereich auch sind, es gibt immer Pannen. Wie ein Bauherr in meiner Bekanntschaft einmal sagte – als Erklärung dafür, warum Leute 100 000 Dollar für die Renovierung ihrer Küche ausgeben können und am Ende doch unglücklich darüber sind – «Holz verzieht sich». Kein Computer und kein Computerprogrammierer kann je die materielle Natur der Realität mit all ihren Unvollkommenheiten und Grenzen überwinden.

Kleiner Finger, großer Zeh (der Anti-Narzisst)

Bisher habe ich über Fälle gesprochen, in denen die Selbstbezogenheit der Männer ziemlich genau das ist, was sie zu sein scheint (außer dass sie in der inneren Welt des Mannes das Gegenteil von dem ist, was er andere glauben machen möchte). Aber nicht alle Männer entsprechen diesem Stereotyp – manche sind in ihrem Narzissmus subtiler und manche tarnen ihn gänzlich. Letzterer ist natürlich der gefährlichste, weil die anti-narzisstische Haltung die anderen und den Mann selbst einlullt. Lassen Sie es mich erklären.

Auf dem Weg zur Arbeit geriet ich einmal in einen fürchterlichen Stau. Zu meinem Leidwesen konnte ich meinen ersten Patienten nicht erreichen und verpasste am Ende die komplette Sitzung. Eigentlich war es erstaunlich, dass mir so etwas bisher noch nie passiert war, aber besonders schlimm wurde die Situation dadurch, dass es erst der zweite Termin mit dem neuen Patienten war. Als ich später am Tag die Nummer dieses Patienten wählte, schossen mir alle möglichen Szenarien durch den Kopf. Hatte er fünfundvierzig Minuten in der Lobby gewartet? Was hatte er die ganze Zeit gemacht? Was dachte er jetzt? War er wütend? Angewidert? Würde er überhaupt noch einmal wiederkommen? Was für ein scheußlicher Beginn für eine therapeutische (eigentlich für jede) Beziehung!

Nun, Fantasien sind großartig, weil die Realität oft noch seltsamer ist. Als er ans Telefon kam, war mein Patient unglaublich nett. «Kein Problem», meinte er. «Ich hab die Zeit genutzt, um ein paar Notizen durchzugehen, die ich für die Arbeit brauchte.» Als Antwort auf meine Entschuldigung und Erklärung fügte er hinzu: «Klingt, als hätten Sie mehr Stress gehabt als ich.» «Das stimmt wahrscheinlich», gab ich zu. «Dann sehen wir uns nächste Woche zur gleichen Zeit.» Wir legten auf und ich fühlte mich sehr erleichtert. Erst einige Monate später, als ich den Patienten besser kennen lernte, wurde mir klar, dass er in diesem kurzen Telefongespräch versucht hatte, mich als Therapeuten zu zerstören (was ihm beinahe gelungen wäre). Und zwar folgendermaßen.

Erstens zeigte er mir dadurch, dass er bei meinem Fernbleiben so ruhig blieb, dass er absolut keine emotionalen Erwartungen an mich hatte – nicht mal hinsichtlich grundlegender Verantwortung. (Wie sich herausstellte, waren seine Eltern absolut verantwortungslos gewesen.) Während er sich also an der Oberfläche um meine Bedürfnisse kümmerte, indem er mich beruhigte, sagte er mir andererseits, dass ich ihm absolut unwichtig war – es hatte sogar sein Gutes, dass ich nicht aufgetaucht war. (Als seine Mutter ihn im Alter von elf Jahren mit seinem Bruder «aus heiterem Himmel» zu ihrer Mutter verfrachtete, war er erleichtert.)

Zweitens rückte der Patient, indem er sich so auf meinen emotionalen Zustand einstellte, meine Psychologie in den Vordergrund, während er sich in den Hintergrund verzog. Diese Taktik nahm in der Interaktion mit mir zahlreiche verschiedene Formen an: Er machte Bemerkungen über das Mobiliar und die Bilder in meiner Praxis, legte mir nahe, meine Schuhe öfter zu putzen, bat mich, das Thema für die bevorstehende Diskussion zu wählen, und bot mir als großzügige Geste an, für verpasste Stunden zu bezahlen (obwohl ich ihn zuvor in Kenntnis gesetzt hatte, dass dies in einer Praxis bei einer Absage immer so gehandhabt wird). Diese «Übertragung» auf den Therapeuten entsprach genau der Art und Weise, wie der Patient mit den anderen Leuten in seinem Leben umging. Er sorgte finanziell für seine Mutter und emotional für seine Freundinnen. Und auf beide Arten sorgte er für Freunde, Geschäftspartner und sogar für Fremde.

Dies ist das zwischenmenschliche Leben eines Anti-Narzissten, nicht zu verwechseln mit der eher weiblichen Ko-Abhängigkeit. Zwar gibt es Überschneidungen in beiden Konzepten, aber auch deutliche Unterschiede. Die Hauptähnlichkeit besteht darin, dass Männer und Frauen sich auf eine Position zurückziehen, in der sie anderen etwas ermöglichen und diese zum Star der Vorstellung stilisieren. Beide töten mit ihrer Freundlichkeit. Das heißt, indem sie ihr Leben der Fürsorge widmen, entwickeln sie die «moralische Überlegenheit des Masochisten», das heißt den Glauben, dass sie besser sind als alle anderen. Kurz gesagt sind sie professionelle Märtyrer, deren geheime Freude darin besteht, dass sie anderen das Gefühl geben, in ihrer Schuld zu stehen, schlecht und schuldig zu sein. Unter ihrem geradezu unglaublich freundlichen Verhalten und ihrer Aufopferungsbereitschaft brodelt eine geradezu unglaubliche Wut.

Aber die männliche Version, die ich den Anti-Narzissten nenne, verfolgt ihre eigenen geheimen, oft unbewussten und letztlich selbstbezogenen Ziele. Bei vielen meiner männlichen Patienten gehört zu dieser Agenda auch ein geheimes Sexualleben – im wörtlichen und übertragenen Sinne. Oft gehen mir solche Patienten noch lange im Kopf herum, nachdem sie schon gar nicht mehr zu mir kommen: Sie sind ungewöhnlich warmherzig, charmant, großzügig und talentiert. Häufig sind sie einer Partnerin zutiefst ergeben, die in irgendeiner Form etwas Besonderes ist – attraktiv, erfolgreich, hoch begabt oder was auch immer. Und die Dynamik ihrer Beziehung sieht so aus, dass sich der Mann in der Rolle des Nebendarstellers absolut wohl fühlt – eine sehr passende Metapher, denn das öffentliche Auftreten des Paars, wie es in der Therapie beschrieben wird, hat immer etwas von einer gut organisierten Darbietung an sich. Sie sehen gut aus und erwecken den Eindruck, als wären sie auch gut füreinander. In vielen Aspekten trifft dies auch zu, andererseits ist alles ein bisschen zu schön, um wahr zu sein.

In allen solchen Fällen ging an irgendeinem Punkt in der Beziehung etwas schief – eine Affäre, Alkohol- oder Marihuanamissbrauch, Depression oder andere Schwierigkeiten, die der Beziehung schadeten und den Patienten schwer beeinträchtigten. Doch er blieb loyal, leugnete das Problem entweder oder akzeptierte es und übernahm klaglos die Position des Helfers. Dieser Zustand zog sich über Jahre hin und brachte viele Bekannte des Paars dazu, sich zu fragen, wie und warum der Mann «das alles aushält».

Tatsächlich war Liebe und der unerschütterliche Glaube an eine feste Bindung ausschlaggebend – und dies ist in keinster Weise zynisch gemeint. Aber es gab auch noch eine weniger bewusste Komponente, die nicht die Beziehung unterstützte, sondern die Dynamik dessen, was zunächst als selbstlose Hingabe des Mannes erschien. In einem Fall kam der Patient in einer tiefen, suizidgefährdeten Depression zu mir, nachdem seine Frau ihm nach neunzehnjähriger Ehe offenbart hatte, dass sie seit fünf Jahren eine Affäre mit einem anderen Mann hatte und auch davor schon eine weitere langfristige außereheliche Beziehung gehabt hatte. Als der Patient mit mir darüber sprach, räumte er ein, dass er schon seit einiger Zeit den Verdacht hegte, dass «etwas nicht stimmte» – einmal hatte ihm ein Freund praktisch auf die Nase zu gesagt, dass er die Frau des Patienten in einer kompromittierenden Situation mit ihrem Chef erwischt hatte. Jetzt machte es dem Patienten am meisten Kummer, dass er seine Frau nicht schon vor Jahren zur Rede gestellt hatte – damals, so meinte er, hätten sie Hilfe suchen oder die Ehe beenden können, denn da war er «noch jung genug, um noch mal von vorn anzufangen».

Ich erklärte dem Patienten, dass dieses Argument hauptsächlich aus seiner Depression heraus zu verstehen war, denn in Wirklichkeit war er überhaupt nicht zu alt, um noch einmal neu anzufangen, und einige Jahre später raffte er sich tatsächlich dazu auf. Trotzdem war es ganz offensichtlich wichtig zu erforschen, warum er seine Frau all die Jahre nie konfrontiert hatte. Dabei kam heraus, dass auch der Patient sich im Lauf der Ehe einige Seitensprünge hatte zuschulden kommen lassen. Er bezeichnete sein Verhalten zwar als eindeutig falsch, beharrte aber darauf, dass seine Affären anders gewesen seien als die seiner Frau – bei ihm war es «rein sexuell» und «episodisch» und stellte die Ehe nie in Frage. Dennoch kristallisierten sich in der Diskussion seine eigenen Affären als der Grund dafür heraus, warum er seine Frau nie zur Rede gestellt hatte: Er hatte das Gefühl, dass er das nicht tun konnte, ohne seine eigene Untreue zu gestehen, und dazu war er nicht bereit. Mehr oder weniger bewusst entschied sich der Patient dafür, die Augen davor zu verschließen, dass seine Frau ein Doppelleben führte.

In diesem Fall zeigte sich die narzisstische Schwierigkeit des Patienten, Mitgefühl mit anderen zu empfinden, in seiner Unfähigkeit zu erkennen, dass seine Affären aus der Sicht seiner Frau genauso verheerend waren wie ihre. Aber das weniger offensichtliche, anti-narzisstische Element seiner Selbstbezogenheit war feststellbar in der Dynamik, mit der seine angeblich bedeutungslosen Geheimnisse das Verhalten seiner Frau bestärkten und stillschweigendes Einverständnis signalisierten. Und auf diese Weise nahm der Patient aktiv an dem Prozess teil, der seine Ehe und möglicherweise sein Leben zu zerstören drohte.

Ein anderer Mann wollte sich von mir wegen des übermäßigen Akoholkonsums seiner Frau beraten lassen. «Ich glaube, sie hat ein Problem», erklärte er mir. «Sie trinkt jeden Tag und dann wird sie launisch. Ich bedränge sie deswegen nicht, aber ich weiß, sie wird von sich aus keine Hilfe suchen. Verstehen Sie mich nicht falsch, Doc, sie ist eine wundervolle Frau und ich würde alles für sie tun. Vielleicht hat sie eigentlich gar kein Problem. Vielleicht macht sie nur eine Phase durch, in der ich sie unterstützen und für sie da sein muss.»

In diesem Fall drängte sich mir bereits nach der ersten Sitzung die Vermutung auf, dass die Frau schon an Alkoholismus und Depressionen litt. Außerdem war mir klar, dass der Patient sich völlig der Idee verschrieben hatte, für sie sorgen zu müssen. Aber am Ende der zweiten Sitzung kam heraus, dass (1) die Fürsorge für seine Frau den Patienten von den Sorgen über seine eigene Sexualität ablenkte – er hatte gelegentlich sexuelle Fantasien mit Männern –, und (2), dass es eine stillschweigende Vereinbarung zwischen Mann und Frau gab – du mischst dich nicht ein, wenn ich trinke, und du kümmerst dich nicht um meine sexuellen Fantasien.

In einem dritten Fall begegnete der Mann den sexuellen Problemen seiner Frau beeindruckend hilfsbereit und akzeptierend. Sie war als Kind von ihrem Vater missbraucht worden und hatte deshalb Angst vor der Penetration. Demzufolge hatten sie nur eine sehr eingeschränkte sexuelle Beziehung – etwa einmal im Jahr waren sie miteinander intim. Auch diente die Hilfsbereitschaft des Patienten teilweise dazu, seine eigenen sexuellen Geheimnisse zu verstecken, die erst im dritten Jahr seiner Therapie ans Tageslicht kamen – er wurde nur erregt, wenn er sich vorstellte, von einer Prostituierten oder von anderen «nuttigen» Frauen dominiert zu werden. Der Patient fühlte sich schrecklich, weil er diese Fantasien hatte, wenn er mit seiner Frau schlief. Obwohl er sich Sex mit ihr wünschte, war er auf einer weniger bewussten Ebene erleichtert, dass er nicht häufiger mit den Schuldgefühlen konfrontiert wurde, die ihn wegen seiner Fantasien quälten.

Der gemeinsame Nenner der sexuellen Geheimnisse dieser drei Anti-Narzissten war, dass sie den Mann emotional von seiner Frau entfernten oder ganz von ihr trennten. Mit anderen Worten, sie waren das genaue Gegenteil von der Hingabe, die dem Anti-Narzissten äußerlich als Daseinsberechtigung dient. Wie wir in Kapitel 8 sehen werden, kommt es bei Männern durchaus häufig vor, dass sie solche eigentlich nicht sexuellen Empfindungen sexuell erleben. Aber ganz gleich, wie sich die Selbstbezogenheit manifestiert (oder besser gesagt versteckt), ist sie beim Anti-Narzissten immer vorhanden und operiert versteckt als Gegengewicht zu seiner extremen Hilfsbereitschaft und Rücksicht.

Es ist wohl kaum ein Zufall, dass ich in diesem Kapitel viele Anleihen aus dem Theater gemacht habe – schließlich geht es bei der männlichen Selbstbezogenheit um Schauspielerei. Um in der Metapher zu bleiben: Wenn der Narzisst der Schauspieler ist, so ist der Anti-Narzisst das Publikum. Aber wie schon Aristoteles feststellte, besteht das Vergnügen des Zuschauers am tragischen Drama – seine Katharsis – darin, dass er sich mit den vom Schauspieler dargestellten Emotionen identifiziert. Anders gesagt: Der Anti-Narzisst ist ein latenter Narzisst, der aber unter den richtigen Umständen aus seinem Versteck hervortritt und zu dem wird, der er sein will.

Aber was sind die richtigen Umstände? Am häufigsten, dass man von einem noch größeren oder talentierteren Anti-Narzissten einfach ins Rampenlicht gestoßen wird. Man kann durchaus die Meinung vertreten, der Therapeut sei der prototypische Anti-Narzisst. Ich identifiziere mich ganz bestimmt mit meinen Patienten. Ich bin bewegt, beflügelt, erstaunt, traurig und entsetzt aufgrund ihrer Erfahrungen. Zu meiner Arbeit gehört es zweifellos, stellvertretend zu leben. Wie es einer meiner Patienten einmal ausgedrückt hat: «Sie haben wirklich einen tollen Job – als würden Sie sich eine Seifenoper ansehen und schon vorher wissen, was nächste Woche passiert.» Aus dieser Bemerkung könnte man vermuten, dass die Selbstbezogenheit dieses Patienten keineswegs nur latent existierte – er sah sich selbst wahrscheinlich als George Clooney oder als irgendeinen anderen Schauspieler. Trotzdem hatte er Recht in dem Sinne, dass das Drama seines Lebens und das vieler anderer für mich emotional kathartisch wirkten. Doch in einem ganz wichtigen Aspekt irrte er sich: Wenn man sich *Emergency Room* ansieht, kann man kaum durch den Bildschirm kriechen und mitmachen, während man, wenn man mit Patienten an sehr intimen emotionalen Themen arbeitet, ständig selbst auf seine Grenzen achten muss. Das ist einer der Gründe, weshalb manche Therapeuten ihren Patienten nichts über sich selbst verraten. Das ist die einfachste Methode – wenn auch nicht immer die beste –, um nicht der Versuchung einer Grenzüberschreitung zu erliegen. Die Versuchung ist für jeden groß, aber wenn ich Recht habe, dass viele Therapeuten im Kern Anti-Narzissten sind, dann wäre ihr tiefster unbewusster Wunsch genau dieser: die Grenzen zu überschreiten, um mit dem Patienten die Rollen zu tauschen und vom Patienten versorgt zu werden.

Ist sich ein Therapeut dieses Wunsches nicht bewusst und er (oder sie) lebt ihn aus, kann das einem Patienten großen Schaden zufügen. Therapeuten, die eine Art Guru sind, Therapeuten, die mit ihren Patienten außerhalb der Praxis Kontakt aufnehmen, Therapeuten, die nebenbei mit ihren Patienten auch noch geschäftlich verkehren – das alles sind häufige Beispiele. Aber im Prinzip trägt jeder Therapeut zumindest das Risiko, auf mehr oder weniger dramatische Art die Grenzen zu übertreten, es sei denn, er weigert sich über sich zu sprechen oder hat keine Persönlichkeit.

Mir passieren solche Grenzüberschreitungen besonders bei Patienten, die so anti-narzisstisch begabt sind, dass sie mich schlicht übertölpeln. Ein solcher Fall war ein europäischer Diplomat, der aufgrund seiner Ausbildung und seines sanften, charmanten Wesens andere Menschen leicht zum Reden brachte. Schon bald bekam er heraus, dass ich Kinder habe, und fragte mich gelegentlich, wie es ihnen ging. Ich antwortete, es gehe ihnen gut, und machte weiter. (Als Therapeut gebe ich durchaus gelegentlich etwas über mich preis, wenn ich danach gefragt werde; aber ich sage meinen Patienten, dass ich normalerweise Fragen nur dann beantworte, wenn wir diskutieren, was hinter den Fragen steckt – also muss man ziemlich hartnäckig sein, um wirklich etwas über mich herauszufinden.)

Als mich dieser Patient eines Tages wieder einmal nach meinen Kindern fragte, lächelte ich. Es war die erste Sitzung am Morgen, und gerade als ich von zu Hause weggegangen war, hatte meine Tochter etwas unglaublich Komisches gesagt – eine dieser erstaunlichen Äußerungen, die Kinder gelegentlich loslassen und die Eltern in dem Verdacht (in der «narzisstischen Projektion») bestätigen, dass sie ein Genie gezeugt haben. Also erzählte ich meinem Patienten von dem brillanten Ausspruch meiner Tochter und er schien sich ehrlich und sehr nett darüber zu freuen. Aber kurz danach wurde ich unruhig. Außer dass ich geprahlt hatte, spürte ich auch noch, dass ich beim Erzählen genau genommen vergessen hatte, dass ich der Therapeut war. Vielleicht kommt Ihnen das nicht so schlimm vor und in gewisser Hinsicht war es das auch nicht. Ein Therapeut, der sich seiner Rolle ständig bewusst ist, wäre doch gar nicht mehr menschlich und ganz bestimmt auch kein guter Therapeut.

Aber andererseits war es schlimm, ungefähr so, wie wenn man als Vater oder Mutter mental vergisst, dass man ein Kind hat. Nicht dass ich meine Patienten als Kinder sehe, die Analogie besteht vielmehr darin, dass Eltern zumindest im Kopf nie aufhören, Eltern zu sein, es sei denn, sie haben ernste narzisstische Probleme. So fragte ich mich nun, ob ich von meinem Patienten in der nächsten Sitzung wohl irgendein Echo meiner Grenzüberschreitung vernehmen würde.

Tatsächlich – in der nächsten Therapiestunde erzählte der Patient von einem kurzen Tagtraum, den er am Wochenende gehabt hatte, als er mit seinem Sohn auf dem Spielplatz war. In diesem Tagtraum lief er zufällig mir und meinem Sohn über den Weg. Unsere Kinder wanderten ein Stück von uns weg, ganz in irgendein Spiel versunken. Nach ein paar Minuten kam mein Sohn weinend zurück und erzählte, der Sohn des Patienten hätte ihn umgeschubst, sodass er auf den Kiesweg gefallen war. Der Patient tadelte seinen Sohn und forderte ihn auf, sich zu entschuldigen. Gleichzeitig spürte er aber auch eine gewisse Befriedigung, dass sein Sohn stärker und durchsetzungsfähiger war als meiner.

Der Patient drückte es folgendermaßen aus: «Ich brauche keinen Therapeuten, um zu wissen, was dieser Tagtraum bedeutet, nämlich, dass ich das Gefühl habe, die Kräfteverhältnisse zwischen Ihnen und mir sind nicht ausgewogen und ich will mir durch meinen Sohn mehr Macht geben.» Aber trotz seiner beträchtlichen intellektuellen und emotionalen Einsichten brauchte der Patient einen Therapeuten, der den offensichtlichen Zusammenhang zur letzten Therapiesitzung erfasste. Er war ohne jeden Zweifel wütend wegen meiner Selbstbezogenheit und wollte mich an meinen Platz zurückverweisen.

Dadurch, dass ich mir meiner eigenen Selbstbezogenheit bewusst wurde, konnte ich nicht nur verstehen, weshalb mein Patient wütend war, und sein Gefühl bestätigen, sondern ich durchschaute auch den Mechanismus, durch den dieser Mann andere Menschen ständig ins Scheinwerferlicht rückte. «Sie haben mich in Ihre Frau verwandelt», sagte ich – und er verstand mich sofort. Seine Frau war Innenarchitektin und hatte sich im Fernsehen einen Namen gemacht. Ursprünglich ermutigte der Patient sie darin, ihren Interessen nachzugehen, aber nach einiger Zeit wurde er immer ärgerlicher, dass ihre öffentlichen Verpflichtungen ihn zunehmend zum passiven Zuschauer degradierten. So half meine (kontrollierte) Selbstbezogenheit ironischerweise dem Patienten zu erkennen, dass er eine aktive Rolle bei der Schaffung der Dynamik gespielt hatte, die er doch eigentlich ändern wollte.

Es gibt noch ein weiteres, eher freudianisch geprägtes Verständnis der anti-narzisstischen Selbstbezogenheit. Meine obige Beschreibung geht fast implizit davon aus, dass der Anti-Narzisst feminin ist, nämlich in dem Sinn, dass er wie die traditionelle Ehefrau die Darbietung eines anderen fürsorglich unterstützt. Aber die Freudianer unter uns würden behaupten, dass ich «Fürsorge» mit «Voyeurismus» verwechsle und dass Letzterer wie Aggression und Sadismus eigentlich zur Männlichkeit gehört. Außerdem würde man mich darauf hinweisen, dass Freud tatsächlich darüber geschrieben hat, wie solche *aktiven* oder «maskulinen» Instinkte gelegentlich eine Umkehrung erfahren und *passiv* oder «feminin» werden, wie damit aus Sadismus Masochismus wird und sich – um auf unseren Punkt zu kommen – der Anti-Narzisst in einen Voyeur verwandelt, von wo der Weg zum Exhibitionisten nicht mehr weit ist.

Meiner Erfahrung nach lässt sich schwer leugnen, dass mein Interesse an den Berichten meiner Patienten eine starke voyeuristische Komponente besitzt. Demzufolge ist mir auch klar, dass es ein Abstecher in den Exhibitionismus war, als ich mit meinem Patienten über meine Tochter sprach. Natürlich fühlt sich jemand um so stärker zum Exhibitionismus gedrängt, je voyeuristischer er ist – wenn auch nur, um sich selbst zu bestätigen, dass er tatsächlich existiert. Aus theoretischen Gründen jedoch ist Freuds Unterscheidung zwischen aktiven und passiven Instinkten sowie die Verknüpfung des Ersteren mit Männlichkeit und des Zweiten mit Weiblichkeit äußerst problematisch. Tatsächlich ist sie vor allem von Analytikerinnen oft kritisiert worden. Freud hielt den Exhibitionismus für passiv und feminin, aber realer sexueller Exhibitionismus ist ausschließlich bei Männern anzutreffen. Zwar will und kann ich diese Frage momentan nicht klären, aber ich erwähne sie als Mahnung, bei der Erforschung der Geschlechtsunterschiede nicht zu sehr zu verallgemeinern.

Ich nehme an, dass sich die meisten Patienten vor einem übermäßig selbstbezogenen, grenzüberschreitenden, exhibitionistischen Therapeuten instinktiv in Acht nehmen würden. Aber natürlich sollten sie sich auch vor dem Grenzen setzenden, scheinbar selbstlosen Beobachter hüten, der sich dank seiner ewigen Frustration vielleicht in sein Gegenteil verwandelt. Ebenso sollten Therapeuten – die meist eher in Richtung Selbstverleugnung auf Abwege geraten – darauf achten, dass sie keine platte Karikatur des objektiven, unpersönlichen und bedürfnislosen Analytikers werden. Einer meiner Patienten, damals Doktorand in klinischer Psychologie, zweifelte an seiner Fähigkeit als zukünftiger Psychologe. «Im Gegensatz zu Ihnen bin ich nicht dazu geboren», meinte er. «Ich habe das Gefühl, dass ich mich nicht genug für meine Patienten interessiere, vielleicht bin ich zu egoistisch, um anderen Leuten den ganzen Tag lang zuzuhören.» «Vielleicht sollten Sie versuchen, mit Ihren Patienten noch ein wenig egoistischer zu werden», antwortete ich. «Ich kann mir nicht vorstellen, dass man diese Arbeit ausschließlich zum Wohl eines anderen tut.»

Bei der Arbeit mit anti-narzisstischen Patienten ist es oft schwer, ihnen verständlich zu machen, dass sie eigentlich getarnte Narzissten sind. Ihre bewusste Erfahrung mit der Welt scheint ihnen zu sagen, dass sie von den Launen, Bedürfnissen und Terminplänen anderer Leute kontrolliert werden. Hier ist die Traumdeutung oft von großem Nutzen. Ein Patient, der in New York als Korrespondent für eine Westküstenzeitung arbeitete, berichtete von einem Traum, in dem ihm bei der Fußpflege der Nagel am großen Zeh beschädigt worden war. Er erwähnte den Traum eher beiläufig und meinte, das sei wohl wieder einmal einer dieser vollkommen sinnlosen Träume. Aber als ich ihn um Assoziationen bat, entdeckten wir etwas höchst Interessantes. Ein paar Tage vor dem Traum hatte er an einem Artikel über koreanische Einwanderer gearbeitet und eine Nagelpflegerin interviewt, die ihm eine Maniküre anbot, ihn dabei aber aus Versehen am Fingernagel verletzte.

Der Patient erzählte, dass er sich darüber genauso geärgert hatte wie darüber, dass ihm sein Chefredakteur diesen Artikel aufgehalst hatte. «Es war einfach keine interessante Story», sagte er. «Und was den Zehennagel betrifft, fällt mir nur ein, dass mich die Zeitung vor ein paar Jahren zur Berichterstattung zum Weltwirtschaftsforum nach Davos in die Schweiz schickte. An meinem einzigen freien Vormittag ging ich Ski fahren, stürzte und verletzte mich am Zeh. Natürlich gab es eine Notfallklinik für all die wichtigen Politiker aus aller Welt und die Ärzte hatten nichts zu tun. So wurde ich schließlich vom Chirurgen des Präsidenten operiert! Das war nicht schlecht.»

Der Traum machte also Folgendes: Indem er den Ärger mit dem kleinen Finger – die Bedeutungslosigkeit des Journalisten als Berichterstatter über das Leben anderer Menschen – gegen die Erinnerung an den großen Zeh austauschte – wo der Patient Präsident spielen durfte –, zeigte er uns, dass der Patient seinem anti-narzisstischen Gefängnis entfliehen wollte. Er wollte am Leben selbst teilhaben, nicht nur darüber berichten. Um dieser Interpretation den letzten Kick zu verleihen, fügte der Patient noch einen weiteren Gedanken hinzu: «Ein Zeh ist auch ganz offensichtlich phallischer als ein Finger», grinste er.

An diesem Fall wird klar, dass Selbstbezogenheit beinahe per definitionem eine körperliche Dimension besitzt. Dies zeigt sich noch deutlicher in der Konzentration von Frauen auf ihre äußere Erscheinung, da unsere Gesellschaft die weibliche Körperlichkeit stärker fördert. Aber selbst wenn Sie bei Männern weniger offensichtlich ist, hat auch bei ihnen die Selbstbezogenheit diese Dimension – mindestens symbolisch, oft aber auch im wörtlichen Sinn. Der Grund liegt auf der Hand: Die mangelhafte Empathie, welche die Selbstbezogenheit (bei beiden Geschlechtern) verstärkt, wird sehr früh im Leben wirksam, zu einer Zeit, in der sich unser Wohlbefinden hauptsächlich auf die Befriedigung körperlicher Bedürfnisse gründet. Werden diese Bedürfnisse nicht angemessen befriedigt, wird der Körper überbewertet und am Ende eine Art Bote, der unseren mehr als berechtigten Wunsch nach Kompensation in die Welt hinausposaunt.

Die Schöne und das Biest

Es war einmal ein Prinz, der war verwöhnt und selbstsüchtig. In einer Winternacht wies er eine alte Frau von der Schwelle, die bei ihm Obdach suchte. Die Frau jedoch war in Wirklichkeit eine mächtige Zauberin, und so verwandelte sie den Prinzen in ein hässliches Biest und belegte alle, die in seinem Schloss lebten, mit einem Zauberbann. Sie hinterließ dem verwandelten Prinzen einen Zauberspiegel und eine Rose, die blühen würde, bis er einundzwanzig war. Wenn der Prinz nie geliebt worden war, bis das letzte Rosenblatt abfiel, war er dazu verurteilt, für immer ein Biest zu bleiben.

Solche männlichen Biester sitzen recht häufig in meinem Sprechzimmer. Zwar haben sie ihren einundzwanzigsten Geburtstag längst hinter sich, aber dennoch warten sie hartnäckig darauf, endlich von einer perfekten Blondine bedingungslos geliebt zu werden. Natürlich sind diese Männer in Wirklichkeit überhaupt nicht hässlich. Vielleicht sind sie klein oder dünn oder bekommen eine Glatze. Manchmal sind sie aber auch sehr attraktiv. Doch weil sie sich fühlen wie ein Biest, sind sie überzeugt, dass nur die bedingungslose Liebe einer wunderschönen Frau sie heilen kann.

Unglücklicherweise taucht, anders als im Märchen, keine Schöne auf. Der Grund dafür ist, dass das Biest sich nur in Äußerlichkeiten verlieben kann. Deshalb fühlt sich die Frau hinter der blonden Fassade auch nicht von ihm geliebt und kann ihn auch nicht wirklich lieben. So ist das Biest dazu verdammt, für immer unter seiner Bestrafung zu leben. Es lebt und stirbt für die Schönheit.

Natürlich sind diese Männer durchaus in der Lage, sich wieder in Prinzen zu verwandeln. Sie tun das, wenn sie eine nette, anständige Frau kennen lernen, aber nur, um sie irgendwann zu verurteilen und wegzuschicken – als wären sie doch die verkörperten Biester. Wie wir in Kapitel 2 gesehen haben, gehört zu dieser Metamorphose die Projektion von Schamgefühlen auf den Partner. Zwischen Narzissmus und Scham besteht ein unmittelbarer

Zusammenhang: Grandiosität ist im Grunde eine Flucht vor der Erfahrung von Scham. Außerdem haben wir in Kapitel 2 ebenso wie in diesem Kapitel erfahren, dass es für Männer nicht unbedingt das Gleiche ist, ob man gut dasteht oder gut aussieht. Wenn ein Mann eine gut aussehende Frau und einen guten Job hat, steht er gut da. Das sollten wir nicht vergessen, wenn wir jetzt die verschiedenen Formen verwandelter Biester näher betrachten.

Ein Patient, ein verheirateter Mann Ende dreißig und Vater zweier Kinder, kam in die Therapie, weil er mit seiner Arbeit und in seiner Ehe unglücklich war. Er war Zahnarzt und arbeitete als Partner in einer Gemeinschaftspraxis, in die er sich vor einigen Jahren eingekauft hatte. Er verdiente gut, wurde aber ständig von dem Gefühl gequält, dass er nicht so erfolgreich war, wie er hätte sein können. Sein Partner, so berichtete der Patient, hatte keinen Ehrgeiz und keine Lust, die Praxis technisch aufzurüsten und sich bezüglich progressiver Behandlungsmethoden auf dem Laufenden zu halten. Außerdem lag die Praxis in einem alten, unattraktiven Gebäude in einer Gegend, in der hauptsächlich Leute aus der unteren Mittelschicht wohnten. Die meisten seiner Patienten konnten sich die komplizierteren und lukrativen Behandlungsmethoden gar nicht leisten, die er gern eingeführt hätte.

Zu Hause zeigte sich ein ähnliches Bild. Er und seine Frau hatten eine enge Beziehung und sprachen sich ziemlich offen miteinander aus. Sie war eine kreative und anerkannte Lehrerin an der Highschool, verdiente aber schlecht und war frustriert über das Schulsystem und unsicher wegen ihrer Karriere. Die Kinder waren wie alle Kinder mal die reine Freude, dann wieder machten sie Stress. Aber was meinen Patienten wirklich störte, war das Gefühl, dass seine Frau nicht die Richtige für ihn war. Sie hatte genau den gleichen Humor wie er und teilte nicht sein Interesse für Reisen. Außerdem fand er sie nicht so attraktiv wie die Frauen, die ihm auf der Straße oder in der Praxis begegneten.

«Ein Prinz», sagte ich mir, nachdem ich seine Geschichte gehört hatte, und bereitete mich darauf vor, Anzeichen des Biests zu entdecken. Ich brauchte nicht lange zu warten – es war überall in seiner Arbeit und seinem Liebesleben zu erkennen. Bevor er sich in die Gemeinschaftspraxis eingekauft hatte, hatte er auf Gehaltsbasis als Zahnarzt in einer technisch fortschrittlichen, progressiven Gemeinschaftspraxis im Rockefeller Center gearbeitet, mit wohlhabenden Patienten und in schönen Sprechzimmern. Aber dort fühlte er sich überhaupt nicht wohl. Sein Chef machte ihm nicht nur unmissverständlich klar, dass er ihn nie als Partner übernehmen würde, er war außerdem ein arroganter, feindseliger Mistkerl, der meinen späteren Patienten mit seinem sarkastischen Humor und seiner herablassenden Art dominierte und manipulierte. Trotzdem blieb er über zehn Jahre in dieser Praxis.

Schließlich aber hielt er es nicht mehr aus; er kündigte, ohne einen anderen Job in Aussicht zu haben, und begann nach einer Möglichkeit Ausschau zu halten, sich in eine Praxis einzukaufen – was ihn endlich dorthin führte, wo er heute war. Der Ausstieg aus dem verhassten Job traf mit einem wichtigen Ereignis in seinem persönlichen Leben zusammen – dem Ende seiner ersten Ehe. Nach seiner Beschreibung hatte es den Anschein, als wäre seine erste Frau all das gewesen, was seine zweite Frau nicht war – sie hatte einen wundervollen Humor, war erfolgreiche Juristin, und er fühlte sich leidenschaftlich, ohne Vorbehalte oder Ambivalenz, zu ihr hingezogen. Nur drei Dinge gab es auszusetzen – Details, Details –: Ihr Humor war ihm gegenüber gelegentlich verletzend (das war ihm egal), sie hatte ihn betrogen (was er nicht wahrhaben wollte) und sie verließ ihn schließlich wegen eines anderen Mannes (er war am Boden zerstört).

Darum bemüht, sein Selbstwertgefühl aufzupolieren, ließ sich dieser Patient einerseits behandeln wie ein Biest, das keiner lieben konnte, verhielt sich aber andererseits wie ein verwöhnter Prinz. Mit der ersten Arbeitsstelle und der ersten Frau versuchte er, sich gut zu fühlen, indem er sich ein erfolgreiches und attraktives Umfeld auswählte – aber das brachte seine Minderwertigkeitsgefühle nur noch deutlicher zum Vorschein. Mit dem zweiten Job und der zweiten Frau versuchte er das Gleiche in einem weniger anspruchsvollen Umfeld, um sich im Vergleich dazu gut fühlen zu können – aber der Schuss ging ebenfalls nach hinten los. Tatsächlich machte der Patient in beiden Lebensphasen das Gleiche – in dem zum Scheitern verurteilten Versuch, eine äußerliche Lösung für ein inneres Problem zu finden, projizierte er einen Teil von sich auf die Umgebung. Wenn Sie daraus den Schluss ziehen, dass die ideale Umgebung für den Patienten eine gewesen wäre, die zwischen den beiden Extremen lag, könnten Sie durchaus Recht haben – aber das ist nicht der springende Punkt. Der springende Punkt ist nämlich, dass für diesen Patienten – wie in unterschiedlichem Maß sicher für jeden Menschen – die Attraktivität der Umgebung im Auge des selbstbezogenen Betrachters liegt.

Dieser Patient musste *sich selbst* auf- und abwerten, nicht seine Umgebung. Er musste den Prinzen und das Biest in ihm integrieren und zu einem realistischen, akzeptablen Selbstwertgefühl gelangen, bevor er seine Frau und seinen Job wahrheitsgetreu einstufen konnte – ohne seine narzisstischen Projektionen. Erst dann konnte er sich daran machen herauszufinden, ob sie zu ihm passten. Nach einem langen therapeutischen Prozess war er so weit und als er anfing seine Grenzen zu akzeptieren und seine Qualitäten zu genießen ergab sich Folgendes: Er stieg aus seinem Job aus (extern aufgewertet), blieb aber bei seiner Frau (intern aufgewertet).

Wie wir in Kapitel 2 gesehen haben, ist vielen Frauen bekannt, wie Männer ihre eigenen Gefühle der Unzulänglichkeit auf sie projizieren. Wie im Fall des obigen Patienten bewirken ihre Versuche, sich besser zu fühlen, indem sie ihre Frauen oder Freundinnen abwerten, nur das Gegenteil, weil diese Abwertung auf sie selbst reflektiert. Im Lauf der Jahre habe ich eine Entdeckung gemacht, die klinisch sehr interessant ist: Diese «abgewerteten» Männer kompensieren ihr mangelhaftes Selbstwertgefühl im Schlaf mit heroischen Träumen. Ein Ehemann ließ sich im Traum von einem Helikopter abseilen, um seine Frau aus einem brennenden Bürogebäude zu retten, ein anderer führte eine unglaubliche Notfalloperation durch, um sein Kind vor dem Erstickungstod zu bewahren.

Natürlich haben solche Dramen auch eine individuelle Bedeutung. Beispielsweise träumte ein Mann, der seine Frau wegen ihrer emotionalen Verletzlichkeit immer hart kritisierte, dass er fliegen könnte. Aber er flog, um vor einem ekelhaften Schwein zu fliehen, das ihn jagte und seine rosarote, phallische Schnauze (die Beschreibung des Patienten, nicht meine!) in seinen Rücken bohrte. Der Patient erzählte den Traum im Zusammenhang mit einem traumatischen Kindheitserlebnis, bei dem ein älterer Junge ihn wiederholt zum Oralsex gezwungen hatte. So zeigte der Traum, dass der Patient versuchte, mit der Scham zurechtzukommen, die er wegen der demütigenden Erfahrung verspürte. Um der Verweiblichung zu entfliehen, musste der Patient fliegen lernen, das heißt, er musste ein fantastisches, grandioses Männlichkeitsgefühl entwickeln. Diese defensive Männlichkeit entstammte dem gleichen Ort in seinem Innern, von dem er seine feminine Verletzlichkeit verbannte und auf seine Frau projizierte.

In Kapitel 2 habe ich über die «Checkliste» gesprochen, über die Neigung der Männer, ihre Scham in Verabredungssituationen auf die Frau zu projizieren. Natürlich könnten wir die Diskussion hier wiederholen, wenn wir die Transformation von unerwünschten inneren Teilen des Selbst auf die externe Umgebung untersuchen. Ich will Ihnen diese Wiederholung ersparen, möchte aber zumindest ein verwandtes Transformationssyndrom erwähnen, das mir persönlich bei der Arbeit fast das Herz bricht. Bei diesem Syndrom möchte sich der Mann wirklich verlieben und eine lebenslange Partnerschaft führen. Immer wieder verliebt er sich in eine Frau, die genau die Richtige zu sein scheint, aber schon bald kommen ihm Zweifel. Irgendetwas an dieser Frau stört ihn – manchmal nur eine Kleinigkeit wie dicke Oberschenkel oder ein mangelndes Interesse an Musik. Obwohl ihn diese Kleinigkeit anfangs nicht im Geringsten gestört hat, wird sie jetzt, wo er sich darauf konzentriert, in seinen Gedanken größer und größer, bis sie – um es mit den Worten eines Patienten auszudrücken – «alles auffrisst, was an der Beziehung jemals gut war».

Ich finde das sehr traurig mit anzusehen, weil der Patient diese

Erfahrung für gewöhnlich zweimal durchmacht und jedes Mal ehrlich überzeugt ist – und oft genug auch seinen Therapeuten davon überzeugt –, dass er das große Glück gefunden hat. Die Enttäuschung über seine eigene mangelnde Liebesfähigkeit, wenn er seine Schöne wieder einmal in ein Biest verwandelt hat, ist niederschmetternd. Natürlich hat Verliebtheit immer ein Moment der Illusion, nämlich dass wir uns für immer gut fühlen, weil wir von einer *anderen Person* geliebt werden, die für eine gewisse Zeit von unserer idealisierten Liebe zu etwas unvergleichlich Besonderem gemacht wird.

Aber wenn nun das gesamte Selbstgefühl der Person in die Illusion mit aufgenommen wird, kann der Betreffende noch so authentisch und intelligent sein – sobald die Illusion zerstört ist, wenn wir uns irgendwann nicht mehr nur gut fühlen, bleibt nichts mehr übrig und die Liebe verfliegt ebenso schnell, wie sie gekommen ist. Die schmerzlichste Erfahrung dieses Syndroms kommt – wie es oft in der Psychotherapie und auch im Leben der Fall ist – kurz vor der Heilungsphase, wenn der Patient nämlich erkennt, dass an keiner dieser Frauen etwas auszusetzen war, die er geliebt hat (oder zu lieben glaubte), und dass er wahrscheinlich mit allen hätte glücklich werden können. Das tut nicht nur weh wegen der verpassten Chancen, sondern auch wegen des realen inneren Schadens, den der Betreffende in sich spürt – das Problem liegt bei *ihm*, nicht bei den Frauen. Doch es gibt einen Silberstreif am Horizont: Genau diese schmerzliche Erkenntnis kann einen Mann auf den therapeutischen Pfad bringen, an dessen Ende die Erkenntnis steht, dass Biester und Schönheiten für die Katz sind – oder für Märchen.

Wie wir gesehen haben, entwickelt sich das Problem des Narzissmus früh im Leben und ist eng mit unserem Selbstgefühl verknüpft. Deshalb ist es auch so schwierig, mit der Selbstbezogenheit der Männer umzugehen. Oft dauert es Jahre, mit oder ohne Therapie. Es gibt eine reiche Auswahl an psychologischer Literatur, von der nur wenig Hoffnung auf eine kurzfristige Lösung ausgeht. Sollten Sie also in diesem Kapitel nach schnellen Antworten suchen, werden Sie enttäuscht sein.

Nachdem ich Ihren Erwartungen jetzt also einen Dämpfer versetzt habe – von mittelmäßigen Politikern kann man immer etwas lernen –, möchte ich Ihnen wenigstens eine Orientierungshilfe (wenn schon kein Patentrezept) anbieten, wie Sie mit der Selbstbezogenheit besser zurande kommen. Der erste Schritt besteht darin, dem armen Mistkerl Mitgefühl entgegenzubringen. Ich drücke das so sarkastisch aus, weil es nicht leicht ist, das zu tun, vor allem, weil Sie authentisch sein müssen. Wie soll man Mitleid mit jemandem haben, für den man nicht existiert? Für einen Therapeuten ist es sicherlich leichter als für eine Ehefrau oder Freundin, denn ein Therapeut sollte von seinen Patienten ohnehin keine Anerkennung und Aufmerksamkeit erwarten, zumindest nicht bewusst. Wie wir schon festgestellt haben, sind zwar auch Therapeuten nur Menschen und machen sich gelegentlich durchaus solche Hoffnungen, aber viele sind in der Lage, mit selbstbezogenen Menschen Mitgefühl zu empfinden. Das Geheimnis liegt nicht in ihrer Ausbildung, sondern eher in der bewussten Bereitschaft, die eigenen emotionalen Bedürfnisse zurückzustellen und sich emotional ganz auf den Patienten einzulassen.

Natürlich kann das eine Ehefrau oder Freundin auch – zumindest zeitweilig. «Aber Sie werden dafür bezahlt», höre ich Sie sagen. Nun, auch Sie werden Ihren Lohn bekommen – wenn auch leider erst ein wenig später. Um es bis dahin etwas leichter für Sie zu machen, betrachten Sie das Problem doch einmal aus dieser Perspektive: Ihr selbstbezogener Mann hat unter dem Narzissmus seiner Eltern weit mehr gelitten als Sie unter seinem leiden müssen. Also sind Sie eigentlich in einer guten Ausgangsposition, um sein Gefühl emotionaler Vernachlässigung nachzuvollziehen. *Sehen Sie ihn, hören Sie ihn, berühren Sie ihn, spüren Sie ihn* und trösten Sie sich mit dem Gedanken, dass Sie ihm zeigen, wie man liebt.

Wenn Sie wütend darüber sind, dass er Ihre emotionale Existenz nicht wahrnimmt, versuchen Sie das folgende hypothetische Experiment, das ich für mich selbst entwickelt habe, um besser mit meiner Wut über meine Bedeutungslosigkeit auf den narzisstischen Straßen von New York zurechtzukommen. Wie die meisten Leute ärgerte ich mich jedes Mal schrecklich, wenn mir ein Taxifahrer den Weg abschnitt, wenn ein anderer Passagier in der U-Bahn mir meinen Sitzplatz wegschnappte oder sich jemand in der Schlange an der Kinokasse vordrängte. Aber irgendwann wurde mir mit Entsetzen klar, dass ich in praktisch jeder solchen Situation genau das Gleiche hätte tun können und wahrscheinlich oft genug schon getan hatte. Genau genommen war ich zumindest teilweise deshalb so wütend, weil mir ein New Yorker Mitbürger mit *seinem* vermeintlichen oder berechtigten Anspruch zuvorgekommen war. Als mir das dämmerte, zog ich mich aus diesem narzisstischen Wettkampf zurück und reagierte von nun an auf den Mean Streets der City wesentlich weniger verärgert und eher amüsiert.

Da diese Methode darauf basiert, dass wir alle in der einen oder anderen Weise selbstbezogen sind, kann sie leicht auf die Verhaltensweisen des selbstbezogenen Mannes angewandt werden. In etwas abgewandelter Form gehört sie zu meinen Lieblingstechniken in der Paartherapie – ich mache die Ehefrau oder Freundin (oder manchmal auch den Mann) darauf aufmerksam, dass sie, wenn sie ihr Gegenüber wegen seiner kritischen Haltung kritisiert, genau dasselbe tut, was sie ihm vorwirft. «Aber was ich sage, stimmt», antwortet sie mir. «Und genau das denkt er auch von dem, was er sagt», gebe ich zurück. Mit dieser Technik erreicht man fast immer, dass die Partner sich annähern, denn beide erkennen, dass sie doch nicht von verschiedenen Planeten stammen und es in ihrer Beziehung kein Opfer und keinen Übeltäter gibt.

Nun aber zurück zu Phase eins. Wir sind bei der Empathie mit dem selbstbezogenen Mann stehen geblieben, aber es gibt noch zwei weitere Phasen. Wenn Sie jetzt schon frustriert sind, ist die Beziehung (oder dieses Kapitel) vielleicht tatsächlich nichts für Sie.

Im wirklichen Leben hängt die Dauer dieser Phase vom Ausmaß der Selbstbezogenheit des Mannes ab. Wenn eine Ehefrau nicht bereit ist, das anti-narzisstische Verhalten zu zeigen, das in dieser Phase vonnöten ist, kommt es nach meiner Erfahrung meist zu einer Trennung. Natürlich ist das nicht die «Schuld» der Frau – umgekehrt sollte auch der Mann eine anti-narzisstische Haltung einnehmen, wenn die Frau selbstbezogen ist. Niemand ist «schuld», dennoch liegt hier meiner Meinung nach einer der Hauptgründe für Scheidungen und sicher auch für viele andere zwischenmenschliche Konflikte. Ich betrachte die Situation nicht als Geschlechterkampf, sondern als Zusammenprall der Narzissmen – zwei ansonsten liebevolle und liebenswerte Menschen sind nicht willens, abwechselnd die eigenen und die Bedürfnisse des anderen zu erfüllen.

In Phase zwei ernten sie die ersten Früchte Ihrer Geduld – auch wenn in dieser Phase noch mehr Geduld von Ihnen verlangt wird. Jetzt müssen Sie Ihrem Mann nämlich klar machen, dass er selbstbezogen ist, ihn konfrontieren und ihm sein selbstbezogenes Verhalten erklären. Ihr Lohn besteht darin, dass Sie dabei die Chance bekommen, zumindest einen Teil Ihrer Wut zum Ausdruck zu bringen, aber eben nur einen Teil, denn Sie wollen ja, dass Ihnen Ihr Patient – ich meine, Ihr Partner – weiterhin zuhört. Dazu fällt mir ein persönliches Beispiel ein.

Als ich einmal zusammen mit meiner Frau in die Stadt fuhr, unterbrach sie mich mitten im Satz und sagte ziemlich wütend: «Meinst du tatsächlich, du sagst mir das zum ersten Mal?» «Wiederholst du dich etwa nie?», erwiderte ich empört. «Es geht doch bloß um deinen Narzissmus», erklärte sie. Jetzt verstand ich und entschuldigte mich. Wenn auch widerstrebend, musste ich doch zugeben, dass ich meiner Frau diesen Gedanken mindestens schon zweimal ausführlich dargelegt hatte; ich erinnerte mich nicht mehr daran, weil sie für mich im betreffenden Moment nur als Publikum existierte – sie hätte sonst irgendjemand sein können.

Wenn Sie mein Verhalten schrecklich finden, dann bedenken Sie, dass ich Jahre brauchte, um meinen Narzissmus zu sehen und ihn mir und meiner Frau so unmittelbar einzugestehen. Meine Frau war mir dabei eine große Hilfe, indem sie mir einen deutlichen und belehrenden Spiegel entgegenhielt. Übrigens ist sie ebenfalls Psychologin, also hatte sie vielleicht einen unfairen Vorteil. Andererseits gilt hier das Gleiche, wie schon so oft: Man braucht keine Ausbildung, um jemandem auseinander zu setzen, dass er selbstbezogen ist. Sicher, meine Frau und ich sprechen die Sprache der Psychologie, auch wenn wir uns streiten. Aber unsere Auseinandersetzungen sind keineswegs einmalig und die Übersetzung ist, wie ich glaube, ziemlich leicht. Zwar benutzte sie das Wort «Narzissmus», aber sie hätte jede Menge anderer Bezeichnungen verwenden können, denn es ist nicht sonderlich schwierig, jemandem zu erklären, warum es egozentrisch ist, endlos dieselben Geschichten zu erzählen.

Damit ich den gleichen Fehler jetzt nicht noch einmal mache, gehen wir weiter zu Phase drei. Wenn der selbstbezogene Mann sich seines Narzissmus nun ein Stück bewusster ist, ist die Zeit gekommen, seine Feindseligkeit ins Visier zu nehmen und noch etwas mehr Lohn einzustreichen, abermals in Form ausgedrückter Wut. Außerdem wird jetzt auch schon der Preis für die bevorstehenden Kämpfe entrichtet. In Kapitel 2 habe ich bereits darüber gesprochen, dass Sie den Projektionen widerstehen müssen, die ein Biest, das zum Prinzen werden will, auf Sie abfeuert. Aber jetzt schlage ich vor, noch einen Schritt weiter zu gehen – der selbstbezogene Mann muss erfahren, dass man das, was man austeilt, in gleicher Währung zurückbekommt. In dieser Phase fühlen Sie den Schmerz nicht, sondern geben ihn zurück.

Denken Sie daran, der Narzisst versteht nur die Sprache seines eigenen Schmerzes. Also muss er erst den gleichen Schmerz empfinden wie Sie, bevor er anfangen kann, mit Ihnen zu fühlen. Wenn Sie ihn kritisieren, dann achten Sie darauf, ihn auch wirklich an einem wunden Punkt zu treffen. (Aber versuchen Sie, dabei auch daran zu denken, dass Sie ihn lieben.)

Das Gleiche mache ich mit meinen Patienten – und ich meine das nicht als Witz. In dem Film *Analyze This* (Reine Nervensache) gibt es eine Szene, in welcher der Therapeut, frustriert und angeödet von einer Patientin, sich vorstellt, ihr etwas zu sagen wie: «Sehen Sie sich doch an! Sie sind so jämmerlich. Warum hören Sie nicht einfach auf zu winseln und fangen an zu leben?» Wie die meisten meiner Patienten wissen, besteht der Unterschied zwischen mir und diesem Therapeuten darin, dass ich solche Dinge nicht nur denke, sondern auch sage. Natürlich nicht mit diesen Worten und niemals respektlos. Aber gelegentlich bin ich schon recht hart und spreche vor allem bei selbstbezogenen Männern auch schmerzliche Dinge aus (wie ich hoffe, immer liebevoll).

Einmal sagte ich zu einem Patienten: «Ich habe die Nase voll davon, dass Sie ständig von Ihren psychischen Problemen reden!», obgleich das im Kontext weit weniger grob war, als es so isoliert klingt. Der Patient sprach nämlich darüber, wie sehr er sich schämte, dass er «jemand war, der psychische Probleme hat». Mein Kommentar war insofern mitfühlend, als er implizierte, dass es keinen Grund gibt, sich wegen solcher Probleme zu schämen, aber der Satz beinhaltete auch, dass seine Probleme nichts Besonderes sind und dass es Zeit für ihn war, erwachsen zu werden. Übrigens versuche ich das auch anderen Patienten klar zu machen, wenn ich es für angemessen halte.

Mit vielen selbstbezogenen Patienten habe ich offen und direkt über ihr oberflächliches Interesse an ihrer äußeren Erscheinung, an Ruhm und Status diskutiert. Ich habe Bemerkungen gemacht wie «Ich glaube nicht, dass Ihnen die Gefühle anderer Menschen wirklich am Herzen liegen», «Für Sie ist wohl keiner gut genug» und «Warum glauben Sie eigentlich, dass Sie so toll sind?!». Die Wahrheit ist eine riskante Strategie, weil sie an die Grundabwehr des

Gegenübers rührt – an die grandiose Fantasie, etwas Besonderes zu sein. Das Risiko besteht darin, dass der selbstbezogene Mann auf eine solche Konfrontation mit einer Lawine des Zorns reagiert oder die Beziehung einfach beendet. Andererseits ist das ja gerade der Grund, warum solche Konfrontationen erst in Phase drei stattfinden – nachdem man zuvor lange und geduldig Mitgefühl gezeigt und ausführlich über den Wunsch, etwas Besonderes zu sein, gesprochen hat.

Es gibt noch andere Dinge, die Sie tun können, um Ihre Attacke zu mildern. Zum einen sollten Sie immer anerkennen, in welcher Hinsicht der betreffende Mensch tatsächlich etwas Besonderes ist.

Als Beispiel fällt mir einer meiner Patienten ein, ein Arzt und Forscher, der zu einer medizinischen Konferenz nach Europa reiste. Als er auf dem Rückweg zum Flughafen kam, informierte man ihn, der Flug sei ausgebucht. Er war so gekränkt, dass er die Stewardess nach einem kurzen Streit am Gate anfuhr: «Und was ist, wenn ich einfach durchgehe und einsteige?» «Dann werden Sie festgenommen, Sir», antwortete sie. «Das glaube ich kaum, ich habe ja ein Ticket», antwortete er und machte Anstalten, an ihr vorbeizumarschieren.

Nun, er verbrachte die folgende Nacht in einem Pariser Gefängnis. Aber er überlebte es und ein paar Tage später erzählte er mir die Geschichte. Nun war dieser Mann im Gegensatz zu dem, was man sich nach diesem Ereignis vielleicht vorstellt, durchaus nicht arrogant oder selbstgefällig, sondern vielmehr ein warmherziger, liebenswerter Mensch. Als er mir den Vorfall berichtete, geißelte er auch gleich sein «blödes Gefühl, im Recht zu sein». (Als Arzt hatte er Zugang zu einem diagnostischen Handbuch für psychische Störungen und diagnostizierte sich selbst als Mensch mit einer narzisstischen Persönlichkeitsstörung.)

Aber ich antwortete: «Blöd daran ist lediglich, dass Sie, wenn Sie wirklich hätten mitfliegen wollen, nur hätten sagen müssen, dass Sie Arzt sind und dringend ins Krankenhaus zurück müssen. Und das wäre auch noch die Wahrheit gewesen. Aber Sie wollten die Sonderbehandlung nicht, die Ihnen zugestanden hätte. Sie wollten eine Sonderbehandlung dafür, dass Sie atmen, dafür, dass Sie einen Wunsch äußern. Eine Menge Leute halten Ihren Beruf für ziemlich wichtig – aber Sie anscheinend nicht. Sie wollen wichtig sein wegen nichts!»

Als Antwort brachte der Patient eine beeindruckende Begründung dafür vor, warum er seinen Ärzteausweis nicht vorgezeigt hatte: «Ich habe mir immer vorgenommen, dass ich es nie auf die Art ausnutzen werde, Arzt zu sein – das ist eine Frage des Prinzips.» Über diesen Punkt diskutierte ich nicht mit ihm, aber er diskutierte auch nicht mit mir, als ich erwiderte: «Das klingt mehr nach einer Rationalisierung als nach einem wirklich vernünftigen Grund – ich glaube, Sie wollten sich einfach als etwas Besonderes fühlen.»

Wenn Sie selbst nicht übermäßig narzisstisch sind, können Sie wahrscheinlich der Feindseligkeit, die zur Selbstbezogenheit gehört, beherzt entgegentreten, und zwar mit so viel Empathie und Interesse, dass Ihr Ärger relativ gering bleibt und der Zyklus gegenseitiger Vorwürfe, der für gewöhnlich mit einer narzisstischen Explosion endet, sich auf ein Minimum beschränkt. Doch es ist ganz wichtig, dem selbstbezogenen Mann direkt und energisch Paroli zu bieten, denn paradoxerweise spricht man so den Helden in ihm an – es macht ihm ein gutes Gefühl, dass er «einiges aushält».

Als Teenager erlebte ich eine Enttäuschung in der Liebe und der Vater eines Freundes, ein Psychiater, tröstete mich mit einer herausfordernden Bemerkung, nicht mit Mitgefühl. Er meinte, ich sollte auf die gleiche Art trauern, wie man um eine verstorbene Ehefrau trauern würde, worauf ich erwiderte, über Tote zu trauern sei leichter, weil man sich wenigstens nicht zurückgewiesen fühlt. «Warum solltest du es leicht haben?», fragte er. Das tröstete mich mehr als sein Vorschlag, über meinen Verlust zu trauern.

Wenn der selbstbezogene Mann auf die Konfrontationen in Phase zwei und drei positiv reagiert – selbst wenn es sich dabei um eine verzögerte, widerspenstige Reaktion handelt –, gibt es Hoffnung. Natürlich ist es letztlich seine Sache, auf ein neues

Programm umzusteigen, und die meisten Männer sind irgendwann dazu bereit – schließlich wissen wir, dass der selbstbezogene Mann geliebt werden und anderen gefallen möchte. Unglücklicherweise jedoch schaffen es manche Narzissten auch dann nicht, sich auf andere Menschen einzulassen, wenn sie den Schmerz, den sie anderen zufügen, selbst zu spüren bekommen.

Irgendwann jedoch werden auch sie reagieren, allerdings aus anderen Gründen. Da sie zu starken Schamgefühlen neigen, wird ihnen schrittweise klar, dass Narzissmus absolut uncool ist. Das motiviert sie narzisstisch, sich – dem äußeren Schein zuliebe – zu ändern, oder sie bemühen sich zumindest, den äußeren Schein des Narzissmus zu ändern, was manchmal gar kein so schlechter Ansatzpunkt ist. Probieren geht über Studieren.

Zum Schluss sollte ich noch erwähnen, dass diese drei Phasen außerhalb der Theorie natürlich nicht getrennt voneinander ablaufen. Aber sie überlappen sich auf eine Weise, dass es im Umgang mit einem selbstbezogenen Mann am besten ist, anfangs eher ein Verhalten an den Tag zu legen, das der hier beschriebenen ersten Phase entspricht, und später auf die zweite und dritte umzusteigen. Außerdem sollte ich noch einräumen, dass der Therapeut hier einen entscheidenden Vorteil gegenüber allen anderen hat.

Per definitionem ist der Patient aus rein narzisstischen Gründen in der Therapie, also für sich selbst. Wenn der Therapeut den Patienten also mit seinem Mangel an Aufmerksamkeit – für ihn, den Therapeuten – konfrontiert, versteht der Patient für gewöhnlich, dass der Therapeut das nicht sagt, weil er selbst beachtet werden will, sondern weil er ihm eine mehr oder weniger objektive Beobachtung anbieten möchte.

Leider machen nicht viele Therapeuten solche kritischen Bemerkungen, mit einem Ergebnis, das wir alle gut kennen: Der Narzisst wird aufgrund der Therapie nur noch narzisstischer und fällt seinen Mitmenschen mit der zwanghaften Analyse seines Narzissmus auf die Nerven. Es ist sicher einleuchtend, dass jeder, der eine Therapie beginnt, dies tut, weil er etwas davon haben möchte. Aber der selbstbezogene Mann sollte in der Therapie wie in jeder anderen Beziehung besonders die Erkenntnis gewinnen, dass Geben glücklicher macht als Nehmen. Wieder einmal können Männer etwas von der traditionellen Version der Weiblichkeit lernen.

KAPITEL 6

AGGRESSIVITÄT

... ich werde euch zeigen, wer der Boss ist

Erinnerungen an die Vergangenheit

An einem Herbstwochenende, als wir morgens die Enten auf dem Bach in der Nähe unseres Hauses fütterten, fragte ich meine Tochter, die damals vier Jahre alt war: «Was meinst du, welche von den beiden ist ein Junge und welche ein Mädchen?» Da wir schon öfter darüber gesprochen hatten, erwartete ich, sie würde sagen, der mit dem grünen Kopf sei der Junge und die Graue das Mädchen. Aber stattdessen antwortete sie: «Der da, der die andere jagt, das ist der Junge.» Tatsächlich jagte der grünköpfige Erpel das grauköpfige Entenweibchen. «Woher weißt du, dass das der Junge ist?», fragte ich und erwartete wieder, sie würde sagen: «Weil er einen grünen Kopf hat.» Aber sie antwortete: «Weil die Jungs einen immer nerven.»

Woher hatte sie das gelernt? Bestimmt nicht zu Hause, dachte ich, bevor mir einfiel, dass ihr großer Bruder sie tatsächlich ganz gern ein bisschen schikanierte. Aber sie hätte es auch auf dem Spielplatz lernen können oder in einem Disney-Film. Oder vielleicht war es auch «biologisches Wissen», das sich mit ihrer Persönlichkeit zum Rhythmus ihrer weiblichen DNA entfaltete. Solche Fragen zur realen und wahrgenommenen Aggression bei Jungen und Männern haben im Lauf der Zeit eine Unmenge von Forschungsprojekten und Kontroversen beflügelt. Meine eigene klinische Erfahrung bestätigt die Beobachtung meiner Tochter, dass Männer zumindest oberflächlich eher zum Schikanieren neigen als Frauen. Natürlich ist es möglich, dass ihre Beobachtung nur die Vorurteile ihres Vaters spiegelte (hoffentlich eher das als sein Verhalten).

In der Fachliteratur gibt es reichlich Hinweise darauf, dass Männer biologisch bedingt mehr zu Aggression neigen als Frauen. Viele Leute, unter ihnen auch zahlreiche Psychologen, leugnen jedoch lieber, dass die Biologie bei der männlichen Aggression eine Rolle spielt; sie fürchten sich vor der nahe liegenden Implikation, dass man dann die Gewalt, die größtenteils von Männern ausgeht, womöglich nicht unter Kontrolle bekommen kann. Aber wenn man diesen Befund eher als Tendenz sieht und nicht so sehr als tatsächliches Verhalten, räumen sogar Autoren wie Terrence Real und Myriam Miedzian – die beide stark die sozialen Faktoren der Geschlechtsunterschiede betonen – ein, dass die Biologie bei der männlichen Aggression eine gewisse Rolle spielt.[10]

Die interessantesten biologischen Theorien sind die, in denen wir Menschen mit unseren nächsten Verwandten, dem Orang-Utan, dem Schimpansen und dem Gorilla, verglichen werden. Wie die Autoren Richard Wrangham und Dale Peterson feststellten, setzen die Männchen dieser Arten brutale Gewalt wie Vergewaltigung, Körperverletzung und Kindesmord ein, um die Reproduktionsrate zu erhöhen. Der Vergleich mit der menschlichen Aggression ist beunruhigend. Aber ist er deshalb beunruhigend, weil wir anders sind als diese anderen Affen oder weil wir ihnen ähneln? (1984 stellten Wissenschaftler fest, dass wir tatsächlich zur Familie der Affen gehören!) Vielleicht beides. Dass der größte Teil menschlicher Gewalttaten von Männern ausgeht, ist eindeutig, und dass Vergewaltigung und Körperverletzung, wenn nicht sogar Kindesmord Gewalttaten sind, die Männer mit ihrer Affenverwandtschaft gemeinsam haben, lässt sich ebenfalls nicht leugnen.

Aber selbst wenn wir psychische statt physischer Gewalt betrachten – wie ich es in diesem Kapitel tun werde –, lässt sich schwer abstreiten, dass sie einige Wurzeln in unserer biologischen Entwicklung hat.

Dies ist deshalb kaum zu bestreiten, weil das System, das männliche Aggression produziert – in der Sprache von Wrangham und Peterson «Patriotismus» –, im Tierreich einmalig ist. Tatsächlich ist, was Feministinnen sicher freuen wird, bei vielen Arten das Weibchen, nicht das Männchen, für das Kämpfen zuständig. Aber Wrangham und Peterson zeigen, dass in den Tiersystemen, in denen die Weibchen als Soldaten fungieren, der Kampf eher defensiv ausgerichtet ist, mit dem Ziel, das Mutterland gegen äußere Eindringlinge zu verteidigen. Im Schimpansen- und im Menschensystem dagegen gehen männliche Krieger oft weit über die Verteidigung hinaus und es kommt zu unprovozierten Akten der Aggression. In der Welt der Primaten sind Schimpansen und Menschen sogar insofern einmalig, als sie die Einzigen sind, die regelmäßig und absichtlich Erwachsene ihrer eigenen Art töten.

Natürlich ist es schwer, uns selbst als Affen zu betrachten. Im Gegensatz zu ihnen haben wir Sprache, Kunst, Kultur, Spiritualität – und natürlich echte Intelligenz. Aber wenn Sie daran denken, dass unsere Vorfahren ungefähr drei bis zweiundzwanzig Millionen Jahre Affen waren, bis sie vor ungefähr zwei Millionen Jahren menschliche Wesen wurden, und dass Kunst – in Form von Höhlenmalereien und Knochenschnitzereien – erst vor etwa fünfunddreißigtausend Jahren auftrat, ist es eigentlich eher überraschend, dass wir den Affen nicht noch mehr ähneln. Von diesem Standpunkt aus ist der Wunsch, unsere Vergangenheit zu leugnen, zwar verständlich – wer hält sich selbst schon gern für einen Affen? –, aber nicht nur dumm, sondern gefährlich. Wie ich oft zu Patienten sage, die gern glauben wollen, dass ihre Kindheit nichts damit zu tun hat, wie wir heute sind: Unsere Herkunft prägt uns. Diese Patienten, die vielleicht aus «dysfunktionalen» Familien stammen, wollen sich so dringend von diesen lossagen, dass sie den Gedanken, etwas könnte in ihrer Vergangenheit begründet liegen, weit von sich weisen. Traurigerweise sind diejenigen, die ihre Vergangenheit leugnen, dazu verdammt, sie ständig zu wiederholen, wie man am zwischenmenschlichen Leben solcher Leute auch unschwer erkennt. Nicht die Frau, der bewusst ist, dass sie ihren abwesenden Vater vermisst hat, sehnt sich nach unerreichbaren Männern, sondern die, die es verdrängt hat.

So ist es auch mit denen, die in ihrer Weigerung, hässliche Dinge bei Menschen zu tolerieren, wissenschaftliche Evolutionstheorien leugnen, aber irgendwann anfangen, Bücher zu verbrennen oder sich sonst einer bedrohlich «affenartigen» Verhaltensweise hingeben. Wissenschaftler, die sich mit Evolutionstheorien befassen, sind dagegen wahrscheinlich eher sanft, sensibel und in diesem Sinne menschlicher. Meiner Meinung nach neigen Männer zwar soziobiologisch zu Aggressionen, aber der Schlüssel dazu, wie man diese in Schach halten kann, liegt darin, sich das Problem bewusst zu machen, die Aggression zu sublimieren und sich mit ihr auseinander zu setzen. Es ist das Paradox jeder Vorwärtsbewegung, dass man sich von der Vergangenheit nicht lösen kann, ohne sich in permanentem Dialog mit ihr zu befinden – wir müssen uns verabschieden, ehe wir Guten Tag sagen.[11]

Nehmen wir für eine Weile Abschied von den Affen – ich bin sicher, das Thema wird bald wieder auftauchen. Obgleich unsere Wurzeln dort liegen, ist es letztlich nicht die körperliche Aggression, die den Menschen einmalig macht, sondern die komplizierteren psychischen und zwischenmenschlichen Formen der Körperverletzung. Tatsächlich ist die männliche Aggression – ganz gleich, wo ihre evolutionären Ursprünge liegen mögen – ähnlich wie die Selbstbezogenheit ein direktes Ergebnis der männlichen Unsicherheit. Es reicht nicht, den femininen Einfluss der Mutter abzuweisen, die meisten Männer wollen auch das Machtverhältnis mit ihr umkehren. Im Heranwachsen versucht der Junge Schritt für Schritt seine verletzliche, abhängige Beziehung zu seiner Mutter aufzugeben und durch das Gegenteil zu ersetzen – durch den Wunsch, der Boss zu sein. Manchmal fängt ein Junge als Teenager an, seine Mutter abzulehnen, manchmal entwickelt er den

Wunsch, alle Frauen – vor allem die, von denen er emotional abhängig ist – zu beherrschen – oder sonst jemanden, auf den er die Beziehung zu seiner Mutter übertragen kann.

Der geschlagene Therapeut

Wir alle kennen wahrscheinlich ein Paar, in dem der Mann die Frau schlecht behandelt. Tatsächlich bevölkern aufbrausende Männer und verletzte Frauen die therapeutischen Sofas und Sessel, wo man nur hinblickt. Übrigens muss man diese Dynamik unterscheiden vom zwar verwandten, aber qualitativ verschiedenen Problem der häuslichen Gewalt. Zwar haben beide einige psychologische Faktoren gemeinsam und überschneiden sich auch oft, aber da bei Letzterer die Sorge um die körperliche Unversehrtheit und andere Konsequenzen im Vordergrund steht, sind spezielle Überlegungen notwendig, die den Rahmen dieses Buchs sprengen würden. Natürlich sind auch Frauen absolut in der Lage, Männer auszunutzen und zu beleidigen, aber ihre Art der Aggression unterscheidet sich normalerweise deutlich von der männlichen.

Einer meiner Patienten, «Len», kam auf Drängen seiner Frau zu mir. Er hatte bei einem Streit die Beherrschung verloren und ein Buch nach ihr geworfen. In der ersten Sitzung räumte er zögernd ein, ihm sei klar, dass er ein Problem habe. Außerdem berichtete er von einem Vorfall an Thanksgiving des Vorjahrs; er hatte die Feiertage mit seiner Familie in New Jersey verbracht, hatte mit seiner Mutter Streit bekommen und ihr einen Kleiderbügel über den Kopf geschlagen. Darauf hatten seine Eltern ihm weitere Übernachtungsbesuche untersagt. Der Patient reagierte erleichtert – er wollte die Feiertage sowieso nicht mit ihnen verbringen und war nur aus Pflichtgefühl gekommen. Wir waren beide der Ansicht, dass das Ergebnis der Explosion etwas von der Motivation des Patienten offenbarte, nämlich den Wunsch, sich von seinen Eltern zu lösen, ohne das in Worte fassen zu müssen.

Zwei oder drei Jahre lang verlief Lens Therapie vorhersehbar und ereignislos. Wir sprachen wiederholt über die Schwierigkeiten mit seinen Eltern, aber häufig fühlten sich diese Gespräche wie leere intellektuelle Fingerübungen an. Eines Tages reagierte der Patient aus heiterem Himmel auf eine sicher nicht sehr sensible Äußerung meinerseits mit einem Wutausbruch. So etwas hatte ich noch nie erlebt. Len sprang auf, kam mit einer drohenden Gebärde auf mich zu und fing an, wie ein Verrückter zu brüllen. Am ganzen Körper vor Wut bebend, riss er die Tür auf, damit alle Welt ihn hören konnte, und überschüttete mich mit einem Schwall von Vorwürfen über meine Inkompetenz. Schließlich stürmte er hinaus und ließ mich sprachlos und bestürzt zurück. Noch nie habe ich jemanden so brüllen hören.

In der nächsten Therapiestunde war Len angemessen zerknirscht. Ich meinerseits informierte ihn, dass mir eine solche Form des Selbstausdrucks zu viel Angst machte, um effektiv damit arbeiten zu können. Clever konterte mein Patient, dass er sich jetzt endlich gestattete, mir sein Problem zu zeigen, und dass mein Job doch sei, es zu akzeptieren, damit wir uns «hier und jetzt» damit beschäftigen konnten. Ich stimmte ihm zu, dass ich es im Idealfall begrüßen sollte, wenn er seine Probleme in unsere persönliche Interaktion einbrachte, und dass eine Therapie so tatsächlich am besten funktioniert. Aber ich erklärte ihm, dass ich meine Angst nicht ignorieren konnte und deshalb die Therapie beenden würde, wenn so etwas noch einmal passierte.

Dies schien zu funktionieren und eine Weile machten wir weiter wie bisher. Doch dann tauchte ein neues Problem auf. Der Patient begann zu spät zu seinen Terminen zu kommen. Zuerst fünf, dann zehn, dann zwanzig Minuten. Wir diskutierten darüber, was dies bedeuten könnte, und erörterten unter anderem auch die Möglichkeit, dass er eigentlich gar nicht mehr zur Therapie kommen wollte. Aber dies wirkte wieder wie eine leere intellektuelle Analyse aus dem Psychologielehrbuch. Außerdem beharrte Len darauf, dass er überall zu spät kam, und wurde verständlicherweise frustriert, wenn er die restliche Zeit der Therapiestunde auch noch über sein Zuspätkommen redete. Deshalb gab ich diese Fragen schließlich auf. Doch er kam nicht nur weiterhin zu spät, sondern die Situation eskalierte sogar so weit, dass er manchmal erst fünf Minuten vor Schluss einer Sitzung und manchmal auch gar nicht erschien. In den seltenen Fällen, wenn er pünktlich auftauchte, setzte er sich schweigend auf seinen Stuhl und wurde auch im Verlauf der Stunde nicht viel gesprächiger.

Dann kam die zweite Explosion. Ich weiß nicht mehr, was sie auslöste, aber wieder brüllte Len erst los und rannte dann davon. Nur kehrte er diesmal ein paar Minuten später zurück. Und während ich noch darüber nachdachte, ob und wie ich die Behandlung beenden sollte, setzte er sich wieder und begann zu reden.

«Ich bin um den Block gegangen und hab darüber nachgedacht, was ich getan habe. Da wurde mir plötzlich klar, warum ich es getan habe. Ich habe Ihnen ganz zu Anfang gesagt, dass meine Frau mich gedrängt hat, eine Therapie zu machen. Und indem ich zu spät kam oder gar nicht auftauchte oder nichts sagte, hab ich Ihnen zu verstehen gegeben, dass ich nicht hier sein wollte. Aber Sie haben nichts getan. Also musste ich wie bei meinen Eltern an die Decke gehen, damit Sie mich rausschmeißen. Alles, weil ich Angst hatte, von allein zu gehen.»

Als er es aussprach, konnte ich kaum glauben, dass ich es nicht selbst gesehen hatte – es war doch so nahe liegend! Aber dann wurde mir klar, warum meine Beobachtungsgabe mich im Stich gelassen hatte: Seit der ersten Explosion befürchtete ich insgeheim dauernd eine Wiederholung. Wie eine misshandelte Ehefrau war ich eingeschüchtert von der Wut des Patienten und konzentrierte mich ganz auf meinen eigenen Eiertanz. Genau das ist natürlich das Hauptziel dieser Art männlicher Macht: den Gegner kalt zu erwischen und ihn/sie so gründlich einzuschüchtern, dass er/sie sich unterwirft.

Ein anderes universelles Bestreben männlicher Aggression, wie es der Fall meines Patienten dramatisch und etwas vereinfachend illustriert, ist das der psychischen Trennung. Wäre der Patient in der Lage gewesen zu sagen: «Ich möchte die Therapie wirklich nicht weitermachen», oder «Ich möchte nicht mehr von dir abhängig sein, Mom», hätte er nicht explodieren müssen. Aber wenn man im bisherigen Leben weit mehr die Nachteile einer Trennung erfahren hat als die Vorteile, ist es weniger schmerzhaft, hinausgeworfen zu werden als selbst zu gehen.

Wie Sie vielleicht erraten haben, kommt der Patient weiterhin zur Therapie. Aber es vergeht buchstäblich keine Sitzung, ohne dass wir über seinen Wunsch sprechen, mich loszuwerden, und über seine Angst, ohne mich nicht existieren zu können. Und wir trösten uns beide mit der therapeutischen Tatsache, dass ich, emotional gesehen, seine Mutter geworden bin und er daran arbeitet, sich von ihr zu lösen. Unter anderem zeigt dies, dass man keine Frau sein muss, um Zielscheibe des männlichen Wunschs zu werden, Frauen zu beherrschen. Viele Männer haben, wenn sie ihre Aggression ausleben, das Gefühl, sie müssten zwei Fliegen mit einer Klappe schlagen – also verwandeln sie einen Mann in eine Frau und behandeln ihn entsprechend.

Mit gleicher Münze heimzahlen

Wenn man mit Männern zurechtkommen will, bedeutet das manchmal, dass man Aggression mit Gegenaggression begegnen muss. Bei einer Konfrontation müssen wir unsere Waffen jedoch mit Bedacht wählen. Im Idealfall sollten sie (1) eindeutig überlegen, aber (2) vorzugsweise konventionell und nicht nuklear sein. Bei meinem explosiven Patienten hätte man auf verlorenem Posten gekämpft, wenn man versucht hätte zurückzubrüllen – meine Stimme wäre nicht gegen seine Dezibelzahl angekommen. Die Therapie zu beenden, wäre möglicherweise eine erfolgreiche Strategie gewesen, aber sie hätte eher einer nuklearen Waffe entsprochen, weshalb ich auch sie nicht angewandt habe. Aber war ich deswegen ein Weichei? Forderte ich den Patienten damit womöglich zu weiteren aggressiven Handlungen auf? Die Zeit wird es zeigen.

Eins, was ich von Len und ähnlichen Patienten gelernt habe, ist das genaue Gegenteil von dem, was man auf der Universität beigebracht bekommt. Psychologen (und auch Polizisten, Lehrer und außenpolitische Experten) lernen für gewöhnlich, dass man, wenn man es mit Leuten zu tun hat, die Grenzen austesten, diese spezifisch und ausdrücklich darauf hinweisen muss, was inakzeptabel ist und welche Konsequenzen eine Grenzüberschreitung haben wird. Aber wie alle Eltern und Lehrer wissen, die je den Satz «Wenn du das noch mal machst, dann . . .» in den Mund genommen haben, beherrschen Grenzentester ihre Kunst so gut, dass sie elegant auf der Grenze balancieren und ihr Gegenüber in einen zwanghaften Dialog über die Definition und Neudefinition der Grenzen verwickeln, alles natürlich mit dem Ziel, dessen Autorität zu untergraben.

Wie hätte ich meinem explosiven Patienten beispielsweise eine Grenze hinsichtlich Lautstärke und Länge des Ausbruchs setzen sollen? Was hätte ich tun sollen, wenn er nur die Stimme gehoben, mich aber nicht bedroht hätte? Leider sind diese Fragen vielen Frauen, deren Partner gelegentlich «ausrasten», nur allzu vertraut.

Ich neige inzwischen zu der Ansicht, dass die Lösung fast im Gegenteil dessen liegt, was man an der Universität lehrt – sagen Sie der betreffenden Person nicht, wo Ihre Grenzen liegen. Arbeiten Sie statt dessen daran, eine innere Überzeugung zu gewinnen, was für Sie wirklich inakzeptabel ist. Informieren Sie den Aggressor dann über das *Prinzip*, das Ihre inneren Grenzen bestimmt, aber lassen Sie ihn über die spezifischen Einzelheiten im Unklaren. Und machen Sie sich bereit zu handeln, wenn Ihr Prinzip verletzt wird. Natürlich wird es Ihnen dann leicht fallen einzugreifen, weil Sie selbst keinen Zweifel daran haben, was warum nicht akzeptiert werden kann.

Selbstverständlich ist das leichter gesagt als getan. Als ich meinem explosiven Patienten sagte, dass ich die Behandlung doch nicht beenden würde, seufzte er tief und meinte: «Sie fangen an, Ihre Glaubwürdigkeit zu verlieren, genau wie meine Frau. Sie hat gesagt, sie würde mich verlassen, wenn mir das noch mal passiert, aber das sagt sie schon seit fünfzehn Jahren!» «Vermutlich haben Sie Recht», erwiderte ich, «aber ich glaube nicht, dass ich die gleiche Toleranz aufbringe wie Ihre Frau. Hoffen wir also, dass Sie mich nicht noch einmal auf die Probe stellen. Es sei denn, Sie wollen die Therapie beenden, dann können wir das Gebrüll überspringen.»

Im Umgang mit der männlichen Aggression muss man das Schimpansenverhalten erkennen und auf die gleiche Weise antworten. Wenn eine Frau mit Tränen oder etwas Vergleichbarem auf die feindseligen Angriffe ihres Gatten oder Freundes hinsichtlich (beispielsweise) ihres Aussehens reagiert, beschwört sie damit nur weitere Attacken herauf. Anfangs scheinen Tränen die Männerherzen zu rühren – für gewöhnlich reagieren sie liebevoll und zerknirscht auf eine weinende Frau –, denn sie sind ein handfester Beweis seiner Macht. Aber genau aus diesem Grund belohnen und verstärken Tränen das aggressive Verhaltensmuster und katapultieren das Paar in eine schwindelerregende Karussellfahrt von Sadismus und Masochismus. Deshalb besteht die beste Strategie für eine Frau in dieser Situation nicht darin, sich zu unterwerfen, sondern darin, eine Möglichkeit zu finden, wie sie ihrem Mann mitteilen kann, er solle «sich verpissen» oder sich «ein Leben suchen». Im Idealfall sollte dies aber nicht geschehen, bevor sie eine feste innere Überzeugung entwickelt hat, wie für sie inakzeptables Verhalten aussieht.

Gleichzeitig ist es wichtig zu erkennen, dass männliche Aggression im Gegensatz zu reiner Gewalt auch eine psychische Abwehr ist, mit der die eigene feminine Machtlosigkeit abgewehrt werden soll. Nach dieser Hypothese wird ein Mann umso aggressiver, je machtloser er sich fühlt.[12] Wenn Sie also die Aggressivität eines Mannes mildern wollen, müssen Sie sein Machtgefühl fördern, was viele Frauen übrigens sehr gut meistern. Sogar wenn eine Frau ihren Mann nur im Scherz wegen seiner Intelligenz, seiner Arbeit, seinem Talent für Basketball, seinem ritterlichen Benehmen oder sonst etwas «Maskulinem» bewundert und schätzt, trägt das schon sehr viel dazu bei, dass er sich mächtiger fühlt. Natürlich ist das nicht leicht zu bewerkstelligen, wenn Sie sich von Ihrem Partner unterdrückt fühlen, aber gerade dann ist es am nötigsten. Und es ist leichter, wenn Sie gleichzeitig auf seine Aggression mit einer Art «Verpiss dich» reagieren – wenn Sie jemandem die Stirn bieten, erhöht das die Wahrscheinlichkeit, dass Sie ihn lieben. Schließlich gedeiht Liebe unter Bedingungen, die von Freiheit und Gleichheit geprägt sind, nicht von einer Opferhaltung.

Apollo und Daphne

Eine meiner Lieblingsskulpturen steht in der Villa Borghese in Rom. Sie stammt von dem italienischen Barockkünstler Gianlorenzo Bernini und bringt meinem Empfinden nach den mythologischen Augenblick in der Geschichte des Kampfs und der Liebe zwischen den Geschlechtern genau auf den Punkt. Der wunderbare weiße Stein zeigt ein junges Paar in einem Moment des Triumphs, der Verzweiflung und der Transformation. Noch während der junge Mann die Arme nach seiner Geliebten ausstreckt, verwandelt sich ihre Haut in Baumrinde, ihre Haare und Arme werden Zweige und Blätter. Die Skulptur zeigt Apollo, den griechischen Gott der Musik, Dichtung, Medizin und Weissagung, wie er der schönen Nymphe Daphne nachstellt, die seine Liebe nicht erwidert. Cupido, der Gott der Liebe, hat Apollo mit einem Liebespfeil getroffen, aber bei Daphne ist genau das Gegenteil der Fall: Sie muss vor der Liebe fliehen. Als Apollo sie deshalb nach langer Jagd endlich erhascht, betet die Nymphe zu ihrem Vater, dem Flussgott, den Körper zu zerstören, den Apollo so begehrt. Ihr Gebet wird erhört und sie verwandelt sich in einen Lorbeerbaum.

In seinen *Metamorphosen* erzählt uns der römische Dichter Ovid noch mehr über die emotionale Dualität, die dieser Liebesjagd zugrunde liegt. Einerseits bringt Apollo unverhohlen zarte Gefühle der Bewunderung und Fürsorge zum Ausdruck. Voller

Angst, Daphne könnte sich auf der Flucht vor ihm verletzen, ruft er aus: *«Rau ist der Grund, den du trittst. O, eile mäßiger, fleh' ich/ Hemme die hastige Flucht. Und ich will mäßiger folgen.»* Andererseits hält er in seiner Jagd auch nicht inne, obwohl er genau gemerkt hat, dass er sie nicht davon überzeugen kann, dass er nicht ihr Feind ist. Tatsächlich ist selbst in seiner Bewunderung zu erkennen, wie sehr er sie zum Objekt macht: *«Er sieht die Lippen und, die nur zu sehen,/ Dünkt ihn zu wenig; er preist ihre Finger, die Hände, die Arme,/ Bloß, wie sie sind, bis fast zur Schulter hinauf, und er denkt sich/ Besser noch, was verborgen ihm bleibt.»* Seine Beschützergefühle scheinen sich darauf zu konzentrieren, «den Fuß dir, den zarten» und andere Körperteile nicht zu verletzen; um Daphne als Person geht es ihm dabei weniger.

Warum jagt Apollo Daphne? Glaubt er wirklich, dass sie ihn deshalb lieben wird? Nun, vielleicht denken Männer in solchen Situationen überhaupt nicht. Doch selbst wenn sie es tun, sind sie sich oft der ihrem Ziel innewohnenden Feindseligkeit überhaupt nicht bewusst, während Frauen sofort merken, wenn man sie zum Ziel eigener Begierden und zum Objekt macht. Bewusst sucht auch Apollo nicht den Kampf, sondern er will akzeptiert werden. Ich bin kein Schafhirte, sagte er zu Daphne und versucht sich ihr zu verkaufen, indem er seine verschiedenen göttlichen Qualitäten aufzählt: Er ist ein Heiler, ein Wahrsager und so weiter. Auch in dieser Hinsicht ist dieser Gott ziemlich menschlich und vor allem männlich. Seine Versuche, Daphne zu beeindrucken, erinnern stark an das verzweifelte Flehen des narzisstischen Mannes, akzeptiert und bestätigt zu werden, damit er sich selbst besser fühlt. Interessanterweise wird in diesem Kontext Apollos Aggression zum ersten Mal ganz deutlich: *«Du weißt nicht, vor wem so blindlings du fliehst»*, ruft er der Frau zu, die sich weigert, sich beeindrucken zu lassen.

Hier treffen wir auf die logische, wenn auch seltsame Verbindung zwischen Selbstbezogenheit und Aggression bei Männern: Um sich selbst zu lieben, müssen Männer Frauen «hassen». Das heißt, um sich akzeptiert zu fühlen, müssen sie der Frau ihre

Männlichkeit beweisen, indem sie ihre eigene Verletzlichkeit leugnen und sie auf die Frau projizieren, von der sie akzeptiert werden wollen. Während sie verzweifelt nach Akzeptanz suchen, können sie diese nicht annehmen, wenn sie ihnen freiwillig gegeben wird, denn aus ihrer defensiven Position heraus ist sie nur etwas wert, wenn man sie erobert.

Als Apollo Daphne endlich erreicht hat, verliert er sie. Doch Ovid erwähnt keine Trauer, stattdessen berichtet er, nachdem Daphne sich in einen Baum verwandelt hat:

Phoebus liebt sie noch jetzt; er legt an den Stamm seine Rechte,
Fühlt das Herz der Geliebten noch schlagen unter der Rinde;
Und es umschlingt sein Arm wie Glieder die Zweige, mit Küssen
Deckt er das Holz; und es weicht noch jetzt zurück vor den Lippen.
«Kannst du», so spricht der Gott, «nicht mehr die Gattin mir werden,
Sollst mein Baum du doch sein».

Insoweit, als aus einer Handlung die unbewussten Motivationen abgeleitet werden können, war das Ziel der Jagd also nicht, zu lieben und geliebt zu werden, sondern vielmehr, eine Widerspenstige «rumzukriegen» – tot oder lebendig. Zwar ist die Jagd nicht besser als das, was man bei ihr gewinnt, aber wenn der Preis unterwegs ein bisschen beschädigt wird, ist dies auch nicht weiter schlimm – wenigstens kann man Holz nach Herzenslust küssen, ohne zurückgewiesen zu werden. Jedenfalls erklärte Apollo den Lorbeer zum Siegerkranz für sein eigenes Haupt und das aller siegreichen Römer. Mit anderen Worten, obgleich er seine Liebe verloren hat, sah er sich dennoch als Sieger, als körperlicher Eroberer, wenn man so will – eine Tatsache, die durch die feierliche Zurschaustellung der Körperteile des Verlierers verewigt wurde.

Obgleich wir oft gerührt sind angesichts der Leiden des emotionalen Underdogs der Liebe, lässt sich nicht leugnen, dass ein gewisses Maß an Aggression dazugehört, eine Person zu lieben, die nicht geliebt werden will, oder ihr physisch oder psychisch so lange nachzustellen, bis sie den Verfolger liebt. Und obgleich unerwiderte Liebe und sogar die in ihr enthaltene Aggression kaum alleiniges Gebiet der Männer ist, kommt es bei ihnen doch häufiger vor, dass sie die «Angebetete» direkt und angriffslustig zum Objekt machen.

Die Idee, dass es bei dieser Art männlicher Liebe um Eroberung und Besitz geht, wird am Ende von Ovids Geschichte auf tragikomische Weise deutlich, als «Daphne» (der Baum) ihr Schicksal annimmt, Apollo zu gehören: *«Phoebus hatte geendet. Bejahend regte die jungen Zweige der Lorbeer und schien wie ein Haupt den Wipfel zu neigen.»*

Wichtig ist, im Gedächtnis zu behalten, dass die männliche Aggression nur die eine, oft unbewusste Seite der Medaille darstellt. Wir dürfen auch den Anfang der Geschichte nicht vergessen, wir müssen der männlichen Liebe und Großherzigkeit die ihnen zustehende Ehre erweisen. Bei der Lektüre Ovids würde vermutlich nur die radikale Feministin – und der feminine Teil in mir – sich nicht mit Apollos Bemühungen und seinem Schmerz identifizieren. Tatsächlich geht es in Ovids Geschichte ja um Cupidos Strafe für Apollo, nicht für Daphne.[13]

Aber so verwundbar sich ein Mann in der Liebe (und der Lust) auch fühlen mag, ist er doch der Eroberer, der einer Frau zur Not auch Angst einjagt und sie in die Flucht schlägt. Sicher gibt es unerwiderte Liebe bei beiden Geschlechtern. Frauen, die Männern nachjagen, tun dies mit ihrer eigenen Form von Feindseligkeit. Dennoch würden mir immer noch die meisten Leute zustimmen, wenn ich behaupte, dass eine Frau, die einem Mann nachgibt, sich selbst masochistisch verletzt, während ein Mann, der einer Frau nachgibt, auch diese verletzt. Wieder einmal kann dies eine Konsequenz des Konflikts der männlichen Unsicherheit sein, in dem der Mann, aus inneren, defensiven Gründen, das Gefühl braucht, überlegen zu sein.

Während mein achtjähriger Sohn manchmal seiner Liebe zu seiner Mutter in so heftigen Umarmungen Ausdruck verleiht, dass es ihr buchstäblich den Atem verschlägt, flirtet meine fünfjährige Tochter oft mit mir, indem sie vor mir wegläuft, lacht und schreit:

«Jungsbakterien, Jungsbakterien!» Natürlich zeigen sie ihre Liebe auch auf andere, flexiblere Weise, aber bei diesen speziellen Ausdrucksformen kann man sich nur schwer vorstellen, dass sie anders herum stattfinden könnten.

Ein Porträt des Künstlers als Don Juan

Der Patient, von dem ich als Nächstes spreche, war nicht wirklich Künstler. Als junger, aufstrebender Manager in einer großen Versicherungsfirma hatte «Keith» eigentlich wenig bis gar keine künstlerischen Neigungen. Aber in meinen Augen war er zumindest in seinen Beziehungen eine Art Künstler. Wie ein Bildhauer konnte er das Konterfei der Frauen meißeln, formen, manipulieren und neu erschaffen, je nach seinen eigenen psychischen Bedürfnissen. Da Keith außerdem sensibel, aufnahmefähig und introspektiv war, könnte man zumindest von einem künstlerischen Temperament sprechen.

In Gedanken verwandelte Keith die Frauen, mit denen er sich verabredete, in hinreißende statueske Figuren verschiedener Typen. Groß und mütterlich, kurvenreich und sexy, schlank und jungfräulich, so formte er sie aus dem weißen Marmor, den er unbewusst aus seinem eigenen gefühllosen Herzen auf seine Wahrnehmung der Weiblichkeit projizierte. In diese Skulpturen verliebte er sich, nur um immer wieder von neuem zu entdecken, dass der Herzschlag, den er sich «erhofft und erfühlt» hatte, doch nicht vorhanden war.

Da der Patient sehr selbstbezogen war, suchte er die ideale Frau, die positiv auf sein idealisiertes Selbst reflektieren würde. Aber er schleppte auch eine Menge Aggression mit sich herum, weil er die wirkliche Person, mit der er sich verabredete, durch ein «Ding» ersetzt hatte. Das erste solche «Ding», über das er in der Therapie sprach, war groß und abstrakt – seine Mutter. In unserer ersten gemeinsamen Sitzung erklärte mir Keith, dass er gekommen war, weil seine Freundin, mit der er seit sechs Jahren zusammenlebte, heiraten wollte, er aber davor zurückschreckte – und nicht wusste, warum. In dieser Sitzung beteuerte er in allen Tonlagen, wie sehr er seine Freundin liebte und wie unglaublich sensibel und fürsorglich sie war. Wie als stichfesten Beweis brachte er sie zur nächsten Sitzung gleich mit. Zwar war sie sehr nett, aber ich konnte nichts Besonderes an ihr entdecken. Das hätte schon mein erster Hinweis darauf sein sollen, dass mein Patient ein «Bildhauer» war.

Als die dritte Sitzung stattfand, hatte sich Keith von seiner Freundin getrennt – sie hatte ihm wegen der Heirat ein Ultimatum gestellt und er hatte Nein gesagt. Aber erst eine ganze Weile später konnte er in der Therapie artikulieren, warum er zu diesem Zeitpunkt nicht zur Ehe bereit gewesen war. Es hatte nichts mit praktischen Erwägungen wie Alter, berufliche Sicherheit oder Geld zu tun, auch nichts mit romantischen Sorgen, beispielsweise hinsichtlich emotionaler Ambivalenz oder mangelnder Anziehung. Vielmehr ging es darum, dass der Patient sich bei seiner Freundin vorkam wie ein Kind. Tatsächlich war sie eine sehr fürsorgliche Person, aber der Patient konnte nicht anders, als sie in ein «Ding» zu verwandeln – in diesem Fall eine Mutter –, wodurch er sich gezwungenermaßen wie ein kleiner Junge fühlte. Nun, das war das Ende dieser Schöpfung, die mich an ein Bild von Rubens erinnerte.

Die Ironie bestand darin, dass die Idealisierung dieser Frau noch mehrere Jahre nach der Trennung anhielt und sogar stärker wurde. Zwar erkannte mein Patient, dass er keine Frau heiraten konnte, die er als so mütterlich empfand, aber er war überzeugt, dass er nie wieder einer Frau begegnen würde, die so etwas Besonderes war wie sie. So war sie nicht mehr nur eine «ganz besondere» Sterbliche, sondern wurde zur Göttin stilisiert, beziehungsweise zu einem wehmütigen, in Marmor gehauenen Konstrukt einer Göttin.

Natürlich teilte ich diese Beobachtung meinem Patienten mit und er stimmte mir zumindest intellektuell zu. Aber als er die nächste Beziehung einging, machte er mit der Bildhauerei sofort weiter, dieses Mal allerdings mit der gegenteiligen Vorlage. Was ist das Gegenteil des Dings, das man Mutter nennt?, fragen Sie sich jetzt sicher. Für Freud war es die Hure und das von ihm beobachtete Phänomen ist trotz der sexuellen Revolution für viele Männer immer noch ein Problem. In dieser Situation behandelt der Mann seine Frau oder Freundin mit so viel Respekt, dass er davor zurückschreckt, sie sexuell zu objektivieren. Deshalb verlegt er sich auf sexuelle Fantasien oder lebt seine Sexualität nur mit anderen Frauen aus, die er weniger respektiert. Diese sexuelle Spaltung ist eine wichtige Methode, mit der Männer es schaffen, ihre Aggression zu verbergen – vor anderen ebenso wie vor sich selbst.

Also war das nächste «Ding» meines Patienten eine Hure. Nicht wörtlich natürlich, aber doch im Bezug auf die Dynamik ihrer Beziehung. Diesmal war seine Kreation (oder Entdeckung, je nach der Einschätzung, wie sehr das Bild dieser Frau mit der Realität korrespondierte) physisch und psychisch ziemlich anders: jung, kurvenreich, sexuell experimentierfreudig. Wie Keith es ausdrückte, war sie ein Tier, das alles getan hätte, um ihn ins Bett zu kriegen – betteln, verführen, mit den eigenen Reizen locken. Seltsamerweise jedoch ließ diese Frau, die doch so eindeutig «heiß» war, den Patienten emotional völlig kalt. Nach einem Jahr langer, enthemmter Liebesnächte trennte sich der Patient von ihr.

«Ich war noch nie in meinem Leben so erregt», erklärte er, «aber ich würde eine Frau wie sie nie heiraten.» Interessant ist, dass er ein ehrlicher und direkter Mensch war und aus seiner Einstellung gegenüber der Frau nie ein Hehl gemacht hatte – was ihm half, seine Schuldgefühle zu rationalisieren. Aber sein schlechtes Gewissen verschwand nicht ganz, denn es war nicht aus der Befürchtung entstanden, sie hinters Licht geführt zu haben. Vielmehr ging es um seine Aggression – die er gut versteckt hatte, indem er seine mangelnde Bereitschaft zu einer festen Bindung von Anfang an offen aussprach. Natürlich bestand diese Aggression aus dem Bedürfnis, nicht *mit* einer Frau auf sexuelle Entdeckungsreise zu gehen, sondern sie sexuell zu objektivieren und wieder einmal in ein «Ding» zu verwandeln. Letztlich war es dieses schlechte Gewissen, das den Patienten dazu brachte, die Beziehung abzubrechen – er gelangte schließlich zu der Überzeugung, dass es vielleicht für eine Frau okay war, in ein Objekt verwandelt zu werden, aber nicht für ihn, sie dazu zu machen.

Nach dieser Beziehung beschloss Keith, dass er genug puren Sex gehabt hatte. Er dachte, jetzt wäre er bereit zu heiraten, und begann Ausschau zu halten nach der richtigen Frau, in die er sich verlieben konnte. Erstaunlicherweise fand er sie ziemlich rasch, und zwar in Gestalt einer Frau – einer Kirchgängerin wie er –, die er mir ganz aufgeregt als «schön, kreativ und so offen – wirklich was Besonderes» beschrieb. Diese Frau wurde nicht in eine Skulptur verwandelt, sondern in ein Gedicht. Vielleicht gelangte ich auch nur zu dieser Annahme, weil sie dem Patienten bei ihrer dritten Verabredung ein eigenes Gedicht mitbrachte – über ihn. Also verwandelte er sie vielleicht eher in einen Spiegel, den er wie Schneewittchens Stiefmutter fragen konnte: «Spieglein, Spieglein an der Wand, wer ist der Schönste im ganzen Land?»

Wenn ich mich bei der Beschreibung der neuen Kreation meines Patienten etwas zynisch anhöre, so war ich es zum damaligen Zeitpunkt bestimmt nicht. Wie der Patient selbst glaubte nämlich auch ich, er würde endlich eine wirkliche Liebesbeziehung entwickeln. Aber innerhalb weniger Wochen wurde der Patient von Zweifeln und ambivalenten Gefühlen übermannt. Sein sexuelles Interesse ließ nach, seine Fantasien wurden wieder von Bildern seiner vorherigen Freundin, von seinem «Sex-Ding» bevölkert.

Also brach Keith die Beziehung wieder ab. Diesmal jedoch begann er sich – zu Recht – Sorgen über seine eigene Liebesfähigkeit zu machen. Diese Sorgen wurden kräftig verstärkt durch eine nun folgende Serie ähnlicher Beziehungen, alle mit jungen, naiven Frauen, die ihn bewunderten. In all diesen Beziehungen ver- und entliebte er sich in rascher Abfolge, trotz jeder Menge guter Absichten und offener Kommunikation. Der Grund dafür, dass ihn die Verliebtheit so schnell verließ, war, dass er sich von Anfang an nicht in eine Person, sondern in ein Ding verliebt hatte – in diesem Fall in eine Idee: nämlich, dass diese Frauen «Ehematerial» darstellten und dass er reif fürs Heiraten war. Wieder einmal wurden seine Fantasien von Bildern einer ehemaligen Freundin heimgesucht.

Nach weiteren zwei Jahren musste sich Keith eingestehen, dass er, obwohl er dies nie bewusst beabsichtigt hatte, plötzlich über eine beeindruckende Zahl romantischer Erfahrungen verfügte. «Aber ich möchte wirklich mit einer Frau zusammen sein, die ich liebe», beteuerte er mir im Brustton der Überzeugung. Suchte er nach Liebe oder liebte er die Eroberung? Sehnte er sich nach einer Frau oder nach einem Lorbeerkranz, um sein Haupt zu schmücken? Don Juans klassische Verteidigung ist, dass er die Frauen liebt und sich deshalb keiner verweigern kann! Dabei kennt er die Zahl seiner Eroberungen nicht einmal selbst – darüber muss sein Diener Buch führen. In Mozarts Version der Geschichte singt Don Giovannis Diener Leporello einem Opfer seines Herrn vor: «Schöne Donna, dies genaue Register, es enthält seine Liebesaffären; der Verfasser des Werks steht vor Ihnen, wenn's gefällig, so gehn wir es durch. In Italien sechshundert und vierzig, hier in Deutschland zweihundert und dreißig, hundert in Frankreich und neunzig in Persien, aber in Spanien, ja in Spanien schon tausend und drei.» Außerdem erzählt Leporello, dass Don Giovanni einigen dieser Frauen nur deshalb den Hof macht, weil es ihm so viel Vergnügen bereitet, seine Liste zu verlängern.

Mein Patient begann nun also, Affären anzuhäufen, und obwohl dies keinem bewussten Wunsch von ihm entsprach, entschlüpfte ihm doch ein schelmisches Grinsen, als ich ihm von Don Juans Liste erzählte. Im Gegensatz zu Don Juan jedoch hatte er nie einer Frau Gewalt angetan, sie gezwungen oder betrogen, um sie ins Bett zu bekommen. Tatsächlich konnte man seine bewussten Absichten nur als nobel bezeichnen – und genau das war ja das Problem: Er konnte seine Aggression nicht in seine Beziehungen integrieren. Deshalb kam sie in dem unbewussten Ritual der Eroberung zum Vorschein, das darin bestand, (1) akzeptiert zu werden und (2) die Frau fallen zu lassen. Außerdem schien noch eine sexuelle Spaltung vorzuliegen, in der nur eine «verbotene» Frau oder Fantasien über eine solche ihn wirklich erregten. Paradoxerweise musste der Patient erst seine Feindseligkeit Frauen gegenüber sehen und akzeptieren, ehe er fähig war, die Frauen zu lieben – beziehungsweise eine von ihnen. Übrigens war diejenige, die er schließlich heiratete, tatsächlich etwas Besonderes. Nichts «ganz Besonderes», aber besonders genug, um sich gegen die ewige Bildhauerei zu wehren und gegen ihren Schöpfer zu rebellieren.

Die zweite Verabredung als klinisches Interview

Mit einem unabsichtlichen, unbewussten Don Juan umzugehen, ist wirklich eine große Herausforderung. Zum einen hatte die Frau, mit der mein Patient sich traf, genauso wenig Ahnung von dessen Liste wie er selbst. Bei seinen Verabredungen redete dieser Mann nicht von Sex, sondern von Liebe. Er bezauberte die Frauen nicht mit seinem Körper, sondern mit seinen Gedanken. Genau genommen hatte sein Körper auch nichts traditionell Männliches an sich. Zwar war er nicht unattraktiv, aber sein kleiner, schmaler Körperbau hatte ihm als Teenager viel Kummer gemacht – er fühlte sich den anderen Jungen unterlegen und von den Mädchen übersehen. Selbst auf dem College wollte anfangs kein Mädchen mit ihm ausgehen. Aber dann entwickelte er – zweifellos aus purer Notwendigkeit – seine Fähigkeiten auf dem Gebiet der sanften Gedankenverführung.

Dieses Syndrom ist recht häufig anzutreffen. Manche der «erfolgreichsten» Don Juans sind Männer mit einer tatsächlichen oder zumindest selbst wahrgenommenen körperlichen Unzulänglichkeit. Vielleicht sind sie tatsächlich oder fühlen sich zu dünn, zu klein, zu streberhaft, verweichlicht, jungenhaft oder irgendeine Variante dieses Themas. Oft werden sie in die Eroberung getrieben durch eine Vergangenheit, in der sie von anderen Jungen gehänselt und als Teenager von Mädchen abgewiesen wurden.[14]

Bei Verabredungen macht dieser Typ Mann aus der Not eine

Tugend und öffnet sich rasch. Er ist introspektiv und sanft und scheint sich mit seiner Verletzlichkeit wohl zu fühlen. Möglicherweise bringt er seine wunden Punkte und Probleme sogar ausdrücklich zur Sprache. Bewusst oder unbewusst hat er gelernt, dass das, was ihm als Kind oder Teenager Schwierigkeiten gemacht hat, ihm jetzt Vorteile bringen kann. Dass es eine Frau entwaffnen und bezaubern kann, wenn man jungenhaft, poetisch und hilflos ist, vor allem diejenigen, die auf offene männliche Aggression ängstlich reagieren. Wie in dem Fall des Patienten, über den wir weiter oben gesprochen haben, ist dieser Stil meistens kein Theater und keine Manipulation. Auch steht durchaus nicht von vornherein fest, dass dieser Typ Mann die Frau verletzen wird, der er den Hof macht. Letztlich half es beispielsweise meinem Patienten, dass ich – und die Frau, mit der er sich traf – ihm keinen geschönten, sondern einen hässlichen Spiegel vorhielten. Einen Spiegel, der ihm nicht nur das Muster seiner Aggression zeigte, sondern sich gleichzeitig weigerte, sein Opfer zu werden. Das ist für den Therapeuten keine leichte Aufgabe und für die Frau schon gar nicht. Zuerst einmal muss man alle Beweise griffbereit haben, damit der Mann einen nicht für verrückt hält – in seiner Vorstellung ist er ja ein wirklich netter, sensibler Kerl. Und da er damit nicht Unrecht hat, sind wir gleich bei der zweiten Schwierigkeit – dass man mit einer bestimmten Beweisführung leicht seine Gefühle verletzen kann. Drittens dürfen Sie nicht zu verärgert oder verletzt reagieren, während Sie seine Aggression widerspiegeln. Wenn Ihre Darstellung zu sehr von solchen Gefühlen beeinträchtigt wird, sind Sie erobert, der Mann verliert sein Interesse und macht sich davon.

Die Frau, mit der Keith schließlich zusammenblieb, durchschaute seine Aggression («seine Nummer») sehr schnell. In Taten und auch in Worten sagte sie ihm: «Ich kann sehen, wo das hinführt, aber ich lasse mich nicht von dir verletzen, also versuch es lieber gar nicht erst.» Außerdem machte ihr seine Ambivalenz keine großen Probleme. Wenn er anfing, an ihr zu zweifeln, begann sie auch an ihm zu zweifeln. Als sein sexuelles Interesse zu schwinden begann, merkte sie (und sagte ihm das auch!), dass sie sich beim Sex mit ihm manchmal fühlte, als wäre sie mit einem Kind zusammen. Wenn er Raum brauchte, fühlte sie sich erleichtert statt zurückgewiesen. Indem sie auf die gleiche Art reagierte, lud diese Frau den Patienten ein, seine Aggression in die Beziehung einzubringen – sie hatte nicht vor zu schrumpfen, nur weil er Zweifel an der Beziehung zum Ausdruck brachte. Natürlich war das genauso wenig wie bei meinem Patienten ein bewusster Prozess oder ein Spiel – sie drückte einfach ihre eigenen Aggressionen und ihre eigene Ambivalenz aus. Kurz gesagt: Sie war die «Richtige» für den Patienten. Aber sie tauchte auch zur richtigen Zeit auf – als die Reise des Patienten ihn an den Punkt gebracht hatte, an dem er sich mit seiner Feindseligkeit Frauen gegenüber auseinander zu setzen begann. Und – um das Klischee zu vervollständigen – sie arbeitete zusammen mit dem Patienten sehr hart daran, auch noch die richtige Umgebung zu schaffen, nämlich eine Beziehung, in der direkte Aggression der unbewussten Leisetreterei vorgezogen wurde.

Eine solche Beziehung ist natürlich ein Spiegelbild der therapeutischen Situation, in welcher der Therapeut gemeinsam mit dem Patienten daran arbeitet, weniger Angst vor seinen Aggressionen zu haben und sie in die Beziehung zu integrieren. Ich brauche wahrscheinlich nicht eigens zu erwähnen, dass dies nicht immer angenehm ist. Bei der «Arbeit» in dieser Art Beziehung geht es nicht darum, dass man versucht, nett, hilfsbereit und kooperativ zu sein, sondern eher darum, sich zu gestatten, gelegentlich auch gemein, wütend und eklig zu sein. Anders gesagt: In einer solchen Beziehung müssen die Partner lernen, wie sie streiten können, ohne ihren Glauben aneinander und an ihre Liebe zu verlieren. Wie wir alle wissen, halten alle Leute eine «offene Kommunikation» für eine tolle Sache, die sie mit Liebe, Zuneigung und Verständnis in Zusammenhang bringen. Aber in den meisten Fällen ist der Grund, warum wir nicht kommunizieren, nicht der, dass es so etwas Wunderbares ist, sondern dass es ziemlich unangenehm sein kann. Welcher Mensch, der seine fünf Sinne beisammen hat, möchte gern denen gegenüber, die er liebt, negative Emotionen und Gedanken ausdrücken – Wut, Aggression, Depression, um nur ein paar zu nennen? Aber ob es uns nun gefällt oder nicht, zum Ausdruck bringen wir sie ohnehin, die Frage ist nur, wie.

Denjenigen, die den offenen Umgang mit der Aggression zu heikel und zu arbeitsaufwendig finden, bleibt nur eine einzige Methode, mit dem sensiblen Don Juan umzugehen: der frühzeitige Abgang. Das Problem mit dieser Strategie ist nur, dass Sie für gewöhnlich gar nicht mitbekommen, wie dieser Mann Sie verführt – Sie sind viel zu sehr damit beschäftigt, sich mit ihm über Poesie oder Spiritualität zu unterhalten. Also wissen Sie auch nicht, wann Sie das Weite suchen sollen. Wenn ein Mann bei der zweiten Verabredung ausfallend wird, wissen Sie, dass Sie am besten die Finger von ihm lassen – es sei denn, Sie sind so an Beleidigungen gewöhnt, dass Sie es gar nicht mehr merken (was leider bei zu vielen Frauen der Fall ist). Aber wenn der Mann lieb, nett und einfühlsam ist, haben Sie keinen Grund, Aggressionen von ihm zu erwarten – abgesehen davon, dass die meisten Männer eben aggressiv sind. Deshalb steht in der ersten Verteidigungslinie beim Umgang mit netten Kerlen, dass man nach irgendeiner Form männlicher Aggression Ausschau hält und sie als solche akzeptiert. Natürlich ist es von Frau zu Frau verschieden, was sie als akzeptabel ansieht.

Manche Frauen, die von Männern schlecht behandelt wurden und die sich dessen bewusst sind, reagieren so verängstigt auf jedes Anzeichen aggressiven oder «negativen» männlichen Verhaltens, dass sie einem Mann beim geringsten Hinweis gleich die Tür vor der Nase zuschlagen. Aber unwissentlich lassen sie ihn zur Hintertür wieder herein. Dies hat etwas mit der Dynamik der Gegensätze zu tun, über die ich in Kapitel 4 gesprochen habe. Wenn Sie sich zu fürsorglichen, passiven und sensiblen Männern hingezogen fühlen, kann das daher kommen, dass sie vor dem Gegenteil Angst haben. Das Problem ist, dass diese Männer selbst Angst vor ihrer Aggression haben und das oft aus gutem Grund. Die stillschweigende Übereinkunft «keine Aggression» in solchen Beziehungen basiert auf der Furcht vor existierender, aber verleugneter oder unterdrückter Aggression.

In einer solchen Situation hat die Frau vielleicht nicht nur Angst vor der Aggression, die sie in der vorangehenden Beziehung erfahren hat, sondern auch vor ihrer eigenen Rachsucht oder Wut, die sie aus irgendeinem Grund – vielleicht weil sie noch ein Kind war oder sonst machtlos – nicht ausleben konnte und deshalb unterdrücken oder ablehnen musste. Ist dies der Fall, dann wird es, je länger sie sich für «Nichtaggression» entscheidet und je härter sie daran arbeitet, ihrer Wut zu entrinnen, umso wahrscheinlicher, dass sie von ihr überwältigt wird. Das psychologische Prinzip ist hier, dass ein Ding immer auch sein Gegenteil enthält. Je mehr wir etwas zu vermeiden versuchen, indem wir das Gegenteil werden, desto mehr verlangt es danach, ausgedrückt zu werden. Deshalb kommt es so oft vor, dass die Nachbarn und Freunde des Mörders ihn in den 11-Uhr-Nachrichten als «echt netten, ruhigen Kerl» beschreiben. Auf poetischerer Ebene kann man auf diese Weise auch Macbeths Ausspruch «Schön ist wüst und wüst ist schön» verstehen.

Wir müssen bei Männern auf Aggression gefasst sein und sie akzeptieren. Aber wir können noch mehr tun, um den nichtaggressiven Mann besser einzuschätzen, vor allem, wenn er so unglaublich freundlich, naiv und offen auftritt. Wenn Sie wissen, wonach Sie suchen, können Sie die Technik des klinischen Interviews anwenden, nämlich Fragen nach der Vergangenheit des Betreffenden stellen, mit denen Sie bestimmte Hypothesen über seinen Charakter untermauern oder verwerfen können. Im obigen Fall sollten Sie nach einem Muster Ausschau halten, das besteht aus (a) einem netten, sanften oder intellektuellen Kerl plus (b) vielen kurzlebigen Beziehungen plus (c) dem Fehlen einer plausiblen Erklärung oder Einsicht, wo er selbst dazu beigetragen hat, dass diese Beziehungen nicht funktioniert haben. Der dritte Teil der Gleichung ist schwieriger auszumachen, denn unser unabsichtlicher Don Juan ist sehr gewitzt, wenn es darum geht, mit psychologischen Klischees, Halbwahrheiten oder Pseudo-Selbstanalysen aufzuwarten, im Stil von: «Ich war noch nicht bereit für eine Beziehung», «Ich war in einer anderen Phase meines Lebens» oder: «Jetzt weiß ich, was es bedeutet, Verantwortung zu übernehmen.» Wenn Sie also, nachdem Sie die Verdachtsmomente (a) und (b) erhärtet haben, immer noch an dem Mann interessiert sind, bedenken Sie, dass der Schlüssel für echte Einsicht darin besteht, dass der Mensch sich zu seinem Problem bekennt, auch wenn er es nicht ganz versteht, und die Bereitschaft zeigt, ernsthaft daran zu arbeiten.

Möglicherweise erheben hier manche allein stehenden Frauen den Einwand, dass man einen Mann beim ersten Rendezvous nicht über seine früheren Beziehungen ausquetschen kann. Okay, das gebe ich zu. Aber vielleicht ginge es beim zweiten Treffen? Genau genommen schlage ich ja auch gar kein Interview vor. Ich denke vielmehr, wenn wir uns vertrauen und uns gestatten, zu sehen und zu fühlen, was da ist, dann kommt die richtige Information von selbst ans Tageslicht. Den anderen bewusst zu taxieren, funktioniert eigentlich nie – man findet immer irgendwelche Fehler. Aber uns selbst zuvorzukommen und das Verhalten des anderen wegzurationalisieren, funktioniert genauso wenig. Bei der zweiten Verabredung können wir genauso durch Freundlichkeit getötet werden wie sonst irgendwann. Wenn wir uns also unbehaglich fühlen – aus welchem Grund auch immer –, sollten wir lieber auf unsere Gefühle hören und sie erforschen, statt sie wegzuerklären. Wie einer meiner Doktorväter an der Universität einmal gesagt hat: «Wenn Sie sich angegriffen fühlen, dann kommt das daher, dass jemand sie angegriffen hat.»

Auf seine Gefühle zu hören, hat nichts mit irgendeinem sechsten Sinn oder mystischer Intuition zu tun. Es ist auch kein passiver, bewertender Vorgang, sondern eher eine Einstellung, die uns dazu bringt, unsere emotionale Reaktion aktiv auszutesten. Letztlich lernen wir so einen Menschen kennen. Beispielsweise traf sich eine meiner Patientinnen mit einem zuverlässigen, ehrlichen und sensiblen Mann. Er rief immer an, wenn er es versprochen hatte, er sagte der Patientin ständig, wie wundervoll sie war, er beteuerte seine Bereitschaft zu einer festen Bindung. Dennoch war die Patientin irritiert. Weil ihre Freunde ihr einredeten, sie sei zu anspruchsvoll, versuchte sie weiterhin, die Gefühle des Mannes zu erwidern – schließlich war er ja so nett. Aber je mehr sie es versuchte, desto widerwilliger wurde sie und desto mehr fühlte sie sich von seiner Zuneigung und Bewunderung angegriffen. In Wahrheit waren seine Rosen tatsächlich nicht ohne Dornen – er tötete die Patientin mit Freundlichkeit. Ein wirklich sensibler Mann hätte gemerkt, dass seine Avancen nicht im gleichen Maß erwidert wurden, und sich dezent zurückgezogen. Dieser Mann jedoch hielt an seiner strategischen Freundlichkeit fest und attackierte meine Patientin weiterhin mit seinen Liebesbezeugungen, die ihr wiederum ein schlechtes Gewissen machten.

Eigentlich brauche ich nicht zu erwähnen, dass die Beziehung nicht lange hielt. Aber hätte die Patientin früher auf ihr Gefühl gehört, dann hätte sie sich viel Zeit und Schmerz erspart, was eine andere Patientin in einer ähnlichen Situation schaffte. Sie sagte dem Mann nach ein paar Verabredungen, es mache ihr Schwierigkeiten, dass er so überschwänglich sei, wo er sie doch kaum kenne. Der Mann reagierte mit noch größerem Entgegenkommen und noch mehr Zuneigung. «Ich verstehe vollkommen, dass du dich so fühlst», sagte er. «Ich werde dafür sorgen, dass es nicht wieder vorkommt. Ich möchte deine Gefühle niemals verletzen, denn du bist für mich etwas ganz Besonderes.» Das bestätigte sie in ihrer (emotionalen, wenn auch nicht voll artikulierten) Hypothese, dass sie der überpositiven Art des Mannes nicht trauen konnte – woraufhin sie sich von ihm trennte.

Dies bedeutet nicht, dass eine Beziehung, die mit dieser Dynamik beginnt, keine Chance hat. Hätte der Mann mit der angemessenen Wut reagiert und seinen unwillkommenen Enthusiasmus abgestellt, wäre meine Patientin höchstwahrscheinlich positiv beeindruckt gewesen und die beiden hätten eine Chance gehabt, eine Beziehung zu entwickeln, in der es Platz für Liebe und Aggression gibt.

Meiner Erfahrung nach finden die meisten Frauen früher oder später die richtige Balance zwischen Krieg und Liebe in ihrem Bemühen, die männliche Aggression zu neutralisieren. Männer andererseits finden es besonders schwer, nicht auf die Aggression anderer Männer einzugehen. Als Einstieg könnten wir uns vorstellen, wie Männer auf der Autobahn fahren. Der männliche Autofahrer scheint gutes Fahren als die technische Fähigkeit zu definieren, wie man die Höchstgeschwindigkeit erreicht und immer möglichst wendig bleibt. Bei einer Frau werden in der entsprechenden Definition höchstwahrscheinlich auch Sicherheit und Rücksichtnahme vorkommen.

Aber zu diesem offensiven Potential, das allen Männern gemeinsam ist, kommt noch etwas hinzu, wenn der «Gegner» ebenfalls ein Mann ist – sie werden oft noch aggressiver. Einerseits könnte man sagen, sie kämpfen in einem solchen Fall erbitterter, weil sie das Gefühl haben, dass ein Mann ein angemessenerer Gegner ist als eine Frau. Andererseits kämpfen Männer oft im wörtlichen oder übertragenen Sinn um die Aufmerksamkeit einer Frau.

Wenn Sie Freudianer sind, würden Sie wahrscheinlich sagen, dass es sich hier um ein Überbleibsel des Ödipuskonflikts handelt, in dem der Sohn mit dem Vater konkurriert, um die Zuneigung seiner Mutter zu gewinnen. Wenn Sie biologischer Anthropologe sind, würden Sie sagen, dass dies nur wieder zeigt, dass wir mit den Affen verwandt sind – männliche Schimpansen sind erwiesenermaßen besonders brutal und konkurrenzorientiert, wenn sie mit anderen Männchen kämpfen. Interessanterweise aber geht es bei ihnen um die Führerschaft, was, wie wir früher bereits festgestellt haben, die Reproduktionsmacht bedeutet. In manchen menschlichen Gesellschaften ist dies ziemlich konkret – beispielsweise im isolierten venezolanisch-brasilianischen Stamm der Yanomamo, in dem ein Mann umso mehr Frauen bekommt, je mehr Männer er umbringt. In anderen Gesellschaften, wie auch in der unsrigen, geht es symbolischer zu. So ist es sehr wohl möglich, dass es bei der männlichen Tendenz, sich mehr ins Zeug zu legen, wenn sich Frauen im Publikum befinden, metaphorisch ums Gleiche geht.

Doch ungeachtet seiner Ursprünge gibt es wenig Zweifel daran, dass der Konflikt zwischen Männern seinen ganz eigenen, stark konkurrenzbetonten und kämpferischen Charakter besitzt. Einer meiner Patienten, ein erfolgreicher und offen aggressiver Geschäftsmann, verlangte von mir, ich sollte ihm sagen, wie er sich in einer bestimmten Situation zu verhalten hatte. Er beharrte darauf, ganz gleich, wie oft ich ihm erklärte, dass ich das durchaus nicht als meine Rolle sehe. «Okay, es geht in der Therapie um einen Prozess und den soll ich selbst ausklamüsern», meinte er ungeduldig und sogar etwas verächtlich, «aber wofür bezahle ich Sie dann eigentlich? Sie haben Erfahrung und wissen doch sicher eine Menge, oder? Na ja, egal, ich finde jedenfalls, Sie sollten mir ein paar Tipps geben.» Wenn ich nicht auf seine Forderungen einging, wurde er frustriert, wütend und warf mir allerlei abschätzige Bemerkungen an den Kopf.

Aber einmal – als er ein Verhältnis mit der Schwester seines besten Freundes angefangen hatte, die außerdem noch drogenabhängig war – war ich drauf und dran, ihm tatsächlich ein paar Verhaltensmaßregeln zu geben. Damals plante er, mit dieser Frau ein Leben aufzubauen und sie von ihrer Sucht zu befreien. Ein paar Wochen nachdem sie angefangen hatten, miteinander auszugehen, gab der Patient ihr voller Vertrauen seine Hausschlüssel und weihte sie außerdem in ein wichtiges Geschäftsgeheimnis ein. Anfangs befragte ich ihn ziemlich vorsichtig und objektiv über seine Gefühle hinsichtlich ihrer Sucht. Er räumte ein, dass das zwar ein Problem sei, aber dass er sich in der Lage fühlte, «damit umzugehen». Da musste ich plötzlich daran denken, wie er ständig Ratschläge und konkrete Informationen von mir forderte, und hielt ihm einen Vortrag über Drogensucht. Plötzlich hatte ich das Gefühl, dass ich seiner Aggression mit meiner eigenen begegnen sollte. Zwar sagte ich weiter nichts als die Wahrheit, nämlich, dass Drogensüchtige manipulativ sind und dazu neigen, andere zu betrügen, aber jetzt war ich nicht mehr sanft oder rücksichtsvoll. Ich dachte, er wollte diese Tatsachen leugnen, und meinte, ihn mit der Realität konfrontieren zu müssen.

Er reagierte nicht sofort, aber später an diesem Tag hinterließ er mir eine wütende Nachricht auf meiner Mailbox, in der er mir mitteilte, dass ihn die Sitzung völlig fertig gemacht hätte und dass er mich so bald wie möglich wiedersehen wollte. Als er dann kam, erklärte er mir, dass ich seine Hoffnungen und Träume über seine Beziehung zu dieser Frau zunichte gemacht hatte und dass er nach der letzten Sitzung depressiv und paranoid geworden sei. Er hatte sich zu fragen begonnen, ob die Frau vielleicht auf sein Geld aus war, und als er sie wegen seiner Zweifel zur Rede stellte, hätte er um ein Haar die ganze Beziehung kaputtgemacht.

Dann fuhr er fort, mich über meine therapeutische Technik zu belehren: «Als Psychologe und als jemand, der mich inzwischen ganz gut kennt, hätten Sie wissen müssen, dass ich womöglich in eine schwere Depression absacke. Und Sie hätten langsam machen sollen. Sie dürfen nicht einfach so auf mich losgehen, ich bin sehr sensibel! Ich weiß, dass Sie mir nur helfen wollten, aber was Sie gemacht haben, war falsch. Sie müssen mich wirklich etwas behutsamer anfassen.» Ich brauche sicher nicht ausdrücklich zu erwähnen, dass er Recht hatte, aber dank meiner männlichen Verbohrtheit dauerte es eine Weile, bis ich das eingestehen konnte. Zuerst musste ich ihm noch zeigen, dass er meine Aggression provoziert hatte und dass er das Gleiche auch sonst in seinen Beziehungen machte. Dann musste ich ihm erklären, dass sein Leugnen eine Konfrontation heraufbeschworen hatte. Erst danach war ich endlich bereit, mich zu entschuldigen. Zwar denke ich auch jetzt noch, dass ich in einigen Punkten Recht hatte, aber ich hatte auch ein Problem damit zuzugeben, dass ich im Unrecht war – was mir der Patient natürlich nur allzu bereitwillig unter die Nase rieb. Ich reagierte auf meine männliche Unsicherheit und diese kollidierte mit der meines Patienten.

Als ich endlich sagte: «Sie haben Recht, ich war unsensibel und habe Ihre Gefühle nicht genügend beachtet. Tut mir Leid», akzeptierte der Patient meine Entschuldigung sofort. Aber er hatte auch Recht damit, dass ich mich als Therapeut anders hätte benehmen sollen. Ich ließ mich von der Stimme meiner männlichen Unsicherheit auf eine falsche Fährte locken; wenn Männer aggressiv sind, wollen sie manchmal im Grunde nur akzeptiert und beschwichtigt werden, sie brauchen keine Einladung zu einem Duell. Übrigens spielt dieser Faktor eine wichtige Rolle, wenn man Männer in der Psychotherapie dazu bringen will, zu reden statt zu handeln. Wenn sie fähig sind, über «Mädchenthemen» wie Beziehungen und Selbstwertgefühl zu sprechen, ohne sich selbst dabei als Weichei zu erleben, können Männer eine akzeptierende und neugierige Haltung ihrer eigenen Weiblichkeit gegenüber entwickeln. Dies reduziert umgekehrt ihr Bedürfnis, ihre vermeintlich angegriffene Männlichkeit mit Aggression zu verteidigen.

Selbst offen aggressive Männer sind nicht nur Tyrannen. Unter der harten Schale steckt tatsächlich oft ein weicher Kern. Sie bewundern Stärke und sehnen sich doch danach, schwach sein zu dürfen, wollen aber nur von Menschen in einer Machtposition akzeptiert werden. Und wieder einmal gibt es keine Abkürzung, wenn man erfolgreich mit schwierigen Männern zurechtkommen möchte. Das eigene Gefühl von Macht und (liebevoller) Aggression zu entwickeln, ist oft ein sehr langwieriges Unterfangen.

Der Penetrator

Physische Penetration ist in sexuellen Beziehungen eine biologische Tatsache (oder zumindest eine Möglichkeit). Auch in anderen menschlichen Aktivitäten ist der Akt des Eindringens zu finden, beispielsweise beim Boxen oder beim Einbruch. Natürlich kann eine Penetration aggressiv und willkommen, aggressiv und unwillkommen oder aggressiv und gewalttätig sein. Im Kampf der Geschlechter sind Vergewaltigung oder andere Formen der penetrierenden Gewalt die Ausnahme, nicht die Regel. Nichtsdestoweniger sind Männer diejenigen, die penetrieren – wenn nicht physisch, dann doch psychisch.

Als Len, mein explosiver Patient, mich aus vollen Lungen anbrüllte, hatte ich das Gefühl, als wäre mir körperlich Gewalt angetan worden. Aber selbst in Abwesenheit solcher Vehemenz scheinen sich Männer in einer Art und Weise auf einen zu stürzen, dass man sich fast räumlich überwältigt fühlt. Manche sanften Männer, die sich vor ihrer eigenen Wut fürchten, sublimieren diesen Teil der männlichen Aggression und verwandeln ihn in kultiviertere Übergriffe im intellektuellen Bereich. Männer, die sich beruflich oder sonstwie mit der inneren Welt anderer Menschen befassen – zum Beispiel Psychologen – sind für diese Art Aggression besonders anfällig.

Dabei fällt mir ein Doktorand in klinischer Psychologie ein, bei dem ich Supervision machte. Er war ein freundlicher, sanfter und angenehmer Mann mit einer androgynen Wesensart, der keine aggressive Faser im Körper zu haben schien. Bei ihm war eine Patientin in Therapie, zu der er irgendwie nicht recht durchdringen konnte – sie widersprach häufig seinen Beobachtungen und schien vieles nicht zu «kapieren». Nachdem er verschiedene Ansätze ausprobiert hatte, beschloss er, dass er ihre mangelnde Offenheit hinsichtlich der Therapie ansprechen musste, denn er glaubte, in ihr den Abwehrmechanismus seiner Patientin entdeckt zu haben. Ihm war nicht klar, wie frustriert und wütend er war, als er ihr ganz sachlich und sicher auch in sehr freundlichem Ton mitteilte: «Ich glaube, Sie wollen eigentlich gar keine Einsicht in Ihr Verhalten gewinnen. Sie wollen nicht wahrhaben, wie fies Sie sind, damit sie auch weiter fies sein können.»

Verständlicherweise war die Patientin am Boden zerstört und brach die Therapie ab. Was der Kommentar des Therapeuten auch immer leistete – und ich denke, er hat etwas geleistet –, entstammte jedenfalls seiner eigenen unbewussten Wut über die mangelnde Offenheit der Patientin *ihm* gegenüber. Er wollte ihren Widerstand dadurch brechen, dass er in ihre Gedanken eindrang. In der Diskussion über sein Verhalten versuchte ich, seine Vorgehensweise einerseits zu kritisieren, andererseits jedoch nicht in denselben Fehler zu verfallen, den er meiner Meinung nach seiner Patientin gegenüber begangen hatte. «Ich glaube, an Ihrer Beobachtung ist etwas Wahres dran», sagte ich, «aber die Art, wie Sie es gesagt haben, wirft bei mir die Frage auf, ob Sie sich nicht über die Patientin geärgert haben. Dann würde das, was Sie zu ihr gesagt haben, auch auf Sie selbst zutreffen – Sie wollten selbst nicht sehen, wie fies Sie sich ihr gegenüber benommen haben, damit Sie weiter fies sein konnten.» Wenn ich nun selbst die Grenze überschritten hatte und in seine Gedanken eingedrungen war, so muss das geschehen sein, weil ich meinerseits nicht sehen wollte, dass ich mich wegen seines dummen Kommentars über ihn ärgerte, um mich ihm gegenüber in aller Ruhe gehässig verhalten zu können.

Wenn dies allmählich ein bisschen abstrakt, verworren und verwirrend klingt, liegt es daran, dass intellektualisierte Wut genau das ist – als Aggressor merkt man gar nicht richtig, was man tut, und als Opfer weiß man nicht, wie einem geschieht und warum. Manchmal passiert das, wenn man sich mit einem sehr intelligenten Menschen unterhält und sich plötzlich dumm, bloßgestellt und angegriffen fühlt. Ohne es zu wissen, sind Sie das Opfer intellektueller Kriegsführung geworden und soeben sind Bakterien in Sie eingedrungen, die Sie dumm machen.

Männer, die Angst vor ihrer eigenen Aggression haben, sublimieren diese häufig mehr oder weniger erfolgreich in symbolische Formen der Penetration. In der Zeit, als ich meine Frau kennen lernte, hatte ich eine Reihe von Träumen, in denen ich in ihre Wohnung einbrach. Einer meiner Patienten, der sich darüber ärgerte, dass er von mir nicht genug Hilfe bekam, schlich sich im Traum nachts in mein Haus. Und ein anderer, der wütend war, weil er das Gefühl hatte, dass seine Freundin sich emotional nicht auf ihn einlassen konnte, träumte, er hätte in seiner Kommode den Kopf einer Frau gefunden, ihn mit einer Gabel durchstoßen und im Gehirn herumgerührt.

Der letztgenannte Patient war Filmkritiker, ein Mann, dem

seine Kollegen einen «durchdringenden und analytischen Intellekt» attestierten. Sein Traum war eine starke, ausgesprochen beunruhigende Metapher für seinen Wunsch, in den Kopf seiner Freundin einzudringen und ihn neu zu ordnen, damit sie sich besser auf seine Bedürfnisse einstellen konnte. Wie in allen Träumen sind auch hier die Details von größter Bedeutung – in diesem Fall war das Instrument der Penetration eine Gabel, was den Hunger offenbart, der mit der Wut des Patienten zusammenhängt. Dieser emotionale Hunger ist zwar durchaus nicht allein Männern vorbehalten, steckt aber oft hinter ihren Wutausbrüchen. Im Gegensatz zu Frauen, die dazu erzogen werden, Gefühle von Abhängigkeit oder Bedürftigkeit zu artikulieren, drücken viele Männer zuerst die Wut aus, die aus diesen Gefühlen entsteht. Normalerweise wissen sie es nicht, aber sie dringen in den Raum einer Frau ein, um ans Essbare zu gelangen; es kommt ihnen nicht mal in den Sinn, einfach darum zu bitten. Sie gehen nicht nur davon aus, dass die Frau es ihnen ohnehin verweigert, sondern ärgern sich zudem über den Umstand, dass sie darauf angewiesen sind.

Im Lauf der Jahre habe ich dies am deutlichsten an den unbewussten Reaktionen von Männern gesehen, deren Frauen schwanger wurden, oder bei der Geburt des ersten Kindes. Große Teile der Psychoanalyse, natürlich vor allem Freud, konzentrieren sich auf die ödipale Konkurrenz des Kindes zu dem gleichgeschlechtlichen Elternteil, aber über die Konkurrenz der Eltern mit dem Kind ist bisher längst nicht so viel gesagt worden. Dabei ist allgemein bekannt, dass drei eine sehr konfliktreiche Zahl ist, denn bei jeder Affinität zwischen zwei Mitgliedern dieser Gruppe fühlt sich der Dritte im Bunde ausgeschlossen. Wenn die Frau sich emotional auf ihr Baby einstellt – ganz gleich, ob im oder außerhalb des Uterus –, fühlt sich der Mann häufig allein gelassen. Sosehr er es vielleicht versucht, er kann nicht gewinnen: Das Baby braucht nicht einmal in die Frau einzudringen – es wird in ihr ernährt. Und das Baby braucht auch nicht um Aufmerksamkeit zu bitten – es bekommt sie rückhaltlos, ohne Erwartung einer Gegenleistung. Selbstverständlich erlebt der Mann auch den qualitativen Verlust der ihm gewidmeten Aufmerksamkeit – es ist ja nur ein begrenzter Vorrat vorhanden.

Aufgrund der damit einhergehenden Verpflichtung fällt es vielen Männern schwer, Vater zu werden. Für viele wird es mit der Geburt des zweiten Kindes sogar noch schlimmer, denn diese scheint der Fantasie des freien Lebens endgültig den Todesstoß zu versetzen. Aber vor allem die Geburt des ersten Kindes führt dazu, dass der Mann das Vorrecht auf die Zuwendung seiner Frau verliert und emotional hungrig und wütend zurückbleibt.

Aber er merkt nicht, dass er wütend ist – schließlich bedeutet die Geburt eines Kindes für die meisten Männer großes Glück, narzisstische Befriedigung und gibt ihnen Grund, stolz zu sein. So benehmen sie sich dann auch und holen sich das, was sie von ihrer Frau nicht mehr bekommen können, in der Fantasie oder auch in Wirklichkeit von einer anderen. Manche Männer lassen ihren Frust an dem Baby aus, vor allem, wenn es in ihren Ohren allzu fordernd schreit. Ein Patient hatte einen Traum, in dem er sein anderthalbjähriges Kind biss – ein Traum, der einmal mehr die Verbindung zwischen Hunger, Wut und Penetration zeigt.

Als mein erstes Kind zur Welt kam, machte ich eine Phase durch, in der ich fast ständig gereizt und wütend war. Zuerst schob ich die Gereiztheit und die Wut auf den Schlafmangel, aber schließlich begriff ich, dass sie mit meinen Verlustgefühlen zu tun hatten, mit der Angst, die ausschließliche Beziehung zu meiner Frau zu verlieren. Erst mehrere Jahre später, als ich sah, wie lange mein Sohn brauchte, um mit der Ankunft seiner Schwester zurechtzukommen, und mich selbst in ihm wiedererkannte, wurde mir richtig klar, was ich bei seiner Geburt gefühlt hatte. Einmal, als er wieder einmal ganz verzweifelt war und die Eifersucht auf seine Schwester ihn übermannte, versuchte ich ihn zu trösten, indem ich ihm erzählte, dass ich bei seiner Ankunft ähnliche Gefühle gehabt hatte. Aber er antwortete nur: «Toll, also wolltest du mich wegschmeißen, als ich ein Baby war!» Wieder mal ein brillanter Schachzug von einem psychologisch gebildeten Elternteil!

George Soros, einer der erfolgreichsten Geldinvestoren der Welt, bezeichnet sich selbst gern als «Unsicherheitsanalytiker», nicht als Sicherheitsanalytiker. Er führt viel von seinem Erfolg und seiner Lebenseinstellung auf das zurück, was er von seinem Vater gelernt hat, der in Ungarn mit der Nazibesatzung zurechtkommen musste, als Soros ein junger Teenager war. Sein Vater, der im Ersten Weltkrieg als Kriegsgefangener das sibirische Gefangenenlager ebenso überlebt hatte wie die Wirren der Russischen Revolution, wusste, so Soros, dass in Kriegszeiten die normalen Regeln nicht mehr gelten. Wie Soros es ausdrückte: «Gesetzestreue wurde zu einer gefährlichen Abhängigkeit, man musste das Gesetz missachten, wenn man überleben wollte.» Dank dieser Überzeugung schaffte sein Vater es, seine Familie (und andere) mit falschen Papieren und anderen gefährlichen Unternehmungen vor dem drohenden Untergang zu retten. «Das hat mein Leben entscheidend geprägt», schreibt Soros, «denn ich lernte die Kunst des Überlebens von einem großen Meister.» Noch interessanter ist Soros' offenes Geständnis, das Jahr 1944 sei das glücklichste seines Lebens gewesen. «Es ist seltsam und beinahe eine Provokation, so etwas zu sagen», erklärt er, «denn 1944 war das Jahr des Holocaust. Dennoch ist es wahr. Ich war vierzehn. Ich vergötterte meinen Vater, der die Situation in der Hand hatte, der wusste, was zu tun war, und anderen Menschen half. Wir schwebten in Lebensgefahr, aber ich war überzeugt, ich würde davonkommen.»

Der Überlebenskünstler ist ein Mensch, der nicht nur hungrig und wütend ist, sondern in Zeiten der Unsicherheit und in riskanten Situationen zur Bestform aufläuft. Ich habe die Wall Street bereits als Beispiel erwähnt. An der Oberfläche vermitteln viele der dort ansässigen Barrakudas den Eindruck von Stärke, Selbstvertrauen und Ausgelassenheit. Wenn man einem Vertreter dieser Spezies über den Weg läuft, möchte man ihn fragen: «Wie verkraften Sie den ganzen Stress nur – die Ups und Downs des Markts, das Risiko, Unmengen von Geld zu verlieren, den Druck, Unmengen von Geld zu machen?» Aber die Mühe kann man sich sparen – der Fisch weiß nichts übers Wasser, er weiß nur, wie man schwimmt. Anders gesagt, für diese Männer (und die Frauen, die in den letzten Jahren dazugekommen sind) gehört das Leben am Rand des Abgrunds zur zweiten Natur. Und sie lieben diesen Zustand.

Ob sie ignoriert, missbraucht, entwurzelt oder einfach zu Kämpfern erzogen wurden, sie haben die Kunst des Überlebens auf die harte Tour und in jungen Jahren gelernt. Für sie gibt es keine Befriedigung, Risiken gehören unabdingbar zu ihrem Leben. Bis zu einem gewissen Grad trifft das auf alle Männer zu, denn als Jungen sind sie vor emotionaler und physischer Härte weniger geschützt worden als Mädchen. Aber dass sie sich so gut an die Unsicherheit angepasst haben, bedeutet noch lange nicht, dass sie keinen horrenden Preis dafür bezahlen. Ein Frosch, den man in lauwarmes Wasser setzt, passt sich an eine langsam gesteigerte Wassertemperatur angeblich so perfekt an, dass er nicht aus dem Wasser hüpft, sondern sich langsam, aber sicher zu Tode kochen lässt. So lässt sich auch das langfristige Risiko des Überlebenskünstlers auf den Punkt bringen. Kurzfristig ist er ständig dem Bumerangeffekt seiner zwischenmenschlichen Aggression ausgesetzt. Ich sage meinen Patienten oft: «Wer mit dem Schwert lebt, wird durchs Schwert umkommen.»

Ein Bekannter von mir beklagte sich einmal über die New Yorker Autofahrer. «Weißt du», sagte er, «es ist schlimm genug, dass die Leute einen ständig schneiden oder direkt bis zur Stoßstange auffahren, aber ist dir schon mal aufgefallen, dass es immer die mit den schicken Autos sind, die mit einem Mercedes oder BMW?» Damals lachte ich mit ihm, weil er so offensichtlich neidisch war, aber wenn man näher darüber nachdenkt, ist wahrscheinlich etwas Wahres daran. Man wird nicht reich, indem man nett ist, und man wird bestimmt nicht nett, wenn man reich ist.

Letztlich hat die Aggression des Überlebenskünstlers jedoch nichts mit der Wall Street, mit Autos oder Geld zu tun. Einer meiner Patienten hätte zweifellos ein schwerreicher Überlebenskünstler sein können, aber Geld war nicht sein Ding. Bei ihm ging es um Leben und Tod. Ich lernte «Larry» als Studienanfänger in New York kennen, als er mit der Entscheidung kämpfte, ob er seiner Familie gestehen sollte, dass er schwul war – er hatte guten Grund zu der Annahme, dass man es dort nicht gut aufnehmen würde. Er kam ein paar Monate zu mir, ehe er nach Kalifornien zog, um dort Medizin zu studieren. Danach war er Assistenzarzt in Boston und kehrte von dort nach Kalifornien zurück, wo er in Praxis und Forschung ein höchst erfolgreicher Aids-Spezialist wurde. Einige Zeit später, als er zu einem ausgedehnten Besuch in New York weilte, suchte er mich wieder auf.

Der Hintergrund des Patienten war ungewöhnlich: Er war in Brooklyn aufgewachsen, als drittes Kind einer sehr patriarchalischen, engen, konservativen Familie. Seine Mutter, eine ägyptische Jüdin, zu der der Patient eine sehr enge Bindung hatte, starb zu Hause, als er sechzehn war, praktisch vor seinen Augen, unter dramatischen Umständen, die für den Jungen zweifellos traumatisch waren. Aber obgleich der Verlust ihn zutiefst aufwühlte, bestärkte ihn ihr Tod nur in seinem Entschluss, Arzt zu werden. Der Junge hatte diese Entscheidung einige Jahre früher getroffen, als der Hund der Familie auf ähnlich erschütternde Weise gestorben war.

Schon vor diesen Erlebnissen war der Patient von Todesgedanken gequält worden. Unter anderem hatte er einen immer wiederkehrenden Traum, dass er von einer Klapperschlange gebissen wurde und auf den Tod wartete. Erstaunlicherweise tauchte eine Version dieses Traums bei ihm als Erwachsenem wieder auf, in Form hypnogogischer Bilder – traumartiger Bilder, die einem durch den Kopf gehen, wenn man dabei ist, einzuschlafen. In diesen Bildern «öffnete eine Hand oder irgendeine andere Präsenz» die Tür oder das Fenster seines Zimmers und bewegte sich dann langsam auf sein Bett zu, in der Absicht, ihn zu töten.

«Es ist kein großes Rätsel, wovor ich Angst hatte – und vermutlich immer noch habe», sagte Larry, als ich ihn nach seiner Angst vor dem Tod fragte. «Als ich in der zweiten oder dritten Klasse war, sollte ich einen Satz mit dem Buchstaben F schreiben, und ich werde nie vergessen, was ich da produzierte – ich schrieb: ‹Fürchte die furchteinflößende Form des Vaters›!» Der Vater des Patienten, der in einem kleinen Bergdorf in Südspanien aufgewachsen war, wo «Männer noch richtige Männer [wenn nicht Stierkämpfer] und Frauen noch richtige Frauen waren», hatte tatsächlich etwas Furchteinflößendes an sich. Zwar war er seiner Familie ebenso treu ergeben wie der katholischen Kirche, aber er duldete von seinen drei Söhnen und von seiner Frau keinerlei Abweichung von seinen Regeln. Und obgleich er seine Kinder nie körperlich misshandelte, war er, wenn er zornig wurde, unbeherrscht und furchteinflößend.

Als Larry etwa sechs Jahre alt war, fragte er seine Eltern, ob er Klavierstunden nehmen dürfte. «Das ist was für Mädchen!», schrie sein Vater und zwang das Kind, mit ihm auf der Straße Baseball zu spielen. Einige Monate später folgte die nächste Explosion, als der Patient ankündigte, er wolle nicht länger Mannschaftssport machen. «Vielleicht sollten wir dir ein Kleid anziehen!», höhnte der Vater und stürmte hinaus. Erst ein paar Jahre später brachte er seine Sorge direkter und gewaltsamer zum Ausdruck. «Mir wäre es lieber, du bist tot als schwul», erklärte er seinem Sohn bei einem Familien-Barbecue, als jemand einen entfernten schwulen Verwandten und seinen Freund erwähnte.

Der Austausch, der stattfand, ehe Aids in den USA zu grassieren begann, erzeugte im Kopf des Patienten einen untrennbaren Zusammenhang zwischen Homosexualität und Tod – eine schreckliche Verbindung, in der der Tod unausgesprochen als Strafe für Homosexualität steht. Gleichzeitig führte die Assoziation aber auch dazu, dass der Patient sich in späteren Jahren so stark in der Aids-Forschung engagierte. Als Teenager floh er ganz bewusst vor dem Zorn seines Vaters in die wissenschaftliche Distanz seiner medizinischen Lehrbücher. Aber während er bewusst glaubte, dass er Arzt wurde, um Leben zu retten, versuchte er auf einer weniger bewussten Ebene dadurch mit seiner eigenen Sterblichkeit zurechtzukommen. Er wollte seiner eigenen Angst vor der tödlichen Strafe entfliehen und sich selbst retten.

Angetrieben von dieser Mixtur von Ängsten spezialisierte sich Larry schließlich auf Infektionskrankheiten, ein Gebiet, auf dem die richtige Behandlung oft zwischen Leben und Tod entscheidet. Gerade als der Patient seine Ausbildung abgeschlossen hatte, brach Aids über die Medizinszene herein. Daher war es nahe liegend für ihn, sich dem Kampf gegen die Seuche anzuschließen. Monatelang arbeitete er mehr oder weniger rund um die Uhr, experimentierte mit seinen Patienten, drehte jeden medizinischen Stein um. Aber er kämpfte auch gegen Krankenhausverwaltungen, gegen die Regierungsbürokratie, gegen medizinische Rezensenten und pharmazeutische Forschungsdirektoren. Manchmal kämpfte er mit guten Gründen, beispielsweise, wenn es darum ging, bürokratische Prozesse zu beschleunigen, aber manchmal kämpfte er auch völlig ohne Grund – einfach, weil er ein Kämpfer war.

Interessanterweise war seine bewusste Motivation in dieser Zeit nicht ausdrücklich die, Leben zu retten, denn anfangs schlug bei den meisten Aids-Patienten keine Behandlung an und die meisten starben ziemlich bald nach der Diagnose. Was ihn vorantrieb, war sein wissenschaftliches Interesse für die Virologie. Bei Patienten und bei Kollegen war er aufgrund seiner rückhaltlosen Hingabe an seine Arbeit und seiner unerschöpflichen Energie gleichermaßen beliebt. Er hatte einen riesigen Patientenstamm, wollte aber Forschung und Lehre nicht aufgeben und weigerte sich konsequent, eine Privatpraxis aufzumachen, sodass er nie reich wurde.

Ich staunte immer, dass Larry, der seine Mutter so qualvoll hatte sterben sehen, dem Tod dennoch so mutig entgegentrat. Er begegnete ihm nicht nur beinahe täglich auf seiner Station, er musste auch ständig mit seinen Patienten und den überlebenden Familien darüber sprechen. Und er bot ihm immer direkt die Stirn, in perfektem Gleichgewicht zwischen medizinischer Gelassenheit und Kampfgeist. Wie ein echter Überlebenskünstler schien er von Krisen zu leben.

Aber obgleich niemand, der beruflich mit ihm zu tun hatte, je etwas davon mitbekam, bezahlte der Patient in seinem Innern einen hohen Preis für seine Überlebensaggression. Zum einen hatte er wie jeder Workaholic wenig Zeit für die angenehmeren Dinge des Lebens, seien es emotionale Beziehungen oder Poesie. Außerdem quälten ihn die Traumbilder – flüchtig und vielleicht substanzlos, aber dennoch zutiefst beunruhigend – und die fundamentale Unsicherheit, die ihn immer weiter antrieb. Zwar hatte er keine Schwierigkeit damit, sich um die zerbrechliche Gesundheit anderer Menschen zu kümmern, aber immer wieder überwältigte ihn die Angst angesichts seiner eigenen Symptome. In einem gewissen Grad ist dies ein Berufsrisiko, das jeder Arzt eingeht. Aber in Larrys Fall war die Beunruhigung besonders intensiv, was wiederum auf seine frühe Angst vor dem Tod hinwies, und seine Verunsicherung zeigte sich auch in anderen, nichtmedizinischen Bereichen. Beispielsweise sprach Larry, nachdem er von einer prestigeträchtigen Universitätsklinik ein Angebot erhalten und angenommen hatte, mit mir lange über sein Gefühl, dass es mit dem neuen Job nicht funktionieren würde und er «auf der Straße enden» könnte.

Dies erscheint absurd, es sei denn, man macht sich klar, dass (1) Erfolg oft von dieser Art Angst motiviert wird und (2) umso mehr auf dem Spiel steht, je erfolgreicher man wird. Paradoxerweise gewinnt der Überlebenskünstler mit seinem Erfolg jedoch keinerlei Sicherheit – je mehr er hat, desto mehr kann er ja verlieren. Und obwohl er kein Risiko scheut, fürchtet er sich immer vor der Angst und muss deshalb weiterkämpfen. Manche solcher Menschen müssen, wenn sie ein bestimmtes Erfolgsniveau erreicht haben, in irgendein Fettnäpfchen treten, um sich daran zu erinnern, woher sie kommen, und um ihre Motivation aufrechtzuerhalten. Bill Clinton, das Stehaufmännchen, ist dafür wahrscheinlich ein recht gutes Beispiel. Wie politische Experten Ihnen bestätigen werden, brachte er sich immer dann, wenn es bei ihm gut lief, selbst in Schwierigkeiten, nur um sich anschließend mit immer erstaunlicherer Kraft und noch größerem Erfolg wieder emporzuarbeiten.

Auch mein Patient machte so etwas durch, wenn auch glücklicherweise nur einmal. Gleich nachdem er seinen neuen Job angetreten hatte, beging er eine unglaubliche Dummheit, die ihn hätte das Leben kosten können. Er hatte sich angewöhnt, sich abends zur Entspannung einen oder zwei Drinks zu genehmigen. Eines Abends jedoch wurden es deutlich mehr und er ging aus, um sich mit einem alten Bekannten zu treffen. Eins führte zum anderen und am Ende verbrachten sie die Nacht zusammen.

Für meinen Patienten war das etwas vollkommen Ungewöhnliches. Er war sexuell konservativ und nicht sehr erfahren. Aber noch ungewöhnlicher waren seine Alkoholeskapaden: Er verdrängte gezielt die Tatsache, dass der andere Mann HIV-positiv war, und vergaß, dass er als Aids-Spezialist so einiges über Ansteckung und ihre Konsequenzen wusste. Er hatte ungeschützten, hochriskanten Sex mit einem bekannten HIV-Überträger!

Ganz direkt konnte man den Vorfall natürlich auf den Alkoholmissbrauch zurückführen. Aber das genügte Larrys intellektuellen Ansprüchen nicht. Er glaubte, dass irgendein mysteriöser Todeswunsch ihn dazu getrieben hatte. Die Analyse war schmerzlich, aber nicht sehr schwierig – wir fanden die Stimme seines Vaters, die seine Sexualität verurteilte und ihn lieber tot als schwul haben wollte. So gesehen musste der Patient offensichtlich daran arbeiten, das Todesurteil seines Vaters zu verwerfen und seine eigene Sexualität anzunehmen, nicht wie bisher andersherum.

Aber dass er sich diesem Aids-Risiko aussetzte, war nicht nur selbstzerstörerisch. Es war auch ein Rückzug in die Angst, mit der er aufgewachsen war, die Angst, die ihn zum Überleben motiviert und zum Erfolg geführt hatte. Als er mir zum ersten Mal von seiner sexuellen Begegnung erzählte, war dieser Aspekt deutlicher als jeder Todeswunsch – er hatte solche Angst, dass er sich nicht einmal untersuchen lassen wollte. Schließlich aber tat er es doch und zum Glück war das Ergebnis negativ. Doch er nahm die Angst, die er durchgestanden hatte, als Mahnung: Er schwor dem Alkohol ab, begann eine monogame Beziehung und verdoppelte seine Hingabe an seinen Beruf. Was uns natürlich beiden Sorgen machte, denn es hätte gut sein können, dass er damit die nächste Runde zukünftiger Selbstzerstörung einläutete.

Im Guten wie im Schlechten lernen die meisten Jungen Aggression von ihren Vätern – oder von einem Vaterersatz, einem großen Bruder, einer Mutter, einem Freund oder von Männern im Fernsehen. Sie lernen nicht nur, indem sie das aggressive Verhalten ihres Vaters bei zwischenmenschlichen Beziehungen beobachten und nachahmen, sondern auch, indem sie sich mit der aggressiven Art identifizieren, wie ihr Vater sie behandelt. Wie wir bei den Sambianern in Neuguinea gesehen haben und wie es Terrence Real noch ausführlicher in *Mir geht's doch gut* darstellt, werden Jungen in vielen Kulturen beim Übergang zum Erwachsenwerden Misshandlungen ausgesetzt, die ihnen oft genug ihr eigener Vater zufügt oder zumindest passiv unterstützt.

Terrence Real weist darauf hin, dass die Initiationsriten bei Jungen demonstrieren sollen, wie viel Schmerzen ein Mann aushält, während die von Mädchen – wie beispielsweise genitale Verstümmelung – eher darauf abzielen, den Status der Frau als Besitz zu markieren. Der Krieger muss hart und zäh sein. Zwar erspart die moderne Gesellschaft den Jungen (und Mädchen) im Allgemeinen physische Misshandlungen, aber die den Initiationsriten zugrunde liegenden Ideen sind uns erhalten geblieben. Trotz des Wandels der Geschlechterrollen, meint Real – und ich bin derselben Ansicht – ist das Bild des starken, wagemutigen, heldenhaften Kriegers (und das entsprechende Bild der verletzlichen Frau, die darauf wartet, von ihm gerettet zu werden) auch in unserer Kultur allgegenwärtig.

Mit achtzehn Jahren hat der durchschnittliche amerikanische Jugendliche etwa sechsundzwanzigtausend Fernsehmorde zu Gesicht bekommen, fast alle von Männern verübt. Und wie Real es ausdrückt: «Im zeitgenössischen Geschichtengut unserer Kinder – was wir ihnen erzählen, die Bücher, die sie lesen, die Fernsehsendungen und Kinofilme, die sie sehen – ist der Junge fast immer die Hauptfigur. Männer sind größer, stärker, mutiger und interessanter. Von *Star Trek* bis zur *Sesamstraße* – immer stehen die männlichen Charaktere im Rampenlicht.»

Einige feministische Kritikerinnen meinen, wenn wir es fertig brächten, uns von solchen kulturellen Vorurteilen und Stereotypen zu befreien, könnten wir die Unterschiede in der Aggressivität von Jungen und Mädchen abschaffen. Zweifellos haben diese kulturellen Einflüsse eine enorme Wirkung auf Kinder. Aber es besteht auch – zumindest für mich – kaum ein Zweifel, dass wir solche Einflüsse nie ganz aus unserer Umgebung verbannen können – kulturelle Zensur gehört der Vergangenheit an. Und selbst wenn wir die Unterschiede ausmerzen könnten, wäre damit nicht das Körnchen Wahrheit aus der Welt, auf die sie sich gründen. Nicht nur im Fernsehen werden die meisten Morde von Männern verübt. Und als Gruppe sind Männer tatsächlich größer, stärker und sogar wagemutiger.

Sicher, diese großenteils biologischen Fakten lassen sich nicht unmittelbar in psychische Eigenschaften ummünzen. Beispielsweise sind Männer psychisch nicht stärker als Frauen. Aber in dem inneren Entwicklungsdialog, durch den wir entdecken, wer wir sind, hören und antworten Jungen ebenso auf ihre Biologie wie Mädchen auf ihre. Und das geschieht mit oder ohne kulturellen Einfluss.

Dazu kommt noch, dass Kinder nicht nur durch passives Aufnehmen oder Nachahmen etwas über Aggression lernen, sondern auch, indem sie Aggression in ihrer Umgebung verarbeiten und so verändern, dass sie in ihre eigene Psychologie passt, und dabei gehen Jungen anders vor als Mädchen. Wie wir in Kapitel 4 gesehen haben, fühlt sich der Junge durch die männliche Härte seines Vaters ihm gegenüber zwischen zwei Optionen hin- und hergerissen: Er kann die Verletzung, die der Vater ihm zugefügt hat, passiv fühlen oder aktiv möglichst gering halten, indem er seinem Vater nacheifert und die Verletzung an andere weitergibt. Weil Jungen biologisch aktiver sind als Mädchen (dies ist übrigens einer der konsistentesten und signifikantesten Befunde in Studien über Geschlechtsunterschiede), besteht eine höhere Wahrscheinlichkeit, dass sie sich für Letzteres entscheiden. Außerdem werden sie noch dadurch zu dieser Entscheidung gedrängt, dass sie sich von Passivität grundsätzlich bedroht fühlen, obwohl – oder, wie wir es im Konflikt der männlichen Unsicherheit gesehen haben, weil – sie diese unbewusst ersehnen.

Hier befinden wir uns beachtenswerterweise mit beiden Füßen fest auf Freud'schem Boden; ob wir wollen oder nicht, wir kommen nicht um ihn herum. Eine von Freuds zentralen Ideen besagt, dass wir manchmal versuchen, ein Trauma zu bewältigen, indem wir es umgekehrt wiederholen, das heißt, indem wir anderen das antun, was uns angetan wurde, damit wir uns überlegen fühlen können. Zwar bringen sich sowohl Männer als auch Frauen durch diesen «Wiederholungszwang» in Schwierigkeiten, aber die aktive Wiederholung eines Traumas ist aufgrund der biologischen Prädisposition zur Aktivität und der psychologischen Furcht vor Passivität insbesondere für Männer anziehend.[16]

Dies ist einer der Gründe, warum Männer, die in der Kindheit körperlich oder sexuell misshandelt wurden, als Erwachsene selbst mit größerer Wahrscheinlichkeit zu Misshandlungen neigen, als das bei Frauen vorkommt, die das gleiche Schicksal hinter sich haben. Dafür besteht bei Frauen eine höhere Wahrscheinlichkeit, den Missbrauch ohne die Umkehrung zu wiederholen, also passiv. Oder vielleicht wäre es richtiger zu sagen, dass Frauen aktiv – wenn auch unbewusst – Gelegenheiten für passive Viktimisierung zu suchen scheinen.

Aber beim Wiederholungszwang geht es wie bei der Aggression nicht nur um Missbrauch. Beispielsweise wollen viele Kinder Lehrer werden, und das zumindest teilweise deshalb, weil sie die Kontrolle haben und anderen das antun wollen, was ihnen angetan worden ist. Selbstverständlich haben viele Erwachsene die gleiche Fantasie ihrem Boss gegenüber. Um noch ein weiteres Beispiel zu nennen: Am Ende meines Studiums gab es einen harten Konkurrenzkampf, wer Mitglied des Zulassungskomitees werden sollte. Ich denke, unbewusst wollten alle die potentiellen Kandidaten interviewen, um sie durch die gleiche (oder möglicherweise eine bessere Variante der) Prozedur zu schleusen, die sie selbst ein paar Jahre früher über sich ergehen lassen mussten.

Selbst wenn nun Jungen als Gruppe tendenziell aktiver sind als Mädchen, ist dies letztlich nur ein statistischer Wert – von der gleichen Art wie, dass man in einem Pool ertrinken kann, dessen Durchschnittstiefe fünfzig Zentimeter beträgt. Mit anderen Worten: Genau wie manche Mädchen aktiver sind als manche Jungen, entscheiden sich nicht alle Jungen dafür, ein Trauma in aktiver Form zu wiederholen. Wie alles in der Welt hat beides Vor- und Nachteile. Sowohl philosophisch als auch praktisch gesehen sind die beiden Verhaltensstile letztlich Kehrseiten derselben Medaille. Andere zu misshandeln, korrumpiert das Selbst und führt zu Vergeltungsmaßnahmen. Umgekehrt korrumpiert es andere, wenn jemand sich misshandeln lässt, und bringt sie häufig in Schwierigkeiten. Um es ins logische Extrem zu treiben, tötet oder zerstört der Mörder am Ende sich selbst, und der Selbstmörder tötet oder zerstört am Ende andere – seine Familie, Freunde oder diejenigen, die ihm «etwas angetan haben».

Wenn ein Junge also die «furchteinflößende Form des Vaters fühlt», steckt er in Schwierigkeiten. Für mich findet sich eine der faszinierendsten Beschreibungen des Problems bei Franz Kafka. In seinen autobiografischen Aufzeichnungen war sich Kafka nicht nur seines Widerwillens bewusst, das Erbe seines Vaters aktiv zu wiederholen, sondern er konnte sogar erklären, warum. In seinem «Brief an den Vater», der über fünfzig Seiten umfasst, konfrontierte Kafka ihn mit einer Analyse ihrer Beziehung.

«Liebster Vater,

Du hast mich letzthin einmal gefragt, warum ich behaupte, ich hätte Furcht vor Dir. Ich wusste Dir, wie gewöhnlich, nichts zu antworten, zum Teil eben aus der Furcht, die ich vor Dir habe, zum Teil deshalb, weil zur Begründung dieser Furcht zu viele Einzelheiten gehören, als dass ich sie im Reden einigermaßen zusammenhalten könnte.»

Mit diesen einfachen Worten lädt Kafka seinen Vater zu einem Dialog ein und vermittelt ihm gleichzeitig unmissverständlich die

Heftigkeit seiner Gefühle sowie seine analytischen – man könnte auch sagen psychoanalytischen – Fähigkeiten. Auf den nächsten Seiten erinnert sich Kafka daran, wie es war, mit seinem Vater aufzuwachsen, der – um Kafkas eigene Beschreibung zu zitieren – ein großer, lauter, selbstzufriedener, protziger, aufbrausender Mann mit einem roten Gesicht war. Er billigte Erziehungsmethoden wie Drohungen, Ironie, gehässiges Lachen, Brüllen und Demütigung. Dies hätte, wie Kafka schreibt, bei einem ebenfalls starken und wenig sensiblen Kind sicher zu anderen Resultaten geführt. Aber Kafkas Sensibilität und Schüchternheit führten dazu, dass er möglichst alles vermied, was mit seinem Vater zu tun hatte, einschließlich der Dinge, die er vielleicht gemocht und sich gewünscht hätte – beispielsweise, im Betrieb seines Vaters zu arbeiten oder zu heiraten.

In Kafkas Erklärung, warum er nicht heiraten konnte – er hatte zwei oder drei Verlöbnisse aufgelöst –, sieht man am deutlichsten seine Abneigung, aktiv etwas zu wiederholen oder sich mit seinem Vater zu identifizieren.

«Die Heirat ist gewiss die Bürgschaft für die schärfste Selbstbefreiung und Unabhängigkeit. Ich hätte eine Familie, das Höchste, was man meiner Meinung nach erreichen kann, also auch das Höchste, was Du erreicht hast, ich wäre Dir ebenbürtig, alle alte und ewig neue Schande und Tyrannei wären bloß noch Geschichte. Das wäre allerdings märchenhaft, aber darin liegt eben schon das Fragwürdige. Es ist zu viel, so viel kann nicht erreicht werden. Es ist so, wie wenn einer gefangen wäre und hätte nicht nur die Absicht zu fliehen, was vielleicht erreichbar wäre, sondern auch noch, und zwar gleichzeitig die Absicht, das Gefängnis in ein Lustschloss umzubauen. Wenn er aber flieht, kann er nicht umbauen, und wenn er umbaut, kann er nicht fliehen. Wenn ich in dem besonderen Unglücksverhältnis, in welchem ich zu Dir stehe, selbstständig werden will, muss ich etwas tun, was möglichst gar keine Beziehung zu Dir hat; das Heiraten ist zwar das Größte und gibt die ehrenvollste Selbstständigkeit, aber es ist auch gleichzeitig in engster Beziehung zu Dir.»

In Kafkas Brief ist noch viel mehr zu finden. Aber in unserem Kontext genügt es zu erwähnen, dass der Brief zwar ausgeglichener war, als man aus obigem Ausschnitt schließen könnte – Kafka übernahm einen Teil der Verantwortung für seinen eigenen Untergang –, aber dass Kafka letztlich doch zu schüchtern war und zu viel Angst vor seinem Vater hatte, um ihm den Brief wirklich zu schicken. Er zeigte ihn seiner Mutter, aber sein Vater bekam ihn nie zu Gesicht und der Brief wurde erst nach Kafkas Tod veröffentlicht.

Kafka wurde von seinem Dilemma nicht nur sein gesamtes Leben heimgesucht, es ist in seinem gesamten Werk zu spüren. In seinem Brief sagt er selbst, dass er mit dem Schreiben endlich eine gewisse Distanz zu seinem Vater gewonnen zu haben glaubt, ein Gefühl, das dadurch verstärkt wurde, dass sein Vater eine Aversion gegen die Texte seines Sohnes hatte. Aber traurig fügt Kafka hinzu:

«Natürlich war es eine Täuschung, ich war nicht oder im allergünstigsten Falle noch nicht frei. Mein Schreiben handelte von Dir, ich klagte dort ja nur, was ich an Deiner Brust nicht klagen konnte.»

Wir können nicht beurteilen, ob Kafka sich in seinen späteren Werken als Person von seinem Vater trennen und seiner Tyrannei entfliehen konnte. Als Schriftsteller wuchs er in seinen Romanen unzweifelhaft über das Persönliche hinaus. Wenn man jedoch die Themen seiner Romane betrachtet – beispielsweise die Tyrannei der metaphysischen Mächte in *Der Prozess* oder *Das Schloss* –, kann man kaum umhin, sie auf die kafkaesken Erziehungsmethoden seines Vaters zurückzuverfolgen. Viele Literaturkritiker, vor allem die der dekonstruktivistischen Schule, schätzen diese Analyse ebenso wenig wie manche Künstler und Schriftsteller. Verständlicherweise sind sie der Meinung, Kunst könne für sich allein bestehen, frei von den Dämonen des Künstlers. Aber damit verhält es sich ähnlich wie mit unserer Beziehung zu den Affen – genau dann, wenn wir darauf bestehen, unserer Vergangenheit zu entfliehen, werden wir ihr Gefangener.

In einer von Kafkas Erzählungen, in *Das Urteil*, von dem manche behaupten, hier sei Kafka, der Schriftsteller geboren – Kafka selbst schrieb, dass die Erzählung aus ihm herausgekommen sei, als habe er sie geboren –, widersetzt sich ein alternder Vater der Absicht seines Sohns zu heiraten und «verurteilt» ihn am Ende zum Tod durch Ertrinken. Der treue Sohn stürmt aus der Wohnung, rennt zum Fluss und vollstreckt sein eigenes Urteil. Eine seltsame, unwahrscheinliche, fast biblisch anmutende Geschichte – wie vieles in Kafkas Werk –, jedoch eine mit der rohen, logischen Präzision des Unbewussten.

Wenn man der Aggression des Vaters nicht mit der eigenen begegnen kann – und die meisten misshandelten oder verängstigten Kinder können das nicht – und wenn die eigene Sensibilität es nicht zulässt, dass man sich wehrt, indem man wird wie er und andere angreift, welcher psychische Weg steht einem dann noch offen? Trauriger-, ja fast tragischerweise hat *Das Urteil* eine starke Parallele zu Kafkas Leben. Vor seinem Tod bat er einen Freund, alle bis dahin nicht veröffentlichten Werke zu zerstören. Zu unserem Glück erfüllte der Freund diesen Wunsch nicht, sodass der Welt einige ihrer größten literarischen Meisterwerke erhalten blieben.

Anders als *Das Urteil* hat Kafkas Brief an seinen Vater wenig Bizarres an sich. Wie Kafka einräumt, gab es nie körperliche Misshandlungen in ihrer Beziehung und ein großer Teil des Schadens war lediglich Kollateralschaden durch die «starke» Persönlichkeit des Vaters. Letztlich war der Brief für Kafka ein Versuch der Befreiung nach dem Motto: «Alles, was Sie Ihrem Vater schon immer sagen wollten, aber nie zu sagen wagten.» So liest er sich auch noch heute, so sehr sogar, dass man sich darin wiederfindet, selbst wenn man keinen misshandelnden Vater hatte. Aus diesen Gründen findet Kafkas Dilemma einen Widerhall im inneren Konflikt vieler Männer, die in ihrer Loyalität zu einem zerstörerischen Vater am Ende sich selbst zerstören.

Kapitel 7

SELBSTZERSTÖRUNG

. . . ich bin ein Versager

Der Idiot

Bei einem Winterurlaub vor einem oder zwei Jahren nahmen sich meine Frau und ich ein paar Stunden Zeit, um einmal ohne unsere Kinder Ski zu fahren. Obwohl wir beide solide, mittelprächtige Skifahrer sind, überredete uns ein Freund – ein hervorragender Skifahrer und ein furchtloser Mann –, mit ihm eine der schwierigeren Routen zu probieren. Die Sache erwies sich als absolute Herausforderung. Wir befanden uns auf einer der höchsten Erhebungen der Rockies und auf der Route gab es jede Menge unebener Stellen mit hartem Schnee und anderes vertracktes Terrain. So etwas hatten wir bislang noch nie gewagt. Die Strecke war körperlich und emotional äußerst anstrengend und machte wenig Spaß. Als wir es dann endlich geschafft hatten und unsere Skier abschnallten, stöhnte meine Frau, die eigentlich besser fährt als ich: «Das war wirklich Zeitverschwendung.» «Echt?», entgegnete ich. «Aber ich bin froh, dass wir es gemacht haben.» Ironisch fügte ich hinzu: «Es gibt mir das Gefühl, ein richtiger Mann zu sein.» Worauf meine Frau erwiderte: «Mir gibt es das Gefühl, ein richtiger

Idiot zu sein.» «Aber das ist doch das Gleiche!», gab ich zurück und wir fingen beide an zu lachen.

Mit ziemlicher Sicherheit hätte ich anders reagiert, wenn die Pointe aus dem Mund meiner Frau gekommen wäre – womöglich wäre ich wütend geworden und hätte sie beschuldigt, eine herabsetzende, kastrierende, phallische, den Männern grundsätzlich feindselig gesonnene Frau zu sein. Was nicht heißen muss, dass ich Unrecht gehabt hätte – ich glaube wirklich, dass Frauen, die glauben, Männer seien Idioten, Dummköpfe und Kretins, feindselig eingestellt sind. Doch als Mann war es in Ordnung, so etwas zu sagen. Na ja, nicht ganz. Es war okay für mich, es zu sagen, weil ich es nicht glaubte. Die legendäre männliche Neigung zur Selbstzerstörung, wie sie sich so eindrucksvoll an ihrer Vorliebe für Alkohol, Drogen, risikoreiches Autofahren und so weiter zeigt, ist nicht einfach mit Dummheit zu erklären.

Zuerst einmal kann eine fragwürdige «maskuline» Handlung idiotisch oder heroisch sein, je nach den oft nicht vorhersehbaren Konsequenzen. Wenn Sie überfallen werden, Widerstand leisten und erschossen werden, sind Sie ein Idiot, aber wenn Sie Widerstand leisten und der Übeltäter deshalb verhaftet werden kann, sind Sie nicht nur ein Held, sondern auch noch ein Genie, der genau wusste, dass dieser Überfall nicht schlimm für Sie ausgehen würde. Zweitens gibt es bessere und einfache Erklärungen für die Selbstzerstörungssucht der Männer als Dummheit. Beispielsweise neigen Männer vielleicht deshalb mehr zur Selbstzerstörung als Frauen, weil sie körperlich stärker und aktiver sind und dadurch mehr Schaden anrichten können – bei anderen ebenso wie bei sich selbst. Diese Hypothese könnte vielleicht erklären, warum zwar mehr Frauen einen Selbstmordversuch unternehmen, sich aber mehr Männer tatsächlich umbringen. Sicher, eine einfache Erklärung hat ihre Vorzüge, doch manchmal geht sie einfach nicht weit genug. Was wie eine impulsive, überstürzte Entscheidung aussieht, ist oft nämlich das Ergebnis eines langsamen, zähen Entscheidungsprozesses unter der Oberfläche.

Ein Patient, ein junger Wissenschaftler, der mit Sicherheit

genau das Gegenteil von dumm war, kam eines Tages lächelnd in meine Praxis. «Noch so eine Woche und Sie sehen mich vielleicht nie wieder», verkündete er. «Was meinen Sie damit?», fragte ich ebenfalls lächelnd nach. «Letzte Woche bin ich nach der Therapiestunde überfallen worden und heute hat mich eine ältere Frau anzumachen versucht!» Ich lachte und meinte: «Ich bin nicht sicher, was schlimmer war.» Aber es ging um mehr als um einen witzigen Wortwechsel. Als der Patient, ein Einzelkind, noch ganz klein war, hatte sein Vater, an dem er sehr hing, Frau und Sohn verlassen und war in einen anderen Bundesstaat gezogen. Seit dieser Zeit hatte der Patient seinen Vater ein paar Mal im Jahr besucht und diese Besuche immer sehr genossen. Die meiste Zeit über jedoch «hockte» er bei seiner Mutter, einer depressiven Psychologin, die sich – mit einer Unmenge guter Absichten – ständig mit aufdringlichen Kommentaren voller Übergriffe in die innersten Gedanken und Gefühle ihres Sohns einmischte. Demzufolge war für den Patienten in gewisser Hinsicht die «Anmache» der älteren Frau ein schlimmerer Angriff auf seine Männlichkeit als der Überfall, obwohl dieser objektiv durchaus eine ernste Sache gewesen war.

Als der Patient nach der Sitzung in der Vorwoche meine Praxis verließ, hatte er darüber nachgedacht, wie wütend er auf seine Mutter war, dass er es aber bisher immer vermieden hatte, seiner Wut freien Lauf zu lassen. Je mehr er darüber grübelte, desto wütender und aufgeregter wurde er. Er war so in Gedanken versunken, dass er gar nicht bemerkte, wie ein verdächtig aussehender Mann die Straße in seine Richtung überquerte, bis dieser ihm plötzlich einen Revolver unter die Nase hielt und sein Geld verlangte. Da der Patient aber so geladen war, überlegte er nicht lange, sondern schlug dem Mann seinen mit wissenschaftlichen Instrumenten vollgestopften Aktenkoffer auf den Kopf. Der Räuber wehrte sich und versetzte ihm einen Schlag mit dem Revolver, und so gerieten die beiden in ein Handgemenge, bis sich die Nachbarn versammelten und der Räuber die Flucht ergriff. Den ganzen Weg zur Notaufnahme hielt sich der Patient an seiner Mappe und an seinem Geld fest – ebenso wie an seiner aggressiven

Verteidigung seiner männlichen Unsicherheit. Er wurde wegen einer leichten Kopfverletzung behandelt und verbrachte die Nacht im Krankenhaus. Doch mental war er womöglich tiefer verletzt (ich kann das nur sagen, weil ich solche Stärke irgendwie bewundere und weil sie in unserer Kultur so häufig anzutreffen ist): Da er seine Freundin und seine Mutter keinesfalls beunruhigen und vielleicht auch vor Frauen nicht verletzlich wirken wollte, rief der Patient keine von beiden an, sondern blieb allein in der Notaufnahme.

Als er mir erzählte, wie er den Angreifer verprügelt und dabei ständig an seine Wut auf seine Mutter gedacht hatte, konnte ich es kaum glauben und meinte scherzhaft, dass die Szene mich an einen Film von Woody Allen erinnerte. Der Patient lächelte, erzählte mir dann aber, woran ihn das Ganze erinnerte. Als er ungefähr zwölf war, nahm ihn sein Vater, ein hohes Tier im Außenministerium, mit auf eine Reise nach Griechenland, um sich am Strand zu erholen und die Geburtsstätte der Demokratie zu besuchen. Eines Nachmittags wanderten sie zusammen durch ein kleines Inseldorf und wurden auf der Straße von einer Gruppe junger Taschendiebe überfallen. Sobald der Vater begriffen hatte, was passiert war, packte er seinen Sohn am Arm und jagte der Bande durch die schmalen Gässchen des Dorfs nach – ein ziemlich aussichtsloses Unterfangen, vor allem mit einem zwölfjährigen Sohn! Aber dem Patienten gefiel es und er bewunderte den Mut und die Kraft seines Vaters.

Ich brauche wohl nicht zu erwähnen, dass sie die Taschendiebe nicht dingfest machen konnten. Aber viele Jahre später revanchierte sich der Patient, indem er an diesem Tag nach der Therapie seinen Angreifer verprügelte. Also war der Grund für die heftige Reaktion des Patienten nicht seine eskalierende Wut auf seine Mutter, sondern auch eine triumphierende Identifikation mit seinem geliebten und idealisierten Vater. Kurz gesagt war es ein Augenblick, in dem er sich als Mann bewies. Mit ein bisschen Pech hätte es aber auch ein Augenblick der Selbstzerstörung sein können, ein Beispiel dafür, dass Selbstzerstörung manchmal nur eine logische Fortführung der Aggression ist, mit der die männliche Unsicherheit abgewehrt werden soll, über die Männer aufgrund ihrer emotionalen Abwesenheit und Scham aber nicht viel wissen.

Ein anderes Beispiel für Selbstzerstörung – ein allzu häufiges Phänomen in dieser Zeit der Aktienmanie – ist der Bericht eines anderen Patienten, der wegen Depressionen zu mir kam. Dieser hart arbeitende junge Mann war zutiefst niedergeschlagen, weil er gerade 50 000 Dollar – praktisch seine gesamten Ersparnisse – auf dem Aktienmarkt verloren hatte. Zusammen mit seiner Frau hatte der Mann das Geld als Anzahlung für ein Haus angespart. Anfangs investierte er seine Ersparnisse vorsichtig, aber dann kaufte er, weil die Börse sich immer wieder in schwindelerregende Rekordhöhen aufschwang, ein paar Investmentfonds. Diese machten sich recht gut, wenn auch nicht ganz so gut wie einige Einzelaktien. Da die Kurse weiter stiegen, tauschte er seine Fonds gegen Einzelaktien mehrerer großer Unternehmen. Auch diese entwickelten sich gut, aber nicht so gut wie ein paar kleine Internetaktien. Schließlich kaufte der Patient ein paar heiße Internetaktien «auf Einschuss», das heißt, er belieh die Aktien, um den Wert seiner Investition zu verdoppeln. An diesem Punkt brach der Markt ein und dem Patienten blieben nur noch ein paar Tausend Dollar auf dem Konto.

Kurze Zeit später erholte sich der Markt und erreichte sogar neue Rekorde. Aber für meinen Patienten war die Zeit zu lang – als er seiner Frau vom Zustand ihrer Anlagen erzählte, regte sie sich furchtbar auf und drängte ihn, sich ganz aus dem Aktiengeschäft zurückzuziehen. Er gab nach und verkaufte seine Aktien – eine Woche bevor die Kurse wieder zu steigen begannen. Während er zusah, wie der Markt sich erholte, versank der Patient in eine Depression, ein Hinweis darauf, dass ihm nicht so sehr der Geldverlust zusetzte als vielmehr die Tatsache, dass er auf seine Frau gehört hatte. Er war wütend auf sie, weil sie ihn dazu «gebracht» hatte zu verkaufen, wusste aber gleichzeitig, dass er selbst dafür verantwortlich war und von Anfang an mit dem Geld nicht hätte spekulieren sollen. Da er seiner Frau also eigentlich keine Vorwürfe machen konnte, wendete er seine Wut nach innen und strafte sich selbst mit einer Depression.

Wäre die Depression nicht gewesen, könnten Sie jetzt vielleicht denken, dass der Patient eher einen Finanzberater als einen Therapeuten brauchte. Vielleicht hätten Sie damit sogar Recht. Aber wenn man etwas an der Oberfläche kratzt, findet man, dass selbst ein solcher finanzieller Verlust – der in unterschiedlichen Versionen regelmäßig bei Tausenden kleiner Anleger vorkommt – nicht nur auf finanzielle Ignoranz oder naiven Enthusiasmus hinweist, sondern auf einen tieferen, selbstzerstörerischen Prozess. Man könnte diesen Prozess so verstehen, dass der Patient, indem er auf seine Frau hörte und seine Aktien verkaufte, den Fehler beging, sich dem weiblichen Einfluss zu unterwerfen – wenn er auf seinem eigenen Kurs geblieben wäre, wäre alles gut ausgegangen. Aber das war nur der Schluss der Geschichte. Der Beginn legt genau die gegenteilige Erklärung nahe, nämlich die, dass er sich, indem er ständig den Einsatz erhöhte, in seiner Investitionsstrategie von seinem dummen männlichen Ego beeinflussen ließ. Was war es also – die offensive Männlichkeit oder die defensive Weiblichkeit? Ich denke, es war beides im Spiel.

Der Patient war in Hongkong geboren und hatte den größten Teil seiner Kindheit dort verbracht. Sein Vater, ein Amerikaner, war ein ehemaliger Marineoffizier und versuchte sich mit ziemlich wenig Erfolg als Unternehmer. Mit seinem Sohn ging er ziemlich barsch, kühl und autoritär um. Seine Mutter, von koreanisch-chinesischer Abstammung, war eine unabhängige, ehrgeizige, hart arbeitende Frau, die ihren Sohn – ihren Erstgeborenen – verwöhnte, überbehütete und kontrollierte. Als der Patient zwölf Jahre alt war, ließen die Eltern sich scheiden. Der Vater blieb in Hongkong, wo er sich weiterhin mehr schlecht als recht durchschlug und Geld in verschiedenen Unternehmungen verlor, die Mutter wanderte mit ihren Kindern in die Vereinigten Staaten aus. In der Neuen Welt musste der Patient seiner Mutter helfen, die Familie zu unterstützen, das heißt, er war gezwungen, viel zu früh ein Mann zu werden, blieb aber nach wie vor unter dem Pantoffel seiner Mutter und musste nachmittags und am Wochenende in ihrem Obst- und Gemüseladen helfen. Obwohl er diesen Job hasste, bemühte er sich, ein guter Junge zu sein. Er respektierte seine Mutter und rebellierte nie gegen sie.

Aber er rebellierte gegen seine Frau – zumindest sah ich in seinem impulsiven, riskanten Investitionsstil, dass er eine unabhängige, freie Männlichkeit demonstrieren wollte. Sicher lag auch viel daran, dass sein emotional verschlossener Vater ihm kein Vorbild für eine überlegtere, diszipliniertere Männlichkeit gewesen war. Und natürlich war seine verantwortungslose Männlichkeit nichts anderes als eine Einladung an die weibliche Kontrollfunktion, wegen seiner Börsengeschäfte an ihm herumzunörgeln.

Allgemeiner ausgedrückt sind viele selbstzerstörerische Männer hypermaskulin. Paradoxer-, aber logischerweise müssen diese Männer ihre eigene Weiblichkeit verdrängen, weil immer zu viel davon um sie herum war und jetzt zu viel davon in ihnen ist. In vielen Fällen ist diese Form der Selbstzerstörung also ein Versuch, sich von einer allgegenwärtigen, kontrollierenden Mutter zu lösen und einem abwesenden, verantwortungslosen Vater zuzuwenden. In den beiden zuletzt besprochenen Fällen ließen sich die Eltern scheiden, es gab außerdem eine geographische Trennung, wodurch der Junge mit einer körperlich anwesenden Mutter und einem körperlich abwesenden Vater leben musste. Dennoch geht es bei dem selbstzerstörerischen Prozess, den ich hier untersuche, nicht um Scheidung und Ortswechsel. Mehr als um alles andere geht es um die Persönlichkeit der Eltern. Genauer ist es eine Frage, wie die Eltern ihre eigenen maskulinen und femininen Identifikationen integrieren. Lassen Sie mich dies näher ausführen.

John war ein ungewöhnlich sensibler und angenehmer Firmenanwalt. Er wuchs in einer intakten Familie auf und seine Eltern, so erzählte er, waren jedermanns Lieblinge. Sie waren flott, locker, freundlich und jung. Und sie waren immer für John und seine ältere Schwester da, sowohl mit echter Fürsorge als auch mit finanzieller Unterstützung. Dennoch litt John seit seinem Eintritt ins College, bis er zu mir kam – eine Woche nach seinem achtunddreißigsten Geburtstag –, an einem schwerwiegenden Alkohol- und Kokainproblem. Auf das Thema Sucht möchte ich hier nur mit dem Offensichtlichsten eingehen, nämlich, dass sie die häufigste Form männlicher Selbstzerstörung ist. Auch zur Suchtbehandlung möchte ich nur erwähnen, dass John mithilfe der Anonymen Alkoholiker, denen er sich ein paar Monate nach Therapiebeginn anschloss, seit langem trocken geblieben ist.

Klinisch einmalig war an diesem Fall der Umstand, dass John neben seiner Sucht auch noch an einer «Störung» litt, die man im Allgemeinen nur an Kindern feststellt – er hatte massive Trennungsangst. Als kleiner Junge hatte er sich nicht von seiner Mutter trennen wollen, wenn er in den Kindergarten sollte. Und in der Grundschule entwickelte er eine ausgewachsene «Schulphobie» mit allem Drum und Dran, beispielsweise, dass er wiederholt von der Schule ausriss, um zu Hause bei seiner Mutter sein zu können. Als Teenager hatte er Angst, in die Schule zu gehen, weil eine Jungenbande ihn schikanierte, und auf dem College hatte er keine Lust, etwas ohne seine Freundin zu unternehmen. Er ging in San Francisco aufs College, weit weg von seiner Familie in New York, und dort begann er zu trinken, um seine Angst vor dem Alleinsein zu mildern.

Aber obwohl er sich fürchtete, allein zu sein, hasste er auch seine Abhängigkeit. Im zweiten Collegejahr kaufte er sich deshalb ein gebrauchtes Auto und fing an, übers Wochenende allein wegzufahren. Er lud einen Kasten Bier ins Auto und fuhr nach Norden in die Berge, trank unterwegs die ganze Zeit und verwandelte so seine Angst erfolgreich in Erregung. In der Sierra Nevada verlegte er sich aufs Klettern, was damals noch wesentlich gefährlicher war als heutzutage. Wenn er kletterte, trank er nie, aber wenn er einen Gipfel oder das Ende einer schwierigen Tour wohlbehalten erreicht hatte und für die Nacht sein Zelt aufschlug, brach die Hölle in ihm los. Allein auf einem Felsen in Yosemite, drehte er vor Angst und Nervosität förmlich durch. Voller Sehnsucht danach, endlich wieder zu Hause bei seiner Freundin zu sein, trank er sich bewusstlos.

Auf manchen dieser Reisen machte John in einer Kneipe Halt, um weiter zu trinken. Dort gabelte er auch gelegentlich ein Mädchen auf und schlief mit ihr im Hinterzimmer oder im nächsten Motel. Aber danach quälten ihn sofort entsetzliche Schuldgefühle, die er natürlich nur mit noch mehr Alkohol beschwichtigen konnte. An einem Punkt gelangte John schließlich zu der Erkenntnis, dass er sich von seiner Freundin trennen sollte, aber er konnte sie wegen seiner Trennungsangst nicht loslassen. Während dieser Zeit kam die Schwester seines Zimmergenossen aus New York zu Besuch. Jetzt trennte er sich doch von seiner Freundin, und als die andere Frau wieder wegfuhr, hielt er telefonisch die Beziehung mit ihr aufrecht.

Gegen Ende des Studiums verliebte sich John auch noch in das Leben in der prächtigen Natur Nordkaliforniens. Er beschloss, nie mehr nach New York mit seinem Beton, dem Dreck, den Taxis und Aufzügen zurückzukehren. Aber seine Freundin in New York plante eine Karriere an der Wall Street und erklärte ihm, sie würde nicht wegziehen. Aus Angst, sie zu verlieren, zog er zurück nach New York und kurz danach heirateten die beiden. Im Lauf ihrer Ehe unternahm der Patient mehrere Versuche, seinen Alkoholkonsum unter Kontrolle zu bekommen. Ein paar Mal schaffte er es, mehrere Monate am Stück nicht zu trinken. Aber seine Trennungsangst war immer gegenwärtig. Jahrelang wachte er jeden Montagmorgen um vier auf und spürte eine entsetzliche Angst vor der bevorstehenden Arbeitswoche. Obwohl er sich immer nach Nordkalifornien sehnte, überfiel ihn jedes Mal, wenn er hinfuhr, bei Nacht eine entsetzliche Angst. Seine Frau, mittlerweile eine viel beschäftigte Börsenanalytikerin an der Wall Street, legte nie Einsprüche gegen seine halbjährlichen verlängerten Wochenenden dort ein. In den letzten Jahren, seit das Handy aufgekommen war, musste er sich zurückhalten, seine Frau nicht ständig vom Straßenrand, aus dem Zelt oder vom Gipfel irgendeines Felsen anzurufen. Während seine extremeren selbstzerstörerischen Verhaltensweisen wie das Trinken beim Autofahren zurückgingen, schien er sie durch andere riskante Unternehmungen zu ersetzen.

Beispielsweise zog er sich beim Skifahren fast immer irgendeine Verletzung zu, obwohl er ein hervorragender Skifahrer war. Auch bei der Arbeit war er jedes Mal, wenn ein Geschäftsabschluss bevorstand, kurz davor, etwas Impulsives oder Dummes zu seinem Klienten zu sagen und den Abschluss in letzter Minute noch zu gefährden.

Als John zu mir kam, wusste er bereits, dass er den Alkohol als Medikament gegen seine Angst einsetzte. Und er bezeichnete seine Angst als Trennungsangst, bevor ich das Wort in den Mund nahm. «Sehen Sie», sagte er, «es ist mir ganz klar. Es hat im Kindergarten angefangen, als ich meine Mutter nicht gehen lassen wollte. Seither war es immer ein Kampf für mich, draußen in der Welt zu sein.» Nicht ganz so klar war ihm allerdings, *warum* er solche Angst vor Trennung hatte. In der Therapie zeigte sich, dass er nicht so sehr um sich selbst Angst hatte, sondern um seine Freundin, seine Frau, seine Mutter, die er zurückgelassen hatte. Er begann sich zu erinnern, dass er, wenn er aus der Schule weggelaufen war, nicht nach Hause rannte, um sich von seiner Mutter umsorgen zu lassen, sondern um nachzusehen, ob alles in Ordnung mit ihr war. Dasselbe traf auf die anderen Frauen in seinem Leben zu – wenn er weg war, fürchtete er, *ihnen* könnte etwas Schreckliches zustoßen.

Dann erkannte er, dass seine Angst im Kindergarten nicht deshalb ausgebrochen war, weil er sich von seiner Mutter trennen musste, sondern weil *sie* sich von ihm trennen musste. Es stellte sich heraus, dass seine Mutter gerade mit ihrem Mann und zwei kleinen Kindern nach New York gezogen war, sich zum ersten Mal und nur höchst ungern von ihrer eigenen Familie und dem kleinen Dorf, in dem sie aufgewachsen war, verabschiedet hatte. Im Allgemeinen ist es richtig, dass viele trennungsängstliche Kinder sich fürchten, ihre Mutter zu verlassen, weil sie von ihr die unbewusste Botschaft empfangen, dass die Welt ein gefährlicher Ort ist. Doch eine überbehütende Mutter oder eine, die selbst mit einem Verlust zu kämpfen hat, reicht nicht aus als Erklärung für die schlimmen Angstzustände, unter denen der Patient viele Jahre später litt. Als ich den Patienten kennen lernte, war ich sogar so von seiner Angst beeindruckt, dass ich meinte, sie sei biologisch bedingt und brauchte eventuell zusätzlich zur Therapie noch eine medikamentöse Behandlung. Aber nach drei Jahren Therapie (und Abstinenz) war John erstaunlicherweise fast völlig frei von seiner Angst.

Meiner Meinung nach war einer der Hauptgründe für Johns Genesung, dass er endlich die Persönlichkeit seiner Eltern kennen lernte und sich bis zu einem gewissen Grad von ihnen befreite. Das Problem bestand nicht so sehr darin, dass seine Mutter ebenfalls an Trennungsangst litt und diese auf ihr Kind projizierte, nein, sie projizierte ihr gesamtes Selbst auf ihn. Im Lauf der Therapie kam allmählich heraus, dass Johns Mutter mit einer Überfülle von Gefühlen, Impulsen und Fantasiebildern gesegnet war, aber nur über einen geringen Vorrat an Gedanken, Konzepten oder Ideen verfügte. Ob gut oder schlecht, erlebte sie alles mit großer Intensität, niemals mit kühler Gelassenheit. Kurz, sie war Farbe und Textur, aber keine Form oder Struktur. Deshalb verbrachte sie ihr Leben in einem Zustand ständiger Verschmelzung mit dem Universum, was natürlich die Menschen in ihrem zwischenmenschlichen Bereich mit einschloss.

Während er heranwuchs, war sich John deshalb immer mehr ihrer als seiner eigenen Gefühle bewusst. Genauer gesagt wurden seine Gefühle tagein, tagaus von den ihren verdrängt. Wenn ihr kalt war, musste er sich warm anziehen. Wenn sie Angst vor der Dunkelheit hatte, musste er bei Licht schlafen. Wenn sie Angst hatte, ein Leberfleck könnte auf Krebs hindeuten, hatte er Angst, sie müsste sterben. Wenn sie ihre Mutter vermisste, vermisste auch er seine Mutter. Wenn sie im Bett kuscheln wollte, wünschte auch er sich nichts sehnlicher, als zu ihr zu kriechen. Und wenn sie sich beschwerte, dass sein Vater ein rücksichtsloser Klotz sei, dann spürte er, dass sein Vater ein rücksichtsloser Klotz war.

Aufgrund der Persönlichkeit seiner Mutter – die als Karikatur traditioneller Weiblichkeit durchgehen könnte – müsste es jetzt leichter sein zu sehen, warum John so sehr unter Trennungsangst litt. Sie wurde nicht durch eine traumatische Trennung ausgelöst, sondern eher durch eine traumatisierende Persönlichkeit. Auch sollte jetzt leicht zu erkennen sein, dass John, wenn er als Kind seine eigenen Gefühle hätte entwickeln können, keine Angst bekommen hätte, sondern Wut auf seine Mutter. Wie vielleicht nicht anders zu erwarten, entwickelte John solche Gefühle in der Therapie. Als er anfing, sich weniger ängstlich zu fühlen, spürte er eine Menge Wut – seiner Mutter gegenüber, seiner Frau gegenüber, all denen gegenüber, von denen seinem Gefühl nach sein Leben kontrolliert wurde. Unglücklicherweise, wenn auch sicher ebenso erwartungsgemäß, wurde seine Wut ebenso intensiv wie seine Angst und nun neigte er zu Wutausbrüchen, die zwar weniger selbstzerstörerisch waren, aber dafür den anderen Menschen in seinem Leben ziemlich zusetzten.

Damit ich mir nun nicht den Vorwurf einhandle, ich würde der Mutter den schwarzen Peter zuschieben, möchte ich sagen, dass es keine Problemmutter ohne einen Problemvater gibt. Johns Vater war zwar nicht abwesend oder aggressiv, aber er verkörperte dennoch mit oberflächlicher Klarheit einige der negativen männlichen Charakteristika, die wir in diesem Buch diskutiert haben. Er sprach nie über seine eigenen oder die Gefühle seines Sohns, und das einzig Emotionale, was er seinem Sohn je sagte, war, dass er seine Gefühle beherrschen sollte. Wenn er überhaupt redete, erzählte er Kampfgeschichten aus seiner Firma, riss alberne Sexwitze, machte sich über Johns Mutter lustig und schwelgte in Erinnerungen an die Alkoholausschweifungen seiner Jugend. Kurz gesagt war er zwar sozial einigermaßen gewandt, aber emotional so unterentwickelt, dass er John keinen Schutz vor seiner Mutter bot.

Nach einigen weiteren Therapiestunden entdeckte John auch die Persönlichkeit seines Vaters und wie enttäuscht er von ihm war – weil er keine echte, dreidimensionale Person war. Also bestand Johns Trennungsangst in dem Versuch, weniger eine Frau zu werden als seine Mutter und mehr ein Mann als sein Vater. Wenn er mit der Kletterei vor seiner Mutter fliehen wollte, musste ihn auf dem Gipfel die Angst überwältigen, weil kein Vater da war, der ihn dort oben beschützte.

Was Johns Therapie angeht, so war es kein Zufall, dass Johns Angst mithilfe seiner Wut «geheilt» wurde, obwohl er und ich fanden, dass die Therapie nicht vollständig sein würde – falls es so etwas überhaupt gibt –, ohne dass er auch davon loskam. Damit spiele ich auf eine wichtige Verbindung zwischen Aggression und Selbstzerstörung an. Bisher haben wir in diesem Kapitel Männer kennen gelernt, die ihre aggressive Hypermännlichkeit «idiotischerweise» in Selbstzerstörung ausleben, aber jetzt wenden wir uns den Männern zu, die von der entgegengesetzten Richtung zur Selbstzerstörung kommen, nämlich weil sie nicht genügend Aggression haben – im Zusammenhang mit Kafka habe ich diesen Typ schon kurz angesprochen. Aber zuerst noch eine wichtige Anmerkung über das Thema «Wut auf die Eltern».

Eins der am wenigsten schmeichelhaften Stereotypen der Psychotherapie ist, dass man lernt, die Schuld für alles, was im eigenen Leben falsch gelaufen ist, den Eltern in die Schuhe zu schieben. Leider haben viele Leute – Patienten und einige Therapeuten nicht ausgenommen – Schwierigkeiten, zwischen Wut und Vorwurf zu unterscheiden. Theoretisch ist die Unterscheidung recht einfach – Wut ist eine Emotion, während ein Vorwurf in der kognitiven Schuldzuweisung besteht, also sind es eindeutig zwei verschiedene Dinge. Aber im wirklichen Leben verwechseln wir die beiden oft. Wenn John zum Beispiel endlich wütend ist auf seine Eltern, weil sie sich ihm gegenüber als Kind so verhalten haben, und vor allem, wenn er seine Wut ihnen gegenüber äußert, bedeutet das nicht, dass er ihnen die Schuld für seine Trennungsangst gibt?

Nun, die kurze Antwort lautet Nein, aus dem einfachen Grund, dass wir, ganz gleich wie die Karten verteilt sind – und sie sind nie alle schlecht –, immer die Wahl haben, wie wir sie spielen. Schon als Kind und erst recht als erwachsener Mann hat John Entscheidungen getroffen, wie er mit den Grenzen seiner Eltern umging. Gute Therapie konzentriert sich meiner Meinung nach auf diese Entscheidungen und darauf, wie sie sich verändern lassen, statt darauf, wie wir von den Entscheidungen anderer Menschen zu Opfern gemacht wurden, wogegen wir ja nichts mehr machen können. Natürlich geht es auch nicht darum, dem Patienten die Schuld zu geben. Es geht darum, Verantwortung zu übernehmen, statt den Eltern oder sich selbst Vorwürfe zu machen.

Das Problem mit der Wut ist, dass sie eine sehr schmerzhafte Emotion ist, vor allem, wenn sie sich gegen jemanden wendet, den man liebt und von dem man abhängig ist. Deshalb nutzen viele Patienten die Verwechslung von Wut und Vorwurf, um auf ihre Eltern nicht wütend werden zu müssen – «Ich werde ihnen doch nicht jetzt, nach über dreißig Jahren, die Schuld an meinen Problemen geben», sagen sie, ganz zu Recht, während sie jedoch zu Unrecht von dem Recht Gebrauch machen, ihre Wut zu leugnen. Vielleicht verwechseln sie Wut mit Leugnen, weil sie so wütend sind, dass sie wirklich gern Schuld zuweisen würden. Natürlich gibt es auch Leute, die ihren Eltern die Schuld geben, und in Fällen schwerwiegender Misshandlungen kann man hier die Verantwortung ja auch kaum abstreiten – solange die Wahrheit nicht dafür benutzt wird, sich hinsichtlich der eigenen Wahlmöglichkeiten zu belügen.

Gewinnen durch verlieren: krank, wütend und unattraktiv

Vor ein paar Jahren hatte ich einen Traum über meine Selbstdestruktivität. Ironischer-, aber nicht zufälligerweise war dies eine Periode in meinem Leben, in der ich begann, Erfolg zu haben. Ebenfalls bedeutsam ist die Tatsache, dass der Traum meiner Ansicht nach ausgelöst wurde durch ein Gespräch, das ich an diesem Tag mit einem älteren, bisher recht erfolgreichen Freund gehabt hatte, der sich mit einem Rückschlag auseinander setzen musste. In meinem Traum fuhr ich mit meiner Familie im Auto, als ich plötzlich die Kontrolle über das Lenkrad verlor und das Auto zu Schrott fuhr. Meiner Frau und meinen Kindern war nichts passiert, aber überall waren Blut, verbogene Metallteile und zerrissene Kleidungsstücke. An diesem Punkt verblasste der Traum und in der nächsten Szene hatte ich sehr leidenschaftlich Sex mit meiner Frau.

Als ich über den Traum nachdachte, fiel mir ein, dass ich in meiner Familie der einzige Mann bin, der den Wagen meines Vaters nie zu Schrott gefahren hat. Meine beiden großen Brüder schafften das im späten Teenageralter oder mit Anfang zwanzig und auch mein Vater selbst hatte einen Totalschaden. In meiner Familie wurden diese Unfälle durchaus nicht auf die leichte Schulter genommen und meine Brüder bekamen natürlich auch keinen Preis für ihre Leistung. Aber gleichzeitig hinderte dies meinen Vater nicht daran, ein paar Jahre später zu verkünden, einer meiner Schrott verursachenden Brüder sei der beste Autofahrer der Familie. Tatsächlich habe ich mich viele Jahre mit meinen Aggressionen weniger wohl gefühlt als meine Brüder – was sich nicht nur in meinem Fahrstil niederschlug. Nicht, dass ich mich weniger konkurrenzorientiert oder feindselig fühlte, ich hatte nur mehr Konflikte damit. Deshalb bestand meine Selbstzerstörung nicht in der Idiotie, Autos zuschanden zu fahren, sondern in dem Irrsinn, das Selbst zu zerstören.

Beispielsweise arbeitete ich in meinem ersten Jahr an der Highschool sehr hart an meiner Kandidatur zum Vorsitzenden der Schülervertretung. Aber sobald ich den Job hatte, ging ich auf Konfrontationskurs mit der Schulleitung. Unter meiner «Führung» forderte der Schülerrat, dass die Schule den Uniformzwang aufgeben und ein Raucherzimmer einführen sollte. Als beide Forderungen abgeschmettert wurden, legten wir unter Protest unsere Ämter nieder, gerade mal zwei Monate nach unserer Wahl, und ruinierten dadurch für die nächsten Jahre die ganze Idee der Schülervertretung. Natürlich hatte ich Interesse an Macht und Autorität, aber als ich sie in Händen hielt, warf ich sie weg, statt sie zu meinen und den Gunsten anderer zu nutzen. Und dabei dachte ich: «Jetzt zeig ich's ihnen.» Nun, ich habe es nur mir selbst gezeigt, denn ich verpasste die Chance, etwas über Führerschaft zu lernen.

Ein subtileres, wenn auch folgenschwereres Beispiel war meine Wahl des Hauptfachs auf dem College. Während meine Brüder zu aggressiven Juristenkarrieren aufbrachen, wollte ich Filmwissenschaft studieren. Natürlich ist daran nichts auszusetzen, es sei denn, man hat kein Talent dafür, was bei mir der Fall war. Irgendwo, irgendwie wusste ich, dass Film nicht mein Ding war, aber ich hörte weder auf mich selbst noch auf meine Eltern. Erst später, als ich mich allein mit den Konsequenzen meiner Wahl konfrontiert sah – einschließlich der Erkenntnis, dass ich ein sehr praktischer Mensch war und nie mit dem Mangel an Struktur und Stabilität würde leben können –, war ich zu einem Kurswechsel bereit.

Glücklicherweise klappte alles gut, deshalb kann ich nicht behaupten, dass ich den kleinen Umweg bereue. Als ich vor kurzem einem Freund erzählte, dass ich mir durchaus vorstellen könne, auch auf anderen Gebieten zu arbeiten, reagierte er ganz ungläubig und meinte, das sei ihm unbegreiflich, da ich meine Arbeit doch so zu lieben schiene. Vielleicht hatte er in diesem Punkt nicht Unrecht, was mich auf meinen Traum zurückbringt. Als ich das Gefühl hatte, meinen eigenen Erfolg gefunden zu haben, wollte ich anscheinend lieber von meinem eigenen Irrsinn auf die Idiotie der anderen Männer in meiner Familie umsteigen. Man könnte vielleicht sagen, dass es in dem Traum um einen Initiationsritus ging. Um ein Mann zu werden – Sie erinnern sich, dass ich die Frau im zweiten Teil des Traums bekam –, muss man erst einmal das Auto zu Schrott fahren. Interessanterweise besteht auch ein kultureller Kontext, der über meine Familie hinausgeht, denn Israelis sind im Allgemeinen wirklich verrückte Autofahrer – in Israel kommen mehr Menschen in Autounfällen ums Leben als durch Terrorismus und Krieg zusammen. Aber hypermaskuline Selbstzerstörung gehört ja ohnehin zur israelischen Psyche.

Im Lauf der Jahre hatte auch ich meinen Teil an persönlichen Schwierigkeiten und Schmerzen zu überwinden. Aber meiner Familie und mir blieben die ernsteren Schäden erspart, die Familien aller Schichten heimsuchen können. Dennoch ist die Dynamik meiner eigenen männlichen Selbstzerstörung, die ich oben beschrieben habe, nicht anders als die der Patienten, auf die ich nun zu sprechen kommen will. Wie gesagt fühlte ich mich in meiner Jugend mit meinen Aggressionen überhaupt nicht wohl und habe auf diesem Gebiet auch noch einiges an Arbeit vor mir. Als ich das allerdings vor kurzem einer Freundin erklärte, lachte sie und meinte: «Mir wird ja angst und bange bei dem Gedanken, wie du sein wirst, wenn du dich mit deiner Aggression noch wohler fühlst!»

Warum kommen manche Menschen mit ihrer Aggression nicht zurecht und werden stattdessen selbstzerstörerisch? Die folgende Antwort stammt von einem Patienten, der jahrelang heldenhaft darum gekämpft hat, seine vielfachen Kindheitstraumata zu überwinden, von denen der Selbstmord seines Vaters noch nicht einmal das Schlimmste war. Seine ganze Kindheit über hatte der Vater des Patienten ihn und seine Mutter körperlich misshandelt, weshalb seine Mutter mehrmals mit ihm und seinem kleinen Bruder aus dem Haus floh. Aber jedes Mal, wenn der Vater Vermittler zu ihr schickte und sie bitten ließ, ihm zuliebe zurückzukommen, gab die Mutter nach. Eines Nachts, als der Patient ungefähr zwölf Jahre alt war, ging die Mutter nach einem besonders gewaltsamen Tag mit den beiden Kindern weg, «diesmal endgültig». Auf dem Weg hinaus rief der Patient – der Augenzeuge gewesen war, wie sein Vater seine Mutter an diesem Tag grausam verprügelt hatte – seinem Vater zu: «Ich hasse dich!» Ein paar Tage später kehrten Mutter und Kinder nach Hause zurück, obwohl diesmal kein Vermittler ausgeschickt worden war. Als auf ihr Klingeln hin niemand öffnete, ließ die Mutter den Patienten durchs Fenster klettern – sie wohnten im Erdgeschoss. Als der Junge seinen schmalen Körper durchs halb offene Fenster quetschte, bot sich ihm der Anblick, den er seither keinen Tag und keine Nacht vergessen kann – von der Decke hing die Leiche seines großen, mächtigen Vaters. Aus dem Mundwinkel tröpfelte noch immer ein dünnes Rinnsal rotes Blut.

Obgleich der Patient alt genug war, um es besser zu wissen, war für ihn klar, dass er seinen Vater getötet hatte. Endlich hatte er den Mut gefunden, seiner Wut Ausdruck zu verleihen – und jetzt bekam er die Quittung dafür. Die schmerzliche Wahrheit war, dass er seinen Vater nicht hasste, sondern liebte. Und er liebte ihn auch noch als Erwachsener, was sich an den nostalgischen Träumen zeigte, in denen sein Vater ihn oft nachts besuchte. (Natürlich gab es auch andere Träume voll väterlicher Gewalt.) Tatsache ist, dass in der Kindersprache häufig Wut mit Aussprüchen wie «Ich hasse dich», «Du bist nicht mehr mein Freund» oder «Ich wollte, du wärst tot» ausgedrückt wird. Aber wenn die Wut eines Kindes eine bestimmte Intensität und Tiefe erreicht und wenn der Vater sich umbringt, nachdem es diese Wut zum Ausdruck gebracht hat, ist es dann ein Wunder, wenn das Kind das Gefühl hat, der Vater habe seinetwegen Selbstmord begangen?

Und ist es dann ein Wunder, dass dieses Kind sich ein Leben lang vor seiner Wut fürchtet? Und deshalb lieber in eine Depression flüchtet als zu Wutausbrüchen neigt? Dieser Patient hatte sich selbst die Schuld für den Selbstmord gegeben. Genau wie die klassische Theorie der Depression es vorhersagen würde, hatte er seine Wut nach innen gewandt und sich selbst mit der Depression für den mentalen Mord an seinem Vater bestraft. Aber es steckt noch mehr in der männlichen Selbstzerstörung als Depression – die im Allgemeinen mehr Frauen als Männer befällt –, nämlich die konzeptionelle Verwandtschaft zwischen den beiden: Selbstzerstörung ist ein Vetter der Depression. Bei beiden kämpft der Mensch mit inakzeptablen negativen Gefühlen gegenüber einer wichtigen Person in seinem Leben und lässt es am Ende an sich selbst aus. Doch der große Unterschied besteht darin, dass bei der Selbstzerstörung diese negativen Gefühle eher aus einem umfassenden Zorn als aus akuter Wut bestehen, sodass der Mensch – der als Kind vielleicht fortwährende Misshandlungen erlebt hat – zu «schwach» ist, um sie innerhalb seiner inneren Stimmung im Zaum zu halten. Stattdessen fühlt er sich gezwungen, diese Gefühle in der äußeren physischen Welt auszuagieren.

Als der Patient sich beispielsweise über mich ärgerte, verfiel er nicht nur in eine Depression, er erschien auch nicht zur nächsten Sitzung – er vergaß den Termin tatsächlich, damit er mir nicht sagen musste, dass er mich hasste. Oder als seine Frau ihn kritisierte, weil er zu viel Geld für CDs ausgab, sagte er ihr zwar, sie hätte Recht, aber am nächsten Tag zog er los und kaufte noch mehr, nur dass er ihr diesmal nichts davon erzählte. Noch deutlicher wird es im folgenden Beispiel: Als der Patient sich frustriert fühlte, weil er bei der Arbeit nicht schneller befördert wurde, entwickelte er die Gewohnheit, krank zu werden, ohne Bescheid zu sagen. Als sein Chef ihn darauf ansprach, gab er es zu, machte aber genauso weiter. Mit jeder disziplinarischen Maßnahme, die nun folgte, fehlte er anschließend nur noch mehr. Er erhöhte sozusagen ständig den Einsatz – bis er schließlich entlassen wurde.

Ein anderer Patient mit einer ähnlichen Dynamik kam aus einer weniger problematischen Familie, weshalb sich seine selbstzerstörerischen Neigungen näher am depressiven Ende der Skala befanden. Er stammte aus einem politisch instabilen südamerikanischen Land, und kurz bevor er in die Vereinigten Staaten kam, um Wirtschaft zu studieren, wurde sein Vater wegen Aktivitäten gegen die Regierung festgenommen. Auf Drängen seiner Familie – und anscheinend zu seinem eigenen Schutz – schob der Patient sein Studium nicht auf, sondern reiste wie geplant nach New York.

Kurz nachdem er mit dem Graduiertenstudium begann, erfuhr er, dass die Regierung seines Heimatlandes angeboten hatte, seinen Vater freizulassen, wenn er sich von nun an aller politischen Aktivitäten enthielt. Der Vater lehnte ab und wurde zu zwei Jahren Gefängnis verurteilt. Der Patient war wütend – natürlich in erster Linie auf sein Land, aber auch auf seinen Vater. Einerseits bewunderte er ihn wegen seiner Prinzipientreue und seiner moralischen Integrität, aber er fand auch, dass er den Kontakt zur realen Welt verloren hatte und keine Verantwortung für das finanzielle Wohl seiner Familie übernahm.

Monatelang debattierte der Patient mit sich, was er mit dieser Wut anfangen sollte, landete aber immer bei dem Punkt, dass er seinen Vater vor den emotionalen Schäden beschützen wollte, die ihm im Gefängnis widerfahren könnten. Aber schließlich beschloss er, seinem Vater einen Brief zu schreiben, in dem er ihm sagte, wenn er seine politischen Aktivitäten nicht einstellte und anfing, für seine Familie zu arbeiten (der Patient hatte noch zwei jüngere Geschwister), sobald er aus dem Gefängnis entlassen war, dann wäre er nicht länger ein Vater. Zwar schickte der Patient den Brief nie ab, aber als er so intensiv darüber nachdachte, fühlte er sich so enttäuscht und wütend, dass ihm sogar der Gedanke durch den Kopf schoss, seine Familie wäre besser dran, wenn sein Vater einfach im Gefängnis sterben würde.

Eine Woche später bekam der Patient einen Anruf, dass sein Vater im Gefängnis an einem Herzanfall gestorben war, sechs Monate vor seiner Entlassung. So wurde auch hier der Todeswunsch zur Realität. Und obwohl der erwachsene rationale Verstand es besser weiß, besteht die unbewusste Schlussfolgerung darin, dass Wut tötet und dass wir eine Strafdepression verdienen. In diesem Fall war es besonders schwierig für den Patienten, auf seinen Vater wütend zu sein – schließlich war er ein Mann mit Grundsätzen, verfolgt und letztlich getötet von einem totalitären Regime, das der Patient selbst fürchtete und hasste. Und es war relativ leicht für den Patienten, sich selbst zu hassen – und zu sabotieren –, wenn auch aus keinem anderen Grund als dem Gefühl, dass das ultimative und selbstlose Opfer seines Vaters das Interesse des Patienten an sich selbst sinnlos machte.

Anfangs wehrte sich der Patient gegen den Gedanken, dass seine Depression eigentlich ein Nachklang der Wut auf seinen Vater war – als er zu mir kam, hatte er seinen Vater idealisiert und es fertig gebracht, eher Kummer als Wut zu empfinden. Aber als wir seine Geschichte rekonstruierten, schloss er sich ziemlich schnell meiner Sichtweise an. Sein Gefühl war ein therapeutischer Meilenstein: Er träumte von einem Wiedersehen mit seinem Vater, bei dem dieser ihm sagte: «Mach mir keine Vorwürfe», und der Patient antwortete: «Das tu ich auch nicht», worauf sie sich umarmten und versöhnten. Wie ich dem Patienten auch mitteilte, war ich nicht sicher, ob dieser Hollywood-Traum eine wirkliche Lösung seiner Wut bedeutete oder deren Tiefe leugnete. Aber wie auch immer, der Traum bestätigte die Hypothese, dass der Patient wütend auf seinen Vater war und es nicht sein wollte.

Eine der subtileren Gemeinsamkeiten der oben beschriebenen «Vater-Fälle» besteht darin, dass das Verhalten des Vaters dem Kind, wenn auch nicht absichtlich, so jedoch nachdrücklich zu verstehen gab, dass mit ihm etwas grundlegend nicht stimmte. Beim Selbstmord des Vaters – ganz gewiss unter diesen, wahrscheinlich aber auch unter den meisten anderen möglichen Umständen – lautete die Botschaft: «Du bist für mich nicht Grund genug zum Überleben.» Und in dem Fall, in dem der Vater sich für einen Gefängnisaufenthalt entschied, statt für seine Familie zu sorgen, also das Prinzip höher zu stellen als das Eigeninteresse, obwohl der eigene Sohn gerade sein Studium aufnahm, ist die Botschaft an den Sohn zumindest eine Verunsicherung. In beiden Fällen ist die Botschaft analog zu dem Vater in Kafkas Roman, der seinen Sohn zum Tod durch Ertrinken «verurteilt». Und in beiden Fällen leistet die Selbstzerstörung des Patienten der unbewussten Botschaft des Vaters Folge, wieder ganz ähnlich wie der Sohn bei Kafka, der sich selbst in den Fluss stürzt.

Nun fragen Sie vielleicht, welche Eltern sich wünschen, dass ihr Kind sich selbst zerstört? Bewusst wünscht sich das bestimmt niemand. Im Gegenteil, selbst die «schlechtesten» Eltern tun ihr Bestes und es gibt für Eltern nichts Schöneres als zu sehen, wie ihr Kind gedeiht. Aber darin liegt der paradoxe und problematischste Aspekt der Selbstzerstörung: Während der Mensch seine Aggression gegen sich selbst richtet, bleibt die feindselige Absicht in Richtung der Eltern dennoch intakt und ist sogar noch effektiver als direkte Aggression. Indem ein Mann ein «Loser» wird, straft er sich selbst, aber auch und vor allem seine Eltern oder die Ersatzeltern, die sich «nichts mehr wünschen, als dass du glücklich bist». Wie alle Eltern wissen, gibt es für ein Kind keine bessere Methode, seine Eltern ins Unglück zu stürzen, als selbst unglücklich zu werden. Wenn ein Elternteil eine Strafe durchsetzt – sagen wir, eine Woche lang nicht Nintendo spielen –, verliert das Kind ganz eindeutig etwas. Aber wenn es bereit ist, den Verlust hinzunehmen, kann es etwas anderes gewinnen, was viel mehr Genugtuung verschafft als Nintendo zu spielen, nämlich die Chance, seine Eltern im Gegenzug zu bestrafen, und zwar ordentlich. «Du kannst das blöde Nintendo haben, du kannst überhaupt alle Spielsachen mitnehmen, die du mir geschenkt hast – ich brauch das Zeug nicht!» Es kann getrost alles aufgeben und absolut stur bleiben, denn es weiß, dass es nicht lange dauern wird, bis seine Eltern es praktisch anflehen, endlich wieder Nintendo zu spielen.

Vielleicht ist dies bei Erwachsenen nicht mehr so leicht nachzuvollziehen, aber wenn Sie persönlich etwas mit einem selbstzerstörerischen Mann zu tun haben, der ständig den Einsatz erhöht, obwohl die Chancen klar gegen ihn stehen, merken Sie vielleicht, dass er zu gewinnen versucht – indem er verliert. Denn auch Sie verlieren, wenn er verliert. Meiner Meinung nach hat kein Psychologe, Psychiater oder AA-Enthusiast die seltsame pathetische Mischung von Heldentum und Rachsucht, welche die selbstzerstörerische Grundhaltung eines Menschen charakterisiert, besser beschrieben als der russische Schriftsteller Fjodor Dostojewskij. Ich habe einmal einem Patienten, der zwar nicht gänzlich selbstzerstörerisch war, aber dazu neigte, sich in diesem Sinne selbst zu sabotieren, Dostojewskijs Buch *Aufzeichnungen aus einem Kellerloch* empfohlen. Der Patient, ein netter, liebenswerter Mann, reagierte mit einem abschätzigen Kichern. «Dostojewksij, ha!» Es hörte sich an, als wollte er sagen, er wäre doch ohnehin zu dumm, um so etwas zu lesen, und außerdem wäre es überheblich von mir, es vorzuschlagen, weil ich damit nur meine intellektuelle Überlegenheit heraushängen lassen wollte. In Wirklichkeit war das Gegenteil der Fall: Ihm ging es darum, mich abzuwerten, indem er sich selbst abwertete! Genau diese unbewusste Haltung brachte mich ja auf das Buch, das offen gestanden eher bodenständig als abgehoben ist. Es beginnt so:

«Ich bin ein kranker Mensch . . . Ich bin ein böser Mensch. Ein abstoßender Mensch. Ich glaube, meine Leber ist krank. Übrigens habe ich keinen blassen Dunst von meiner Krankheit und weiß gar nicht mit

Sicherheit, was an mir krank ist. Für meine Gesundheit tue ich nichts und habe auch nie etwas dafür getan, obwohl ich vor der Medizin und den Ärzten alle Achtung habe. ... Nein, meine Herrschaften, wenn ich für meine Gesundheit nichts tue, so geschieht das nur aus Bosheit. Sie werden sicher nicht geneigt sein, das zu verstehen. Nun, meine Herrschaften, ich verstehe es aber. Ich kann Ihnen natürlich nicht klar machen, wen ich mit meiner Bosheit ärgern will ... ich weiß am allerbesten, dass ich damit einzig und allein nur mir selbst schade und niemandem sonst.

Und dennoch, wenn ich nichts für meine Gesundheit tue, so geschieht es aus Bosheit, und ist die Leber krank, dann mag sie noch ärger krank werden!»

So geht es endlos weiter und ich widerstehe meinem eigenen selbstzerstörerischen Drang, Ihnen noch mehr zuzumuten. Aber nur das eine ist wichtig: Als der kranke Mann erklärt, dass er tatsächlich Vergnügen an seinen Schmerzen findet, trifft er den Nagel auf den Kopf. Wenn jemand Zahnschmerzen hat und nicht aufhört zu stöhnen und zu ächzen, obwohl er weiß, dass alle anderen im Haus es nicht mehr hören können, so erklärt der Mann bei Dostojewskij, kommt dies daher, dass er die Botschaft an sein «Publikum» so sehr genießt.

«Zugegeben, ich falle euch zur Last, ich zerreiße euch das Herz, gönne keinem im Hause Schlaf. So wacht denn auch, fühlt jeden Augenblick mit, dass ich Zahnschmerzen habe. Jetzt bin ich für euch nicht mehr der Held, der ich früher scheinen wollte, sondern einfach ein Ekel, ein Hanswurst. ...»

Genau wie das zornige Kind weiß dieser Typ Mann, dass die beste Methode, die Menschen, für die man wichtig ist, fertig zu machen, darin besteht, dass es einem selbst miserabel geht. Da er unfähig ist, Aggression zu erleben und direkt auszudrücken, bemüht er sich zu versagen, damit andere wegen ihres Erfolgs ein schlechtes Gewissen haben und unglücklich damit sind.

Der Unsichtbare

Ein Patient, ein Doktorand in Internationalen Beziehungen, berichtete mir von einem Traum, den er während des Luftkriegs der NATO in Jugoslawien hatte. In seinem Traum flog er einen Jet der Air Force über militärische Ziele und traf sie, ohne selbst getroffen zu werden. Auf der Suche nach «Tagesrückständen» – Ereignisse der letzten beiden Tage, die den Traum ausgelöst haben könnten – erinnerte sich der Patient, dass er eine Fernsehsendung gesehen hatte, in der ein Flugzeug von Luftabwehrraketen beschossen wurde. Dabei hatte er gedacht: «Diese Piloten haben wirklich Nerven, ihre Arbeit selbst dann zu machen, wenn ein echtes Risiko besteht.» Der Patient setzte diesen Gedanken in direkte Verbindung zu seinem eigenen Konflikt, was er anfangen sollte, wenn er seinen Doktor gemacht hatte. Seine Fantasievorstellung war, nach Washington D.C. zu ziehen und auf höchster Regierungsebene in der Außenpolitik mitzumischen. Aber er fand, dass er zu wenig risikofreudig war, um sich in Washingtons Machtpolitik zu stürzen. Deshalb kam er zu dem Schluss, dass er wohl im akademischen Bereich landen würde, wahrscheinlich als Lehrer an einem College.

In seinem Traum hatte der Patient eindeutig den Mut gefunden, das Risiko einzugehen und das zu machen, was er wollte. «Warum können Sie das im Traum?», fragte ich ihn und legte damit nahe, dass der Grund über die Natur eines jeden Traumes – dass wir in Träumen sogar ohne Flugzeug fliegen können – hinausging. «Es war eine F-117», antwortete er mit einem kaum verhohlenen Lächeln, als wollte er mit etwas hinterm Berg halten, das wir beide wussten. «Der Stealth-Bomber!» Ich wäre fast aus dem Stuhl gesprungen und beeindruckte sogar mich selbst mit meinem militärischen und psychologischen Scharfsinn. Als eifrige Verfolger der Nachrichten kannten sowohl der Patient als auch ich diesen so genannten «unsichtbaren Bomber» – das einzige Flugzeug der Welt, das gebaut wurde, um dem Radar des Gegners zu entgehen!

Der Patient wollte sich also zwar in den Trubel von Washington stürzen, sah sich aber nicht in der Lage, dies ohne Schutzmaßnahmen zu tun. Es ging nicht darum, dass ihm Washington oder das, wofür es stand, nicht gefiel, er wollte nur nicht verletzt werden, obwohl auch ein Akademiker sich heute nicht mehr im Elfenbeinturm verstecken kann, wo Machtpolitik keine Rolle spielt. Die wirkliche Frage des Traums jedoch war, warum der Patient seinen Karrierekonflikt als Krieg erlebte. Sicher, Washington ist ein ziemlich aggressiver Ort. Aber um erfolgreich zu sein, braucht man Aggression, ganz gleich, wo man ist und wie man sein Geld verdient. Man muss fähig sein, das zu tun, was fürs Überleben nötig ist, manchmal auch auf Kosten anderer. Aber natürlich zieht Aggression Gegenaggression auf sich, also braucht man ein dickes Fell. Die Selbstzerstörung dieses Patienten bestand also nicht darin, dass er seine Aggression gegen sich selbst wandte, sondern dass er aus Angst vor Vergeltung davor zurückschreckte, sie auf andere zu richten. Natürlich ist das Erreichen des Doktorgrads in Internationalen Beziehungen kein sanftmütiges Unterfangen. Aber im Kopf des Patienten fühlte es sich an wie ein risikofreies Versteck.

Apropos Versteck: Obgleich das Allgemeinwissen behauptet, dass jeder Mann sich ein möglichst großes Sexualorgan wünscht, trifft genauso zu, dass viele ihren Penis «kürzen» oder ganz verstecken möchten. Manche Männer haben so viel Angst vor dem Anspruch aggressiver Leistung – wie sie der Konflikt der männlichen Unsicherheit definiert –, dass sie versuchen, ihn versteckt oder quasi im Vorbeigehen zum Ausdruck zu bringen. Bestimmte Arten des Ausagierens am Arbeitsplatz, beispielsweise Unterschlagung, Diebstahl oder Vandalismus, sind zwar durchaus nicht ausschließlich männliche Verhaltensweisen, fallen aber unter diese Kategorie.

Wenn ein fieser Chef in seinem Führungsstil zu viel maskuline Aggression zeigt, so ist es beim «fiesen Arbeitnehmer», wie wir den oben beschriebenen Typ Mann nennen könnten, zu wenig. Weil er sich unfähig fühlt, «für sich gerade zu stehen» und «sich wie ein Mann zu verhalten», drückt er seine Aggression hintenherum und unsichtbar aus. Um eine Analogie aus der Welt männlicher

Jugendlicher heranzuziehen, ist dieser Mann wie der Junge, der so viel Angst davor hat, ein Mann zu werden, dass er seine sekundären Geschlechtsmerkmale zu verstecken oder auszumerzen versucht, beispielsweise, indem er die neuen und bedrohlichen Schamhaare abrasiert. Dies oder Variationen desselben sind eine ziemlich verbreitete Reaktion auf den Druck, in unserer Gesellschaft ein Mann zu werden. Ein Patient machte sich, als er in der Pubertät die ersten Erektionen hatte, solche Sorgen, etwas könnte mit seinem Penis nicht stimmen, dass er ihn mit Klebeband umwickelte, um «die Schwellung zu reduzieren». Natürlich sind solche Reaktionen häufiger dann zu finden, wenn in einer Familie nicht über die sexuelle Entwicklung gesprochen wird. Aber interessanterweise kann genau das auch ein Hinweis darauf sein, dass die Familie dem Erwachsenwerden des Sohns ambivalent oder ängstlich gegenübersteht.

Sicher, in traditionellen Kulturen wurde in der Familie weniger über Sex gesprochen, sodass das Problem eher auf generationsspezifische als auf psychologische Gründe zurückgeführt werden kann. Im Gegensatz zu meinem achtjährigen Sohn kann ich mich beispielsweise nicht entsinnen, jemals meine Eltern gefragt zu haben: «Müssen wir schon wieder über Sex reden?» Andererseits ist in orthodoxen Gesellschaften Sex ja genau deshalb so bedrohlich, weil der Sexualakt (anders als andere Aspekte der Sexualität) grundsätzlich in die Erwachsenenwelt gehört. Es ist augenfällig, warum Orthodoxie – sei sie religiös, intellektuell oder politisch – ein ausdrückliches Interesse daran hat, ihre Anhänger kindisch und unwissend zu halten. Solange sie emotional und intellektuell von den rigiden Überzeugungen abhängig sind, für die eine höhere Autorität eintritt, sind sie weniger geneigt, die Legitimität des ganzen Systems in Frage zu stellen.

Wenn wir die Definition der Orthodoxie nun so ausweiten, dass sie jede Art extremer, rigider oder unflexibler Bedingungen einschließt, sehen wir, dass sie, psychologisch ausgedrückt, eine Brutstätte für unsichtbare Männer darstellt. Beginnen wir mit einem religiösen Beispiel, einem jüdischen Patienten in den Vierzigern,

Akademiker und Familienvater, der beschreibt, wie es ist, mit seinen strikt orthodoxen Eltern zum Essen auszugehen. Obwohl die Eltern wissen, dass der Patient nicht streng gläubig ist, hat er mit ihnen ein stillschweigendes Abkommen, dass sie nicht darüber sprechen. Wenn sie also zusammen ausgehen, bestellt der Patient nur koscheres Essen, selbst wenn er eigentlich gar keine Lust darauf hat. Der Patient erklärt, dass er es aus Respekt vor seinen Eltern tut, weil er sie nicht vor den Kopf stoßen will, wogegen nichts einzuwenden wäre. Das Problem ist nur, dass er nicht das Gefühl hat, dass sie *ihn* respektieren – sie scheinen von ihm zu erwarten, dass er sich verstellt. Und in Wahrheit respektiert auch er sie gar nicht wirklich – er tut nur so. Er respektiert sie nicht, weil man per definitionem niemanden respektiert, der orthodox ist, es sei denn, man ist selbst orthodox. In der orthodoxen Denkweise geht es nicht so sehr darum, was man tut, sondern vielmehr, was man ist – solange man nicht selbst orthodox ist. Genau darin liegt das Problem der Orthodoxie – wenn man *ihre* Agenda nicht befolgt, hat man *gar keine* Agenda. Es sei denn, man entwickelt eine untergründige, heimliche oder unsichtbare Agenda.

Für Männer rückt die Unterdrückung durch orthodoxe Überzeugungen das Thema der Aggression besonders klar ins Bild. Denn was soll ein Junge tun, wenn er sich nicht offen mit Autoritäten herumbalgen kann? Ein Mann, der gerade an seinem Arbeitsplatz eine weniger gute Leistungsbeurteilung erhalten hatte, ließ auf dem Schreibtisch seines Chefs eine Kopie eines Artikels über einen unzufriedenen Arbeitnehmer, der sich wehrte, liegen. Natürlich fiel der Verdacht des Chefs sofort auf ihn, aber er konnte ihm nichts nachweisen. Ein anderer Mann, ein junger Bankangestellter, der bei einem Stichprobentest auf Kokain positive Werte hatte, besiegte das System bei den Folgeuntersuchungen, indem er den Urin eines Freundes ablieferte. Vor dem Test erhitzte er den Urin des Freundes in der Mikrowelle, um das Thermometer irrezuführen, mit dem überprüft wurde, ob der Urin auch frisch war!

Diese Männer haben – wie viele andere, die lieber betrügen als Aggression zu zeigen – früh in ihrem Leben von der einen oder anderen orthodoxen Autorität ein umfassendes, wenn auch selten beabsichtigtes Training in subversiver Kriegsführung erhalten. In unserer Kultur ist diese Autorität wahrscheinlich weniger eine religiöse als eine psychologische, beispielsweise in Form eines militaristischen Vaters, einer hyperemotionalen Mutter, eines sexuell misshandelnden Großvaters oder eines prügelnden Bruders. Eine weniger hervorstechende, aber genauso tödliche Form ist die der «normotischen» Eltern, wie sie der Psychoanalytiker Christopher Bollas beschreibt. Solche Eltern stellen eine strikte Einhaltung von Normalität, Vernunft und Objektivität über alles andere. Diese Art orthodoxer Überzeugung ist besonders schwierig zu «diagnostizieren», weil sie von Natur aus nicht zu extremen Verhaltensweisen neigt.

Obwohl diese Umgebungen faktisch sehr unterschiedlich sind, ist ihnen aus Sicht des Heranwachsenden eine zentrale und psychologisch stets präsente Komponente gemeinsam: Der Heranwachsende ist so großem äußerem Druck ausgesetzt, dass er sich nicht frei entwickeln kann. Da er mit so vielen überwältigenden Reizen bombardiert wird, kann er nur reagieren, nicht selbst agieren.[17]

Die Entwicklung des unsichtbaren Mannes kann man sich auch als Produkt einer narzisstischen Umgebung vorstellen. Je aufgeblasener, glamouröser oder beeindruckender die Umwelt, desto weniger Raum hat das Kind, um sich hervorzutun. Dann versucht es paradoxerweise dadurch aufzufallen, dass es verschwindet. Ein Patient mit einer ziemlich chaotischen frühen Kindheit erinnerte sich, dass er als Kind oft weggerannt war und sich verlaufen hatte – anscheinend, um gefunden zu werden. Ein anderer Patient ging als Erwachsener verloren – beruflich betrachtet. Er war hoch talentiert, wechselte ständig seinen Job und sogar die berufliche Ausrichtung, nicht weil er etwas Interessanteres oder besser Bezahltes gefunden hatte, sondern weil er um jeden Preis gesehen und anerkannt werden wollte, aber in keinem der Jobs wirklich Furore machte. Natürlich blieb er auch nie lange genug, um überhaupt Erfolg haben zu können.

Man kann unmöglich darüber sprechen, dass ein Mensch verschwindet, weil er sich tyrannisiert fühlt, ohne dabei das berühmteste männliche Insekt zu erwähnen. In Kafkas vielleicht bekanntester Erzählung *Die Verwandlung* wacht Gregor Samsa eines Morgens auf und stellt fest, dass er sich über Nacht in einen riesigen Käfer verwandelt hat. Vor der Verwandlung war Gregor der perfekte Sohn. Er wohnte zu Hause und arbeitete in einer Stellung, die er hasste, um die Schulden seiner Eltern abzubezahlen – eigentlich opferte er sich auf, um seine Eltern und seine Schwestern durchzubringen. Aber selbst jetzt, als Käfer, bemüht sich Gregor weiterhin zu gefallen, obwohl sich der Rest seiner Familie vor ihm ekelt und sich darüber hinaus kaum für seine missliche Lage interessiert. Beispielsweise versteckt er sich unter dem Bett, damit niemand seinen widerwärtigen Anblick ertragen muss, wenn das Zimmer geputzt wird! Doch nichts, was er unternimmt, um zu verschwinden, genügt seiner Familie, bis ihn die Putzfrau nach seinem Tod im wahrsten Sinn des Wortes aus dem Haus wirft.

Unter anderem zeigt uns diese Geschichte auch die positive Seite der Selbstzerstörung. Auf seine Art ist der selbstzerstörerische Mann oft ein fürsorglicher, leidenschaftlicher, idealistischer Mensch. Frei von konventionellen Bedenken, kann er mutig und kreativ sein; es fällt ihm nicht schwer, individuelle Unterschiede zu akzeptieren. Und wenn er sich nicht gerade seiner Verteidigungsstrategie des Verschwindens hingibt, sieht man ihn oft in vorderster Front beim Kampf gegen die Tyrannei.

Aber Kafkas *Verwandlung* ist auch eine fantastische Illustration einer der umstrittensten Ideen Freuds, dem so genannten Todestrieb. Verwundert über die Intensität und Hartnäckigkeit selbstzerstörerischen Verhaltens, spekulierte Freud, dass wir alle einen angeborenen Trieb haben, unser Wachstum umzukehren und in den leblosen Zustand zurückzukehren, in dem wir empfangen wurden. Auf den ersten Blick scheint dies ein eher sonderbares Konzept, geboren aus der Frustration, dass die Psychoanalyse viele selbstzerstörerische Zustände nicht erklären, geschweige denn heilen konnte. Aber wenn man das Phänomen eher als Trieb zur Regression betrachtet – als das Verlangen, in die Vertrautheit, Sicherheit und Abhängigkeit der Kindheit zurückzukehren –, kann es durchaus als Erklärung dafür dienen, dass manche Menschen dem Wachstum widerstehen und sich in der Selbstzerstörung verstecken.

In dem Bemühen zu verstehen, warum sich sein selbstzerstörerisches Verhalten als so therapieresistent erwies, fragte mich einer meiner Patienten, ein Wissenschaftler mit starken philosophischen Neigungen, welche Erklärung mir dazu einfiele. Da ich gerade ziemlich erschöpft war, erwähnte ich den Todestrieb, sagte dem Patienten aber gleich, dass große Teile der modernen psychoanalytischen Lehrbücher diese Idee nicht mögen und dass zumindest eines dieser Lehrbücher – ein sehr bedeutendes – Kliniker ausdrücklich davor warnt, dieses unnütze Konzept ihren Patienten gegenüber zu erwähnen, da es nur zu unproduktiven Intellektualisierungen führe. «Also mir gefällt es ganz gut», begann mein Patient auch gleich zu intellektualisieren, räumte aber schließlich ziemlich emotional ein, dass es ihm gefiel, weil es zu seiner Erfahrung passte, dass seine selbstzerstörerischen Verhaltensmuster sich seiner Kontrolle entzogen. Wie jedes Mitglied der Anonymen Alkoholiker und anderer Selbsthilfegruppen jederzeit bestätigen kann, ist es der erste und vielleicht wichtigste Schritt zur Heilung der Sucht, diese Art von Hilflosigkeit zuzugeben. Meiner Ansicht nach ist es nicht nur ein wichtiger Schritt im Kampf gegen die Sucht, sondern auch gegen selbstzerstörerische Wünsche. Der selbstzerstörerische Mann besteht darauf, das zu kontrollieren, was er nicht kontrollieren *kann* – beispielsweise seine Wut oder seine aggressiven Impulse –, statt zu versuchen, das zu kontrollieren, was er kontrollieren *kann*, nämlich sein Verhalten.

Zwar kann ich hier nicht ausführlicher auf die Behandlung der Selbstzerstörung eingehen, aber ich möchte kurz ein paar Prinzipien anreißen, die mir helfen, nicht nur klinisch, sondern auch im Alltag damit zurechtzukommen. Lassen Sie uns dazu erst einige der häufigsten zwischenmenschlichen Botschaften untersuchen und dechiffrieren, die von den Aktionen der männlichen Selbstzerstörung ausgesendet werden.

Taten zählen mehr als Worte

- Ihr Freund versetzt Sie mal wieder. *Übersetzung: (1) Ich bin ein Versager, (2) Du hast ohnehin nichts Wichtiges zu tun.*
- Ihr Ehemann hat Ihnen zum Valentinstag Ohrringe gekauft, aber sie finden einen Zettel vom Pfandleiher auf seinem Nachttisch. *Übersetzung: (1) Ich bin ein Versager, (2) Ich wollte dir eigentlich gar nichts schenken.*
- Ihr Mann überfährt ein Stoppschild. *Übersetzung: (1) Ich bin ein Versager, (2) Was soll die Aufregung, es ist doch bloß dein Leben, das auf dem Spiel steht.*
- Sie bekommen eine Telefonrechnung, mit zahlreichen Anrufen bei einer gewissen Nummer 0190-6969-SEX. *Übersetzung: (1) Ich bin ein Versager, (2) Was soll das Theater, es betrifft doch nur deinen Körper.*
- Ihr Mann ruft Sie von der Straße aus an – er hat seine Brieftasche verloren und möchte, dass Sie ihn abholen. *Übersetzung: (1) Ich bin so desorganisiert, (2) Deine Zeit gehört mir.*
- Ihr Freund flüstert im Nebenzimmer am Telefon. *Übersetzung: (1) Ich bin ein Mistkerl, (2) Du bist eine gutgläubige Idiotin.*
- Ihr Mann erwähnt, dass er schon wieder zu spät zur Arbeit dran ist. *Übersetzung: (1) Ich bin ein Versager, (2) Ich hab die Nase voll davon, dich finanziell zu versorgen.*
- Obwohl er tausendmal geschworen hat, es nie wieder zu tun, geht Ihr Mann nach der Arbeit mit seinen Kumpels in die Kneipe. Um zwei Uhr früh kommt er nach Alkohol stinkend heim. *Übersetzung: (1) Ich bin ein Blödmann, (2) Du bist auch nicht besser.*
- Ihr Mann vergisst mal wieder, den Müll hinauszutragen. *Übersetzung: (1) Ich kriege nichts geregelt, (2) Mach du es!*

Ich fürchte, diese Liste lässt sich endlos fortsetzen und das ist noch nicht das Schlimmste an ihr. Schlimmer ist nämlich, was sie über die Aussichten sagt, mit einem selbstzerstörerischen Mann zurechtzukommen oder ihm gar zu helfen. Da er eher Taten als Worte benutzt, um seine Gefühle auszudrücken, reagiert ein solcher Mann erstens kaum auf verbale Kommunikation. Und da seine Taten nicht nur von Natur aus selbstzerstörerisch, sondern auch anderen gegenüber destruktiv sind, warum wollen Sie dann zweitens überhaupt etwas mit ihm zu tun haben? In unserer Kultur wird es tatsächlich allgemein akzeptiert, wenn man einen selbstzerstörerischen Mann meidet, und viele von uns tun das auch. Aber es ist nicht immer ganz so leicht, oder? Beispielsweise kann ein Therapeut seinen Patienten nicht einfach sitzen lassen, weil dieser sich weigert gesund zu werden. Und können Eltern einen drogenabhängigen oder alkoholkranken Sohn einfach aus dem Haus werfen? Ist es richtig oder auch nur plausibel, dass eine liebevolle Ehefrau ihren Mann, mit dem sie seit zwanzig Jahren zusammen ist, verlässt, weil er ein Problem mit seiner Spielsucht hat? Sollte eine allein stehende Frau in den Dreißigern eine ansonsten gute und hoffnungsvolle Beziehung abbrechen, wenn sie merkt, dass ihr Freund zu viel trinkt? Sollte sich Hillary von Bill trennen? Und was war noch mal mit dem Müll – sollen Sie ihn selbst raustragen oder warten, bis das ganze Haus stinkt?

Taten in Worte fassen

Als Erstes muss ein Therapeut oder eigentlich jeder Mensch, der sich entschließt, etwas mit einem selbstzerstörerischen – oder sonst einem – Mann zu tun zu haben, ein Übersetzer sein. Da männliche Selbstzerstörung eine Ersatzsprache ist, müssen Sie ihre Fähigkeit zum Interpretieren und Übersetzen entwickeln. Zum Glück handelt es sich um keine sehr komplizierte Sprache. Wie wir an der obigen Liste sehen, ist die Kommunikation zwar nonverbal, aber ansonsten ziemlich direkt. Schwieriger ist es, Ihre Übersetzung an den Mann zu bringen, der sie, wie Sie wohl wissen, nicht hören will. Doch wenn Sie ihm mit einem gewissen Maß an Distanz und Objektivität zeigen können, was er eigentlich macht, dann wird er es vielleicht irgendwann verstehen. Mit «Distanz und Objektivität» ist nicht gemeint, dass sie ihn, wenn er Sie mit blinkendem Warnlicht an der Tankanzeige im Auto sitzen lässt, anfauchen, er würde sich um niemanden kümmern außer um sich selbst. Eine durchdachtere Bemerkung wie «Vermutlich findest du, es ist meine Aufgabe zu tanken» wäre sicher angebrachter. Natürlich ist es sehr schwer, sich über solches Verhalten nicht zu ärgern. Aber versuchen Sie sich an das Kind zu erinnern, das seine Eltern damit straft, dass es sich elend fühlt. Wenn Sie wütend sind, hat es Sie in der Tasche, was bedeutet, es hat genau das, was es wollte – Elend liebt Gesellschaft. Beim Umgang mit Selbstzerstörung ist es wichtig, die Fähigkeit des Vergessens zu entwickeln.

In gemäßigten Fällen selbstzerstörerischen Verhaltens kann es einen großen Unterschied machen, wenn Sie die Aktionen Ihres Mannes in Worte fassen. Beispielsweise erzählte ein junger Mann seiner Freundin, dass er in seinem Job Probleme hatte. Zwar fand sein Chef, dass er seine Sache gut machte, aber er schien Probleme mit den Kollegen zu haben. «Mein Boss sagt, ich sage nichts bei den Konferenzen, ich komme immer ein paar Minuten zu spät, ich esse meinen Lunch immer allein und ich lächle nie», erklärte der Freund. «Ich versteh das nicht», fuhr er fort, «ich bin dort, um zu arbeiten, nicht um mit Leuten rumzuhängen.» «So bist du sonst überhaupt nicht», erwiderte die Freundin. «Du bist ziemlich extrovertiert und nett mit mir und mit deinen Kumpeln. Vielleicht bist du einfach nicht gern in deinem Job.» «Vielleicht hast du Recht», meinte er. «Vermutlich mochte ich die Geschäftswelt noch nie so richtig.» Und an diesem Abend begann er, in der Zeitung nach Stellenanzeigen zu suchen.

Ein Mann kam mit seiner Frau zur Paartherapie. Als Firmenanwalt hatte er seinen Traumjob in der Fusions- und Ankaufsabteilung einer renommierten New Yorker Firma. Anfangs war er glücklich und voller Erwartung, aber nach ein paar Monaten machte er einen Fehler bei der Bewertung eines Aktientransfers und indossierte am Ende eine juristisch fragwürdige Prozedur. Glücklicherweise wurde sie nie in die Tat umgesetzt, kein Gesetz wurde gebrochen und der Fehler des Patienten nie bemerkt. Dennoch verfiel er in einen Zustand extremer Nervosität und war überzeugt, dass die Securities and Exchange Commission – die in Geldwirtschaftskreisen als harte, unbarmherzige Ermittlungsbehörde gilt – ihm auf die Schliche kommen würde. Mehrere Wochen lang wurde der Patient von solchen Vorstellungen verfolgt und war besessen von dem Gedanken, dass er gefeuert und vor Gericht gestellt würde. Monatelang versuchten seine Frau und ich seine Angst zu verstehen und ihm klar zu machen, dass er das Problem unverhältnismäßig wahrnahm. Aber es half nichts. Schließlich kam die Frau auf die rettende Idee. «Vielleicht ist die wirkliche Frage, warum du den Fehler überhaupt gemacht hast, und vielleicht ist die Antwort, dass du solche Arbeit eigentlich gar nicht machen willst, es dir aber nicht eingestehen kannst, weil du es dir so lange gewünscht hast.» «Das ist eine interessante Theorie», meinte der Mann beinahe abschätzig. Aber in dieser Nacht schlief er wie ein Murmeltier und am nächsten Tag war seine Nervosität verschwunden. Bei der nächsten Sitzung sprach er von einem Berufswechsel.

Kurz vor dem großen Erfolg zu scheitern wie dieser Patient ist eine relativ häufige Demonstration der einfachen Logik der Selbstzerstörung – unbewusst will der Betreffende gar nicht erfolgreich sein. Oft ist etwas für ihn an seiner Lebensentscheidung grundsätzlich falsch, wie auch für den obigen Patienten – falsche Karriere, falsche Ehe, falsche sexuelle Orientierung (falscher heterosexueller oder homosexueller Lebensstil) – es gibt also etwas, was der Betreffende zerstören will. Aber auf dem Weg nach unten möchte der selbstzerstörerische Mann jeden, der ihm in die Quere kommt, mitreißen, vor allem die hilfreichen Übersetzer.

Der Psychoanalytiker Phillip Bromberg berichtet von einem Patienten, der zur Therapiesitzung kam und einen Traum erzählte, in dem sein Haus brannte, während er auf dem Dach stand und die Feuerwehrleute mit Steinen bewarf. In gewissem Sinne ist das letzte Ziel des selbstzerstörerischen Mannes – genau wie beim Kind, das sich selbst straft, um die Eltern zu strafen –, jeden zu zerstören, der ihm helfen will. Die zweite Aufgabe für alle, die mit einem solchen Menschen zu tun haben, ist also, unzerstörbar zu sein, was komischerweise für den Therapeuten ebenso wie für die Ehefrau, Freundin oder die Eltern bedeutet, nicht mehr so verdammt hilfsbereit zu sein.

In ihrem Eifer, selbstzerstörerischen Männern zu helfen, müssen viele Therapeuten, wohlmeinende Eltern und Ehefrauen auf die harte Tour lernen, dass die Straße zur Hölle mit guten Absichten gepflastert ist. So erging es mir kürzlich mit einem Patienten, der viel Marihuana rauchte und nicht wollte, dass ich ihn an eine Rehabilitationseinrichtung überwies. Eines Tages, als ich meinte, der Patient hätte in seinen Sitzungen mit mir genügend Fortschritte erzielt, ergriff ich – gegen besseres Wissen – die Initiative, ihm zu helfen, und riet ihm, endlich mit dem Grasrauchen aufzuhören. Der Patient war von meiner Sorge tief gerührt und stimmte meinem Plan enthusiastisch zu. Aber in der nächsten Sitzung meinte er, dass ein großer Teil seiner Motivation aufzuhören darin bestand, dass er meine Anerkennung bekam, und dass er sich, kurz bevor er «zusammenklappte», gesagt hatte: «Ach, Dr. Gratch soll mir den Buckel runterrutschen, ich rauche das Zeug so lange, wie es mir passt.»

Aber selbstzerstörerischen Menschen nicht zu helfen, ist leichter gesagt als getan. Gerade bei dem erwähnten Patienten passiert es mir gelegentlich, dass sich meine hilfsbereite oder besorgte Haltung in eine Sitzung einschleicht. Als der Patient einmal beispielsweise seinem anscheinend authentischen Schmerz Ausdruck verlieh, dass sein Leben so wenig Richtung besaß, warf ich ein – statt mir auf die Zunge zu beißen! –, dass er nie eine Richtung haben würde, solange er nicht aufhörte zu rauchen. Der Patient gab mir Recht und es versteht sich wohl von selbst, dass er munter weiterrauchte. Interessanterweise kommt er immer mal wieder zu einer Sitzung mit dem Gedanken, dass ich ihn eines Tages rausschmeiße, ein Gedanke, der natürlich zu seinem selbstzerstörerischen Wunsch gehört. Und da es sein kann, dass er erst einmal auf Grund laufen muss, ehe es ihm besser geht, werde ich ihm diesen Wunsch möglicherweise erfüllen.

Ein anderer Patient machte gar keinen selbstzerstörerischen Eindruck, als ich anfing mit ihm zu arbeiten. Er war gerade mit dem College fertig, attraktiv und redegewandt und schien nicht viele Probleme zu haben. Aber ein Psychologe am College, den der Patient aufgesucht hatte, um sich hinsichtlich seiner Berufswahl und seiner mangelnden sexuellen Erfahrung beraten zu lassen, hatte ihn zu mir geschickt. Zwar konnte ihm kein Psychologe sagen, welchen Beruf er ergreifen sollte, aber das Thema Frauen war eine andere Sache. Wie der Patient mir berichtete, hatte der College-Psychologe vorgeschlagen, wenn er das nächste Mal mit einem Mädchen ins Kino ging, sollte er ihr einfach die Hand aufs Bein legen. Zwar fand der Patient den Vorschlag ganz vernünftig, aber er setzte ihn nie in die Tat um.

Mein Ansatz war anders. Zusammen begannen wir zu erforschen, *warum* er bisher keine sexuellen Erfahrungen hatte und *warum* er nicht wusste, wie man ein Mädchen «rumkriegt». Nach den üblichen Ausflügen in die Vergangenheit des Patienten – bei denen vor allem auffiel, dass er seine Mutter sehr jung verloren hatte – kamen wir zu der grundlegenden Annahme, dass irgendeine Angst den Patienten dazu bewog, die Nähe zu Frauen zu meiden; beispielsweise hatte er Angst, zu aggressiv mit ihnen umzugehen. Aber dieser Ansatz führte uns rasch in eine Sackgasse. Also begannen wir die gegenteilige Hypothese zu überprüfen, nämlich dass sein Vermeidungsverhalten von einem Wunsch motiviert war.

Hier schienen wir auch nicht weiterzukommen, denn es wurde rasch klar, dass der Patient mit Frauen einfach nicht intim werden wollte. Seine sexuellen Fantasien drehten sich alle darum, dass Frauen *ihn* verführten, oft ältere, unerreichbare Frauen. Mit einem Wort, er wartete darauf, dass seine Mutter zurückkehrte, deshalb wollte er keine andere. Diese Hypothese fühlte sich für den Patienten zwar irgendwie richtig an, führte aber auch nicht weiter. Der Grund: Der Patient wartete darauf, dass ich, der zur Mutter gewordene Therapeut, es für ihn erledigte. Unglücklicherweise durchschaute ich das anfangs nicht. Im Lauf der Zeit und mit zunehmender Frustration neigte ich mehr und mehr der Auffassung des College-Psychologen zu, die ich zuvor mit Vorbehalt aufgenommen hatte. Und während der Patient im Lauf der Therapiejahre mit seinen beruflichen Themen Fortschritte machte, führte mich seine völlige Passivität Frauen gegenüber zu einer Reihe eskalierender Vorschläge – vom Anrufen bei möglichen Verabredungskandidatinnen bis zur Beantwortung von Kontaktanzeigen, von Gruppentherapie bis zum Therapeutenwechsel.

Wie Sie sich wahrscheinlich gedacht haben, weigerte sich der Patient auch auf all meine guten Ideen hin, etwas zu unternehmen, was uns schließlich zwang, seiner Selbstzerstörung ins Auge zu blicken: Er wollte nicht nur eine Mutter ins Leben zurückrufen, die für ihn sorgte, sondern auch eine, die er bestrafen konnte – weil sie ihn verlassen hatte –, indem er ihre Fürsorge zurückwies und sie mit seinem Versagen quälte. Indem er mich in eine solche Mutter verwandelt hatte, hatte das «Symptom» des Patienten – das Warten auf die Mutter – die Therapie besiegt, von der es hätte geheilt werden sollen. Ich sagte dem Patienten, was mir klar geworden war, und er stimmte mir zu. Aber diesmal machte ich nicht *ihm* Vorschläge, was er tun sollte, sondern mir. Ich hörte auf, Ratschläge zu erteilen, und zog mich so weit wie möglich aus dem Fall zurück, bis ich zu einer Karikatur des gelangweilten, stummen Analytikers wurde. Aber obwohl sich der Patient bitter über mein mangelndes Interesse beklagte – noch einmal ließ seine Mutter ihn im Stich –, war es mein Rückzug, der es ihm endlich erlaubte, sein Liebesleben in die Hand zu nehmen und sich zu verabreden. Interessanterweise kam ein anderer Patient, der einen ähnlichen therapeutischen Prozess durchmachte, zu dem Schluss, dass er sich eigentlich mit gar niemandem verabreden wollte und dass er abgesehen von dem äußeren Druck zu heiraten sehr gern allein war. So hörte er auf sich zu wünschen, was er gar nicht wollte, was aus meiner Sicht ebenfalls ein positives therapeutisches Endergebnis sein kann.

Aber müssen wir uns denn immer jahrelang damit herumquälen, dem selbstzerstörerischen Mann zu helfen, ehe wir schlau werden? Leider sieht es so aus, als wäre dies manchmal unumgänglich – weil man schwere Lektionen nur aus den eigenen Fehlern lernt. Dennoch gibt es mindestens zwei Dinge, die wir tun können, um den selbstzerstörerischen Menschen in unserem Leben nicht auch noch Trümpfe zuzuspielen. Dies ist in Krisenzeiten besonders schwierig, aber gerade Krisenzeiten produziert der selbstzerstörerische Mann ziemlich regelmäßig. Aus diesem Grund spielte ich schon einmal mit der Idee, ein ganzes Blatt Papier mit folgendem gutem Rat zu füllen: MAN KANN NICHTS TUN, UM EINEM SELBSTZERSTÖRERISCHEN MANN ZU HELFEN; MAN KANN NICHTS TUN, UM EINEM SELBSTZERSTÖRERISCHEN MANN ZU HELFEN; MAN KANN NICHTS TUN, UM EINEM SELBSTZERSTÖRERISCHEN MANN ZU HELFEN; MAN KANN NICHTS TUN ... Das sollte ein Denkzettel sein, für mich ebenso wie für jeden anderen. Aber stattdessen möchte ich das, was ich meine, von einem besseren Schriftsteller erklären lassen. Noch einmal Dostojewskij:

«Und wie kommen diese Besserwisser darauf, dass der Mensch auf irgendein normales, irgendein tugendhaftes Wollen angewiesen ist? Woher wollen sie wissen, dass der Mensch auf irgendein unbedingt vernünftig-vorteilhaftes Wollen angewiesen ist? Der Mensch ist einzig und allein auf das selbstständige *Wollen angewiesen, was diese Selbstständigkeit auch kosten und wohin sie führen mag.»*

Mit anderen Worten, mit ihrem selbstzerstörerischen Verhalten wollen Männer ihre intellektuelle Unabhängigkeit erhalten, oder zumindest ihre Fähigkeit zu wählen. Je mehr *Sie* also glauben, dass das Leben die einzige Wahl ist, desto mehr müssen diese Menschen sich für den Tod entscheiden. In dem Maß, in dem Hilfe von anderen ihre Wahl zu beeinflussen versucht – was sie natürlich tut –, müssen sie diese zurückweisen. Aber wenn Sie Ihre helfende Hand zurückziehen – und dabei sozusagen Ihren Glauben an die Realität von Leben und Tod demonstrieren –, überlassen Sie dem Selbstzerstörer die Wahl, sich selbst zu helfen oder nicht, und genau das braucht er.

Das Zweite, was wir tun können, um unseren natürlichen Helfertrieb zu reduzieren, ist glücklicherweise etwas Aktiveres. Statt zu versuchen, *ihm* zu helfen, sollten wir lieber *uns* helfen. Jedem, der es sich zum Lebensinhalt gemacht hat, einem selbstzerstörerischen Menschen zu helfen, sage ich: Sorgen Sie dafür, dass Sie selbst ein Leben haben. Das bedeutet nicht notwendigerweise Trennung oder Scheidung. Es bedeutet auch nicht mangelndes Interesse an anderen. Es bedeutet lediglich, dass sie sich einen emotionalen, spirituellen, intellektuellen oder sonstigen Lebenszweck außerhalb dieses Projekts suchen. Für viele Leute ist das ein schwieriges Unterfangen, vor allem für Frauen, die ja immer noch lernen, sich um andere zu kümmern, nicht um sich selbst. Aber wenn Sie sich auf die Reise machen wollen, ist der erste Schritt nicht, sich zu fragen, warum Sie den Status quo verändern wollen, sondern, warum Sie es nicht tun. Anders gesagt, was haben Sie selbst davon, wenn Sie sich von einem Selbstzerstörer zerstören lassen?

Nach einer Reihe von Ehekrisen, in denen der Ehemann seinen finanziellen Verpflichtungen nicht nachgekommen war und seine Frau deswegen belogen hatte, kam ein Paar zur Therapie. In einer Sitzung wandte sich die Frau – eine extrem intelligente und erfolgreiche Akademikerin – an mich und meinte: «Sagen Sie mir, ob es unangemessen ist, so etwas zu sagen, aber ich habe die Theorie, dass David [ihr Mann] eigentlich versagen will.» «Nun», antwortete ich, «es ist durchaus nicht unangemessen, dass Sie das sagen – jeder kann Seelenklempner werden und ich stimme völlig mit

Ihrer Theorie überein. Aber es ist unangemessen, dass Sie keine Theorie über sich selbst haben, eine Theorie darüber, warum Sie mit jemandem zusammen sein wollen, der versagen will.» Als wir dieser Frage nachgingen, entwickelten wir ziemlich rasch eine gute Theorie über die Frau. Ihr Vater war in seinem Perfektionismus ziemlich verletzend und hatte sie ihr Leben lang immer schlecht gemacht. Indem sie nun mit jemandem zusammen war, der versagte, konnte sie das mit ihm machen, was ihr Vater mit ihr gemacht hatte, wodurch sie sowohl ihren eigenen Minderwertigkeitsgefühlen als auch der schmerzlichen Wut auf ihren Vater aus dem Weg ging. Als wollte sie sagen: «Mein Vater hatte Recht, Erfolg ist wirklich wichtig – seht euch doch nur mal den Penner an, mit dem ich verheiratet bin!»

Für diese Frau war die Entwicklung einer solchen Theorie ein gutes Zeichen, sowohl was die Aussichten ihrer momentanen Beziehung anging als auch für eine eventuelle zukünftige Beziehung. In vielen Fällen von Trennung oder Scheidung ist die Frau die Aktive, weil sie verständlicherweise die Nase voll hat von den endlosen selbstzerstörerischen Machenschaften ihres Mannes. Aber wenn sie sich selbst als passives Opfer der Verletzung sieht, ist die Wahrscheinlichkeit groß, dass sie sich bald wieder in der gleichen Situation befinden wird oder ganz ohne Beziehung bleibt.

Der Kaktus

Einer meiner Patienten träumte, er wäre ein Kaktus in der Wüste, nachdem er aus einer leitenden Stellung, die er nicht wirklich mochte und deshalb unbewusst sabotierte, gefeuert worden war. «Ich bin dieser Kaktus», analysierte er den Traum, «aus fruchtbarem Boden in eine öde Gegend verpflanzt, wo ich jetzt mit ganz wenig Nahrung auskommen muss.» Ich war mit seiner Interpretation durchaus einverstanden, aber mein Patient tat mir nicht so Leid wie er sich selbst. Zwar hatte er schon Grund zur Sorge – er musste seine Familie ernähren und es war eher unwahrscheinlich, dass er bei einer anderen Firma wieder eine so hohe Stellung finden würde –, aber ich sah den Kaktus als ein etwas komplexeres Symbol. Das Selbstmitleid des Patienten hatte auch den Aspekt, andere zu strafen – «Sie als Eichbaum können sich doch nicht vorstellen, was es heißt, ein Kaktus zu sein», schien er sagen zu wollen. Aber in Wirklichkeit ist ein Kaktus ein mit ziemlich effektiven Stacheln bewehrter Überlebenskünstler.

Vielleicht fragen Sie sich jetzt, ob ich das auch dem Patienten gesagt habe. Ja, das habe ich, obwohl seine Depression und seine Angst nach dem Verlust seines Jobs echt waren. Meiner Erfahrung nach schlägt man einen selbstzerstörerischen Mann am besten dann, wenn er am Boden liegt – sonst hört er nämlich nicht zu. Außerdem fühlt er sich in seiner heroischen Männlichkeit angesprochen, wenn man Klartext mit ihm redet. Sonderbarerweise ist es tatsächlich eine Form von Unterstützung, wenn man ihn in seinen schwächsten Momenten kritisiert – «Ich weiß ja, dass Sie stark genug sind, das auszuhalten», lautet die implizite Botschaft. Ist ein Selbstzerstörer fix und fertig und hat keinerlei Illusionen mehr, empfindet er es paradoxerweise aufbauend zu hören, dass er kein Opfer ist, sondern die Sache selbst vermasselt hat: Wenn er seinen Untergang selbst herbeigeführt hat, kann er auch die Auferstehung bewirken.

Ist ein selbstzerstörerischer Mann ganz unten angelangt, ist der Zeitpunkt gekommen, Ihrem unwiderstehlichen Drang nachzugeben und ihm zu helfen. Aber Sie sollten nicht über die Grundlagen einer Kriseninterventionhinausgehen. So könnte es beispielsweise hilfreich sein, jemandem den Namen eines Therapeuten zu empfehlen, aber nicht, dort für ihn anzurufen. Ihm eine Unterkunft zu besorgen ist wahrscheinlich okay, aber nicht, ihm Geld zu geben. Ihm zu sagen, dass er gleich die Autobahnausfahrt verpasst, wenn er nicht Acht gibt, kann ihm helfen, aber nur ein- oder vielleicht zweimal. Ihn zu erinnern, dass er gelegentlich mal die Glühbirne auswechseln könnte, mag ganz klug sein, aber es für ihn zu erledigen und sich später darüber zu beklagen, sicherlich nicht.[18]

Kapitel 8

SEX

... ich will Sex, und zwar sofort

Zum guten Schluss das Thema Sex

«Mein Chef führte mich in sein Büro, bot mir einen Stuhl an, sah mir fest in die Augen und fragte mich, wie oft ich in der letzten Woche Sex gehabt hatte ...» Mein Patient, ein Geschäftsmann, den man normalerweise fragen würde, wie viele Kunden er pro Woche besucht, erzählte mir einen Traum. Wollte der Traum ihm sagen, dass er mehr Sex als Arbeit im Kopf hatte? Ich glaube kaum, dass wir Träume brauchen, um uns in der Annahme zu bestärken, dass Männer bei der Arbeit an Sex denken. Und natürlich denken sie auch bei der Liebe an Sex. Ein Patient, dem ich Erich Fromms *Die Kunst des Liebens (The Art of Loving)* empfohlen hatte, berichtete mir eines Tages voller Stolz: «Ich habe auch endlich die Liebeskunst (The Art of Lovemaking) gelesen!»

Bevor ich also meinen Beweisvortrag abschließe – dass Männer letztlich einfach nichts anderes als Männer sind –, möchte ich mich noch dem Thema Sexualität widmen. Natürlich war es kein Zufall, dass ich mir Sex für den Schluss aufgespart habe, aber ich wollte damit nicht die Auseinandersetzung mit dem Klischee aufschieben, dass Männer so ziemlich dauernd an Sex denken. Vielmehr basierte meine Entscheidung auf der Idee, dass das sexuelle Ausagieren der Männer eine Zusammenfassung der sechs männlichen Attribute bietet, die ich bisher besprochen habe. Dasselbe Konzept trifft auch auf Frauen zu, denn schließlich ist Sexualität die fundamentale Arena der Geschlechtsunterschiede, der Treffpunkt von Biologie und Psychologie, Realität und Fantasie. Aber da Männer von einer Kombination aus biologischen, kulturellen und psychologischen Faktoren emotional stumm gemacht werden, neigen sie dazu, ihre Psychologie in viel größerem Maß zu sexualisieren als Frauen.

So werde ich in meiner Zusammenfassung auf gestörtes (und normales) Sexualverhalten einiger meiner Patienten zu sprechen kommen, auf vertraute Fantasien, Gedanken und Träume, ich werde sie analysieren oder auf ihren emotionalen, nichtsexuellen Ursprung zurückführen. Wenn Sie die vorigen Kapitel überschlagen haben, um endlich etwas über Sex zu lesen, sind Sie womöglich enttäuscht – alles dreht sich um Sex, nur nicht beim Sex. Beim Sex geht es eher um . . . nun, warten wir es ab.

Bevor wir weitermachen, ist es vielleicht nützlich, sich über mögliche Gründe Gedanken zu machen, warum Männer Sexualität anders erleben als Frauen. Ohne eine wissenschaftliche Diskussion vorzutäuschen – und ich bin überzeugt, dass die Wissenschaft uns hier eine Menge helfen kann –, möchte ich einige veränderliche Größen erwähnen. Evolutionär gesehen ist es eine Tatsache, dass männliche Wesen die Reproduktionsrate dadurch steigern können, dass sie mehr Sex haben. Dagegen können weibliche Wesen immer nur eine Schwangerschaft auf einmal austragen. Aus einer kulturellen Perspektive, wie sie der Psychiater Robert Stoller beschreibt, wird von Jungen in unserer Gesellschaft erwartet, dass sie sexuell experimentierfreudig sind. Dies zeigt sich schon daran, dass Mädchen früh lernen, sich vor Jungen zu hüten. Biologisch bestehen allgemein bekannte hormonelle Unterschiede sowie wichtige Unterschiede im Genitalbereich. Beispielsweise brauchen Männer für gewöhnlich kürzere Zeit und weniger direkte Stimulierung, um sexuell erregt zu werden. Dies stimmt übrigens besonders im jüngeren Alter und bei weniger Erfahrung, also für die Zeit, in der Männer – oder eher Jungen – die «Fähigkeit» erwerben, Gedanken zu sexualisieren. Mit anderen Worten: Weil die sexuellen Reaktionen von Jungen so einfach sind, erhöht sich die Wahrscheinlichkeit – zusammen mit gewichtigen evolutionären, kulturellen und hormonellen Faktoren –, dass sie die positive Erfahrung von Erregung und Orgasmus suchen, um emotionalen Konflikten zu entgehen oder besser mit ihnen zurechtzukommen.

Ein einfaches Beispiel ist das eines Patienten, dessen Eltern ihn körperlich misshandelten, emotional unberechenbar und zeitweise ganz abwesend waren. Dieser Patient erinnert sich, dass er schon mit sechs Jahren «ständige Erektionen, begleitet von einem Gefühl der Einsamkeit und Anspannung» hatte. Von seiner Teenagerzeit ist ihm im Gedächtnis geblieben, «nackt zu sein und zu Hause oder im Schwimmbad eine Erektion zu haben». Er sehnte sich danach, berührt zu werden, und ließ sich einmal im Umkleideraum von einem älteren schwulen Mann sexuell befriedigen. Diese Sexualisierung seines Hungers nach Liebe brachte den Patienten auf einen Kurs, den viele Männer mit depressiven Tendenzen kennen. Als Erwachsener verwechselte er sozusagen Sex mit Prozac und verlor sich im warmen sinnlichen Körper hübscher Frauen, die für ihn die Funktion eines Antidepressivums hatten.

Scham: Wiedersehen am Times Square

«Als meine Firma vor ein paar Monaten beschloss, eventuell in die Gegend am Times Square zu ziehen, meldete ich mich freiwillig ins Planungskomitee – ich dachte, es wäre gut für mich, enger mit den anderen Partnern zusammenzuarbeiten. Und als wir uns vor ein paar Wochen endgültig für den Umzug entschieden, meldete ich mich freiwillig, den Bericht zu schreiben. Ich erwähne das, weil ich den Bericht dieses Wochenende fertig machen sollte, aber da hatte ich plötzlich eine absolute Schreibblockade – was noch nie vorgekommen ist. Ich kam einfach nicht damit zurande und hab mir deshalb das ganze Wochenende verdorben.»

George war ein junger Akademiker, ein getriebener, hart arbeitender Mitarbeiter einer großen New Yorker Firma. Er war klug, hatte eine gute Auffassungsgabe und spielte bei mir immer den Kotherapeuten, das heißt, er spekulierte zusammen mit mir über seine unbewussten Motive und analysierte sie. Er hatte keine Ahnung, warum er den Bericht nicht schreiben konnte, und zeigte eigentlich auch kein großes Interesse, es herauszufinden. Als er das Thema wechselte, nahm ich erst einmal an, dass der Bericht für ihn nicht so wichtig war, weil er nur indirekt mit Georges Arbeit zu tun hatte.

Ein paar Sitzungen später erzählte mir George einen Traum: Er sah sich Channel J an, den örtlichen Pornosender, als plötzlich seine Freundin ins Zimmer trat. Hastig schnappte er sich die Fernbedienung, um den Sender zu wechseln, aber sie funktionierte nicht. Als er aufwachte, hatte er die Hände fest auf die Matratze gepresst. Der Traum führte zu ein paar ziemlich trivialen Erinnerungen, eine aus der katholischen Schule und eine daran, wie er vor vielen Jahren mit seinen Eltern einen Film gesehen hatte, in dem eine Sexszene vorkam. Bis zum Ende der Sitzung bemühte sich George um alle möglichen, teilweise recht weit hergeholte Assoziationen und bekam plötzlich einen distanzierten, spekulativen Ton: «Ich glaube nicht, dass es mit dem Traum zusammenhängt, aber wer weiß. Vorgestern nach der Arbeit war ich in einem von diesen Läden am Times Square, in einer Peepshow, Sie wissen schon.» Er machte eine Pause, aber da ich nicht reagierte, fuhr er fort: «Aber ich denke, das ist keine große Sache.»

«Was für ein Gefühl hatten Sie dabei?», fragte ich. «Ein gutes», antwortete er. «Was für ein Gefühl haben Sie jetzt, wo Sie mit mir darüber sprechen?», fragte ich weiter. «Ich finde das völlig in Ordnung.» Nach kurzem Schweigen hakte ich nach: «Was ist los? Diese Art stockende Unterhaltung ist ziemlich untypisch für Sie.» «Na ja», meinte er, «ich glaube, ich bin doch ein bisschen verlegen, vermutlich weil ich denke, Sie könnten mich verurteilen – vielleicht halten Sie so was ja für moralisch anrüchig.» Dann erzählte er, dass er an diesem Abend schließlich mit einem der Mädchen der Show in einem Separee gelandet war. Dann «habe ich ihre Brüste gestreichelt, mich an sie geschmiegt und bin in meine Hose gekommen». Mit diesen Worten war die Sitzung in einem eher ungünstigen Augenblick zu Ende. «Ich unterbreche ja ungern bei einem Höhepunkt», meinte ich lachend, «aber wir müssen leider Schluss machen.» «Okay.» Der Patient lachte ebenfalls und stand auf.

In der nächsten Sitzung eröffnete mir George, dass er dieses und «andere Etablissements dieser Art» schon des Öfteren besucht hatte. Die Tatsache, dass er sich wegen dieser Besuche schämte, war an seiner Kommunikation klar ersichtlich, die mich sehr an die Art erinnerte, wie viele Männer über Sex sprechen: vage, plötzlich unartikuliert, stockend, es gibt indirekte Anspielungen und verbale Verwirrungen, Gefühle werden geleugnet. Ein subtileres Zeichen für Georges Scham war die verblümte, fast zufällige Natur seiner «Beichte» – deren Zweck nicht nur darin bestand, seine Schamgefühle zu mildern, sondern sie zu überspielen. Ja, Männer schämen sich ihrer Scham in Sachen Sex. Schließlich projizierte er seine Schamgefühle auch noch auf mich – er leugnete, sich selbst wegen seiner «Besuche» zu schämen, fürchtete aber, ich könnte ihn deswegen verurteilen.

Nun müsste es einfach sein, zu sehen, warum George unfähig war, einen Bericht darüber zu schreiben, dass der Times Square sich als Niederlassung für seine Firma eignete – er hatte nicht das Gefühl, dass es für ihn selbst okay war, dort zu sein. Und die Scham wegen der ganzen Sache hatte ihn daran gehindert, sie vor seiner unabsichtlichen Beichte zum Therapiethema zu machen. In der Therapie und außerhalb bereitet es Männern großes Kopfzerbrechen, wie sie sexuelle Geschichten ohne Schamgefühle «beichten» können. Tatsächlich war George wohl kaum der erste oder letzte Patient, der Zuflucht bei indirekter oder kodierter Sprache suchte, um sexuelle Scham zu vermeiden – übrigens ein zum Scheitern verurteilter Versuch. Hier einige Beispiele:

- Ich habe sexuelle Ängste. *Übersetzung: Ich kriege keinen hoch.*
- Ich habe sexuelle Ängste. *Übersetzung: Ich komme zu schnell.*
- Ich habe Schwierigkeiten, engeren Kontakt zu einer Frau aufzunehmen. *Übersetzung: Ich kriege keinen hoch.*
- Ich überlege mir manchmal, ob ich vielleicht zu viel trinke. *Übersetzung: Ich kriege keinen hoch.*
- Ich hatte einen grässlichen Traum, über den ich nicht sprechen kann. *Übersetzung: Ich habe sexuelle Fantasien mit Männern.*
- Ich liebe Frauen. *Übersetzung: Ich bin sexsüchtig.*
- Vielleicht hab ich ja Schwierigkeiten mit dem Älterwerden. *Übersetzung: Ich fühle mich nur zu Sechzehnjährigen hingezogen.*
- Ich kriege Sex und Liebe nicht zusammen. *Übersetzung: Ich mag groben Sex.*
- Meine Frau experimentiert nicht gern. *Übersetzung: Ich kann nur kommen, wenn ich sie fessle.*

Wie aus diesen Beispielen hervorgeht und wie wir auch im zweiten Kapitel gesehen haben, schämen sich Männer im Allgemeinen, dass sie verletzlich sind, nicht die erwartete Leistung erbringen und von dem abweichen, was sie als normal empfinden. Im Schlafzimmer wird daraus die Scham, dass sie ihre Ausrüstung nicht unter Kontrolle haben, ihre Aufgabe als Liebhaber nicht angemessen erfüllen und Fantasien über andere Dinge als die Missionarsstellung haben. Wie sich nach einigen Diskussionen herausstellte, schämte sich mein Patient George, dass er für seine sexuellen Eroberungen bezahlen musste – für ihn war das mehr als alles andere der Beweis dafür, dass er seine Sexualität nicht genügend unter Kontrolle hatte. Außerdem schämte er sich wegen des pathetischen Aspekts dieser Erfahrung – wegen seiner Verletzlichkeit – und wegen des pornografischen Beigeschmacks der Begegnung – eine Abweichung von dem, worum es in einer reifen, gesunden Sexualität seiner Meinung nach ging.

Natürlich kann man dagegenhalten, dass letztlich alle Männer für ihre sexuelle Befriedigung bezahlen, dass ihre sexuelle Verzweiflung von Natur aus pathetisch und ihr sexuelles Interesse grundlegend pornografisch ist. Tatsächlich zeigen die meisten Männer in den meisten sexuellen Begegnungen Hinweise auf sexuelle Scham. Sie benutzen ihre Hände statt Worten, sie nehmen schweigend eine bestimmte Position ein, sie antworten mit «nichts», wenn man sie fragt, was los ist, sie versuchen mit allen Mitteln, etwas zu genießen, sie reißen nervöse oder selbstironische Witze, sie kritisieren die sexuellen Techniken anderer Leute. Dies alles sind typische Ausweichmanöver, die dazu dienen, der Scham zu entrinnen.

Im zweiten Kapitel habe ich einige therapeutische «Techniken» vorgestellt, mit denen man die Mauer der Scham überwinden kann. Alle treffen ebenso auf sexuelle Scham zu. Wenn Sie Ihren Mann dazu bringen wollen, dass er mit Ihnen offen über Sex spricht, ist das Allerwichtigste, dass Sie sich mit Ihrer eigenen Sexualität wohl fühlen – oder zumindest wohl genug, dass Sie darüber sprechen können. Einer meiner Patienten bemerkte einmal, dass ich anscheinend ziemlich locker über Sex sprechen könne. Natürlich konnte ich das mit ihm – schließlich ging es ja nicht um mein Sexleben! Die therapeutischen Grenzen, die den Therapeuten davor schützen, seine eigene sexuelle Verlegenheit preiszugeben, sind dann von Nachteil, wenn es darum geht, dem Patienten zu helfen, sich zu öffnen. Wenn man jemanden dazu bringen will, freimütig über seine Sexualität zu reden, hilft es am meisten, selbst über die eigene Sexualität zu sprechen. Aber zu den Techniken, die jeder anwenden kann, gehört es auch, sich offen gegenüber alternativen Lebensstilen zu zeigen, detaillierte Fragen zu stellen, vorurteilsfrei zuzuhören oder das Schweigen des Gegenübers mit Humor anzuerkennen und eventuell zu durchbrechen.

Manche Männer kennen keine Scham. Sie erwarten die Befriedigung ihrer Bedürfnisse, als wäre dies ihr verbrieftes Recht, sie fordern von ihrer Partnerin, ohne Rücksicht auf ihren eigenen Geschmack jede seiner Launen mitzumachen, und kritisieren sie für jedes Zögern in diesem Bereich. Solche Männer projizieren ihre Scham auf die jeweilige Partnerin und vermitteln ihr das Gefühl, sexuell gehemmt oder unnormal zu sein, wenn sie nicht fraglos alles tun will, was ihm gerade passt. Solche Männer könnten ein wenig Scham ganz gut gebrauchen, was wieder als Argument dafür gelten kann, dass Scham an sich nichts Schlechtes ist. Unter anderem gehört sie zu den Dingen, die uns zivilisiert machen.

Emotionale Abwesenheit: 2001 – Odyssee im Weltraum

Wenn es bei der Scham darum geht, etwas vor einer anderen Person zu verbergen, geht es bei der emotionalen Abwesenheit darum, etwas vor sich selbst zu verbergen. Von der sexuellen Warte aus wird Letzteres oft daran deutlich, wie zielorientiert und mechanisch sich Männer in der körperlichen Liebe verhalten. Viele Frauen sagen in der Paartherapie ihrem Mann oder ihrem Freund: «Ich hab das Gefühl, als wärst du gar nicht richtig anwesend, wenn wir miteinander schlafen.» Im dritten Kapitel haben wir gesehen, dass der Widerstand der Männer dagegen, etwas zu fühlen – die emotionale Abwesenheit –, zuerst und vor allem auf der Angst beruht, sich in einer Frau zu verlieren. Außerdem haben wir gesehen, dass diese Furcht auch einen Wunsch beinhaltet und dass diese Dualität im Zentrum dessen liegt, was ich als Konflikt der männlichen Unsicherheit bezeichne. Sexuell ist der Wunsch, sich in einer Frau zu verlieren, nur allzu deutlich, wenn man sich ansieht, wie sehr Männer sich bemühen, Zugang zum inneren Körperbereich einer Frau zu erlangen. Die andere Seite des Konflikts ist weniger offensichtlich, weil er sich oft im Unbewussten abspielt.

Dennoch gibt es zwischen dem recht weit verbreiteten mechanischen «Rein-raus-das-war's»-Ansatz (wham-bam-thank-you-ma'am) der körperlichen Liebe bis zur eher seltenen Vorstellung der «vagina dentata» – der Idee, dass die Vagina Zähne besitzt, mit denen sie beim Geschlechtsakt den Penis des Mannes malträtiert – eine breite Palette sozial mehr oder minder anerkannter Verhaltensweisen und Einstellungen, in denen diese Angst zu erkennen ist. Einer meiner Patienten war von seiner Freundin in den ersten Monaten ihrer Bekanntschaft sehr stark erregt. Aber als die Freundin anfing darüber zu reden, dass sie ihn gern häufiger sehen wollte, begann ihre Anziehung auf ihn schon merklich nachzulassen. Dass sie kurz darauf auch noch andeutete, sie würde sich gern mit ihm verloben, war alles andere als hilfreich, aber das Schicksal des Paars war endgültig besiegelt, als sie bei dem Versuch, ihr Sexleben neu zu beleben, ungeschützten Verkehr hatten. Die Vorstellung, dass sie schwanger, also eine Mutter sein könnte, raubte dem Patienten endgültig jede Lust auf Sex mit ihr. Traurigerweise ist es ein häufiges Problem von Männern in der Psychotherapie, dass sie sich nicht mehr zu einer – attraktiven, oft genug auch geliebten – Frau hingezogen fühlen.

Andere Formen der sexuellen Abwesenheit sind erkennbar an den verschiedenen Arten, wie Männer ihr Begehren einschränken oder ganz verlieren. Manche Männer fühlen sich nur zu zierlichen oder jungen Frauen hingezogen – und schützen sich so unbewusst vor dem Gefühl, körperlich überwältigt zu werden. Andere begehren nur «Flittchen» oder intellektuell unterlegene Frauen, neben denen sie ihre eigene Intelligenz als Schutzschild benutzen können, um sich genügend emotionalen Raum zu bewahren. Wieder andere finden nur bestimmte weibliche Körperteile attraktiv und schützen sich dadurch ebenfalls vor zu viel Nähe. Schließlich gibt es jene, die nur von sexuellen Aktivitäten erregt werden, bei denen man sich nicht so leicht im anderen verlieren kann. Beim Oralsex beispielsweise hat man es nur mit einem kleinen Teil der anderen Person zu tun. Auch bei der «Hundestellung» entgeht man einer potentiell erstickenden Umarmung.

Zu dem Thema gibt es natürlich noch ausgefallenere individuelle Variationen. Beispielsweise hatte einer meiner Patienten, ein Collegestudent, zwar einige sexuelle Erfahrungen gemacht, fühlte sich aber aus religiösen Gründen verpflichtet, keinen Sex vor der Ehe zu haben. Selbst in seinen Träumen – und er hatte jede Menge davon – konnte er den Akt nie vollziehen, denn vor der Penetration wurde er unweigerlich gestört oder abgelenkt. Einmal drängte sich ihm sogar das Bild seines Therapeuten – also meiner Wenigkeit – in seinem Sessel auf, was gewiss nicht sonderlich stimulierend wirkte. Wie sich herausstellte, ging es nicht nur um Religion, sondern auch um die Angst vor Intimität. Eine rein Freud'sche Interpretation des Traums – unterstützt vom Auftritt der älteren Vaterfigur – wäre, dass es sich bei der Angst des Patienten um einen ödipalen Konflikt handelte: Der unbewusste Wunsch, mit der Mutter zu schlafen, führt zu der Angst, als Strafe vom Vater kastriert zu werden. Nach einer solchen Deutung vermied der Patient den Geschlechtsverkehr, weil er Angst hatte, seinen Penis zu verlieren. Doch eine tiefer gehende Interpretation lautete, dass der Patient Angst hatte, sich selbst zu verlieren. Interessanterweise bestätigte die Vergangenheit des Patienten beide Deutungen. Sein Vater starb mitten in der ödipalen Periode des Patienten, sodass diesem die Erfahrung, dass der Vater ihn nicht bestrafen würde, sondern eigentlich sein Kumpel war, verwehrt blieb. Und seine Mutter, die ohnehin schon überbeschützend war, reagierte auf den Tod ihres Mannes, indem sie sich an ihr Kind wie an einen Lebensretter klammerte, wodurch sich der Patient in einem permanenten Kampf befand, ihr und allen ihr folgenden Frauen Raum abzutrotzen.

Eine der Lieblingsmethoden der Männer, wie sie sich von Gefühlen der Nähe befreien oder distanzieren können, besteht darin, Frauen zum Objekt zu machen. Beispielsweise behandeln Männer wirkliche Frauen oft als pornografische Objekte und bringen sie dazu, sich mit allen möglichen Hilfsmitteln auszustaffieren, damit sie erregender wirken. Vielleicht ist dies nur eine Erweiterung des Wunsches, dass die Frau sexy aussieht, aber meiner Meinung nach geht es hier auch um die Tendenz der Männer, sich vor der Realität weiblicher Sexualität dadurch zu schützen, dass sie mentale Bilder erschaffen, die sie unter Kontrolle haben. Dies ist einer der Gründe, warum visuelle Hilfsmittel nur eine begrenzte Zeit wirken – wenn die Realität mit dem mentalen Bild übereinstimmt, braucht der Mann oft eine neue, verbesserte Version.

Leider reicht für manche Männer das mentale Bild nicht. Einer meiner Patienten verlor seine beiden Eltern in jungen Jahren bei einem tragischen Unfall. Er war dadurch so beeinträchtigt, dass er als Erwachsener Schwierigkeiten hatte, überhaupt irgendetwas zu fühlen. Zwar vermied er jeden engeren Kontakt mit Frauen, hielt auf der Straße aber stets Ausschau nach attraktiven Frauen und nahm sozusagen ihr mentales Bild mit nach Hause, wo er masturbierte. Dieser Mann schien tatsächlich kein anderes Sexleben zu brauchen, nur «verblasste» das Bild manchmal, wenn er heimkam, und er wurde nicht erregt. Das beunruhigte ihn sehr, denn es bedeutete für ihn, dass er nicht einmal in seiner Fantasie mit Menschen Kontakt aufnehmen konnte. Dies ist ein Beispiel von emotionaler Abwesenheit, die weniger auf der Angst basiert, in einer Frau verloren zu gehen, als auf einem allgemeinen emotionalen Zusammenbruch nach einem katastrophalen Verlust.

Interessanterweise objektivieren manche Männer die Frauen nicht, sondern machen genau das Gegenteil. Indem sie pornografische Objekte wie richtige Menschen behandeln, subjektivieren sie die Pornografie oder machen sie persönlich. Ein häufiges Beispiel dafür sind ausgeklügelte sexuelle Fantasien oder der Umgang mit pornografischem Material, wobei das eigentliche erregende Element oder sogar die orgasmische Pointe nicht harter Sex ist, sondern ein emotionaler Moment. Diese emotionalen Momente oder Symbole können sehnsüchtige Szenarien mit fantasierten oder abweisenden Frauen umfassen, Bilder von Körperteilen, begleitet von schmerzlichen Sehnsüchten, Dialogzeilen wie «Ich will dir meinen Schwanz zeigen» oder: «Sag mir, dass du mich willst, Baby.» Oft spricht die Frau in der Fantasie und bringt sexuelle Hingabe oder Unterwerfung zum Ausdruck.

Wenn Männer zu Prostituierten gehen, versuchen sie natürlich manchmal, die Macht des Geldes einzusetzen, um den sexuellen Austausch in eine nichtpornografische Beziehung zu verwandeln. Ein solcher Patient berichtete, dass er eine Prostituierte, mit der er gerade Sex gehabt hatte, in ein Gespräch über «Sexualpolitik, insbesondere über die Natur der finanziellen Transaktion zwischen uns» zu verwickeln versuchte. Als ich bei seinem Bericht lächelte, meinte der Patient: «Warum grinsen Sie, Doc? Die Lady fand das ziemlich süß!» Ein anderer Patient entwickelte eine langfristige Beziehung mit einer Prostituierten. Obgleich ihn seine begrenzten Finanzen und ihre sonstigen beruflichen Verpflichtungen etwas einschränkten, war die Bindung an die Frau so romantisch, wie man es sich nur vorstellen kann, mit Blumen, Schmuck und Geschenken. Einmal schrieb er ihr sogar ein Gedicht. Ein dritter Patient suchte Prostituierte auf, um sich «sinnlich und lebendig zu fühlen», wobei ihm die Berührungen und Umarmungen wichtiger waren als der sexuelle Aspekt.

In Wirklichkeit sind die Personifizierung pornografischer Objekte und die Objektivierung realer Frauen keine Gegensätze, sondern ein und dasselbe. Psychologisch betrachtet erkaufen sich Männer auf beide Weisen den für sie wichtigen Freiraum – von Frauen –, ohne die Frauen ganz aufgeben zu müssen. Nirgends wird dies deutlicher als in der Tendenz vieler Männer, ihre sexuelle Erregung dadurch zu steigern, dass sie sich beim Verkehr mit ihrer Frau andere Frauen vorstellen. Ein Patient, ein Musiker Anfang dreißig, war sehr in seine Freundin verliebt, die nicht nur unglaublich schön war – er zeigte mir Fotos von ihr –, sondern auch noch ein aufsteigender Stern in ihrem akademischen Wissensgebiet. Aber wenn er mit ihr schlief, musste er sich als Stimulation andere Frauen vorstellen. Vielleicht ist es keine große Überraschung, dass diese anderen Frauen gewöhnlich «weniger herausfordernd» waren – von den Musikschülerinnen des Patienten bis zur Putzfrau seiner Eltern. Es sah ganz danach aus, als sollten diese herbeizitierten Frauen für Gleichheit in der Partnerschaft sorgen: Unbewusst fühlte sich der Mann von seiner Freundin ausgestochen und versuchte nun, die Machtverhältnisse umzudrehen. Dass er diese Gefühle sexualisierte, bedeutete natürlich, dass sie unbewusst blieben und er sie nicht fühlen musste. Auf bewusster Ebene erlebte er seine Fantasien nur als sexuelles Aphrodisiakum, das ihm half, bei seiner Freundin bessere «Leistungen» zu erbringen.

Wenn Sie die Beziehung des Patienten mit den imaginären, pornografischen Frauen betrachten, sehen Sie, dass er diese dadurch, dass er sie beim Sex mit seiner realen Freundin einsetzte, wirklich zu machen versuchte. Und wenn Sie noch näher über seine Beziehung zu seiner Freundin nachdenken, sehen Sie, dass er, indem er über die pornografischen Frauen fantasierte, während er mit ihr zusammen war, seine Freundin pornografisch zu machen versuchte. In beiden «Beziehungen» schützte er sich durch die emotionale Abwesenheit vor der direkten sexuellen Erfahrung: Die pornografischen Frauen konnten nie real werden, die reale Frau wurde nie pornografisch.

Wie wir im dritten Kapitel gesehen haben, hat die emotionale Abwesenheit des Mannes ihren Ursprung in ihrem Gegenteil, in der emotionalen Verletzlichkeit des kleinen Jungen und seinem konfliktbeladenen Wunsch, sich von der ersten Frau seines Lebens zu lösen. Ein Patient, ein Mann mit zwanghaften Tendenzen, schilderte mir das Sexleben mit seiner Frau als außergewöhnlich intensiv. Er beschrieb Sex mit ihr als ein Erlebnis der totalen Verschmelzung, bei der er fantasierte, ganz in sie einzutauchen und sich dort seines Samens zu entleeren, in stundenlanger, beneidenswerter Seligkeit. Aber immer fügte er ein Detail hinzu, das das Ganze überschattete. Einmal sprach er beispielsweise darüber, dass er mit seiner Frau «mindestens» zwei bis drei Stunden geschlafen hatte, und meinte zum Schluss: «Wollen Sie wissen, was mir in der Zeit durch den Kopf ging – das wird Ihnen bestimmt zeigen, wie meine Gedanken funktionieren. Während ich sie oral befriedigte, hab ich *gezählt*!» Als könnte er es selbst nicht ganz glauben, fügte er erklärend hinzu: «Ich habe gezählt, wie oft ich sie lecke – und kam auf tausendundeins. Ich schwör es – tausendundeins!» Nun, es gibt sicher kaum etwas Besseres als Zahlen, um die Gedanken zu beschäftigen, und kaum eine bessere Grenze um den eigenen psychischen Raum als beschäftigte Gedanken.

Der Abwehrmechanismus der emotionalen Abwesenheit besitzt noch einen weiteren sexuellen Aspekt, der höchstwahrscheinlich einen evolutionären Wert hat. Indem Männer nicht viel fühlen, vermeiden sie es natürlich auch, mit ihrer Partnerin zu fühlen, was insofern ein Vorteil ist, als es einen näher ans erwünschte Ziel bringt, wenn man seine Pläne einseitig durchsetzen will. Wenn man die Partnerin fragt, ob sie einverstanden ist, besteht das Risiko, dass sie mit Nein antwortet. Aber wenn man einfach mit dem festen Entschluss, Sex zu haben, mit ihr ins Bett steigt – so denkt der Mann –, besiegt man ihre Einwände und bekommt, was man will. In der Realität geht der Schuss allerdings oft nach hinten los – wir sind ja keine Schimpansen mehr. Aber Hoffnung währt ewig. Für Frauen bedeutet dieser Aspekt der emotionalen Abwesenheit, dass sie ihre Bedürfnisse beziehungsweise ihren Mangel daran klar und deutlich ausdrücken müssen. Denn wenn es um ihre sexuellen Wünsche geht, sind Männer alles andere als subtil.

Dabei fällt mir der Fall eines Studenten ein, der wegen sexueller Nötigung verklagt wurde, nachdem er eine Nacht mit einer Freundin im Frauenwohnheim verbracht hatte. Es begann alles ganz harmlos, als sich die beiden, nachdem sie sich die ganze Nacht unterhalten hatten, in Unterwäsche und mit der festen Absicht zu schlafen, zusammen ins Bett legten. Aber als sie im Bett waren, fingen sie an zu schmusen. Schließlich steckte der Mann seine Hand in die Unterwäsche der Frau und berührte sie, worauf sie mit schwerem Atmen und eindeutiger Erregung reagierte. Er machte weiter, aber plötzlich richtete sich die Frau auf und fing an, ihn zu beschimpfen. Wie sich herausstellte, war sie zu Beginn der Schmuserei eingeschlafen, ohne dass er es bemerkt hatte! Als sie dann aufwachte und seine Hand in ihrer Unterhose spürte, fühlte sie sich angegriffen. Jetzt wusste der junge Mann überhaupt nicht mehr, was er denken sollte. Er versuchte sich zu rechtfertigen, aber sie verlangte, er solle augenblicklich verschwinden, was er auch tat. Am nächsten Tag reichte sie Beschwerde ein. Obgleich keine kriminelle Handlung vorlag, wurde der Mann von der Universitätsbehörde für schuldig befunden und erhielt eine Disziplinarstrafe. (Später legte er gegen das Urteil Widerspruch ein und wurde rehabilitiert.)

Dieser junge Mann, der in einer liberalen jüdischen Familie in New Jersey aufgewachsen war, hatte ein freundliches, sanftes Naturell und viele Freundinnen. Nach dem Vorfall war er so erschüttert, dass er beschloss, Hilfe zu suchen. Nach mehreren Monaten

Therapie bei mir kamen er und ich zu dem Schluss, dass unter der netten, frauenfreundlichen Oberfläche eine Menge unbewusster Aggressionen gegen Frauen lauerte. Wir erkannten, was in jener schicksalhaften Nacht im Wohnheim passiert war: Seine emotionale Abwesenheit im Bett mit seiner Freundin erlaubte ihm, seine *Aggression auszuleben, ohne sie zu fühlen.* Natürlich ist es eine andere Frage, ob dies als sexuelle Belästigung zu werten ist oder nicht – Tatsache bleibt, dass er die Verfassung seiner Freundin nicht wahrgenommen hatte – sie schlief. Die Frau andererseits vermittelte ihre Bedürfnisse vielleicht zu subtil, obgleich es schon eine ziemlich eindeutige Botschaft ist, wenn man beim Schmusen einschläft. Aus seiner Sicht hätte sie sagen müssen, dass sie nicht berührt werden und lieber schlafen wollte. Und im Schlaf reagierte ihr Körper ja durchaus positiv.[19]

Wie gesagt – aufgrund der sexuellen Abwesenheit der Männer müssen Frauen ihre sexuellen Wünsche laut und unmissverständlich kundtun. Aber es gibt auch noch andere Implikationen. Wie wir im dritten Kapitel gesehen haben, ist die emotionale Abwesenheit eine noch stärkere Abwehr als die Scham; sie arbeitet unmittelbar und unbewusst, was bedeutet, dass sie äußeren Eingriffen gegenüber resistenter ist. Als Erstes müssen Sie also das Eisen schmieden, solange es heiß ist, das heißt, wenn Ihr Mann über Sex reden möchte, packen Sie die Gelegenheit beim Schopf. Ergreifen Sie sie, selbst wenn er Ärger und Frust über Ihr Sexualleben äußern will – solange er nicht (nur) Ihnen die Schuld daran gibt. Hören Sie ihm zu, nutzen sie dann den richtigen Moment und reden Sie mit ihm, aber in seiner, nicht in Ihrer Sprache. Denken Sie daran: Er braucht emotionalen Freiraum. Statt also über Ihre Gefühle zu diskutieren – das können Sie später noch tun –, sprechen Sie lieber darüber, was Sie beide unternehmen, um die Situation zu verbessern. Mehr Zeit allein, längeres Vorspiel, ein Buch kaufen, zur Beratung gehen – was immer es sein mag, nutzen Sie die Gunst der Stunde. Seien Sie dabei objektiv bis distanziert: «Ich funktioniere einfach nicht so; vielleicht bin ich der Sache eher gewachsen, wenn wir mehr Zeit damit verbringen, einander nahe zu sein.»

Dieser Ansatz entspricht, soweit Sie ihn meistern, der zielgerichteten, nüchternen Lebenseinstellung Ihres Mannes. Damit lockern Sie seine intellektualisierte Abwehr eher auf als mit der Frage, wie er sich im Bett mit Ihnen fühlt. Wenn Sie wissen wollen, wie er sich fühlt, wenn Sie miteinander schlafen, wird er glauben, Sie wollen ihn verschlingen – und anfangen, irgendwelche Zahlenkunststücke zu vollbringen. So paradox es klingen mag: Ihrerseits weniger emotional zu sein, ist für ihn eine Einladung, emotionaler zu werden.

Zuletzt vielleicht das Wichtigste: Obwohl ein Sextherapeut oder ein Buch Ihnen bei irgendwelchen sexuellen Praktiken helfen kann, müssen Sie sich nichtsexuelle Gegenstücke einfallen lassen, um mit der emotionalen Abwesenheit in Ihrem Schlafzimmer zurechtzukommen. Eins der Probleme mit Sex besteht darin, dass er extrem empfindlich auf psychischen Druck reagiert: Stress im Allgemeinen, spezifische emotionale Konflikte und mangelhafte Kommunikation spielen allesamt eine wichtige Rolle im Bett. Aber die gute Nachricht lautet, dass Sex ganz von allein besser wird, wenn Sie das Thema angehen. Zusätzlich zur Therapie hat dies praktische Implikationen, nämlich, dass man sexuelle Handlungen wieder in Worte fasst. Stellen Sie sich vor, das sexuelle Interesse Ihres Mannes an Ihnen nimmt ab. Bevor Sie nun denken, dass etwas mit *Ihnen* nicht stimmt, ziehen Sie in Betracht, dass etwas bei *ihm* nicht richtig läuft. Beispielsweise kommt es vor, dass ein Mann das sexuelle Interesse an seiner Partnerin verliert, wenn er einen Karriereknick erlebt oder wenn er aus irgendeinem Grund mit einem Gefühl des Versagens im Beruf zu kämpfen hat. Statt sich wertlos zu fühlen, «beschließt» er – natürlich nicht gänzlich bewusst –, zu fühlen, dass *Sie* wertlos sind. Der Übergang von «Ich bin kein guter Versorger» zu «Meine Frau ist nicht attraktiv» ist für viele Männer ihre zweite narzisstische Natur.

Wenn Sie also ihrem Mann oder Freund – und vor allem sich selbst – zu helfen versuchen, besteht Ihre Aufgabe darin, diesen Wechsel wieder umzudrehen. Das ist gar nicht so schwierig, wie es sich vielleicht anhört. Vorausgesetzt, es handelt sich nicht um ein tiefer liegendes Problem, müssen Sie ihm nur zuhören, wenn er über seine Arbeit spricht. Irgendwo wird er seine Enttäuschung über sich selbst in Worte fassen und sie nicht mehr sexuell ausdrücken müssen. Wenn Sie es schaffen, seine Bemühung mit ehrlicher Bewunderung zu unterstützen, wird er sich möglicherweise noch weiter öffnen und seinen nichtsexuellen Worten sexuelle Taten folgen lassen.

Die Idee, dass die Lösung sexueller Probleme außerhalb des Schlafzimmers zu suchen ist und nichtsexuelle Intervention erfordert, wird noch einleuchtender, wenn unser sexueller Überblick sich von den Abwehrmechanismen der Scham und der emotionalen Abwesenheit verabschiedet und sich mit den darunter liegenden Konflikten beschäftigt. Dabei sollten Sie stets im Kopf behalten, dass sexuelles Ausagieren zwar auf einem biologischen Trieb basiert, aber auch eine Art Abwehrmechanismus darstellt, denn es schützt die Männer davor, bestimmte Konflikte zu fühlen. Weil die Abwehr ihren Zweck jedoch nie so richtig erfüllt, bestimmen diese Konflikte letztendlich ihr Handeln. Man könnte auch sagen, dass Sex eine Bedeutung hat – eine zwischenmenschliche Bedeutung. Während ich nun also die Botschaften erforsche und dechiffriere, die den verschiedenen sexuellen Aktivitäten oder Fantasien zugrunde liegen – vom oralen zum analen Sex, vom «Malen mit dem Penis» (einer Technik, die in manchen Büchern für bewussten Sex empfohlen wird) bis zur Beinschere –, sollte man sich immer vor Augen halten, dass diese Bedeutungsanalyse nicht sagen will, dass sexueller Ausdruck grundsätzlich illegitim oder pathologisch ist, selbst wenn wir dabei aggressive oder egoistische Elemente aufdecken. Natürlich kann man die Behauptung aufstellen, dass jemand, dessen Sexleben beispielsweise nur aus Oralsex oder nur aus Sex in der Missionarsstellung besteht, sich sexuell zu sehr einengt und womöglich den Partner unglücklich macht. Aber das ist wohl kaum pathologisch.[20]

Männliche Unsicherheit: lesbische Männer

Einer meiner Patienten berichtete über einen Traum, in dem er Sex mit einer Kollegin hatte, von der er wusste, dass sie in Wirklichkeit lesbisch war. Vielleicht erwartete er von mir, ich würde daraufhin seine Heterosexualität anzweifeln, jedenfalls meinte der Patient, er wisse zwar, dass jeder Mensch ein bisexuelles Potential besitze, glaube aber nicht, dass es in diesem Traum wirklich darum ging. «Ich stimme in beiden Punkten mit Ihnen überein», sagte ich. «Was glauben Sie denn, worum es in diesem Traum wirklich ging?», fragte der Patient. «Nun, wenn diese Frau lesbisch ist», antwortete ich, «dann schläft sie mit anderen lesbischen Frauen, was aus Ihnen . . . eine Lesbierin macht.» Ich hatte es nicht darauf abgesehen, einen Witz zu machen, und mein Patient wusste das. «Großartig», erwiderte er, «warten Sie nur, bis ich meiner Frau erzählt habe, dass mein Arzt gesagt hat, ich wäre eine Lesbierin!»

Ich meinte meine Bemerkung in diesem Fall deshalb nicht witzig, weil es, wie ich auch meinem Patienten erklärte, nicht um etwas Sexuelles ging. Genauer gesagt ging es um etwas Präsexuelles, das aus seiner frühen Identifizierung mit seiner Mutter stammte. Wie wir im vierten Kapitel gesehen haben, sind Jungen sehr mädchenhaft, bis sie von ihrem eigenen Wunsch und dem sozialen Druck irgendwann um den Schuleintritt herum anfangen «Männer zu werden», vor allem in der Beziehung zu ihrer Mutter. Und wie wir überall in diesem Buch gesehen haben, steht diese frühe Identifizierung mit der Mutter und das Bedürfnis des Mannes, sie sowohl zu bewahren als auch abzulegen, im Zentrum des Konflikts der männlichen Unsicherheit. Die meisten Männer besitzen homosexuelles Potential, aber eben auch lesbisches, das heißt, sie haben die Fähigkeit, sich selbst als Frau zu erfahren, die Frauen liebt, oder – historisch betrachtet – als Mädchen, das seine Mutter liebt.

Obwohl dieses Potential letztlich nichtsexuell ist, ist es oft nicht frei von Konflikten. Um ein sexuelles Wesen zu werden, muss der Junge sich von seiner Mutter trennen, was unter anderem bedeutet, er muss akzeptieren, dass er andere Genitalien besitzt als sie. Natürlich wissen Jungen das verstandesmäßig schon ganz früh, aber emotional sind sie nicht immer geneigt, es zu akzeptieren, weil es dem ganz frühen Glücksgefühl, eins zu sein mit der Mutter, ein Ende setzt.

Ein Patient erzählte mir, dass er bei einem Spaziergang im Park zwei Polizisten begegnete und plötzlich Angst verspürte, sie würden ihn vergewaltigen. Die Angst wiederholte sich in der Therapie, als wir uns an einem bestimmten Punkt für einen traditionell analytischen Ansatz entschieden, bei dem der Patient auf der Couch lag, ohne mich direkt zu sehen. Als wir das zum ersten Mal ausprobierten, entwickelte der Patient einen schweren Angstzustand, drehte und wand sich auf der Couch und äußerte schließlich die Befürchtung, dass ich ihn angreifen und vergewaltigen würde. Wie wir wissen, kann eine Angst oft einen Wunsch ausdrücken, was auch bei diesem Patienten der Fall war. Nur war es in diesem Fall kein sexueller Wunsch. Vielmehr wurde in seiner Angst die emotionale Interpretation deutlich, die der Patient einem frühen Kindheitserlebnis gegeben hatte. Als einziges Kind einer allein stehenden Mutter wuchs er in dem Gefühl heran, in ihrer sanften Fürsorge gefangen zu sein, und er sehnte sich immer nach einer männlichen Bezugsperson. Für den Patienten war weder das Problem noch die Lösung sexuell, sondern es ging darum, stärkere männliche Freundschaften zu entwickeln.

Aber selbst wenn das Problem sexuell zu sein scheint, ist es das oft nicht. Heutzutage ist es keine skandalöse Neuigkeit mehr, dass anale Stimulation oder analer Verkehr nicht ausschließlich zur Domäne schwuler Männer gehört. Vielleicht weniger bekannt ist, dass es bei heterosexuellen Männern den Wunsch gibt, penetriert zu werden – von einer Frau. Manche Männer kommen diesem Verlangen mit ihrer Partnerin nach, indem sie einen Ersatzpenis benutzen, während andere ihren Fantasien nachhängen. Und wieder andere erleben es indirekter, beispielsweise, indem sie es stimulierender empfinden, wenn sie beim Geschlechtsakt unten liegen. Ob real oder fantasiert, können diese Szenarien sexuell sehr intensiv erlebt werden, denn der Anus ist eine erogene Zone. Dennoch repräsentieren sie auch nichtsexuelle Erinnerungen und Sehnsüchte. Die Erinnerung daran, nicht anders zu sein als ein Mädchen, und der Wunsch, im biblischen Sinne von der Mutter gekannt zu werden.

Obwohl dies sexuell gesehen vielleicht kein Problem ist, enthält diese Art der Identifikation für viele Männer eine Menge Zündstoff. Wut und Angst sind häufig damit verbundene Gefühle. Wut darüber, dass sie die Illusion «Mommy und ich sind eins» aufgeben müssen, und darüber, dass Mommy sie in diese missliche Lage bringt. Und Angst davor, ihrem Einfluss nicht entfliehen zu können. Es ist leicht zu sehen, wie dieser unbewusste Konflikt im Verhältnis zur Mutter im sexuellen Erleben des Mannes ausagiert wird. Beispielsweise sind viele Männer wütend, wenn ihre Freundin oder Frau im Bett nicht das machen will, was er gern hätte, oder wenn sie nicht weiß, wie er gern stimuliert werden möchte – sie soll doch eins mit ihm sein! Außerdem ist er wütend, weil er andere Frauen «aufgeben» muss, wenn er sich auf eine feste Bindung einlässt. Unbewusst gibt er ihr die Schuld dafür. Und natürlich hat er Angst, was es für sein Leben bedeutet, wenn er die Möglichkeit zum Sex mit anderen Frauen endgültig aufgibt.

Diese Dynamik ist ein zentraler Grund, weshalb viele Männer außereheliche Affären eingehen. Indem sie eine Affäre haben, sichern sie sich das Recht auf eine sexuell verständnisvolle Frau und dazu noch auf sexuelle Freiheit. Außerdem mildern sie ihre Angst, dass sie dazu verdammt sind, den Rest ihres Lebens mit ein und derselben Frau Sex zu haben. Es scheint ihnen gar nicht in den Sinn zu kommen, dass man sich nicht heimlich emanzipieren kann, auch nicht, indem man einen Herrn – oder eher eine Herrin – gegen den/die andere/n austauscht. Zwar sind wir schnell dabei, Männer (oder Frauen) zu verurteilen, die ihre Partner betrügen, und sie als emotionale Schnorrer zu sehen, aber die klinische Erfahrung zeigt, dass solche Männer Qualen leiden, hauptsächlich deshalb, weil sie Gefangene ihrer selbst sind. Früher oder später erkennen die meisten, dass dieser hypermaskuline Abwehrmechanismus nur ein Beweis des Gegenteils darstellt, oder – sexuell ausgedrückt –, dass das vielfache Vorzeigen des Penis diesen nicht multipliziert, sondern eher zu der Wahrnehmung führt, dass er zu klein ist und deshalb multipliziert werden muss. Andererseits ist leicht einzusehen, dass ein Junge durch das Benutzen des Sexualorgans seiner Mutter und sich selbst beweisen kann, dass er anders und von ihr getrennt ist.

Die Idee, dass man sich bei der einen Frau dadurch Raum schafft, dass man mit einer anderen schläft, ist genauso paradox wie der eigentliche Konflikt der männlichen Unsicherheit: Männer wollen beides – ein Mann sein und (mit) eine(r) Frau sein. Die stereotype Beziehung, in der der Mann sich nicht binden will und die Frau ihn dazu drängt, stimmt nur aus einer bewussten Perspektive. Unbewusst – und das lässt sich in der Paartherapie leicht zeigen – bringen diese Männer die Frau erst dazu, sie zu drängen, weil sie ihre Beziehung zu ihrer «ersten Frau», ihrer Mutter, wiederholen möchten – eine Beziehung, in der die Frau beschützte und verschlang, während der Junge ihr zögernd zu entkommen versuchte. Lassen Sie mich dieses Phänomen näher ausführen – anhand von Sex.

Ein Patient, ein Akademiker in den Dreißigern, war mit einer Mutter aufgewachsen, die aus ihrem eigenen Bedürfnis heraus, gebraucht zu werden, extrem hilfsbereit und unterstützend war – so sehr, dass sie einer gewissen emotionalen Abhängigkeit in ihrem Sohn Vorschub leistete. Zwar konnte dieser Patient als junger Mann seinen Wunsch, von seinen Eltern versorgt zu werden, überwinden und unabhängig werden, aber Überbleibsel seiner Abhängigkeit färbten immer noch auf seine Sexualität ab. Dies kam in der Therapie an die Oberfläche, als er von einem Traum erzählte, in dem ein Jugendfreund namens Samuel ihm wegen irgendeiner Missetat die Füße abschnitt. Zuerst stand der Patient vor einem Rätsel, aber seine Assoziationen konnten es schließlich lösen. Am Tag vor dem Traum hatte der Patient, der kein Jude war, sich mit einem Kollegen unterhalten, einem orthodoxen Juden namens Shmuel – der hebräischen Form von Samuel –, und während der Unterhaltung hatte dieser ein Buch über «koscheren Sex» erwähnt.

Ich versuchte eine Interpretation, obwohl ich wusste, dass sie vielleicht vorschnell war: «Hatten Sie vielleicht ‹nichtkoscheren› Sex und Ihr Organ soll als Strafe abgeschnitten werden?» Der Patient lachte, aber zu meinem Erstaunen gab er mir Recht. Vor ein paar Wochen hatte er Sex mit seiner Exfreundin gehabt, obwohl er das für falsch hielt, denn er hatte sich von ihr getrennt, weil er keine feste Bindung eingehen konnte. Aber es kam noch mehr dazu. Am Abend vor dem Traum hatte die Exfreundin angerufen und ihm, nicht ohne eine gewisse sarkastische Wut, gesagt: «Übrigens, falls du dir Sorgen machst, ich bin nicht schwanger.» So erfuhr ich, dass die beiden kein Verhütungsmittel benutzt hatten – nach Ansicht des Patienten – und auch meiner – ein «extrem unverantwortliches Verhalten», ein weiterer «unkoscherer» Aspekt ihrer Liebesbeziehung. Der Vorfall war umso erstaunlicher, als so etwas in den zweieinhalb Jahren, die sie zusammen gewesen waren, nie vorgekommen war.

«Lassen Sie mich sehen, ob ich Sie richtig verstanden habe», sagte ich zu dem Patienten. «Sie trennen sich von Ihrer Freundin, weil die Sie bedrängt und Sie Platz brauchen, aber dann treffen Sie sich nicht nur mit ihr, gehen nicht nur mit ihr ins Bett, sondern versuchen auch noch, sie zu schwängern, damit Sie ein Kind mit ihr bekommen?» Zuerst protestierte der Patient, aber dann wurde ihm klar, dass er unbewusst das gemacht hatte, was er immer mit Frauen machte, angefangen mit seiner Mutter – er brachte sie dazu, dass sie von ihm abhängig wurden und ihn brauchten, damit er nicht loslassen musste, oder genauer, damit er wütend darauf pochen konnte, endlich befreit zu werden, ohne zu wissen, dass es eigentlich seine eigene Abhängigkeit war, die ihn zurückhielt.

Die Dimension der Wut im Trennungskampf des Patienten kristallisierte sich noch deutlicher heraus, als er mir von den näheren Umständen der «unkoscheren» sexuellen Begegnung mit seiner Freundin erzählte. Anscheinend besaß sie noch immer die Schlüssel zu seiner Wohnung und hatte sich in dieser Nacht, ziemlich lange nach der üblichen Schlafenszeit des Patienten, unangemeldet hereingeschlichen – angeblich, um etwas abzuholen, was sie vergessen hatte. Der Patient war noch wach, aber bereits ausgezogen. So führte dann eins zum anderen.

«Vermutlich war schon so etwas wie Wut im Spiel, als ich sie gebumst habe», erinnerte sich der Patient jetzt. «Als wollte ich ihr sagen: ‹Wenn du meinst, du kannst einfach in mein Leben reinplatzen und so intim mit mir sein, dann nimm das hier – nimm das, denn darum geht es in der Intimität wirklich.›» Plötzlich musste ich an einen Jungen in Unterwäsche denken, der sich wütend vorstellt, wie er seiner Mutter, die gerade einfach in sein Zimmer geplatzt ist, zeigt, dass er kein kleiner Junge mehr ist. Außerdem rückte diese Erklärung den Anruf der Freundin in ein ganz anderes Licht, zumindest die Interpretation des Patienten in seinem Traum. Wenn er dadurch, dass er ohne Kondom mit ihr schlief, sagen wollte: «Ich kann dir zeigen, dass ich ein Mann bin, indem ich dir ein Baby mache», dann sagte sie, als sie ihn beruhigte, sie sei nicht schwanger: «Ätsch, du kannst es doch nicht – dein Schwanz ist abgeschnitten!»

Ein anderes Beispiel ist das eines Schauspielers Ende dreißig, der wegen eines sexuellen Problems zu mir kam. Dieser Mann war sehr in seine Freundin verliebt. Er beschrieb sie als klug, temperamentvoll und attraktiv und war eigentlich mehr als bereit, ihr einen Heiratsantrag zu machen. Sein Problem lag nun darin, dass er sich beim Sex dazu gezwungen fühlte, seiner Freundin zu verbieten, zu sprechen, Geräusche von sich zu geben oder sich abrupt zu bewegen. Seine Erklärung dafür lautete, dass er, wenn sie zu leidenschaftlich wurde, seine Konzentration und seine Erektion verliere. Als wir diesem Phänomen in der Therapie nachgingen, stellte sich Folgendes heraus: Um sexuell erregt zu werden, musste seine Freundin unterwürfig und «kleiner» sein als er, damit er sich «groß» und obenauf fühlen konnte. Aber je mehr Zurückhaltung er von ihr verlangte, desto frustrierter, bedürftiger und wütender fühlte sie sich, bis sie beim Sex schließlich förmlich in eine Explosion emotionaler Forderungen ausbrach, woraufhin er seine Erektion vollständig und unwiderruflich verlor. Indem er ihr also verordnete zu schrumpfen, brachte er sie dazu, zu expandieren; indem er von ihr erwartete, ein braves Mädchen zu sein, verwandelte er sie in eine schwierige, hysterische Frau.

Auch bei diesem Fall war die «Kur» keine sexuelle Technik, sondern der Patient musste die nichtsexuellen Entsprechungen des Problems finden und definieren. Das war nicht sehr schwierig. Kurz vor der Verlobung diskutiere das Paar beispielsweise darüber, wann sie ein Baby haben und wo sie wohnen wollten. Aber auch bei diesen Gesprächen brachte der Patient seine Freundin wie im Bett dazu, emotional und anspruchsvoll zu werden, eine Art Mutter. Als sie über das Baby redeten, sagte er zum Beispiel: «Warum warten wir nicht lieber ein paar Jahre, dann haben wir uns schon ein bisschen eingewöhnt und so», was die Freundin, die gerade zweiunddreißig geworden war, interpretierte als: Vielleicht ist er sich doch nicht ganz sicher über die Beziehung mit mir und spielt auf Zeit. Deshalb war es nur verständlich, dass sie antwortete: «Nein! Ich werde nicht warten und das Risiko eingehen, Probleme mit meiner Fruchtbarkeit zu kriegen. Wenn du dich nicht binden willst, dann sollten wir die ganze Sache vielleicht einfach vergessen.» Bei der Frage des Wohnsitzes verhielt er sich ähnlich: «Warum bleiben wir nicht so lange wie möglich in der Stadt wohnen – es ist doch so praktisch. Außerdem finde ich Vorstädte tödlich!», was sie verstand als: Vielleicht will er sich doch noch nicht auf eine Frau festlegen, und deshalb erwiderte: «Na ja, wenn du doch noch keine Familie möchtest, dann sag es lieber gleich, denn ich möchte unbedingt Kinder, ein Haus und einen Hund – so bin ich aufgewachsen, und das wünsche ich mir auch für mich!»

Dadurch, dass ich mit ihm an seiner nichtsexuellen Ambivalenz arbeitete – seinem Wunsch, gleichzeitig mit und ohne eine Frau zu sein, die seiner Mutter glich –, schaffte ich es schließlich, dem Patienten begreiflich zu machen, dass er in seiner Kommunikation seine Freundin unwissentlich dazu trainierte, seine Mutter zu werden, und dass seine Impotenz vom Erfolg dieses Trainingsprogramms verursacht wurde. Als der Patient das erkannte, konnte er damit aufhören, in allem seine Mutter zu sehen, und stattdessen seine Freundin wahrnehmen, wie sie war – unter anderem so sinnlich und erregend wie zu Anfang ihrer Beziehung.

Im vierten Kapitel habe ich die Impotenz als essentielle Metapher des Konflikts der männlichen Unsicherheit beschrieben. «Ich muss meine Arbeit tun – aber ich habe es satt, immer stark zu sein», das bringt der geplagte Mann mit seinem Symptom zum Ausdruck. Aber natürlich ist für viele Männer Impotenz nicht nur eine Metapher, sondern ein schmerzlich reales Problem. Was sollen sie tun, außer zur Therapie zu kommen? Wieder einmal geht es darum, die nichtsexuelle Entsprechung zu finden. Eine Technik, die in zahlreichen Variationen von vielen Sexualtherapeuten populär gemacht wurde und die ich auch bei meinen Patienten einsetze, beginnt im sexuellen oder physischen Bereich, bleibt für gewöhnlich aber nicht dort verhaftet. Ohne näher auf die eigentliche Technik einzugehen – sie ist in zahlreichen Büchern über sexuelle Bewusstheit zu finden –, ist die grundlegende Idee, mit Berührungsübungen zu beginnen, die ausdrücklich nichtsexueller Natur sind und den Geschlechtsakt strikt ausschließen, und ganz langsam zu sexuelleren Berührungen überzugehen. Irgendwann kommt es bei den Übungen dann zum Verkehr, zuerst, indem sich die Frau den Penis einführt und oben liegt.

Wenn Paare dieses Training durchführen, passieren oft recht unerwartete Dinge. Beispielsweise bekommt der Mann fast unweigerlich gleich zu Anfang eine Erektion. Dafür gibt es zwei Gründe, beide nichtsexueller Natur: (1) Es besteht kein Leistungsdruck und (2) fehlt die negative Seite der männlichen Ambivalenz, das heißt, seine Angst, sich in einer Frau zu verlieren, weil es ja verboten ist, miteinander zu schlafen. Also kann er sich erlauben, die positive Seite des Konflikts zu erfahren – seinen Wunsch, sich in einer Frau zu verlieren. Wenn der Therapeut bei der Diskussion dieser Übungen vom schmalen körperlichen Pfad abweicht, kann er fast immer die nichtsexuellen Entsprechungen finden. Was den sexuellen Leistungsdruck angeht, so wird er meist durch beruflichen Druck ausgelöst. Der Schauspieler, der eine schlechte Kritik bekommt, der Anwalt, der einen wichtigen Fall verliert, der Arzt, dem die Patienten davonlaufen, der Geschäftsmann, dem ein Termingeschäft durch die Lappen geht – das alles sind gute Beispiele. Und hinsichtlich der Ambivalenz haben wir an obigen Fällen gesehen, dass ein Mann sich oft abhängig oder von einer Frau verschlungen fühlt und verzweifelt versucht, sich von ihr zu lösen – was sich entweder in der Realität oder als Überrest einer früheren wichtigen Beziehung auch nur in seinem Kopf abspielen kann.

Das zweite Interessante passiert nicht selten am Ende einer erfolgreichen Übungsserie, wenn der Mann sich bereit fühlt, mit seiner Frau zu schlafen: In diesem Moment bekommt die Frau die legendären Kopfschmerzen. Ausgerechnet in diesem Moment verliert die Frau das Interesse am Sex. Vielleicht ist sie auch anderweitig beschäftigt oder unterminiert unbewusst die Aussicht auf Geschlechtsverkehr. Wenn dies geschieht, ist es eine Bestätigung dafür, dass selbst in dieser sehr individuellen Männerdomäne die unsichtbare Hand der Frau am Werk ist – wie ein arabisches Sprichwort sagt: Mit einer Hand kann man nicht klatschen.

Zwar kann einiges davon in der Therapie gelöst werden, aber die beiden nichtsexuellen Themen von Leistungsangst und Ambivalenz haben wichtige praktische Auswirkungen für ein Paar mit Erektionsproblemen. Erstens kann es im Schlafzimmer eher von Nutzen sein, über die Leistung des Mannes am Arbeitsplatz zu sprechen und ihn darin zu unterstützen oder auch seinen Wert als Mann ungeachtet seiner Arbeitsleistung zur Sprache zu bringen, statt über das sexuelle Problem an sich zu diskutieren. Zweitens – und das gilt vor allem, wenn das Problem hartnäckig bestehen bleibt – ist es klug von der Frau, nachzuforschen, ob vielleicht auch sie selbst der Sexualität ambivalent gegenübersteht. Möglicherweise hat sie einen eigenen Konflikt weiblicher Unsicherheit, der sich darin zeigt, dass sie Sex genau dann vermeidet, wenn der Mann dazu bereit wäre. Vielleicht möchte sie beispielsweise mit einem mächtigen, erfolgreichen Mann verheiratet sein, der die Familie ernährt, damit sie sich sicher fühlt, wünscht sich aber gleichzeitig, dass er sich ihr in allen Fragen um Familie und Haushalt unterordnet. Dies mag im Alltag funktionieren, zumindest dann, wenn der Mann ebenfalls mit diesem Arrangement einverstanden ist. Aber in der nackten Realität des Schlafzimmers können die Partner diese getrennten Einflussbereiche wahrscheinlich nicht mehr aufrechterhalten – körperlich ist der Mann wahrscheinlich größer, stärker und härter. Impotenz kann entstehen, wenn die Frau sich den Mann sowohl stark als auch schwach wünscht, also beide Seiten des Konflikts fühlt – den Wunsch nach männlicher Stärke und den Wunsch, der männlichen Schwäche überlegen zu sein.

Mit anderen Worten: Wenn Ihr Mann Erektionsprobleme hat, sollten Sie sich fragen, ob Ihnen die Impotenz in irgendeinem Sinne vielleicht ganz recht ist. Paradoxerweise kann diese Erkenntnis den Druck von ihm nehmen und zu einer Spontanheilung der Impotenz führen. Letzten Endes jedoch müssen Sie, vor allem bei hartnäckigen Erektionsproblemen, beide daran arbeiten, die nichtsexuellen Aspekte der maskulin-femininen Spaltung zu integrieren.

Das andere weit verbreitete männliche Sexualproblem, das sich durch das Prisma der männlichen Unsicherheit betrachten lässt, ist das der vorzeitigen Ejakulation. Viele Männer lernen schon ziemlich früh in ihrer sexuellen Entwicklung, möglichst rasch zu ejakulieren. «Beispielsweise findet Masturbation bei Jugendlichen heimlich und im Verborgenen statt, immer verbunden mit Schuldgefühlen und der Angst, entdeckt zu werden», schreibt der Sexualtherapeut Barry McCarthy. «Aus diesem Grund versuchen die meisten Jungen, so schnell wie möglich zum Orgasmus zu kommen. Beim so genannten Kreiswichsen, bei dem eine Gruppe Pubertierender gemeinsam masturbiert, ist der Gewinner – also der Männlichste – derjenige, der am schnellsten und weitesten ejakuliert.» Wie McCarthy weiter ausführt, überträgt sich dieser «Drang zur schnellen Leistung» oft auf den ersten Geschlechtsverkehr, der häufig hastig, ungeplant oder unter Zeitdruck und Entdeckungsgefahr stattfindet. Doch statt dass dieser Drang als nebensächlich empfunden wird, wird er verstärkt durch den Wunsch des jungen Mannes, sich sexuell zu beweisen, ein Wunsch, der oft genug das Bedürfnis nach einem angenehmen oder gar emotional erfüllenden sexuellen Erlebnis in den Schatten stellt.

Wenn man Sex hat, beweist das an sich natürlich gar nichts, und deshalb haben die meisten Männer das Gefühl, sie müssten sich immer wieder selbst beweisen. Ironischerweise ist die Ejakulation umso schneller, je größer der Drang zur Leistung wird, und desto bitterer ist natürlich auch das Gefühl, versagt zu haben. Psychologisch betrachtet ist für den Mann, der zu vorzeitiger Ejakulation neigt, der Orgasmus sozusagen eine Abkürzung zur Männlichkeit – «Warum soll ich meine Zeit damit verschwenden, ein Junge zu sein», sagt sein Unbewusstes, wenn er erregt ist. Genau darum geht es bei den nichtsexuellen Entsprechungen der vorzeitigen Ejakulation. Tatsächlich scheinen wir in einer Kultur der vorzeitigen Ejakulation zu leben – einer Kultur der unmittelbaren Wunschbefriedigung oder einer, in der das Vergnügen der Gegenwart einem ultimativen Zukunftsziel geopfert wird – und es ist leicht zu erkennen, wo sich diese Entsprechungen befinden. Vielleicht ist die beste Analogie zur schnellen Ejakulation der erfolglose Unternehmer, der aus seinen Geschäftsideen Luftschlösser baut, Seifenblasen, die gerade dann platzen, wenn sie gerade Wirklichkeit zu werden scheinen. Oder vielleicht auch der junge Mann, der gerade seinen Abschluss in Wirtschaftswissenschaft oder Jura in der Tasche hat und einen Job mit einem Anfangsgehalt von 150 000 Dollar antritt – beide kommen rasch vorwärts. Oder vielleicht ist es das kleine Computergenie, das mit der Geschwindigkeit der Informationsrevolution und der Börse zu Ruhm und Reichtum katapultiert wird. Obgleich es sich in der Realität bei diesen Beispielen in unserer Gesellschaft um statistische Ausnahmen handelt, versinnbildlichen sie doch den Wunsch der Männer, den Prozess der Entwicklung vom Jungen zum Mann zu umgehen oder zumindest abzukürzen. Tatsächlich ist die Alltagssprache der Männer voll von Ausdrücken, in denen das schnelle Erreichen eines Ziels mit Männlichkeit gleichgesetzt wird: «durchstarten», «den großen Treffer landen», «den Gipfel stürmen», «die Zielgerade erreichen» und so weiter.

In Anbetracht dessen ist es wenig überraschend, dass viele Männer damit zu kämpfen haben, wie sie den Geschlechtsakt verlängern, und dass sie es auf typisch männliche, nüchterne Art tun. Ob aus Rücksicht auf ihre Partnerin oder weil sie den Geschlechtsakt selbst als den Gipfel der sexuellen Lust ansehen, versuchen sie, ihre Erregung zu erhalten, indem sie ihre Gedanken auf unangenehme Themen wie Steuern, Schwiegereltern oder Chefs lenken. Ein Patient, der selbst Arzt war, sagte mir, er versuche die Intensität seiner Erregung vor dem Orgasmus dadurch zu lindern, dass er sich einen seiner Patienten vorstellte – einen dicken Mann, der sich während einer Untersuchung in der Nase bohrte und dann den Finger in den Mund steckte. Solche Techniken, wie auch, sich auf die Zunge zu beißen oder sich zu zwicken, bringen zwar manchmal die erhoffte Wirkung, fordern aber eindeutig ihren Preis. Wie jeder Sexualtherapeut Ihnen versichern wird, gibt es glücklicherweise eine bessere Technik. In gewisser Hinsicht beruht sie auf dem Gegenteil, denn sie konzentriert sich auf das Vergnügen, nicht auf den Schmerz. Sie basiert auf der Tatsache, dass wir uns immer nur auf eine Sache gleichzeitig konzentrieren können. Statt dass wir nun unsere Gedanken mit unangenehmen oder gar völlig abwegigen Dingen beschäftigen, sollen wir uns ausschließlich auf die Gefühle beim Geschlechtsverkehr konzentrieren, um diesen zu verlängern. Je mehr das ein Mann tut, desto weniger dringlich ist das Verlangen nach einem Orgasmus. Wie McCarthy es ausdrückt: «Der Unterschied bei diesem Ansatz ist vergleichbar mit dem zwischen einem Sprinter, der sich anstrengt, endlich die Ziellinie zu erreichen, und einem Menschen, der entspannt durch eine wunderschöne, faszinierende Landschaft schlendert und alle seine Sinne darauf abstellt, so viel wie möglich von dieser Erfahrung in sich aufzunehmen.»

Wie diese Analogie zeigt, kann die sexuelle Technik zur Behandlung der vorzeitigen Ejakulation – auf deren Einzelheiten ich wiederum nicht eingehe – leicht auch auf nichtsexuelle Techniken im Alltag angewandt werden. Das Leben verlangsamen, den Prozess zu genießen, den Augenblick, die Reise, die Aussicht, die

Kinder, die Dusche, die Sonne, im Gegensatz dazu, die gegenwärtigen Erfahrungen dem Zweck zu unterwerfen, irgendein Ziel zu erreichen, all das sind nichtsexuelle Methoden, den Geschlechtsakt zu verlängern und intensiver zu genießen. Da Frauen oft weniger dazu neigen, das Leben als Wettlauf zu sehen, können sie eine wichtige Vorbildfunktion für ihren Mann spielen und ihm demonstrieren, dass die einzige Ziellinie im Leben der Tod ist. Oder wie es der gefeierte Geldmanager Peter Lynch ausgedrückt hat, als er in einem Interview seinen frühzeitigen Ruhestand erklärte: «Ich habe nie von jemandem gehört, der auf dem Totenbett gesagt hat, er wünschte, er hätte mehr Zeit im Büro verbracht.» Aber wenn eine Frau versucht, ihren Mann dahin gehend zu beeinflussen, dass er den Augenblick mehr auszukosten lernt, darf sie nie fordernd auftreten. Statt mehr Zeit mit ihrem Mann zu verlangen, ist sie besser beraten, wenn sie ihm – in Taten, nicht in Worten – den «Wert» freier oder intimer Zeit demonstriert, indem sie diese selbst genießt, mit ihrem Mann oder allein.

Wenn wir nun in Betracht ziehen, dass es keine Abkürzungen zur Männlichkeit gibt, sehen wir, dass ein Mann, der mit der vorzeitigen Ejakulation Probleme hat, ähnlich wie der impotente Mann immer ein Mensch ist, der Schwierigkeiten hat, Leistung zu erbringen. Stellvertretend für all ihre Brüder, ob sie nun kleine Jungen oder sogar Mädchen bleiben möchten, verkünden Männer mit sexuellen Funktionsstörungen unbewusst: «Wir haben es satt, immer stark zu sein.» Wie wir im vierten Kapitel gesehen haben, wirft die Idee, dass Männer ihre weiblichen Bedürfnisse akzeptieren lernen, auch die Frage auf, welche Verbindung zwischen der männlichen Unsicherheit und der Homosexualität besteht. Beispielsweise sind viele Männer schockiert, wenn sie merken, dass in manchen erotischen Träumen die Frau, mit der sie zusammen sind, einen Penis hat. Signalisiert diese Art Traum einen unbewussten homosexuellen Wunsch oder eher eine weibliche Identifikation, also das Bedürfnis, umsorgt zu werden, passiv oder empfangend? Nun, abhängig vom Individuum kann das eine oder das andere zutreffen, manchmal auch beides. Natürlich entdecken viele Männer in der Therapie ihre unterdrückte Homosexualität und satteln auf einen aktiven schwulen Lebensstil um. Aber für andere sind homosexuelle Fantasien eine Fluchtmöglichkeit vor dem Druck der Männlichkeit. Obgleich es einen Zusammenhang zu geben scheint zwischen Geschlechtsidentifikation und Homosexualität, weiß letztlich niemand etwas Endgültiges darüber. Zum einen können sowohl schwule als auch heterosexuelle Männer mehr oder weniger weiblich identifiziert sein. Dennoch zieht der schwule Psychoanalytiker Richard Isay eine wichtige Grenzlinie zwischen «defensiver» und echter Homosexualität.[21]

Mein eigenes Verständnis dieser Grenze lässt sich am besten anhand des Falls eines Patienten illustrieren, der heterosexuell war, im Traum aber einmal Analsex mit einem jüngeren Mann praktizierte. Der Patient kam zu mir in Behandlung, weil er an seiner Beziehung mit seiner Verlobten zweifelte und zu viel Alkohol konsumierte. Als der Hochzeitstermin näher rückte, fühlte er sich immer weniger zu seiner Verlobten hingezogen. So hätte man den Traum – den er in der Anfangsphase seiner Therapie hatte – als Signal deuten können, dass er mit dem falschen Sexualpartner zusammen war. Meiner Erfahrung nach hätte man diese Deutung leicht mit dem Alkoholmissbrauch untermauern können – vor dem Coming-out versuchen manche schwule Männer, ihre sexuelle Orientierung im Nebel von Alkohol und/oder Marihuana verschwinden zu lassen.

Doch die Besonderheiten dieses Falles deuteten in eine andere Richtung. Zuerst einmal war der Traum eindeutig eine Reaktion auf eine bestimmte Situation. An diesem Tag hatte der Patient seiner Verlobten nämlich gesagt, er wollte am Samstagabend mit einem Freund ausgehen, den er lange nicht mehr gesehen hatte. Die Verlobte nahm ihm das übel und meinte, er verbringe sowieso viel zu wenig Zeit mit ihr. Daraufhin fühlte sich der Patient bedrängt und wütend und die beiden stritten sich. In diesem Licht kann man den Traum als Befreiungsversuch ansehen, als wollte der Mann seiner Verlobten sagen: «Ich werde nicht nur mit meinem Freund ausgehen, sondern wenn ich will, kann ich auch noch Sex mit ihm haben.» Alternativ könnte man den Traum auch so auslegen, dass der Patient aufgrund der Forderung nach mehr Intimität mit einer Frau das Gefühl hatte, er müsse sich näher an einen Mann anschließen – um seine Männlichkeit zu bestätigen. Interessanterweise scheinen in Anbetracht der Familienkonstellation sogar beide Interpretationen von Bedeutung zu sein. Erstens war der Patient immer wütend auf seine überbehütende und erdrückende Mutter. Aber zweitens hungerte er ständig nach der maskulinen Bindung zu seinem Vater, einem zerstreuten, egozentrischen Wissenschaftler, und auch zu seinem jüngeren Bruder (dem jungen Mann in seinem Traum?), einem ehrgeizigen Jurastudenten, der sich von seiner Karriere auffressen ließ.

Neben diesen Argumenten sprechen noch andere vielleicht offensichtlichere Umstände gegen eine rein homosexuelle Interpretation des Traums. Nicht nur bestritt der Patient, sich jemals zu Männern hingezogen gefühlt zu haben, er erinnerte sich auch nicht, in dem Traum das geringste sexuelle Vergnügen empfunden zu haben. Beachtenswert ist auch, dass er ohne große Vorbehalte bereit war, seine potentielle Homosexualität zu erforschen – im Gespräch über seinen Traum zeigte er weder Angst, noch wurde er defensiv. Einer seiner engsten Freunde war schwul und sie hatten offen über die Tatsache gesprochen, dass der Patient sich von ihrer Beziehung weder verführt noch bedroht fühlte. Für den Patienten war es also kein *homo*sexuelles Ding, bei einem Mann obenauf zu liegen. Auf seltsame Weise war es eher eine sehr *hetero*sexuelle Sache: der Beweis, dass er auch bei einer Frau obenauf sein konnte – seiner Verlobten nämlich. Wenn man aus einem Ringkampf mit einem Mann siegreich hervorgeht, braucht man vor einer Frau keine Angst zu haben, wie sicher viele Männer bestätigen würden.[22]

Man sagt, dass neunzig Prozent aller Männer masturbieren und dass die zehn Prozent, die behaupten, es nicht zu tun, lügen. Ich weiß nicht, wie die Statistiken von männlicher Masturbation im Vergleich zu weiblicher aussehen, aber anekdotisch gesehen reden sie auf jeden Fall mehr darüber – zumindest in der Therapie. Man kann sich kaum eine bessere sexuelle Illustration für die Selbstbezogenheit der Männer vorstellen als ihre Obsession hinsichtlich dieser autoerotischen Praxis. Während die meisten Männer nach der Pubertät eigentlich nicht mehr über Masturbation reden, machen sie es in der Therapie häufig zum Gesprächsthema Nummer eins, denn da fürchten sie sich nicht so sehr davor, verurteilt zu werden.

Selbst wenn es sie nicht dazu bringt, damit aufzuhören, haben die meisten Männer ein schlechtes Gewissen und schämen sich, wenn sie masturbieren. Vielleicht basiert diese konkrete Scham auf der Vorstellung, eine solche Sexualpraktik wäre unreif, oder auch auf den «verbotenen» Inhalten der damit verbundenen sexuellen Fantasien. Damit Sie nicht meinen, ich denke, Männer *sollten* sich schlecht fühlen, wenn sie masturbieren, rufen wir uns kurz in Erinnerung, was ich im fünften Kapitel gesagt habe, nämlich, dass Selbstbezogenheit bis zu einem gewissen Grad nicht nur positiv, sondern notwendig ist. Ob allein oder beim sexuellen Kontakt mit Ihrem Partner, ist es ganz gewiss immer gut, für die Befriedigung der eigenen sexuellen Bedürfnisse zu sorgen. Wie es aussieht, können Frauen hier noch viel von den Männern lernen.

Im Lauf der Jahre haben viele Frauen in meinem Sprechzimmer den Wunsch geäußert, die Masturbation für sich zu erforschen. Und das, nachdem die sexuelle Revolution uns doch allen klar gemacht hat, dass Frauen ebenso sexuelle Wesen sind wie Männer! Sicher ist diese Erkenntnis nicht falsch, aber anscheinend erfahren sie Sexualität anders. Die Sache ist nur, dass ich noch nie einem Mann begegnet bin, der nicht wusste, wie man masturbiert. Vermutlich ist das der simplen – manche sagen primitiven – Natur der männlichen Anatomie zuzuschreiben, aber auch der historischen Kultur, in der die männliche Selbstbezogenheit gefördert und verstärkt wird. Im Gegensatz dazu ging es in der historischen Entwicklung der Frauen zumindest bis vor kurzem nicht um Selbsterforschung, sondern eher um das Spiel hinter den Kulissen, um die unterstützende, erleichternde oder manipulative Rolle, immer in *Beziehung* zu der Rolle der Männer, die sich im Rampenlicht bewegten.

Zwar steht die Erfüllung der eigenen Bedürfnisse, seien sie sexuell oder nichtsexuell, im Zentrum des Narzissmus, aber die zwischenmenschlichen Auswirkungen des Narzissmus entstehen aus seiner defensiven Natur – dem überkompensierenden Wunsch, sich dadurch zu befriedigen, dass man andere beeindruckt. Als ich zum ersten Mal mit meiner Frau ausging – ich war damals achtundzwanzig –, war ich natürlich furchtbar nervös und glaubte, wie viele andere Männer auch, ich müsste sie beeindrucken. Also kamen, sobald ich sie gefragt hatte, was sie machen wollte, und bevor sie eine Chance gehabt hätte, mir zu antworten, folgende Worte aus meinem Mund: «Weißt du, man sagt, Frühstück steht für Freundschaft, Lunch steht fürs Geschäft. Und Dinner steht für Sex – was möchtest du am liebsten?» Ohne Zögern antwortete sie: «Wie wär's mit einem Snack am Nachmittag?»

Nun scheint es mir rückblickend, als wäre neben meinem mehr oder minder bewussten Bedürfnis, meine Unsicherheit mit diesem etwas fragwürdigen Bonmot zu übertünchen, noch eine andere, weniger bewusste Dynamik am Werk gewesen. Indem ich unter den anderen Optionen auch auf die Möglichkeit einer romantischen Beziehung hinwies, signalisierte ich meine Absichten und sondierte die Reaktion. Übrigens war diese Reaktion meiner Frau perfekt, denn sie ließ die Möglichkeit offen, ohne eine Garantie zu geben – eine überaus kluge Kombination bei einer Verabredung mit einem selbstbezogenen Mann. Je narzisstischer ein Mann, desto mehr sollte eine Frau den T-Shirt-Spruch beherzigen: «I'm not *playing* hard to get» (Ich tu nicht nur so, ich bin wirklich schwer rumzukriegen).

Selbst wenn Männer sich von der Autoerotik abwenden und andere Menschen in ihre Sexualität mit einbeziehen, klammern sie sich weiter an ihre Selbstbezogenheit. Bei Verabredungen taxieren sie die Bedrohung, die von einer unabhängigen Frau ausgeht – am besten ist eine, die sie nicht mit offener Emotionalität erschreckt und doch eine gewisse Herausforderung darstellt. Einerseits darf die Herausforderung nicht zu groß sein, denn man muss ihr ja gewachsen sein, damit man sich nicht als Versager zu fühlen braucht, andererseits darf sie aber auch nicht zu gering sein, denn sonst sind die Lorbeeren der Eroberung womöglich wertlos.

Unglücklicherweise legen viele Männer nicht einmal nach einer erfolgreichen Eroberung ihre sexuelle Selbstbezogenheit ab. Dies war in früheren Zeiten nur allzu offensichtlich: Frauen sollten keinen Spaß an Sex haben und Männer brauchten sich nur um die Befriedigung ihrer eigenen Bedürfnisse zu kümmern. Aber diese Haltung ist auch in neuerer Zeit noch allgegenwärtig in der Gestalt des Anti-Narzissten, der hart an seiner Sexualtechnik arbeitet, damit er seiner Partnerin multiple Orgasmen und andere ungeahnte sexuelle Höhenflüge verschafft. Vielleicht genießt die Partnerin eines solchen Mannes den Sex tatsächlich, aber sie findet ihn mit einiger Wahrscheinlichkeit emotional leer, weil das sexuelle Geben motiviert wird durch das selbstbezogene Ziel, die eigene sexuelle Performanz zu perfektionieren, um sich als Mann gut zu fühlen. Natürlich ist nichts daran auszusetzen, sich als Mann gut zu fühlen, und solange es nicht zum obersten Ziel der sexuellen Begegnung ist, wird die Frau solche Gefühle wahrscheinlich auch gern bestärken.

Das Problem ist nur, dass Männer das von Frauen nicht erwarten. Wie ich bereits erklärt habe, werden in ihrer frühen Beziehung zur Mutter nicht Gefühle der Männlichkeit unterstützt, sondern eher gegenteilige Empfindungen, nämlich die, wie ein Mädchen zu sein. Deshalb haben Männer manchmal das Gefühl, sie müssten ihre Männlichkeit präventiv einer Frau aufzwingen und ständig demonstrieren. In meiner Praxis habe ich die Erfahrung gemacht, dass viele selbstbezogene Männer sich als Kind vor anderen körperlich entblößt haben. In der Rekonstruktion der

Vergangenheit scheint es, dass diese Patienten in der frühen Kindheit – etwa zwischen vier und acht Jahren – versucht haben, ihr Selbstwertgefühl dadurch zu festigen, dass sie anderen Kindern ihren Penis zeigten. Oft waren sie hinsichtlich ihrer Geschlechtsidentifikation unsicher, weil eine narzisstische Mutter sie wie ein Mädchen behandelte, oder genauer, wie eine hübsche, sanfte und idealisierte Erweiterung ihrer eigenen Person.

In den meisten Fällen verschwindet diese Form des Exhibitionismus nach der Kindheit ganz von selbst. Aber sie hinterlässt oft eine ganze Reihe nichtsexueller Spuren: das Bedürfnis nach Bewunderung, eine Vorliebe für Bodybuilding und Nacktbaden, den Wunsch, mit Reichtum zu protzen oder sich kreativ hervorzutun, beispielsweise, indem man seine Memoiren schreibt oder Selbstporträts malt. Einer meiner Patienten war ein äußerst talentierter, afroamerikanischer Filmstudent. Gut gekleidet, modern und sehr sanft, drehte er einen kurzen autobiografischen Film über seine Kindheit in Harlem, während der er von seinem großen Bruder ständig verprügelt worden war. Wie ich das bei künstlerisch veranlagten Patienten oft tue, schlug ich vor, er solle mir das Skript mitbringen. Ich erklärte ihm, ich würde es wie einen Traum behandeln – also als seine mentale Schöpfung analysieren. Aber statt mit dem Skript erschien der Patient mit einer Kopie des Films, den ich mir dann zu Hause anschaute. Es war ein erstaunlich mitreißender Film – visuell ebenso wie emotional. Ich war danach richtig aufgeregt, tief beeindruckt und stolz, dass dieser Mann mein Patient war. Ich wollte sein Talent feiern, so sehr, dass es mir bei der Diskussion mit ihm schwer fiel, zwischen objektiver Analyse und subjektivem Lob zu unterscheiden.

Zuerst rationalisierte ich mein Gefühl, indem ich mir sagte, dass es gut war, das Talent eines Patienten anzuerkennen – was ich auch jetzt noch richtig finde. Aber als der Patient mir auch weiterhin seine Arbeiten vorführen wollte, begann ich mich unwohl zu fühlen. Anscheinend war ich nicht mehr mit einem Patienten zusammen, dessen Aufgabe darin bestand, mir dabei zu helfen, ihn kennen zu lernen, sondern eher mit einer Berühmtheit, die von mir beachtet und bewundert werden wollte. In seinen sexuellen Fantasien gab es hierzu eine Parallele: Er stellte sich oft eine Art Krankenschwester vor, die ihn nackt in ihrem Bett vorfand und dort seinen Körper «entdeckte» und bewunderte.

Aber ich begriff immer noch nicht ganz, was passierte, bis der Patient, der außerdem noch zeichnete und fotografierte, mir anbot, ein paar von seinen Zeichnungen mitzubringen, «eine Serie erotischer Selbstporträts». Offenbar wollte der Patient mich «verführen», letztlich, damit ich als bewundernder Spiegel für seine Männlichkeit diente. Obgleich es mich durchaus lockte, mir die Bilder anzusehen – er war wirklich sehr talentiert –, lehnte ich ab, weil ich das Gefühl bekam, dass die Situation etwas Pornografisches an sich hatte. In der nächsten Sitzung erzählte mir der Patient – der übrigens weder schwul noch bisexuell war –, dass er als Teenager aufs Fensterbrett masturbiert hatte, deutlich sichtbar für die Nachbarin, eine ältere Frau, ein Muttertyp, die sich im Gegensatz zu mir nicht weigerte zuzuschauen.

Es mag nur begrenzt Sinn haben, diese symbolische narzisstische Verführung des Therapeuten zu verallgemeinern – wo keine sexuelle Erregung im Spiel war – und von ihr auf reale körperliche Beziehungen zu schließen. Dennoch ist die Dynamik ähnlich. Wenn der narzisstische Mann einer Frau nachstellt, ist er nicht daran interessiert, wer die andere Person wirklich ist, sondern daran, ob sie ihn glaubhaft bewundern kann. Ironischerweise ist in diesem Fall das Geschlecht oder die sexuelle Orientierung des Therapeuten unerheblich. Auf ähnliche Weise ist auch die Persönlichkeit der Frau, die der selbstbezogene Mann verführt, und sogar ihre körperliche Attraktivität letztlich irrelevant. Doch eine Frau merkt das vielleicht erst sehr spät, weil sie bereits der Faszination erlegen ist, die von den außergewöhnlichen Gedanken des Mannes ausgeht, von seinem Talent, seinem Körper, seiner Kreativität oder was auch immer. Vielleicht verwechselt sie seine Offenheit mit Großzügigkeit, seine sexuelle Präsenz mit einem Geschenk, statt das alles als das zu nehmen, was es ist – eine Selbstdarstellung, durch die der Mann sich bewundern lässt.

Diese körperliche narzisstische Großzügigkeit ist wahrscheinlich eher feminin als maskulin, denn in unserer Gesellschaft werden Frauen eher dazu ermuntert, sich auf ihren Körper zu konzentrieren und ihn zu zeigen. Aber heutzutage tun immer mehr Männer das Gleiche. Ungeachtet des Geschlechts ist jedoch die bittere Wahrheit, dass narzisstische Menschen, wenn sie nicht gerade außergewöhnlich unattraktiv sind – oder vielleicht selbst dann – oft ausgesprochen anziehend sind. Sexuell betrachtet kann dies seinen Grund darin haben, dass sie (1) mehr Zeit damit verbringen, ihren Körper zu verschönern und zu pflegen, dass sie (2) Selbstbewusstsein ausstrahlen, was sie begehrenswerter erscheinen lässt, und/oder dass sie (3) als Kind attraktiv waren und deshalb besondere Aufmerksamkeit genossen, wodurch sie gelernt haben, ihr Aussehen entsprechend einzusetzen. Aus diesen Gründen ist es nicht ungewöhnlich, dass ich, wenn ich mich in einer Sitzung sexuell erregt fühle – wieder einmal muss ich zugeben, ein Mensch zu sein –, zu dem Schluss komme, dass mir ein Narzisst gegenübersitzt. Vielleicht sollten wir alle hinterfragen, was uns eigentlich anzieht, vor allem wenn wir uns mitten in einer heftigen körperlichen Verführungssituation befinden. Wenn Sexualität und Sinnlichkeit idealisiert werden, kann es gut sein, dass unser Gegenüber bewundert, nicht als Person geliebt werden will.

Vermutlich entblößt sich statistisch gesehen nur ein sehr geringer Prozentsatz der Männer. Aber wie wir im fünften Kapitel gesehen haben, tun sie es auf viele verschiedene nichtsexuelle Arten. Ich habe einmal geträumt, dass meine Kinder mich im Büro anriefen, während ich in einer Sitzung war, um mich zu fragen, ob sie zum Lunch Erdnüsse essen könnten. Meine erste Assoziation war die nahe liegende: Am Tag davor hatte mir meine Frau erzählt, dass der Babysitter sie mitten in einer Therapiestunde angepiept hatte, um zu fragen, ob die Kinder zum Lunch Sandwiches mit Erdnussbutter und Marmelade essen könnten. Meine Frau erzählte mir ausführlich, wie sie am Telefon mit dem Babysitter darüber sprach und sich dabei bemühte, sich möglichst vage auszudrücken, damit der Patient nicht gezwungenermaßen irgendwelche Informationen anhören musste, auf die er gut hätte verzichten können. Angesichts dieser Assoziation war das Interessante an meinem Traum, dass ich im Gegensatz zu meiner Frau keinerlei Rücksicht auf meinen Patienten nahm. «Erdnüsse? Zum Lunch? Meinetwegen», sagte ich zu meinen Kindern am Telefon, direkt vor meinem Patienten, der amüsiert, aber auch irritiert reagierte, weil ich mitten in der Sitzung das Telefon beantwortete. Sonst fiel mir zu dem Traum zunächst nichts weiter ein. Doch eine Weile später hatte ich eine zweite Assoziation, die entscheidend war für meine Interpretation. Ein paar Tage zuvor war ich zu unseren Nachbarn gegangen, um mir ein Glas Erdnussbutter zu leihen, damit ich meinen Kindern Sandwiches machen konnte, und während ich im Wohnzimmer wartete, fiel mein Blick auf ein Buch über Sex, das auf dem Couchtisch lag. Als mir das einfiel, konnte ich dem Klischee nicht mehr widerstehen, dass «Peanuts» schrecklich ähnlich klang wie «Penis». Kurz gesagt demonstrierte ich in diesem Traum meinem Patienten den Beweis meiner Männlichkeit – meine Kinder und natürlich meine «Peanuts».

Dabei fällt mir ein Patient ein, ein junger, aggressiver Geschäftsmann, der von dem Gedanken besessen war, sein Penis sei nur so groß wie eine Erdnuss. Er bekam von einem Kunden Tickets für ein Spiel um die Baseballmeisterschaft geschenkt und lud seine Freundin, die er erst relativ kurz kannte, dazu ein. Aber die Freundin lehnte ab, mit der Begründung, sie mache sich nichts aus Baseball. Der Patient sagte nichts weiter dazu, aber er erzählte mir, dass er enttäuscht und wütend war. In der darauf folgenden Nacht träumte er, dass sein Penis aus seiner Hose hing und eine Frau ihn anfasste. «Sie war alles andere als gerade beeindruckt», meinte er und runzelte die Stirn. Dieser kurze Traum zeigt (1), dass das, was wie Großzügigkeit wirkt, eigentlich ein Versuch sein kann, den eigenen Selbstwert zu stärken, und (2) dass dieser Versuch ohne weiteres sexualisiert werden kann. Oder wie ich meinem Patienten erklärte: «Als Sie ihr das Ticket angeboten haben, wollten Sie ihr eigentlich gar nichts schenken – Sie wollten, dass Ihre Freundin beeindruckt ist von Ihrem großen Schwanz!» Der Patient gab mir

Recht und meinte, sein gesamter beruflicher Erfolg sei nur ein Versuch, seinen kleinen Penis zu kompensieren. «Ja, ja», sagte ich, «eigentlich habe ich inzwischen genug von Ihrem kleinen Penis gehört – ich wollte, meiner würde so viel Geld verdienen!» Die Wahrheit war, dass nicht einmal ich seiner vereinfachenden, stereotypen und maskulinen Sichtweise des Erfolgs zustimmen konnte. Meine eigene vereinfachende Sicht des Erfolgs war – zumindest bei diesem Patienten –, dass er ständig und vergeblich danach strebte, seine anspruchsvolle, kritische Mutter zu beeindrucken. Tatsächlich hatte seine Mutter ihn eine Woche vor seinem Traum zum ersten Mal in seiner Wohnung in Manhattan besucht – einem Penthouse mit einem Panoramablick – und alles, was ihr zu sagen einfiel, war: «Die Küche ist so klein!»

Ein anderer Mann, ein schwuler Mann Ende zwanzig, vermied Sex fast völlig, weil er keinen Mann fand, der seinen Ansprüchen hinsichtlich sexueller Attraktivität genügte. Amüsanterweise erzählte er in einer Sitzung folgenden Traum: «Ich hatte Sex mit Danny DeVito, was, wie Sie sich sicher vorstellen können, kein unbedingt angenehmes Erlebnis war. Er hatte Haare auf dem Rücken und einen Pickel auf der Brust. Ich wollte nicht, dass er mich vögelt. Er versuchte ständig, meine Haare zu packen, als wollte er sie wegziehen. Da erzählte ich ihm, ich würde Marlon Brando kennen – vermutlich wollte ich ihn beeindrucken.» Wie Sie vielleicht erraten haben, war dieser Patient mit seinem eigenen Körper nicht zufrieden. Vor allem missfiel ihm die Tatsache, dass er behaart war, wenn auch, wie er selbst zugab, nicht übermäßig. Und wie Sie sicher auch erraten haben, fühlte er sich nicht zu Männern hingezogen, die behaart waren oder andere Hautprobleme hatten. Wenn er versuchte, mit solchen Männern auszugehen – weil er ihre Persönlichkeit mochte –, wurde ihm ihre und deshalb auch seine eigene, von ihm selbst wahrgenommene, Unattraktivität schmerzlich und heftig bewusst. In Wirklichkeit sah er ziemlich gut aus und viele schwule Männer fanden ihn anziehend. Aber wie bei den meisten Leuten war sein Körper eben nicht perfekt. Statt diese Tatsache nun zu akzeptieren, versuchte er sie zu kompensieren, indem er sich einen Liebhaber suchte, der ihm eine verbesserte und idealisierte Version seiner selbst bot.

Mit den Worten des Traums versuchte der Patient, Danny DeVito, also das abgewertete Selbstbild, in Marlon Brando, den idealisierten Liebhaber, zu verwandeln. Aber ich erklärte ihm, dass es ihm nicht helfen würde, Sex mit schönen Männern oder gar keinen Sex zu haben, bis er einen Marlon Brando kennen lernte. Wenn überhaupt, würde er sich dadurch nur noch schlechter in seinem Körper fühlen, denn je mehr man sich mit Marlon Brando vergleicht, desto mehr ähnelt man am Ende Danny DeVito. Wenn Sie jetzt glauben, die Dynamik dieses Patienten würde sich auf Schwule beschränken – weil man eine verbesserte Version seiner selbst nur in einem gleichgeschlechtlichen Körper findet –, dann überlegen Sie noch mal genauer. Wie wir oben festgestellt haben, ist für den selbstbezogenen Mann die Realität seines Gegenübers irrelevant. Wie durch Zauberkraft können die schönen Brüste einer Frau den Penis eines Mannes augenblicklich vergrößern – und wir sprechen hier nicht von einer Erektion.

Aggression: der Krieg gegen den Samenraub

Wie der Exhibitionist bei den Frauen, denen er sich zeigt, auf eine schockierte Reaktion hofft, ist es nicht nur ein narzisstischer, sondern auch ein aggressiver Akt, seine «Peanuts» zu schwingen. Im sechsten Kapitel habe ich bereits darüber gesprochen, warum Männer ihre Aggression sexualisieren. Hier zur Erinnerung noch einmal ein kurzes Beispiel dafür, in Form des Traums eines Patienten, den er in der Paartherapie seiner Frau erzählte: «Ich wurde von einem Raumschiff entführt, in einem klassischen Alien-Szenario, außer dass sie mich keiner Gehirnwäsche unterzogen, sondern mir den Samen geklaut haben. Das einzig Ungewöhnliche war, dass sich am Ende herausstellte, dass du das Alien warst!»

Paradoxerweise finden viele «gebildete», kultivierte Männer es schwer begreiflich, dass ihr sexuelles Interesse an Frauen eine aggressive, ja sogar feindselige Komponente besitzt. Um dies zu leugnen, sprechen sie lieber von «Liebe machen» als von «ficken» oder «bumsen». Einer meiner Patienten, ein Anwalt, hatte eine Reihe von Freundinnen, die er als «die üblichen, geistlosen, aber attraktiven Flittchen» bezeichnete. Als ich ihn darauf aufmerksam zu machen versuchte, wie feindselig das klang, konterte er: «Na ja, Dr. Gratch, wir können das wohl kaum als geplanten feindseligen Akt definieren. Vielleicht meinen Sie unbeabsichtigte Respektlosigkeit oder ein ähnliches Vergehen, aber ganz bestimmt keine absichtliche Feindseligkeit.» Nun, ich meinte tatsächlich absichtliche – wenn auch unbewusste – Feindseligkeit. Absichtlich, weil diese Feindseligkeit zumindest im männlichen Denken Teil einer Verteidigungsstrategie ist, um die gefährlichen, Samen raubenden Aliens abzuwehren.

Ein Beispiel für diese sexuelle Dynamik kommt von einer Patientin, deren Ehemann kurz nach der Hochzeit arbeitslos wurde. Ein paar Wochen nachdem er seinen Job verloren hatte, gingen die beiden mit einem anderen Paar essen. Während des Dinners erwähnte die Frau nebenbei, dass ihr Mann seinen Job verloren hatte, und als die Rechnung kam, machte sie eine Bemerkung darüber, dass sie ein bisschen aufs Geld achten mussten. Als sie am Ende des Abends nach Hause kamen, brachte der Mann – den die Patientin als liebevoll und sanft beschrieb – seine Scham über seine Arbeitslosigkeit zum Ausdruck. «Ich fühle mich schrecklich, weil wir jeden Penny umdrehen müssen und ich nicht besser für uns sorgen kann», sagte er. Die Patientin beruhigte ihn, er werde bald wieder auf die Beine kommen und alles würde gut werden.

Aber was der Ehemann verschwieg – weil er es nicht wirklich wusste – war, dass er wütend auf sie war, weil sie ihn in seinen Augen vor ihren Freunden seiner Manneswürde beraubt und gedemütigt hatte. Dies wurde ihm erst in einem späteren Gespräch klar, genau genommen bei einem schlimmen Streit am nächsten Morgen im Bett. Sie hatten angefangen, miteinander zu schlafen, was sie sonntags oft taten. Aber dann, mitten im Vorspiel, wurde der Mann plötzlich ganz aufgeregt und setzte sich auf die Patientin. «Unser Sexleben wird etwas langweilig, lass uns doch ein bisschen experimentieren», schlug er vor. Dann hielt er sie fest, rammte ihr seinen Penis in den Mund und befahl ihr: «Schluck das!» Da die Patientin so etwas ganz und gar nicht mochte, war sie ziemlich entsetzt.

Wie wir im sechsten Kapitel gesehen haben, nimmt unsere Aggression Kontakt mit uns auf, wenn wir von unserer Seite den Kontakt mit ihr meiden. Und sie kann uns an ganz unerwarteter Stelle erwischen. Ein Paar, beide Klinikangestellte, kam einige Zeit nach der Verlobung zu mir, wie so oft auf Initiative der Frau. Aber ihr Grund war weniger typisch. Mit einem entschuldigenden Blick zu ihrem Verlobten begann sie folgendermaßen: «Hoffentlich macht es Ihnen nichts aus, wenn ich ganz direkt zur Sache komme, Doktor. Mike und ich haben eine sehr gute Beziehung und lieben uns wirklich. Ich weiß auch, dass er ein wunderbarer Ehemann sein wird. Mit Kindern kommt er auch hervorragend zurecht, er spielt immer mit meinen Nichten und Neffen. Er wird ein großartiger Vater sein. Wir können auch über alles sprechen. Es gibt nur ein Problem – Mike hat eigentlich überhaupt kein Interesse an Sex und kann mir nicht erklären, warum. Zwar haben wir ein paar Mal miteinander geschlafen und es stimmt auch alles mit ihm, wenn Sie wissen, was ich meine. Aber dann ist die Sache mehr oder weniger eingeschlafen. Er hat immer irgendeinen Grund dafür – er hat Stress, er ist müde, er macht sich Sorgen, aber ich habe eher das Gefühl, dass er das Interesse an Sex verloren hat. Es ist nicht, dass ich denke, es gibt eine andere oder so was, ich weiß auch, dass er mich liebt. Natürlich ist Sex auch nicht das Wichtigste. Aber ich mache mir Sorgen deswegen – wir sind ja noch nicht mal verheiratet. Ich glaube auch nicht, dass Mike Ihnen etwas anderes erzählen wird, stimmt's, Schatz?»

Mike erzählte die gleiche Geschichte; seine liebenswerte, leise Art und seine ruhige Intelligenz bestätigten mir außerdem, dass er ein ungewöhnlich netter, engagierter und großzügiger Mann war. Er beteuerte, dass er seine Verlobte liebte und sich sehr stark zu ihr hingezogen fühlte. Und er gab zu, dass er keinen Sex mit ihr wollte. «Aber ich weiß wirklich nicht, warum», beteuerte er und sah mich mit seinen großen, traurigen, fragenden Augen an. Obwohl er seine Gefühle in dieser Sache nicht ausdrücken konnte, zeigte er nichts von der versteckten Aggressivität, die viele Männer mit in die erste Therapiesitzung bringen.

So sehr wir alle drei einhellig der Meinung waren, dass wir das Problem in der Paartherapie untersuchen wollten, gerieten wir nach ein paar Sitzungen in eine Sackgasse – ich hatte auch nicht mehr Ahnung als die Verlobte, was mit Mike eigentlich los war. Deshalb schlug ich vor, die Paartherapie abzubrechen, und bot Mike eine Einzeltherapie an. Das war der richtige Schritt, denn wie sich herausstellte, hatte Mike doch eine ganz andere Geschichte auf Lager. Als wir uns allein trafen, erklärte er mir im Wesentlichen Folgendes: Er hatte ein sexuelles Problem, und zwar wurde er nur erregt, wenn er sich vorstellte, eine Frau zu vergewaltigen oder mit ihr zu kämpfen. Er hasste sich wegen dieser Fantasien, und obwohl er es einigermaßen akzeptabel fand, zu ihnen zu masturbieren, wollte er sie nicht «einsetzen», um erregt zu werden, wenn er mit einer Frau schlief, die er liebte. Deshalb vermied er Sex mit seiner Verlobten.

Dieses Symptom war das einzige Problem, das Mike jemals mit seiner Verlobten oder einer anderen Frau gehabt hatte. Sonst war er immer der vorbildliche Freund gewesen und hatte nichts von der Wut, der Nörgelei, dem Trotz oder der Unsensibilität gezeigt, die die meisten Männer ihren Partnerinnen gegenüber an den Tag legen. Daraus folgte nun, dass das therapeutische Ziel für Mike darin bestand, die unterdrückte oder abgespaltene Wut auf Frauen in seinen emotionalen Dialog mit ihnen zu integrieren, sodass sie irgendwann entsexualisiert werden konnte.

Dieser Fall von sexueller Feindseligkeit wirkt auf den ersten Blick vielleicht extrem und sie war auch aus einer Kindheit mit schwerwiegender emotionaler und körperlicher Misshandlung entstanden. Aber wir sollten nicht vergessen, dass dieser Patient den Unterschied zwischen Fantasie und Realität kannte und dass ganz gewiss keine Gefahr bestand, dass er seine Fantasien auslebte. Außerdem müssen wir daran denken, dass die zwischenmenschliche Bedeutung seiner Fantasien – die Vorstellung sexueller Dominanz – ziemlich universell ist. Als ich meine eigene Analyse begann, hatte ich einen Traum, in dem meine Analytikerin mit mir auf der Couch lag. Klugerweise interpretierte die Analytikerin den Traum nicht so, dass ich sie lieben, sondern dass ich sie ficken wollte, das heißt, ich wollte sie auf meine Ebene herunterziehen – ich war damals ein blutiger Anfänger. Von einem ähnlichen Kaliber war ein Fehler, der mir später bei einem Patienten unterlief, der zuvor seinen Penis als Lastwagen bezeichnet hatte – als ich in der nächsten Sitzung darauf zu sprechen kam, nannte ich ihn einen Panzer! Zu meiner Verteidigung muss ich anbringen, dass diese Dinge bei mir größtenteils unbewusst ablaufen, was der Traum und der Ausrutscher ja auch zur Genüge demonstrieren. Schließlich war ich, wie Sie sich vielleicht erinnern werden, das sensible Nesthäkchen in meiner Familie, mit zwei aggressiven großen Brüdern.

Viele meiner Patienten äußern das Gefühl, dass sie gegenüber anderen Männern zwar direkt aggressiv und wütend sein können, bei Frauen davor aber Angst haben, entweder, weil sie Frauen als zu zerbrechlich oder als zu mächtig wahrnehmen. Im ersten Fall wollen sie die Gefühle einer Frau nicht verletzen, im zweiten fürchten sie, dass die verletzte Frau anders als der direkt aggressiv reagierende Mann sich heimtückisch durch eine unsichtbare Manipulation an ihm rächen könnte. Aber in beiden Fällen ist es sehr wahrscheinlich, dass Männer, die mit ihrer Partnerin nicht direkt aggressiv umgehen, ihre Aggression in die Arena des Sex verlagern.[23] Ein einfaches Beispiel: Ein Patient war auf seine Freundin wütend, weil sie monatelang mit der Vorbereitung für ihr Examen beschäftigt war, aber da er im ständigen Kampf mit einer emotional überreaktiven, dominierenden Mutter groß geworden war, zögerte der Patient, seinen Ärger seiner Freundin gegenüber zum Ausdruck zu bringen. Also unterstützte er sie in der ganzen harten Zeit und war sehr verständnisvoll. Aber nach dem Examen, als sie zur Feier essen gingen, merkte er, dass er dauernd anderen Frauen im Restaurant nachschaute und sich zu ihnen mehr hingezogen fühlte als zu seiner Freundin.

Wie wir aus diesem Beispiel sehen können, teilen Männer den Frauen ihre Aggression am Ende doch irgendwie mit, ob es uns nun gefällt oder nicht. Aber wenn sie es durch Sex tun, bleibt die Aggression meist im Verborgenen – sowohl für die Partnerin als auch für den Mann selbst. Zumindest wollen das beide oft glauben. Nirgends ist diese seltsame Kommunikationsform deutlicher als in den sexuellen Fantasien von Männern. Die sexuelle Fantasie ist insofern privat, als sie sich im Kopf des Betreffenden befindet, aber insofern öffentlich, als sie andere Menschen mit einbezieht. Wie wir bereits gesehen haben, ist sie auch deshalb öffentlich, weil sie immer eine nichtsexuelle, äußere Entsprechung in der realen Welt besitzt.

Eine recht häufige männliche Fantasie: «Ich bin auf einem schlossähnlichen Grundstück mit wunderschöner Landschaft und tollen Frauen. Es gibt einen Pool, eine Bar, Jacuzzi, Essen – alles, was das Herz begehrt. Und ich bin mit zwei absolut umwerfenden Frauen zusammen. Eine von ihnen bläst mir einen, die andere nehme ich von hinten in den Arsch. Ziemlich unanständiges Zeug.» Unter anderem zeigt eine solche Fantasie, wie sich über eine defensive Selbsterhöhung zur Unterwerfung der Frauen aus Selbstbezogenheit Aggression entwickelt. Als einer meiner Patienten, ein konservativer Geschäftsmann, mir einen solchen Traum erzählte, beschrieb er ihn als «was man sich als heterosexueller Mann eben so vorstellt». Er hatte Schuldgefühle wegen seiner Fantasien, vor allem weil er, wenn er mit einer Frau zusammen war, oft «versuchte, in ihr Gesicht zu kommen. Wenn ich kurz davor bin zu kommen, halte ich meinen Schwanz buchstäblich wie einen Revolver und ziele auf ihr Gesicht», erklärte er. «Bin ich also irgendwie sexkrank oder was?», fragte er mich dann.

Was immer er sein mochte, sein Dominanzverhalten ist jedenfalls kein Einzelfall. Bei diesem Patienten hatte es jedoch einen interessanten Ursprung. Seine Mutter lief oft nackt im Haus herum.

Außerdem hatte sie eine außereheliche Affäre, zumindest glaubte das der Patient. Schließlich entdeckte der Junge im Schrank seiner Mutter einen Stapel Pornovideos und Dildos. Kurz gesagt, sie lebte ihre Sexualität direkt unter seinen Augen aus – was er in seinen Beziehungen zu anderen Frauen offensichtlich umkehren wollte. Diese Art Umkehrung illustriert das, was Robert Stoller als das perverse Element männlicher Sexualität beschreibt: die Verwandlung eines Traumas in einen Triumph. Bei echten Perversionen und auch bei nichtperverser sexueller Feindseligkeit hat das Trauma laut Stoller damit zu tun, dass der Junge Probleme hatte, eine von seiner Mutter getrennte geschlechtliche Identität zu entwickeln. Der Triumph liegt Stollers Meinung nach darin, genau in diesem Unterschied orgasmisches Vergnügen und Rache zu finden.

Dieser Patient, ein gut aussehender Mann Ende dreißig, verabredete sich ständig mit Frauen, mit dem vorgeblichen Ziel, endlich die richtige zum Heiraten kennen zu lernen. Er war groß, blond und extrovertiert und die meisten Frauen mochten ihn. Aber seltsamerweise verlor er nach ein paar Treffen jedes Interesse an ihnen. Zuerst spekulierte ich, dass der Patient, wenn er eine Frau besser kennen lernte, die Aussicht unangenehm fand, von einer Frau beherrscht zu werden, die ihn an seine Mutter erinnerte. Zwar erschien das ganz einleuchtend, half uns aber nicht weiter. Nach anderthalb Jahren solcher und ähnlicher Spekulationen eröffnete mir der Patient, dass er eine Freundin hatte, oder zumindest «eine Art Freundin». «Ach wirklich?», fragte ich ungläubig. «Ja», antwortete er und erklärte weiter: «Ich treffe mich schon über ein Jahr mit ihr, sie ist echt nett und wir haben viel Spaß miteinander. Aber ich weiß, dass ich sie nie heiraten werde, deshalb denke ich dauernd, ich sollte mit ihr Schluss machen. Nur tu ich's nicht, was auch unfair ist, weil ich weiß, von ihrer Seite ist alles klar, ich meine, sie würde mich sofort heiraten.»

«Warum haben Sie mir nie von ihr erzählt?», fragte ich verwundert. «Ich habe niemandem von ihr erzählt», lächelte er. «Vermutlich schäme ich mich wegen der Beziehung. Ich weiß nicht recht, warum, aber Tatsache ist, dass niemand sie kennt. Ich habe sie mit keinem meiner Freunde bekannt gemacht, ich gehe nicht mal ans Telefon, wenn sie bei mir ist.»

«Sieht aus, als hätten Sie eine heimliche Affäre», meinte ich, «genau wie Ihre Mutter.» «Sieht ganz so aus», räumte er ein. «Aber diese Frau ist meiner Mutter überhaupt nicht ähnlich», bemerkte er. «Das wundert mich nicht», entgegnete ich, «denn in dieser Beziehung sind Sie wie Ihre Mutter – Sie sind derjenige, der obenauf ist.» Als wollte er dies auf sexueller Ebene bestätigen, erklärte mir der Patient, er schäme sich der Beziehung vor allem deshalb, weil die Frau körperlich wirklich das krasse Gegenteil seiner Mutter war. Diese war eine große, matronenhafte Frau mit «riesigen, ausladenden Brüsten», während die Freundin kurzhaarig, flachbrüstig und zierlich war. «Manchmal denke ich, sie sieht aus wie ein Junge», fügte er hinzu, «und da frage ich mich manchmal, ob ich da vielleicht ein Problem habe oder was.»

Dieser Fall zeigt also nicht nur die Umkehrung von Trauma in Triumph, sondern auch, dass eine Frau, selbst wenn ihr die sexuelle Aggression des Mannes nichts ausmacht – die geheime Geliebte des Mannes hatte nichts dagegen, angespritzt zu werden –, dennoch zur Zielscheibe der nichtsexuellen Entsprechungen wird. Sie hatte schon mehrmals versucht, die Beziehung abzubrechen, aber jedes Mal den Kontakt wieder aufgenommen und sich erneut seinen Bedingungen gefügt. Wäre diese Frau meine Patientin, wäre ich nicht unbedingt davon beeindruckt, dass ihr Freund sie gern mit seinem Revolver bespritzte, würde aber ständig Ausschau halten nach anderen, nichtsexuellen Bereichen, wo sie ihn auf sich schießen lässt. Selbstverständlich würde ich ihren zwischenmenschlichen Masochismus analysieren, der sie in diese Art Beziehung hineingezogen hat.

Wie wir gesehen haben, ist viel von der sexuellen männlichen Aggression ein Versuch, das frühe Machtverhältnis zwischen sich und der Mutter umzukehren. Aber nicht bei allem geht es um die Mutter – Männer sind durchaus in der Lage, sexuell aggressiv zu reagieren, wenn sie von einem Gefühl der Machtlosigkeit bedroht werden, das gar nichts mit ihrer Mutter zu tun hat. Ein Beispiel hierfür kommt von einem Patienten, einem Arzt. «Als ich gestern vom Spätdienst in der Notaufnahme heimkam, hatte ich diese sexuelle Fantasie, die ich manchmal beim Masturbieren einsetze – es geht um eine schöne junge Frau, die mich anfleht, mit ihr zu schlafen. Aber dann ist etwas Seltsames und ziemlich Beunruhigendes passiert. Als ich kurz vor dem Höhepunkt war, tauchte plötzlich der Kopf dieser alten Frau – einer Patientin, die in der Nacht in der Notaufnahme gestorben war – in meinen Gedanken auf und verdrängte die andere in meiner Fantasie. Klar, ich war ziemlich müde, nachdem ich die ganze Nacht gearbeitet hatte, aber das hat mich doch ziemlich erschreckt.»

Als ich den Patienten näher nach der alten Frau fragte, stellte sich heraus, dass sie eine Patientin über achtzig war, die an Alzheimer litt. Wenige Minuten vor ihrem Tod hatte er bei ihr eine Untersuchung durchführen wollen. «Gehen Sie weg», hatte sie ihn barsch angefahren. «Ich muss Sie aber untersuchen», hatte er sie beinahe angefleht. «Gehen Sie weg!», hatte sie in ihrem Delirium wiederholt. Schließlich war er tatsächlich gegangen und hatte später entdeckt, dass sie gestorben war. Als Arzt wusste der Patient, dass der Tod der alten Frau unvermeidlich gewesen war und nichts mit ihm zu tun hatte. Aber als Mann fühlte er sich machtlos angesichts des Todes. Und als Mann fühlte er sich entmannt von einer Frau, die ihn seinen Job nicht machen lassen wollte, obwohl er darum gebettelt hatte. In seiner Fantasie drehte er all dies um, indem er die außergewöhnliche Macht annahm, (1) sie ins Leben zurückzurufen und (2) sie darum betteln zu lassen, dass er etwas leistete. So verwandelte er die Angst vor der Niederlage in das Hochgefühl eines Orgasmus.

Am äußersten Ende des Kontinuums der männlichen sexuellen Aggression liegt der sexuelle Sadismus. Obgleich er theoretisch über den Rahmen des Buchs hinausgeht, überschneidet sich der Sadismus mit der Aggression und ist ebenso im Alltag gegenwärtig. Die Häufigkeit des Fesselns in Fantasien und/oder tatsächlichem Rollenspiel ist dafür ebenso ein deutliches Beispiel wie die netteste Form sexueller Neckerei beim Vorspiel. Darunter liegt eindeutig das Vergnügen an Kontrolle, Macht und Dominanz, die alle, wie wir gesehen haben, eine Rolle im Kampf zwischen den Geschlechtern spielen, im Schlafzimmer oder anderswo. Obwohl es sich vielleicht erschreckend anhört, ist Sadismus dennoch hier der richtige Ausdruck, vor allem, wenn er gemeinsam mit seinem Gegenteil, dem Masochismus, auftritt. Für Frauen ist dies wichtig, denn diese Verbindung führt zu Syndromen wie «Frauen, die zu sehr lieben» und «Männer, die Frauen hassen, und die Frauen, die sie lieben». Aber wie ich immer zu zeigen versucht habe, hat kein Geschlecht das Monopol auf die damit einhergehenden psychologischen Attribute, Sadismus und Masochismus eingeschlossen. Ich habe Freuds Theorie schon erwähnt, dass Sadismus ein männliches Konzept ist, das in sein «weibliches» Gegenteil, den Masochismus, umschlagen kann. Aber ganz gleich, ob wir diese Theorie annehmen oder nicht, lässt es sich kaum bestreiten, dass es alles andere als beneidenswert ist, wenn die Männer ihre Aggression gegen sich selbst richten. Kommen wir zum Ende, indem wir diesem Thema in der Sprache des Sex nachgehen.

Selbstzerstörung: draußen kommen

Es gibt einen alten Witz über einen israelischen Außenminister. Er geht folgendermaßen: Ein Nachbar beobachtet, wie der Außenminister auf dem Balkon mit seiner Frau Sex hat, und erkundigt sich später, warum er das getan hat. Nun, antwortet der Außenminister, ich habe gehört, es ist gut für die Verhütung, wenn man draußen kommt. Dieser Witz, der wahrscheinlich rassistische Untertöne hat – der Außenminister war marokkanischer Jude –, spielt auf die mangelnde Bildung des Mannes und seine frühere Karriere als Bauarbeiter an. Aber in Wirklichkeit kennt die Dummheit der Männer, wenn es um Sex geht, weder Rassen- noch Bildungsschranken. Sexuell riskieren tatsächlich alle Männer, am falschen

Ort, zur falschen Zeit, in der falschen Person oder überhaupt nicht zu kommen (dann, wenn sie sollen). Dummheit kennt keine Staatsgrenzen und keine Sprachprobleme. Sie ist ebenso verständlich, wenn Don Juan aus Andalusien spanisch spricht – wo man scherzhaft sagt, wenn der untere Kopf eines Mannes (der Penis) sich aufrichtet, verliert er den oberen –, wie im Jiddischen der osteuropäischen Juden, wo man sagt: «Wenn der Putz hochgeht, verbuddelt man das Hirn im Dreck.»

Aber wie wir im vorhergehenden Kapitel gesehen haben, ist Selbstzerstörung beim Mann nicht nur eine Frage der Dummheit. Genau wie Selbstbezogenheit und Aggression ist auch sie eine direkte Folge des Konflikts der maskulinen Unsicherheit. Sexuell sieht man das bei einem Patienten, dessen Lieblingsfantasie darum ging, dass er mit seinem Kopf in eine Frau eindrang – mit dem oberen – und in ihr umherschwamm. Im Fall dieses Patienten wurde sein Wunsch, sich in einer Frau zu verlieren, in seiner sexuellen Fantasie deutlich, während sich seine Angst davor in seiner sexuellen Realität manifestierte: Um seine Männlichkeit unter Beweis zu stellen, bevorzugte er Sex an gefährlichen Orten – auf dem Schreibtisch seines Chefs, in einem Aufzug des Empire State Building, knapp einen Meter vom Abgrund des Grand Canyon entfernt.

Der gleiche Konflikt wird quasi aus entgegengesetzter Richtung sichtbar, wenn ein Mann sich aus der Realität, die ihm zu gefährlich erscheint, ins Land der sexuellen Fantasie zurückzieht. Beispielsweise wollte einer meiner Patienten, ein Anwalt Ende dreißig, unbedingt in der aggressivsten und stressigsten Abteilung seiner Firma arbeiten, obwohl er eigentlich eher sensibel war. Als er den Sprung endlich wagte, landete er tatsächlich in einer ziemlich mächtigen Position – als Partner eines großen Unternehmens. Aber bereits am ersten Tag am neuen Arbeitsplatz quälten ihn Fantasien, er könnte einen Fehler machen und gefeuert werden. In der Nacht träumte er, dass er wieder im Heim seiner Familie war und dort zur Toilette ging. Er pinkelte aber auf den Boden, in «einem harten, starken Strahl, der wie aus einem Schlauch herausspritzte.

Es war eine ziemliche Sauerei.» Er wischte nicht auf, und seine Mutter sah zu. Offensichtlich konnte er in der Sicherheit seines ehemaligen Zuhauses, wo seine Mutter das Aufwischen übernahm, mutig sein und eine «Sauerei» anrichten, aber nicht inmitten all der «Penis schwenkenden» Anwälte von Manhattan.

Um diese Dynamik noch etwas genauer zu beleuchten, betrachten Sie den Fall eines vierunddreißigjährigen Patienten, der jahrelang darüber redete, wie ehrgeizig er war und wie sehr er sich eine risikoreiche Karriere wünschte. Als er kurz vor der Heirat stand, entschloss sich der Patient endlich, «den Sprung zu wagen». Er gab seinen Job als Finanzberater auf und nahm eine Stellung als Portfolio Manager in einer Investmentfirma an, einen Job mit hohem Risiko und hohem Lohn, wo man nur von seiner Leistung lebte – kurz gesagt, ein gefährlicher Ort. Aber dank seiner hervorragenden analytischen Fähigkeiten und seiner hohen sozialen Kompetenz übertraf der Erfolg des Patienten im ersten Jahr die kühnsten Hoffnungen. «Willkommen an der Wall Street», sagte sein Boss zu ihm, als er ihm den ersten Bonus von fast 500 000 Dollar überreichte. Im ganzen Jahr davor hatte der Patient 75 000 Dollar verdient. Aber paradoxerweise fühlte er sich durch diesen Erfolg keineswegs sicherer. Im Gegenteil – jetzt, wo er wusste, was auf dem Spiel stand, wurde er nur noch nervöser. Also arbeitete er weiterhin hart, verzichtete auf Urlaub und machte auch von den sonstigen Zusatzleistungen seiner Firma keinen Gebrauch. Im zweiten Jahr war er noch erfolgreicher als im ersten.

Um diese Zeit wurde er zu einer Konferenz nach Montreal geschickt. Da er gern Ski fuhr und seit zwei Jahren keinen Urlaub mehr gehabt hatte, beschloss er, New York schon einen Tag früher zu verlassen und vor der Konferenz ein bisschen Ski zu fahren. Aus Unsicherheit sagte er seinem Chef aber nicht, dass er einen Tag Urlaub nahm, sondern ging fest davon aus, dass dieser ohnehin nichts merken würde. Von der Piste aus rief er seinen Chef dann per Handy an. Aber der meinte: «Gut, dass Sie anrufen, David. Hier ist nichts los. Melden Sie sich morgen noch mal, wenn Sie nicht mehr auf der Piste sind.»

In dieser Nacht lag der Patient allein in seinem Hotelzimmer, voller Angst, fast schon depressiv. Er befürchtete, gefeuert zu werden, und wälzte den Vorfall ständig in seinem Kopf herum. Schließlich hielt er es nicht mehr aus, stand auf und wollte einen Spaziergang durch die Stadt machen, landete aber in einer Stripteasebar, wo er sich mit einem der Mädchen zum Tanzen ins Hinterzimmer verzog. Zwar hatte der Patient inzwischen geheiratet und seine Frau war schwanger, aber er fand nichts dabei, eine solche Bar aufzusuchen und mit einem nackten Mädchen zu tanzen – er selbst war ja angezogen! Aber bei der Tanzerei hatte er einen Orgasmus. Nun geriet er endgültig in Panik, denn er hatte das Gefühl, eine Grenze überschritten zu haben. Nachdem seine Flucht so schief gegangen war, litt er noch mehr als vorher: Er stellte sich nicht nur vor, dass er seinen Job verlieren würde, sondern auch noch, dass er sich bestimmt mit Aids angesteckt hatte und seine Frau ihn verlassen würde.

Wie sich herausstellte, zeigten der Chef, der Körper des Patienten und auch seine Frau mehr Nachsicht als erwartet, und am Ende hielten alle zu ihm. Aber ich denke, es ist ziemlich leicht zu sehen, dass dieser Patient sich unbewusst sabotierte, wahrscheinlich weil ihm seine männlichen Leistungen – zu Hause wie bei der Arbeit – einfach zu gefährlich vorkamen. So gesehen ist sexuelle Selbstzerstörung eine Flucht vor der Verantwortung: Der Mann zieht sich in einen imaginären oder zeitweilig als sicher wahrgenommenen Schlupfwinkel zurück. Natürlich kann aus der Fantasie schnell Realität werden, wenn man eine Grenze überschreitet – wie immer diese aussehen mag –, und dann ist die Sicherheit dahin. Einer meiner Patienten – ein ausnehmend freundlicher, ehrlicher und verantwortungsbewusster Mann, der gut ein Jahr verheiratet war, erwähnte in einer Therapiesitzung, dass er «Frauen auf der Straße taxierte». Das beunruhigte ihn, weil er erst so kurze Zeit verheiratet war und eigentlich eine großartige Ehe mit seiner Frau führte. «Warum starre ich anderen Frauen nach, wo ich doch endlich die Frau meiner Träume gefunden habe?», fragte er. «Nun», antwortete ich auf diese in meinen Augen rhetorische

Frage, «warum machen Sie sich solche Sorgen darüber? Meinen Sie, dass sie Ihre Frau irgendwann betrügen werden?» «Ich würde bestimmt nicht die Initiative ergreifen», antwortete der Patient zu meinem Erstaunen, «aber wenn eine von diesen Frauen auf mich zukäme und mich auf einen Drink einladen würde oder so was, dann würde ich wahrscheinlich mit ihr ins Bett gehen – jedenfalls bin ich mir nicht sicher, dass ich es nicht tun würde.» «Vermutlich wird sich erst mit der Zeit zeigen», fasste ich zusammen, «ob Sie ein Jimmy Carter sind oder eher ein Bill Clinton.»

In Stanley Kubricks *Eyes Wide Shut* bewegt sich der von Tom Cruise dargestellte Mann auf der schmalen Grenze zwischen Fantasie und Realität. Nach einem Ehestreit, in dem seine Frau ihm eine sexuelle Fantasie mit einem anderen Mann gesteht, unternimmt er eine Entdeckungsreise durch New Yorks nächtliche Unterwelt. Aber jedes Mal, wenn er etwas unternehmen will, passiert etwas Gefährliches. Eine nackte Frau, die er bei einer Party wiederzubeleben hilft, ist plötzlich tot. Eine Prostituierte, mit der er um ein Haar geschlafen hätte, entpuppt sich als HIV-positiv. Und als er sich als ungeladener Beobachter Zutritt zu einer geheimen Maskenball-Orgie auf einem Anwesen auf Long Island verschafft, gerät er in Lebensgefahr. Doch während man sich den Film anschaut, hat man nie das Gefühl, dass man eine moralische Geschichte über die Gefahren des Fremdgehens vorgeführt bekommt. Vielmehr glaubt man ihn als Statement über die Beziehung zwischen Sexualität und Gefahr zu erkennen, was kaum überrascht, wenn man bedenkt, dass der Film auf einer Novelle von Arthur Schnitzler beruht, geschrieben in Wien zur Zeit von Sigmund Freud.

Freuds Sicht der menschlichen Natur war letztlich die eines Kampfs zwischen Gut und Böse, wobei Ersteres mit dem Eros, der sexuellen Lebenskraft assoziiert wird, die das Leben zu verewigen und zu erneuern sucht. Das Böse dagegen wird Thanatos zugeordnet, dem «Todestrieb», der – wie wir bereits gesehen haben – interpretiert werden kann als Wunsch, Verantwortung zu vermeiden und in einen früheren, geborgeneren Zustand zurückzukehren. Deshalb ist nicht der Sex an sich gefährlich, sondern die Tatsache, dass seine lebensfördernde Natur ständig im Kampf liegt mit den dunkleren, gegen das Leben gerichteten Kräften in uns. Um es klarer auszudrücken: Es ist oft darauf hingewiesen worden, dass es absolut keinen wissenschaftlichen Beweis für den Todestrieb gibt. Andererseits sind historische und philosophische Beweise in Mengen zu finden. Bei all dem religiösen, wissenschaftlichen und technischen Fortschritt, den der moderne Mensch gemacht hat, scheint es doch nie eine Gesellschaft oder eine Zeit gegeben zu haben, die frei war von Selbstzerstörung in irgendeiner Form. Wir töten uns und unsere Mitmenschen auf die eine oder andere Art, vielleicht Männer mehr als Frauen – durch Krieg, Autofahren, Alkohol, Drogen, Selbstmord oder Industrieunfälle.

Aber wir müssen weder Freudianer noch metaphysisch eingestellt sein, um die Beziehung zwischen Sex und Gefahr zu verstehen. Aus diesem Grund funktioniert Kubricks Film genauso gut im modernen New York wie im Wien der Jahrhundertwende. Einige Zeit nachdem ich meine Praxis in ein respektables Bürogebäude in der New Yorker Fifty-seventh Street verlegt hatte, kam ein Patient zu mir, der mir auf der Überweisung als «Fernsehangestellter mit einem Eheproblem» beschrieben wurde. Wie sich herausstellte, war er zwar tatsächlich ein erfolgreicher und beliebter Fernsehmann, aber sein Problem war streng genommen nicht nur «ehelich». Der Mann war zwar verheiratet, aber vor allem war er abhängig von Kokain, Alkohol und Sex. Dies ist leider keine ungewöhnliche Kombination, und wie andere Patienten dieser Art überwies ich den Mann in eine Drogen- und Alkohol-Rehabilitation, ehe ich eine Psychotherapie überhaupt in Erwägung ziehen konnte. Obwohl ich ihn nur in einer einzigen Sitzung zu Gesicht bekommen habe, wird mir dieser Mann ewig in Erinnerung bleiben. Erstens, weil er mir, nachdem er ein paar Minuten sehr offen über seine Probleme gesprochen hatte, mitteilte, im Büro im Penthouse meines Gebäudes befinde sich ein «vertraulicher Service zur Vermittlung von S & M». Zweitens, weil er, kurz nachdem er aus der Rehabilitation entlassen worden war, nach einer drogeninduzierten Herzattacke tot aufgefunden wurde.

Vermutlich ist beides für mich so unvergesslich, weil *es* mir die Verknüpfung von Sex und Gefahr so deutlich vor Augen führte. Aber auch der «Tipp» mit dem Vermittlungsbüro beeindruckte mich, weil er so eindeutig darauf abzielte, mich zu schockieren und mich aus meiner Rolle als verantwortungsbewusster, reifer Profi herauszulocken. Hier geht es genauso um Sadomasochismus oder Sexsucht wie um Sex an sich. Wir alle wachsen mit der Vorstellung auf, dass Sex ein geheimnisvolles, verbotenes Vergnügen ist, eines, mit dem nicht einmal die Erwachsenen gänzlich entspannt umzugehen scheinen – schließlich sprechen sie vor uns Kindern nicht offen darüber und spielen nur in gedämpftem Ton und mehrdeutigen Witzen darauf an. Man präsentiert uns Sex als ein nicht für jeden zugängliches, gefährliches Vergnügen oder vielleicht auch als eine vergnügliche Gefahr.

Ich denke, es ist in Ordnung, hier zu verallgemeinern, dass Männer, die sich sexuell ausagieren, eigentlich versuchen, sich mit dem Vergnügen, also dem Hochgefühl des Orgasmus, gegen die Gefahr zu wehren. Aber sie tun das nicht nur, um ihre Männlichkeit zu beweisen oder vor ihr in die illusorische Sicherheit eines weiblichen Körpers zu fliehen. Sie tun es auch aus narzisstischem Trotz gegen ihre elementarste Beschränkung, nämlich ihre Körperlichkeit. Da ihr Körper den Naturgesetzen unterliegt, ist er nie perfekt, sondern verfällt und stirbt – unweigerlich. Dies macht den Körper zum besten – und schlechtesten – Instrument, um unseren Grenzen zu trotzen. Und was eignet sich diesbezüglich besser als die Flucht in die sexuelle Ekstase, in der wir alles vergessen?

Dies ist meiner Ansicht nach die Dynamik, die der Sexsucht zugrunde liegt. Ganz gleich, ob der Abhängige versucht ein frühes Trauma sexuellen Missbrauchs umzukehren oder abzuschütteln oder ob er einem Gefühl der Leere und Bedeutungslosigkeit entrinnen will, immer geht es um das Leugnen und Überwinden der körperlichen Verletzlichkeit – mithilfe der orgasmischen Eroberung. Natürlich liegt die traurige Ironie dieser Form der Selbstzerstörung darin, dass ein Mensch, der so intensiv in seinem Körper lebt, sich niemals sehr weit von der endgültigen Wahrheit entfernen kann, dass er genau von der Körperlichkeit versklavt ist, die er so verzweifelt zu leugnen sucht.

Gerade deshalb, weil der Abhängige – der zwanghafte Konsument von Alkohol, Drogen, Essen, Geld oder Sex – versucht, das Unkontrollierbare zu kontrollieren, sich gegen unüberwindliche körperliche Tatsachen durchzusetzen, gehört zum ersten Schritt jedes erfolgreichen Selbsthilfeprogramms, diese Kontrolle aufzugeben. Wie wir im letzten Kapitel gesehen haben, bringt dies jedoch den Therapeuten ebenso wie die Familienmitglieder in eine verzwickte Situation, weil ein Teil der Destruktivität des Mannes auf sie gerichtet ist und darauf abzielt, ihre Hilfsbereitschaft zu Fall zu bringen. Wenn Sie also etwas mit einem Sexsüchtigen zu tun haben, müssen auch Sie sich eingestehen, dass Sie keine Macht über seine Zwänge haben. Das Beste, was Sie für ihn tun können, ist, Ihre eigenen Gründe zu überprüfen, warum Sie mit einem Menschen zusammen sind, der alles daransetzt, die Illusion seiner eigenen Unverletzlichkeit aufrechtzuerhalten, indem er seine und die von Ihnen geteilte und ganz reale Körperlichkeit zerstört.

Manche Leute meinen, dass der sexsüchtige Mann einfach auf Kosten anderer Spaß haben will und im Gegensatz zum Drogensüchtigen nicht wirklich selbstzerstörerisch handelt. Zwar gibt es sicher wichtige Unterschiede zwischen Suchtmittelmissbrauch und sexuellen Zwängen, aber es bleibt die Tatsache, dass der Sexsüchtige irgendwann alles, was ihm lieb ist, aufs Spiel setzt, wenn nicht sogar endgültig verliert. Außerdem sollte man auch bedenken, welche Qual es dem Sexsüchtigen bereitet, dermaßen von seinen Bedürfnissen versklavt zu werden, ganz zu schweigen von den heftigen Schuldgefühlen, dem Selbsthass und der Leere, die nach der Erleichterung im Orgasmus unweigerlich sein Bewusstsein überfluten.

Obgleich der Masochismus schwerer sexueller Abhängigkeit den meisten Männern unbekannt ist, wie wir in diesem Buch immer wieder gesehen haben, ist ihm die dieser Form des Masochismus zugrunde liegende Dynamik nur allzu vertraut – von der Sexualisierung der Gefahr bis hin zum Austesten der körperlichen

Grenzen. Ebenso ist der sexuelle Masochismus oder das erotische Vergnügen an Schmerz, ebenso wie der sexuelle Sadismus, bis zu einem gewissen Grad ein integraler Bestandteil der grundlegenden Physiologie und Psychologie des Sex. Beispielsweise geht die sexuelle Erregung und das Körpergefühl kurz vor der Ejakulation ebenfalls mit einem Kontrollverlust einher, mit dem Verschmelzen von Lust und Schmerz und der freudigen Unterwerfung des Geists unter die Herrschaft des Körpers.

Sexuelles Ausagieren: das Paradox des Junggesellendaseins

Wie ich in diesem Kapitel zu zeigen versucht habe, hat die männliche Sexualität eine gewisse paradoxe Qualität. Einerseits spiegelt und enthält sexuell gestörtes (und normales) Verhalten emotionale Probleme, die mit wichtigen Beziehungen in Vergangenheit und Gegenwart zu tun haben. Um damit zurechtzukommen, müssen wir den Sex entsexualisieren und – zumindest manchmal – nach nichtsexuellen Lösungen für die akuten sexuellen Probleme suchen. Andererseits scheinen nichtsexuelle emotionale Konflikte fast immer einen sexuellen Ursprung zu haben, und um sie zu lösen, müssen wir die sexuellen Hinweise finden und untersuchen, die sich unter den Emotionen verbergen. Dieses Paradox wird vielleicht am besten verdeutlicht von Männern, die sich – bewusst oder unbewusst – für ein Junggesellendasein entschieden haben. Asexuell nach außen, können sie innerlich ausgesprochen sexuell sein, vielleicht sogar so sehr, dass sie die innere Fantasie und die äußere Realität nicht unter einen Hut bekommen.

Wie ich bereits des Öfteren erwähnt habe, befindet sich im Innern dieses Paradoxes – wie in einer russischen Holzpuppe – ein weiteres Paradox, nämlich das des Konflikts der männlichen Unsicherheit. Einer meiner Patienten, ein achtundzwanzigjähriger Broadwayschauspieler, kam zur Therapie, weil ihm klar geworden war, dass er sich so auf seine Karriere konzentriert hatte und so von seinem frühen Erfolg überwältigt worden war, dass er sein persönliches Leben vollkommen vernachlässigt hatte. «Ich hatte nie eine romantische Beziehung und obwohl ich mich schäme, das zuzugeben, hatte ich auch noch nie Sex», erklärte er mir in der ersten Sitzung. «Ist es nicht allmählich Zeit für mich, meine Jungfräulichkeit zu verlieren? Außerdem bin ich, wenn ich masturbiert habe, so erschöpft, dass ich praktisch achtundvierzig Stunden lang außer Gefecht gesetzt bin. Lachen Sie nicht, aber ich habe es mir deshalb zur Regel gemacht, nie am Tag einer Aufführung zu masturbieren – was sich leicht zu einem Problem auswächst, wenn man regelmäßig auf der Bühne steht.»

Anfangs war ich skeptisch, was die angebliche Erschöpfung des Patienten anging, aber er hatte einen Beweis parat. «Vor kurzem habe ich masturbiert, bevor ich in der *Today Show* auftreten musste.» Er grinste. «Und ich habe ein Video davon – ich sage Ihnen, ich war ein stotternder Idiot!»

«Okay», sagte ich, «dann lassen Sie uns erforschen, was Sie dabei so anstrengt.» Nun, es stellte sich heraus, dass es nicht so sehr an der Aktivität als solcher lag, sondern an den sexuellen Fantasien, mit denen der Patient sie begleitete. In diesen Fantasien kämpfte er den Kampf der Geschlechter – abwechselnd kommandierte er die Frauen herum mit Aussprüchen wie: «Zieh dich aus», «Blas mir einen» und «Sag mir, wie groß ich bin», dann wieder war er ein sensibler, pubertärer Junge, der von einer großen Frau mit umgebundenem Dildo verführt wurde.

Da er ein netter, geradliniger junger Mann war, konnte er sich nicht vorstellen, diese Fantasie von Dominanz und Unterwerfung je in Wirklichkeit auszuleben. Aber er konnte sich auch nicht vorstellen, dass ihn etwas anderes reizte – deshalb war er auch noch Jungfrau. Ich nehme an, ein Ansatz wäre gewesen, ihn zu ermuntern, mit seinen Fantasien in der Realität zu experimentieren – per Rollenspiel, bei einer Prostituierten oder was auch immer. Doch ich entschied mich für eine andere Methode. Ich glaubte nicht, dass er in erster Linie Sex brauchte, sondern eher eine nichtsexuelle Umsetzung seiner Fantasien: Eine fürsorgliche Beziehung mit einer Person, die feminin genug war, um seine beeinträchtigte Männlichkeit zu unterstützen, aber auch maskulin genug, um seine unterdrückte Weiblichkeit wiederzubeleben. Man kann durchaus die Meinung vertreten, dass dies alle Männer brauchen. Und auch Sex . . . aber vielleicht eben genau in dieser Reihenfolge.

Es bestehen kaum Zweifel daran, dass meine Patienten es leichter finden, mit mir über Sex zu sprechen als mit einer Frau. Aber es sind längst keine Umkleideraumgespräche mehr. Wenn überhaupt, dann sind es Mädchengespräche. Beziehungsgespräche. Gefühlsgespräche. Wir können das aber nur, weil wir wissen, dass wir zwei Männer sind, weil es keinerlei Zweifel an unserem Geschlecht gibt. Aber wenn ein männlicher Patient mit einer Therapeutin spricht, steht immer auch seine Männlichkeit zur Debatte. Heißt das, dass es keine Hoffnung gibt für offene Kommunikation zwischen Männern und Frauen? Im Gegenteil. Die Logik des Konflikts der männlichen Unsicherheit verlangt von uns, dass Männer sich sogar auf ein bisschen Mädchengespräch mit einer Frau einlassen *müssen*. Aber sie können das nur, wenn die Frau bereit ist, sich auch auf ein bisschen Umkleideraumgeschwätz einzulassen. Was eigentlich kein sehr großes Problem sein dürfte, weil Männer und Frauen psychologisch gesehen im Grunde eher ähnlich als verschieden sind – trotz der sieben männlichen Attribute. Obwohl dieses Buch aufgrund seines Themas die Unterschiede zwischen den Geschlechtern betont, glaube ich doch, dass das, was Männer und Frauen verbindet, schwerer wiegt als das, was sie voneinander trennt. Und selbst das, was sie trennt, muss sich nicht polarisierend auswirken. Mit ein wenig Liebe und einer Menge Arbeit kann auch oder gerade unser Gegensatz unsere beste Ergänzung werden.

Anmerkungen

1 Ich deute hier in einem kurzen Abschnitt auf eine ganze Reihe komplexer Beziehungen zwischen mehreren wichtigen Variablen hin. Zuerst einmal gibt es unsere emotionale Hardware, das heißt unsere Biologie, die, wie wir gesehen haben, eine faszinierende soziobiologische Erklärung für die Geschlechtsunterschiede liefert. Zweitens gibt es die menschliche Software, die besteht aus (1) externen soziokulturellen Einflüssen, (2) interner psychologischer Entwicklung und (3) der Interaktion zwischen beiden. Natürlich interagieren diese drei Faktoren auch mit der soziobiologischen Hardware. Obwohl man diese Faktoren, ganz gleich ob Software oder Hardware, in der Realität nicht voneinander trennen kann, haben wir zum Zwecke der Diskussion keine andere Wahl, als so zu tun. Als Psychologe kann ich in meiner Diskussion hinsichtlich der Entwicklung der Männer, die in diesem Buch notgedrungen ohnehin kurz und anekdotisch ausfällt, nur auf Punkt (2) und (3) eingehen. Diese Entwicklungsaspekte werden in Kapitel 4 ausführlicher besprochen.

2 Meiner Ansicht nach erinnert der zwischenmenschliche Bereich des Internets auch an D. W. Winnicotts Konzept der Übergangsphänomene.

3 Diese Analyse ist zugegebenermaßen unvollständig, vielleicht sogar vereinfachend. Eine von Freuds weniger bekannten, aber wichtigen theoretischen Beobachtungen war, dass das menschliche Verhalten «überdeterminiert» ist. Das bedeutet, um ein bestimmtes Verhalten hervorzurufen, braucht es weit mehr als das Minimum an Ursachen. Um aber etwas über den Beitrag einzelner Faktoren für ein bestimmtes Verhaltensmuster zu schreiben, muss man dieses Prinzip leider außer Kraft setzen und eine Ursache nach der anderen untersuchen.

4 Es sollte nicht übersehen werden, dass viele Schöpfer androgyner Männerbilder schwul oder bisexuell waren, was die Frage nach dem

allgemeinen Zusammenhang zwischen maskuliner Unsicherheit und Homosexualität aufwirft. Wenn man den Kampf der Männer um die Anerkennung ihrer Weiblichkeit betrachtet, könnte man entweder sagen, dass (1) schwule oder bisexuelle Männer ihre männliche und weibliche Identifikation ausgewogener, vielleicht sogar ideal integriert haben, oder dass (2) ihre sexuelle Orientierung ein Zeichen dafür ist, dass sie es nicht geschafft haben, ihre weibliche Identifikation auf «gesündere», nichtsexuelle Art zu integrieren – was übrigens der Sichtweise der klassischen Psychoanalyse entspricht.

Ich glaube, dass beides falsch ist. Zwar liegt der Zusammenhang zwischen Geschlechtsidentifikation und sexueller Orientierung außerhalb des Rahmens dieses Buchs, aber ich möchte gern wenigstens zwei Punkte anführen, die für die männliche Homosexualität wichtig sind. Erstens sind die sieben männlichen Attribute, die in diesem Buch diskutiert werden, für schwule Männer ebenso relevant wie für heterosexuelle. Zweitens zeigt ein historischer Überblick über die gesellschaftliche Einstellung zur Homosexualität das gleiche Bild wie meine Sicht des Konflikts der männlichen Unsicherheit. Der Psychiater Robert Liebert betont, dass soziale Systeme vom antiken Griechenland übers Mittelalter und die Renaissance bis in die Moderne eine fundamentale Ambivalenz hinsichtlich der männlichen Homosexualität zeigen. Das heißt, man fand immer eine Methode, den schwulen Lebensstil einerseits zu verbieten und andererseits zu dulden, im Wechsel von Verurteilung, Verfolgung, Toleranz und (für gewöhnlich begrenzter) Akzeptanz.

Eine mögliche Interpretation dieser Dualität ist, dass die psychologisch treibende Kraft für die Verurteilung der Homosexualität in der Homophobie der weißen Männer liegt – die in Einklang steht mit der Furcht der Männer vor ihrer eigenen Weiblichkeit –, während das Bedürfnis der Männer, ihre Weiblichkeit auszudrücken, den psychologischen Grund liefert, sie zu tolerieren. Wahrscheinlich brauche ich nicht eigens zu erwähnen, dass diese psychologischen Motivationen bei den meisten Männern unbewusst sind.

[5] Im Gegensatz zu Jungen müssen Mädchen nicht von der Identifizierung mit der Mutter auf die mit dem Vater überwechseln, um ihre geschlechtliche Identität zu entwickeln. Dieser entwicklungsbe-

dingte Unterschied wurde zuerst von Freud thematisiert und hat für beide Geschlechter wichtige Implikationen. Diejenigen, die auf Männer zutreffen, habe ich kurz angerissen, aber die Implikationen für Frauen (die ihrerseits natürlich auch wieder wichtige Konsequenzen für die Männer nach sich ziehen) sprengen leider den Rahmen dieses Buchs.

6 Hoffentlich klingt das nicht anmaßend. Ich möchte nur nahe legen, dass ich versuche, die Sache vom Standpunkt der Frau aus zu betrachten, nicht dass ich wirklich weiß, ja, wissen könnte, wie sich eine Frau in der Situation des Patienten fühlen würde.
Das erinnert mich an eine Dinnerparty, an der ich in den achtziger Jahren teilnahm. Bei diesem eher förmlichen Ereignis landete das Gespräch irgendwann beim Thema Feminismus und an einem Punkt äußerte ich die Ansicht, dass es, vom strategischen Standpunkt aus betrachtet, von der Frauenbewegung nicht klug war zu behaupten, es gäbe keine psychologischen Unterschiede zwischen den Geschlechtern. Ich hatte kaum den Mund aufgemacht, als eine Frau mir gegenüber aufsprang und rief: «Woher nehmen Sie das Recht, für den Feminismus zu sprechen? Wo sind Ihre Referenzen? Zeigen Sie mir doch mal Ihre Vagina!» Die Gäste am Tisch waren schockiert und wie in stillschweigender Übereinkunft wurde die Bemerkung ignoriert. Rasch wandte sich die Konversation neutraleren Themen zu.
Vielleicht war dieser Vorfall weiter nichts als ein winziges Detail in der Geschichte des Geschlechterkampfs, in diesem Fall zwischen einem besserwisserischen Mann und einer hasserfüllten Frau. Aber für mich ging es auch um die Gefahren der «political correctness» im Zeitalter des Feminismus. Obwohl wir uns jetzt wohl schon im postfeministischen Zeitalter befinden, ist politische Korrektheit noch immer ein Thema. Was den Feminismus angeht, so scheint sie einen von zwei diametral entgegengesetzten Standpunkten einzunehmen: Entweder gibt es keine psychologischen Unterschiede zwischen Männern und Frauen, deshalb muss man sie in jeder Hinsicht genau gleich behandeln, oder Männer und Frauen sind so unterschiedlich, dass sich Frauen am besten von den Männern fern halten sollen.
Meiner Meinung nach sind diese extremen Einstellungen das Ergebnis psychologischer Prozesse, die die Form politischer Ideologien

angenommen haben. Der erste psychologische Prozess beinhaltet die Annahme, dass Unterschiede gleichzusetzen sind mit Ungleichheit und deshalb abgelehnt werden müssen. Diese Furcht vor dem «Anderen» bildet den Kern des Rassismus und anderer paranoider Ausgrenzungstendenzen, bei denen man einen Sündenbock bei «den Anderen» sucht. Der zweite psychologische Prozess unterliegt der gegenteiligen Annahme, nämlich dass Ähnlichkeit zwischen Menschen bedeutet, dass sie ihre ureigene Identität verlieren, wogegen man sich mit strikter Trennung verwahren muss.
In einem demokratischen System wie dem unseren werden diese psychologischen Prozesse politisiert und die daraus entstehende politische Agenda verstärkt wiederum die psychologischen Prozesse. Aus psychologischen und politischen Gründen kann das Thema der sexuellen Unterschiede kaum neutral behandelt werden. Ich glaube, dass die Konstrukte psychologischer Männlichkeit und Weiblichkeit auf wirklichen, mit dem Geschlecht in Verbindung stehenden Eigenschaften beruhen, eine Auffassung, die von gesundem Menschenverstand, klinischer Erfahrung und einer Menge empirischer Forschung immer wieder erhärtet wird. Aber ich glaube nicht, dass Unterschiede gezwungenermaßen Ungleichheit bedeuten. Im Gegenteil führen in allen Gruppensituationen die Anerkennung und das Ausarbeiten von Unterschieden zwischen Gruppenmitgliedern paradoxerweise nur zu gegenseitigem Respekt und lebhafterem Austausch. Wie ich in diesem Kapitel zu zeigen versuchte, beruht die Prämisse dieses Buchs auf genau diesem Paradox.

7 Ich hoffe, dies demonstriert, dass das Konzept der maskulin-femininen Spaltung nicht von sich aus impliziert, dass ehrgeizige, karriereorientierte Frauen dazu verurteilt sind, mit weiblich identifizierten «Weicheiern» zusammen zu sein oder allein zu bleiben. Doch in der Realität laufen männlich identifizierte Frauen Gefahr, mit einem weiblich identifizierten Mann eine Beziehung einzugehen. Ich sage deshalb «Gefahr», weil es sehr wahrscheinlich ist, dass irgendwann beide Partner einer solchen Beziehung ihre andere, unterdrückte oder geleugnete, Geschlechtsidentifizierung zum Ausdruck bringen müssen. Wenn in dem Fall das psychologische Arrangement zwischen den Beteiligten nicht flexibel genug ist, kann die Beziehung kaum überleben.

Dies trifft übrigens auf jede Beziehung zu, die eher auf Ergänzung als auf Ähnlichkeit aufgebaut ist. In der Paartherapie trifft man oft auf zwei Partner, die sich zu Anfang (zumindest teilweise) zueinander hingezogen fühlten, weil sie in einer wichtigen Dimension anders waren, sich jetzt aber wegen eben diesem Unterschied hassen. Wenn ich beispielsweise ein kontrolliertes, organisiertes, bedächtiges Individuum bin, das dazu neigt, alles im Leben zu planen, fühle ich mich vielleicht zu einer Partnerin hingezogen, die spontan, überschwänglich und impulsiv ist, damit ich diese Qualitäten durch sie erfahre. Das Problem besteht aber darin, dass ich, wenn ich diese Qualitäten nicht für mich selbst erleben kann (mit oder ohne Hilfe eines anderen Menschen, aber grundsätzlich allein), mich innerlich gegen sie wehre – jeder Mensch, der einmal Kind war, hat solche Qualitäten in sich. Das bedeutet, dass sie eine Bedrohung für meine Persönlichkeitsorganisation darstellen und dass deshalb genau das, was mich momentan an der Spontaneität meiner Frau bezaubert, mich nur zu bald unglaublich nerven und mir im schlimmsten Falle sogar unerträglich werden kann.
Mit anderen Worten besteht eine große Wahrscheinlichkeit, dass Gegensätze – sofern sie nicht innerlich integriert werden – einander zwar anfangs ergänzen, sich irgendwann jedoch polarisieren. So ist bei der männlich identifizierten Frau die Ausschlag gebende Frage nicht, ob sie «zu aggressiv» ist, sondern ob sie Kontakt hat zu ihrer eigenen Verletzlichkeit, Empfänglichkeit, Sensibilität usw. Wenn sie solche Eigenschaften auch zulässt, ist sie nicht dazu verurteilt, ihr Leben mit einem Schwächling zu verbringen. Und sie läuft auch nicht Gefahr, allein zu bleiben.
In einer Fußnote zu dieser Fußnote möchte ich hinzufügen, dass ich den Ausdruck «männlich identifizierte Frau» inzwischen so gebrauche, dass es schon fast wie ein zweidimensionales Etikett klingt, aber auch wie eine Art Fluch. Zum Ersten will ich keineswegs bestreiten, dass das Konzept der maskulin-femininen Spaltung die Komplexität intimer Beziehungen allzu sehr vereinfacht. Zum Zweiten habe ich das Gefühl, dass es im Nachhinein ein Segen sein kann, eine so genannte männlich identifizierte Frau zu sein, sofern man sich die emotionale Strategie der androgynen Integration zu Eigen macht. In diesem Zusammenhang ist Ihre männliche Identifikation eine bewusste Verbündete, kein unbewusster Saboteur.

8 Sollten Eltern ihre Kinder also überhaupt nicht loben? Nun, es erscheint mir ziemlich harmlos zu sagen: «Du bist so ein kluges Mädchen.» Auf diese Weise erhält das Kind eine Botschaft der Stärke, die es verinnerlichen kann. Andererseits kann diese Botschaft aber auch beinhalten, dass Klugsein die Bedingung dafür ist, anerkannt und geliebt zu werden, und deshalb den gegenteiligen Effekt hervorrufen. Letztlich hängt alles davon ab, wie ein Lob ausgesprochen wird und was es auf Seiten der Eltern – emotional gesehen – ausgelöst hat. Aber auf jeden Fall sollte man immer im Gedächtnis behalten, dass eine gute Leistung ihren Lohn in sich selbst trägt und daher verstärkend wirkt, sodass zusätzliche Lobreden eigentlich unnötig sind.

9 Es gibt eine wichtige und häufige Parallele zu dieser Vater-Sohn-Dynamik in der Beziehung zwischen Mutter und Tochter, das heißt, das gleichgeschlechtliche Kind bietet dem betreffenden Elternteil eher die «Gelegenheit» zur Identifizierung und Projektion eigener narzisstischer Verletzlichkeiten als ein Kind des anderen Geschlechts.

10 Wissenschaftlich betrachtet scheint es mehrere Arten der Aggression zu geben und aus Perspektive der Forschung ist es wichtig zu definieren, was mit der Bezeichnung genau gemeint ist. Aus Platz- und Interessemangel werde ich hier nicht näher darauf eingehen. Ich glaube, wenn ich in diesem Kapitel beschreibe, wie ich mit meinen Patienten arbeite, wird klar, was ich meine. Dennoch möchte ich differenzieren zwischen männlicher Gewalt und männlicher Aggression. Obgleich die beiden verwandt sind, ist die Aggression, auf die ich mich in diesem Buch beziehe, psychologischer oder zwischenmenschlicher Natur, nicht körperlich.

11 In diesem Sinne ist es wichtig, einen näheren Blick auf Wranghams und Petersons Theorie zu werfen. Bei der Prüfung der Affenforschung präsentieren die Autoren ein Bild männlicher Gewalt mit einem bemerkenswert sinnvollen Muster, das sowohl schockierend als auch vertraut wirkt. Das Orang-Utan-Männchen vergewaltigt – die meisten Weibchen werden regelmäßig vergewaltigt –, der Schimpanse prügelt – alle Schimpansenweibchen werden geschlagen. Der ansonsten so sanfte und friedliebende Gorilla ist spezialisiert auf

Kindermord. Wirklich seltsam ist dabei, dass das Weibchen, nachdem das Männchen das weibliche Junge (von einem Nebenbuhler) getötet hat, sich manchmal freiwillig zu dem Mörder gesellt und ihr nächstes Baby von ihm bekommt. Gelegentlich verbringt sie sogar den Rest ihres Lebens mit ihm, obwohl sie ein starkes und liebevolles Band mit ihren Jungen verbindet.

Nach Wrangham und Peterson ist die Logik des Kindermords die gleiche wie bei der Vergewaltigung und der körperlichen Misshandlung bei seinen Verwandten, den Orang-Utans und den Schimpansen. Das gemeinsame Thema ist die weibliche Verletzlichkeit und das männliche Bedürfnis, sie zu kontrollieren und zu beherrschen, bis er irgendwann mit ihr machen kann, was er will, ohne jeden Widerstand. Beispielsweise scheint der Schimpanse das Weibchen anfangs zur Begattung anzugreifen. Nach mehreren solcher Attacken folgt ihm das Weibchen an den Rand des Gemeinschaftsgebiets, wo sie friedlich miteinander umherziehen, ohne das geringste Anzeichen von Zwang. Im Fall des Kindermörders scheint der Mord den Mörder für die Mutter des getöteten Babys attraktiv zu machen – vermutlich weil er ihr Schutz vor anderen männlichen Kindermördern bieten kann.

Was nun den Vergleich mit dem Menschen angeht, bringen Wrangham und Peterson ein wichtiges, wenn auch erschreckendes Argument. Sie erklären, dass Gewalt bei Affen kein angeborener Impuls ist, der sie einfach überwältigt. Vielmehr hat er sich in der Evolution durchgesetzt, weil er funktioniert, und zwar nicht nur aufgrund der Verletzlichkeit des Weibchens, sondern weil Affen intelligent sind. Das heißt, im Gegensatz zu anderen Rassen wird ihre Gewalt von einem kognitiven Verständnis dafür gesteuert, wie sie von einer Beziehung das bekommen, was sie wollen. Natürlich ist es erschreckend, dass wir intelligenter sind und deshalb unser aggressives Talent noch besser einsetzen können – was wir ja auch tun, indem wir immer destruktivere Tötungstechniken erfinden.

12 Erstaunlicherweise scheint sogar diese rein psychologische Hypothese eine Entsprechung in der Welt der Affen zu haben, von der ich mich doch eigentlich verabschieden wollte. Offenbar gehören die Orang-Utan-Männchen, die vergewaltigen, einer besonderen Klasse von Männchen an: Sie sind klein und bekommen deshalb auf frei-

williger Basis kein Weibchen. Es ist schrecklich und wissenschaftlich wahrscheinlich grundfalsch, diese Tatsache aus dem Tierreich mit menschlicher Vergewaltigung in Zusammenhang zu bringen. Doch man spekuliert unwillkürlich, dass diese kleinen Orang-Utan-Männchen, wenn sie reden könnten, uns wahrscheinlich eine ähnliche Geschichte erzählen würden wie aggressive Männer ihrem Therapeuten. Natürlich ist es kein Zufall, dass sie nicht sprechen können – und erst recht keine Therapeuten haben.
Tatsächlich beeinflusst die Fähigkeit, zu denken und die eigene Geschichte zu erzählen, an sich schon das, was wir erzählen, nicht nur zu dem Zeitpunkt, wenn wir unsere Geschichte erzählen, sondern schon vorher, wenn das Erlebte in das Leben der Person eingegliedert und verarbeitet wird. Ich werde auf die Diskussion über Orang-Utans und ihre Beziehung zu Männern später noch einmal zurückkommen, aber für eine umfassendere Diskussion der Ähnlichkeiten und Unterschiede zwischen der Vergewaltigung bei Orang-Utans und der bei Menschen lesen Sie bitte bei Wrangham und Peterson nach.

13 Der Grund für Apollos Strafe legt ein psychologisches Motiv nahe, das sich auf bemerkenswerte Weise mit unserer Theorie der männlichen Unsicherheit deckt: Cupido schießt seinen Pfeil ab, weil Apollo seine Männlichkeit herausgefordert hat – «Geiler Knabe, was soll bei dir die wackere Waffe? Meinen Schultern geziemt, die männliche Bürde zu tragen!» Wie passend, dass Apollos Strafe darin bestand, dass seine eigene Männlichkeit zurückgewiesen wird – und zwar von nichts Geringerem als von einer Frau!

14 Ausgerechnet dieses so essentiell menschliche Syndrom bringt uns zurück zur Geschichte der Affen. Wie bereits erwähnt, werden im Reich der Orang-Utans praktisch alle Weibchen vergewaltigt. *Aber nicht alle Männchen sind Vergewaltiger.* Wie wir oben gesehen haben, sind es erwachsene Orang-Utans mit dem Körperbau eines Heranwachsenden, die bei den Weibchen nicht beliebt und vorgeblich weniger geeignet sind, Schutz zu gewähren. Können wir sagen, dass diese Affen dadurch psychisch zur Eroberung motiviert sind, dass sie wegen ihrer Unzulänglichkeit abgewiesen werden?
Nun, wir können sagen, was wir wollen, aber niemand weiß es genau.

Noch interessanter ist der Umstand, dass diese kleinen Orang-Utans tatsächlich einen Vorteil gegenüber den größeren Männern haben – sie sind viel schneller, sodass sie im Gegensatz zu diesen ein fliehendes Weibchen einholen können. Aus dem Blickpunkt des Reproduktionstriebs kompensieren sie also ihre Unzulänglichkeit und machen aus der Not eine Tugend – was nichts anderes ist als das, was der Don Juan, über den ich hier spreche, auch tut. Nur ist seine Methode ganz entschieden menschlich und verlässt sich mehr auf Gehirn und Emotion als auf Muskeln und Schnelligkeit.

15 Es ist verlockend zu behaupten, dass das nicht zutrifft, wenn jemand paranoid ist. Aber die Wahrheit ist, dass sogar paranoide Menschen nicht nur echte Feinde haben können, sondern stets echte Feinde *haben*, denn der Paranoide hat so viel Angst davor, angegriffen zu werden, dass er als Erster angreift und sich so einen Feind schafft, der seine Paranoia bestätigt und verstärkt.

16 Dem Konzept des Wiederholungszwangs verdankt der psychoanalytische Therapeut eines seiner wichtigsten Werkzeuge. Viele Patienten fühlen sich verständlicherweise frustriert, wenn sich der Therapeut eher auf die Interaktion zwischen Patient und Therapeuten konzentriert als auf die ihnen viel wichtiger erscheinenden Beziehungen und Probleme außerhalb des Sprechzimmers, die sie ja überhaupt erst zur Therapie gebracht haben. Aber weil wir in gewisser Weise unsere Muster, einschließlich der destruktiven, in all unseren Beziehungen wiederholen, und weil sie besonders offensichtlich werden, wenn die andere Person relativ neutral ist, ist das Verhalten des Therapeuten in der Therapie für beide Beteiligten eine unschätzbare Informationsquelle.

17 Diese Beschreibung basiert auf dem Konzept des wahren und des falschen Selbst, entwickelt von einem der von mir am meisten verehrten großen Psychoanalytiker D. W. Winnicott.

18 In manchen Situationen ist diese Vorstellung – nicht als Beifahrer im Leben eines anderen zu fungieren – einfach nicht praktisch und muss deshalb modifiziert werden. Wenn jemand beispielsweise dabei ist, sich oder anderen unwiderruflichen Schaden zuzufügen –

Selbstmord oder Mord als Extrembeispiele –, müssen Sie eingreifen und die Situation hundertprozentig in die Hand nehmen, selbst wenn das letztendlich die selbstzerstörerischen Tendenzen verstärkt. An denen können Sie später arbeiten.
Unter bestimmten Voraussetzungen können bestimmte therapeutische Maßnahmen – wie «Intervention» bei Suchtmittelmissbrauch – den selbstzerstörerischen Teufelskreis durchbrechen, ehe der Betroffene den absoluten Tiefpunkt erreicht.

19 Dieser Fall wirft womöglich Fragen auf, die für die Psychologie der Vergewaltigung bei einer Verabredung wichtig sind. Doch meine Absicht hier besteht nur darin, die Rolle der emotionalen Abwesenheit beim männlichen sexuellen Ausdruck zu erforschen. Ich bin beim Thema Verabredungsvergewaltigung kein Experte, kann mir aber instinktiv nicht vorstellen, dass sie sich durch das Konzept der emotionalen Abwesenheit rechtfertigen ließe. Selbstverständlich spielt die männliche Psychologie auch hier eine Rolle, aber es ist gleichermaßen klar, dass die meisten Männer nicht vergewaltigen, bei einem Rendezvous genauso wenig wie sonst.

20 Hier müssen einige wichtige Unterscheidungen getroffen werden, beispielsweise zwischen etwas, was Sie richtig erregt, und einem Fetisch oder zwischen dem Wunsch nach sexueller Dominanz und Vergewaltigung oder zwischen Sex im Wald und sich Entblößen auf der Straße.
Diese Diskussion sprengt den Rahmen meines Buches, aber persönlich neige ich zu der Ansicht, dass die Definition der Pathologie in solchen Bereichen letztlich eher eine soziokulturelle als eine wissenschaftliche Angelegenheit ist.

21 Ich halte diese Unterscheidung für ziemlich theoretisch. Meiner Meinung nach hat in Wirklichkeit jeder ein bisexuelles Potential oder befindet sich irgendwo auf dem Kontinuum zwischen reiner Heterosexualität und reiner Homosexualität. Ich bin nicht sicher, an welchem Punkt auf diesem Kontinuum man wirklich schwul wird oder welche Faktoren hier eine Rolle spielen.

22 Dieser Fall zeigt einige der Gefahren und Grenzen der Anwendung

von psychoanalytischen Theorien auf die Arbeit mit Individuen. Ohne etwas über den Träumer zu wissen, können wir einen Traum nicht interpretieren, und wir können auch nicht von einer Gruppe Patienten auf alle anderen Menschen verallgemeinern. Dieser letzte Punkt war seit ihrer Anfangszeit eine wichtige und berechtigte Kritik an der Psychoanalyse und kann in einem beträchtlichen Ausmaß auch für dieses Buch geltend gemacht werden.

23 Diese Formulierung sagt Ihnen etwas über die sexuelle Dynamik zwischen einem männlichen Patienten und einer Therapeutin, wie es vielleicht auch mein eigener Traum weiter oben verdeutlicht. Offenbar ist diese Dynamik anders als die von Mann zu Mann, wie ich sie in meiner Arbeit beschreibe. Wie wir im Abschnitt *Selbstbezogenheit: von Peanuts zum Penis* gesehen haben, gibt es dennoch wichtige Ähnlichkeiten.

Angrist, S. W.: Business Bookshelf: «It Doesn't Grow on Trees». Wall Street Journal, 24. 12. 1998.
Becker, E.: The Denial of Death. New York, Free Press 1997.
Bollas, Christopher: Der Schatten des Objekts. Stuttgart, Klett Cotta 1997.
Brandes, S.: Metaphors of Masculinity. Philadelphia, University of Pennsylvania Press 1980.
Chagnon, Napoleon A.: Die Yanomamö. Leben und Sterben der Indianer am Orinoko. Byblos Verlag, Berlin 1994.
Covey, Stephen R.: Die sieben Wege zur Effektivität. Ein Konzept zur Meisterung Ihres beruflichen und privaten Lebens. Campus Verlag, Frankfurt 1996.
Dostojewskij, Fjodor: Aufzeichnungen aus dem Kellerloch. Reclam, Stuttgart 1984.
Dweck, C. S., und Leggett, E. L.: «A Social-Cognitive Approach to Motivation and Personality». Psychological Review 1995.
Ellis, C. D.: Winning the Loser's Game: Timeless Strategies of Successful Investing. New York 1998.
Erikson, Erik H.: Kindheit und Gesellschaft. Klett Cotta, Stuttgart 1992.
Fairbairn, W. R. D.: An Object-Relations Theory of the Personality. New York, Basic Books 1952.
Fogel, Gerald I., Fredrick M. und Liebert, Robert S. (Hrsg.): The Psychology of Men. New Haven und London, Yale University Press.
Freud, Sigmund: Gesammelte Werke. Imago, London 1952.
– Die Traumdeutung. Band 2, 1900.
– Drei Abhandlungen zur Sexualtheorie. Band 5, 1905.
– Triebe und Triebschicksale. Band 10, 1915.
– Trauer und Melancholie. Band 10, 1917.
– Jenseits des Lustprinzips. Band 13, 1920.
– Das ökonomische Problem des Masochismus. Band 13, 1924.
– Hemmung, Symptom und Angst. Band 14, 1926.
– Vorrede zur hebräischen Ausgabe der «Vorlesungen zur Einführung in die Psychoanalyse». Band 16, 1933.

Gay, Peter: Freud. Eine Biografie für unsere Zeit. Fischer Taschenbuch-Verlag, Frankfurt 1995.
Gray, John: Männer sind anders. Frauen auch. Männer sind vom Mars. Frauen von der Venus. Verlag Wilhelm Goldmann, München 1998.
Greenson, Ralph: The Technique and Practice of Psychoanalysis. New York, International Universities Press 1967.
Guntrip, Henry: Schizoid Phenomena, Object Relations and the Self. New York, International Universities Press 1969.
Horney, Karen: Unsere inneren Konflikte. Neurosen in unserer Zeit. Entstehung, Entwicklung und Lösung. (Geist und Psyche). Fischer Taschenbuch-Verlag, Frankfurt 1984.
Isay, Richard A.: «Homosexuality in Homosexual and Heterosexual Men: Some Distinctions and Implications for Treatment». In: The Psychology of Men 1986.
Kafka, Franz: Brief an den Vater. Reclam, Stuttgart 1995.
Kernberg, Otto F.: Borderline-Störungen und pathologischer Narzissmus. Suhrkamp Verlag, Frankfurt 2000.
– Innere Welt und äußere Realität. Anwendungen der Objektbeziehungstheorie. Klett Cotta, Stuttgart 1988.
Kidd, Ronald, und Wenzel, M. P.: Die Schöne und das Biest. Das klingende Disney-Buch. Verlag Franz Schneider, München 1993.
Klein, M.: «Love, Guilt and Reparation». In: M. Klein und J. Riviere: Love, Hate and Reparation. New York, W. W. Norton 1964.
Kohut, Heinz: Auf der Suche nach dem Selbst. Kohuts Seminare zur Selbstpsychologie und Psychotherapie mit jungen Erwachsenen. Hrsg.: Miriam Elson. Verlag J. Pfeiffer, München 1993.
– Die Heilung des Selbst. Suhrkamp Verlag, Frankfurt 1999.
Kundera, Milan: Das Buch vom Lachen und Vergessen. Verlag Carl Hanser, München 1992.
Langs, R. (Hrsg.): Classics in Psychoanalytic Techniques. New York, HarperCollins 1981.
Lewis, Michael: Scham. Annäherung an ein Tabu. Droemer Knaur Verlag, München 1995.
Liebert, R. S.: «The History of Male Homosexuality from Ancient Greece Through the Renaissance: Implications for Psychoanalytic Theory». In: The Psychology of Men.
Masters, William H., und Johnson, Virginia E.: Liebe und Sexualität. (Partnerschaft). Ullstein Taschenbuchverlag, Berlin 1993.

McCarthy, B.: Male Sexual Awareness. New York, Carroll & Graf 1988.
Miedzian, M.: Boys Will Be Boys. New York, Doubleday 1991.
Ovid: Metamorphosen. Deutscher Taschenbuch Verlag, Zürich und München 1988.
Peck, M. Scott: Der wunderbare Weg. Eine neue Psychologie der Liebe und des spirituellen Wachstums. Verlag Wilhelm Goldmann, München 1997.
Ponte, L. D.: Don Giovanni. München, Gerhard Stalling AG, Oldenburg (Deutsche Grammophon), 1787.
Ramo, S.: Extraordinary Tennis for the Ordinary Player. New York, Crown Publishing, 1970.
Real, Terrence: Mir geht's doch gut. Männliche Depressionen – warum sie so oft verborgen bleiben, woran man sie erkennt und wie man sie heilen kann. Scherz Verlag, Bern, München, Wien 1999.
Reich, Wilhelm: Charakteranalyse. Kiepenheuer und Witsch, Köln 1989.
Rycroft, C.: A Critical Dictionary of Psychoanalysis. Totowa, New Jersey, Adam Littlefield 1973.
Shakespeare, William: Macbeth. In: Shakespeares Dramatische Werke. Übersetzt von A. W. Schlegel und L. Tieck. Zweiter Band. Diogenes Taschenbuch, Basel 1979.
Soros, G., mit Byron Wien und Krisztina Koenen: Soros on Soros. New York, Hohn Wiley & Sons 1995.
Stoller, Robert J.: Perversion. Die erotische Form von Hass. Psychosozial-Verlag, Gießen 1998.
– Presentation of Gender. New Haven und London, Yale University Press 1985.
– Observing the Erotic Imagination. New Haven und London, Yale University Press 1985.
Stolorow, R., und Atwood, G.: Faces in a Cloud: Subjectivity in Personality Theory. New York, Jason Aronson 1979.
Sullivan, H. S.: The Psychiatric Interview. New York und London, W. W. Norton 1954.
– Clinical Studies in Psychiatry. New York, W. W. Norton 1956.
Tolstoi, Leo N.: Krieg und Frieden. Deutscher Taschenbuch Verlag, München 1993.
Winnicott, Donald Woods: Von der Kinderheilkunde zur Psychoanalyse. Fischer Taschenbuch Verlag, Frankfurt 1983.

– The Maturational Process and the Facilitating Environment. New York, International Universities Press 1965.
– Vom Spiel zur Kreativität. Klett Cotta, Stuttgart 1997.
Woolf, Virginia: Orlando. In: V. Woolf, Flush und Orlando. Fischer Taschenbuch Verlag, Frankfurt 1998.
Wrangham, R., und Peterson, D.: Demonic Males, Apes and the Origins of Human Violence. Boston und New York: Mariner Books, Houghton Mifflin 1996.

Dank

Zuerst und vor allem danke ich meinen Patienten und Patientinnen. Ohne ihr Vertrauen in den therapeutischen Prozess und ohne ihre Offenheit hätte dieses Buch nie geschrieben werden können. Ihr Bemühen, ihre eigene psychologische Wahrheit zu entdecken, und der Mut, den diese Menschen mitbringen, inspiriert mich sowohl bei meiner Arbeit als auch in meiner eigenen Suche. Von ihnen habe ich mehr gelernt als aus Büchern, Theorien oder von meinen Lehrmeistern.

Zwei Personen, von denen ich viel über meine eigene Entwicklung als Mann gelernt habe, werden sicher auf jeder Seite dieses Buchs erkennen, wie sehr sie mein Denken geprägt haben. Ironischerweise, aber durchaus nicht im Widerspruch zur These meines Buchs, sind diese beiden Personen: meine Frau (und Kollegin) Michele Sacks und meine Analytikerin Dr. Betty Hellman. Das Ausmaß dessen, was ich meiner Frau emotional und intellektuell zu verdanken habe, lässt sich nicht in Worte fassen, schon gar nicht auf irgendwelchen Buchseiten. Mit anderen Vorzeichen und aus anderen Gründen gilt dasselbe für meine Analytikerin.

Meine Lektorin, Judy Clain von Little, Brown & Co., spielte von dem Augenblick an, als sie das ursprüngliche Manuskript gelesen hatte, mit ihrer Begeisterung und Intelligenz eine wichtige Rolle bei der Entstehung dieses Buchs und hat mit durchdachten, kreativen und praktischen Erkenntnissen und Kommentaren einen entscheidenden Beitrag geleistet. Außerdem ermutigte sie mich, mir selbst gegenüber offener zu werden, wodurch der Prozess des Schreibens für mich zwar eine größere Herausforderung, aber auch wesentlich befriedigender wurde. Doch auch dem restlichen Team bei Little, Brown & Co. möchte ich danken, vor allem Beth Davey, Linda Biagi, Heather Rizzo, Matthew Ballast, Claire Smith und Betty Power. Besonderen Dank schulde ich meiner Agentin Judith Riven. Von Anfang an hat sie mich in meinem Bemühen unterstützt, meine eigene Stimme zu entwickeln, und nie versucht sie zu verwässern. Im Umgang mit mir und meinem Text war sie gleichermaßen fest und sanft, scheute sich nicht, mich, wenn nötig, auch mit unliebsamen Dingen zu konfrontieren, doch tat sie dies immer mit Integrität und Respekt. Ihr Engagement, ihre Menschlichkeit und ihr professionelles Verhalten in ihrer Arbeit mit mir waren ganz außergewöhnlich.

Mark Rosenmann und Jane Rosenmann danke ich für ihre Mühe, ihren Rat und ihre Unterstützung, die letztlich mit dazu geführt haben, dass das Buch in der vorliegenden Form veröffentlicht wird. Ich danke auch den Kollegen und Freunden, die das erste Manuskript gelesen haben und mich ermutigt und/oder mit kritischen Vorschlägen bedacht haben: Brenda Berger, Eric Friedberg, Morris Shinderman, Beth Dorogusker, Adam Price, Arthur und Evelyn Sacks, George Packer, Anne Berkowitch und Linda Kane. Meinen beiden Schriftstellerfreunden, Zia Jaffrey und Joseph Berger, bin ich zu Dank verpflichtet, denn sie haben mich schon ganz zu Anfang meiner Karriere als Autor unterstützt und beraten.

Zu den Freunden, Kollegen, Lehrern oder Supervisoren, die meine persönliche Entwicklung und meine Arbeit über all die Jahre hinweg beeinflusst haben, gehören Itamar Lurie, Ivan Bresgi, Richard Shuster, Ysrael Eliraz, Harvey Hornstein, Joel Davitz, Marsha Levy-Warren, Sandra Buechler, Karen Crystal, Mona Macksoud, Peter Cohen, Andy Grunebaum und Laurie Grunebaum. Außerdem danke ich Gordon Churchwell, Judy Siegel und Frank Schnneir dafür, dass sie mir den Kontakt zu verschiedenen Personen des Verlagswesens vermittelt haben.

Last, but not least kommt jeder von uns aus dem Schoße seiner Familie. Mein tiefster Dank und meine Liebe gilt meinen Eltern Haya und Avraham Gratch und meinen beiden Brüdern Eli Gadot und Ariel Gratch. Ohne ihre Liebe, ihre Ermutigung und Großzügigkeit wäre nichts von dem, was mir in meinem Leben am meisten bedeutet, möglich gewesen.

»Erotik ist der eingefangene Augenblick.

Leben Sie ihn. Trauen Sie sich.«

Anne West

Gute Mädchen tun's im Bett – böse überall

Wer sich traut, hat mehr vom Lieben

Entdecken Sie Ihr erotisches Potential! Anne West macht Mut (und Lust!), neue Gefilde der Sexualität zu erkunden und zu tun, wovon Sie sonst nur träumen. Wer genug hat von der Missionarsstellung, findet in dieser leidenschaftlichen Anleitung tausend Ideen mit Gefühl und einer Prise Risiko. Prickelnde und hocherotische Shortstories machen Appetit auf mehr – ganz ohne »Leistungsdruck« und »Erfolgszwang«. Motto: Erlaubt ist, was Spaß macht – und womit beide Partner einverstanden sind.